Das archäologische Jahr in Bayern 2021

Herausgegeben vom Bayerischen Landesamt für Denkmalpflege
durch Mathias Pfeil und Walter Irlinger

und von der Gesellschaft für Archäologie in Bayern
durch Bernd Päffgen

SCHNELL + STEINER

Titelbild Oberbernbach. Drohnenaufnahme der Ausgrabung einer karolingerzeitlichen Wassermühle im Paartal (S. 121 ff.)

Das Werk ist in allen seinen Teilen urheberrechtlich
geschützt. Jede Verwertung ist ohne Zustimmung der Herausgeber
unzulässig. Das gilt insbesondere für Vervielfältigungen,
Übersetzungen, Mikroverfilmungen und die Einspeicherung
in und Verarbeitung durch elektronische Systeme.
© 2022 by Bayerisches Landesamt für Denkmalpflege und Gesellschaft für Archäologie
in Bayern e.V.

Alle Rechte vorbehalten
Redaktion, Satz und Layout Dr. Doris Ebner; Mitarbeit Dr. Renate Schiwall
Umschlag Hans Stölzl
Titelbild Markus Becht, Firma Archäograph, Friedberg
Druck und Bindung Mayer & Söhne, Aichach
Printed in Germany
ISBN 978-3-7954-3779-4   ISSN 0721-2399

Inhalt

Vorwort 7

Neolithikum

Lückenschluss? Linienbandkeramische Gräber in Obertraubling 9
Christoph Steinmann

Schon Dorf oder noch Weiler? Großsiedlung und eine Bestattung der Linienbandkeramik in Utzwingen im Ries 12
Markus Arnolds

Das Mittelneolithikum am Tor zur Hallertau – Siedlung der Stichbandkeramik in Mauern 15
Elena Maier, Delia Hurka, Amira Adaileh und Lea Eckert

Eine mittelneolithische Bestattung mit 144 Kalksteinperlen aus Altdorf 17
Christian Konrad Piller

Ein zweites Erdwerk der Münchshöfener Kultur bei Riekofen 21
Rebecca Münds-Lugauer und Teresa Losert

An der Peripherie des Lengyel-Kreises: Ein Münchshöfener Erdwerk bei Mangolding 24
Thomas Saile, Martin Posselt und Florian Reitmaier

Eine schnurkeramische Bestattung mit Grabeinbau in Ickelheim 26
Benjamin Binzenhöfer

Viel Ausstattung – keine Bestattung: Eine einzigartige Grabanlage der Glockenbecherkultur bei Köfering 29
Christoph Steinmann

Rituelles aus Glockenbecherkultur und Frühbronzezeit – Deponierungen mit Skelettresten in Mamming 32
Florian Eibl, Katrin Fleißner, Simon Lorenz und Christian Konrad Piller

Metallzeiten

Sogar Silber: Ein exzeptionelles Gräberfeld der Frühbronzezeit auf mehrphasigem Fundplatz in Erdings Westen 35
Stefan Biermeier, Sabrina Kutscher, Ken Massy und Harald Krause

Vom Ende eines Handwerkerhauses – Frühbronzezeitliche Weberei in Oberaichbach 39
Thomas Richter

Eine „zyklopische" Steinbefestigung der Mittelbronzezeit auf dem Stätteberg bei Oberhausen 41
Carola Metzner-Nebelsick, Louis D. Nebelsick, Ken Massy, Wolf-Rüdiger Teegen und Thomas Simeth

Eine urnenfelderzeitliche Flächensiedlung an der Mindel in Dirlewang 44
Jürgen Schreiber

Ein Keramikdepot der Urnenfelderzeit aus Hainsfarth 47
Johann Friedrich Tolksdorf und Saskia Stefaniak

Metallzeitliche Siedlungen an den Talhängen der Regnitz bei Hirschaid 49
Andreas Pross und Michael Jaschek

Kalenderberg in Niederbayern: Nordostalpine Keramik aus einer hallstattzeitlichen Siedlung von Altenmarkt 51
Gabriele Raßhofer und Robert Schumann

Ein mehrphasiger hallstattzeitlicher Siedlungs- und Bestattungsplatz in Kleinostheim 53
Christian Falb und Dominik Meyer

Ein Verkehrsknotenpunkt der Eisenzeit in Waltendorf 55
Alexandra Völter

Eine hallstattzeitliche (?) Tonstatuette aus Mönchstockheim 59
Britta Kopecky-Hermanns, Clemens Köhler, Markus Rehfeld und Thomas Teufel

Von keltischem Alltag und keltischer Vorstellungswelt an der Mainschleife bei Prosselsheim 62
Benjamin Binzenhöfer und Marcel Günther

Zwischen Jungneolithikum und Frühlatène – Siedlung mit Vorratsgruben am Aiterhofener Kirchsteig 65
Ludwig Husty

Keltisches Textil- und Eisenhandwerk auf einem mehrphasigen Siedlungsplatz in Wetzendorf 67
Arne Kluge und John P. Zeitler

Ein mittellatènezeitlicher Keramikbrennofen bei Pöttmes 70
Marina Lindemeier

Glasperlen und Fabelwesen aus einer Siedlung der Latènezeit am Hochrainweg in Germering 73
Marcus Guckenbiehl und Markus Wild

Eckig runderneuert – Die Viereckschanze von Biburg *Matthias Tschuch und Katharina Buchholz*	76
Eine spätlatènezeitliche Befestigungsanlage bei Entau *Manfred Hilgart und Uta Kirpal*	79

Römische Kaiserzeit

Back to the roots – Wiederentdeckung des augusteischen Fundplatzes Augsburg-Oberhausen *Sebastian Gairhos und Andreas Heimerl*	83
Ein Ziegelbrennofen der römischen Kaiserzeit bei Tutting *Hamid Fahimi und Friedrich Loré*	86
Streifenhäuser, Kellerwände, Fugenstrich: Aus dem Leben der *vicani* von Weißenburg/*Biriciana* *Mariola Hepa und Markus Arnolds*	89
Ein Querschnitt des römischen Alltags – Streifenhäuser, Straße und Tempel (?) im Vicus von Obernburg a. Main *Scott Tucker*	92
Römischer Gutshof mit Darre in Obermedlingen *Anna Kalapátčová und Anja Seidel*	96
Reichlich Kies: Der severische Denarhort von Augsburg-Oberhausen *Leonard Brey und Sebastian Gairhos*	98
Am Ostrand des Großen Regensburger Gräberfeldes: Spätrömische Gräber an der Fritz-Fend-Straße *Marc Gimeno Mariné und Markus Hable*	100

Frühmittelalter / Mittelalter

Verteilt über drei Jahrhunderte – Ein frühmittelalterliches Gräberfeld in Würding *Alois Spieleder und Hardy Maaß*	103
Frühmittelalterliche Bestattungen aus einem Gräberfeld in Lenting *Amina Muscalu*	105
Gräber des 6. und 7. Jahrhunderts im Reihengräberfeld von Segnitz *Hans-Ulrich Glaser*	108
Hand- und Hauswerk am Zettelbach – Eine merowingerzeitliche Siedlung im Dornheimer Grund *Michael Marchert und Anja Pütz*	111
Hof und Hofgrablege in Riekofen *Michael Hümmer*	114
Die Rosslehen des Klosters Tegernsee in Reitham – Frühmittelalterliche Gräber bei der Pestkapelle *Hardy Maaß*	116
Eine karolingische Körperbestattung in Farchant gibt Rätsel auf *Martina Pauli, Jürgen Schreiber, Kristin von Heyking und Julia Weidemüller*	119
Eine karolingische Wassermühle im Paartal bei Oberbernbach *Kristina Markgraf und Julia Weidemüller*	121
Im Umfeld einer Landkirche: der früh- bis spätmittelalterliche Kirchhof bei St. Laurentius in Zeholfing *Florian Eibl, Simon Lorenz und Christian Konrad Piller*	125
Eine Kirchengemeinde entdeckt sich neu – Ergebnisse der Kirchengrabung „St. Johannes der Täufer" in Ludwag *Andreas Pross und Phil Burgdorf*	127
„Alt Holz gibt gut Feuer" – Mittelalterliche Wohnbebauung in Nürnberg-Sebald *Ragnhildur Arnadottir, Arne Kluge und Melanie Langbein*	130
Erben der Bilhildis – Annäherung an einen frühmittelalterlichen Adelssitz mit Hofgrablegen in Veitshöchheim *Thomas Kozik*	133

Spätmittelalter / Neuzeit

Eine mittelalterliche Vorburgsiedlung mit Handwerkerareal in Falkenberg *Ulrich Schlitzer, Philipp Zander und Ippokratis Angeletopoulos*	136
Archäologie und Bauforschung ergänzen sich: Untersuchungen auf der mittelalterlichen Burg Tittmoning *Ramona Baumgartner, Harald Richter und Christian Kayser*	138
Im Schatten der Stadtmauer – Töpfer und Hafner in Lichtenfels *Sebastian und Susanne Gierschke*	141
Blick auf die alte Stadtmauer in Hof *Jessica Gebauer*	144
Unter den Füßen des Löwen – Ausgrabungen im Gasthof Gelber Löwe in Großhabersdorf *Thomas Liebert und Klara Rüdiger*	147
Das Tor nach Neuböhmen – Bärnaus mittelalterliches Stadttor im Osten *Matthias Hoffmann*	149

Eine Bootsrampe bei der alten Mainbrücke in Würzburg — 151
Martin Wortmann und Matthias Merkl

Von der Stauferburg zur frühindustriellen Steingutmanufaktur – Im Hof von Schloss Aschach — 154
Oliver Specht

Montanarchäologische Begleitung im Bergwerk: Der Maximilian II-Erbstollen der Matthäuszeche in Achthal — 157
Oliver Rachbauer

Prospektion

Kreisgräben eines Bestattungsplatzes bei Marzling – Magnetik verifiziert und ergänzt Luftbildbefunde — 160
Roland Linck, Andreas Stele und Tatjana Gericke

Hallstattzeitlicher Herrenhof und römische Inntalstraße: Magnetometereinsatz bei Weihmörting — 162
Andreas Stele, Roland Linck, Tatjana Gericke und Alois Spieleder

Nachweis einer Hirsauer Klosterkirche bei der Burgruine Schönrain in Gemünden a. Main mittels Prospektion — 165
Roland Linck, Andreas Stele und Tatjana Gericke

Geophysikalische Prospektion der ehemaligen Plattmühle bei Langenpreising — 168
Roland Linck, Andreas Stele und Tatjana Gericke

Konfliktlandschaftsarchäologie im Sportpark Sendling: Geophysik an Schutzgräben des Zweiten Weltkriegs — 172
Roland Linck, Andreas Stele und Tatjana Gericke

Restaurierung

Papier, Leder und Stoffe der frühen Neuzeit aus einer Latrine bei Stift Haug in Würzburg — 174
Tracy Niepold

Schutz und Erhalt

Entdeckt, dokumentiert, überdeckt – Eine mehrperiodige Fundstelle bei Lenkersheim — 178
Christoph Lobinger, Matthias Tschuch und Daniela Jäkel

Museum / Vermittlung

Das frühmittelalterliche Fürstinnengrab von Wittislingen – 140 Jahre nach der Entdeckung — 180
Brigitte Haas-Gebhard

Rekonstruktion der Landshuter Stadtmauer am Alten Viehmarkt — 184
Isabella Denk

Ehrenamt

Zwischen Marktbreit und Obernbreit – Interdisziplinäre Steinzeitforschungen an der Spitze des Maindreiecks — 186
Ralf Obst, Robin John, Britta Kopecky-Hermanns, Andreas Maier, Daniel Röll und Pritam Yogeshwar

Zurück zu den Wurzeln – und dann fünf Schritte vorwärts. Modernisierung der „Via Zeitreisen" in Gilching — 189
Manfred Gehrke, Sabine Mayer, Annette Reindel und Siegfried Reindel

Verzeichnisse

Archäologische Literatur in Bayern 2021 — 193
Doris Ebner

Autoren — 196

Dienststellen der Bodendenkmalpflege in Bayern — 198

Bildnachweis — 199

Reliefkarte von Bayern mit Fundplätzen 2021. Kartengrundlage: Bayerische Vermessungsverwaltung.

Vorwort

Eigentlich hatten wir alle damit gerechnet, dass das Jahr 2021 wieder Normalität in unseren Alltag bringt. Corona/Covid-19 sollte der Vergangenheit angehören, persönliche Treffen wieder die Normalität darstellen, Fachgespräche und Tagungen in gewohnter Zahl stattfinden und auch Austausch im gewohnten Umfang möglich sein. Wenig ist von diesem Wunsch übrig geblieben. Viele Tagungen, sogar der in jedem Terminkalender fixierte Niederbayerische Archäologentag in Deggendorf mussten abgesagt werden. Ein Lichtblick war, dass der Gesamtbayerische Archäologentag in Mindelheim vom 15. bis 17. Oktober 2021, der gemeinsam mit der Gesellschaft für Archäologie in Bayern vorbereitet wurde, stattfinden konnte. Die große Zahl an Teilnehmern und Teilnehmerinnen verdeutlicht, wie wichtig diese Veranstaltungen nicht nur wegen des vielfältigen Tagungsprogrammes, sondern auch als Ort der Begegnung, des Gesprächs und des Austausches für Archäologen und Archäologinnen sowie interessierte Bürger und Bürgerinnen sind. Nicht vergessen werden darf dabei, dass auch der örtlichen Politik die Bedeutung unserer Bodendenkmäler und der – oft neu gewonnenen – wissenschaftlichen Erkenntnisse zu unserer Geschichte nähergebracht wird. Hoffen wir darauf, dass wir hier im nächsten Jahr wieder in die Normalität zurückkehren können.

Einen wichtigen Markstein des Jahres 2021 bildete am 30. Juli die Eintragung des Donaulimes als UNESCO Welterbe. Die neue Welterbestätte mit dem Titel „Grenzen des Römischen Reiches – Donaulimes (westlicher Abschnitt)" besteht aus 77 römischen Fundorten entlang der Donau in Bayern ab Bad Gögging, über Österreich bis in die Slowakei. Gleichzeitig wurde auch der niedergermanische Limes in die Welterbeliste aufgenommen. Somit sind nun etwa 600 Kilometer Limes als Welterbe ausgewiesen und dies als Besonderheit in drei eigenständigen Teilen.

Die Vorbereitung, die Begleitung des Einschreibungsverfahrens, die Koordination der einzelnen beteiligten Länder und die Erstellung des Antragstextes hat Prof. Dr. C. Sebastian Sommer vorangetrieben, unablässig und intensiv begleitet und letztendlich zum Erfolg geführt. Wir sind froh und dankbar dafür, dass er dieses wichtige Ereignis, diesen Höhepunkt seines beruflichen Wirkens erleben durfte. Am 12. Oktober ist C. Sebastian Sommer, wenige Wochen vor seiner Pensionierung und für uns alle unfassbar, verstorben. Jeder, der ihn kannte, hat sein Engagement, seine Begeisterung für unsere Bodendenkmäler und die Konsequenz seines Handels kennen gelernt. Sein Handeln war immer darauf ausgerichtet für unser archäologisches Erbe zu werben und den bestmöglichen Umgang, also möglichst den Erhalt vor Ort, zu erreichen. Leider hat er die Veröffentlichung des jüngsten Bandes der Berichte der Bayerischen Bodendenkmalpflege nicht mehr erlebt. Die Publikation mit einem Umfang von 668 Seiten kann nur als monumental bezeichnet werden und war als Festschrift zur Pensionierung von C. Sebastian Sommer gedacht. Entsprechend seinen Interessen findet sich neben einem Themenschwerpunkt zur römischen Geschichte die Behandlung unterschiedlicher Aspekte der Vor- und Frühgeschichte. Ein eigener Bereich ist „Law and Order" gewidmet, also Aspekten, die sich aus der Rechtsprechung, der täglichen Arbeit aber auch aus einem Blick in die Zukunft ergeben. Wir wissen, das Buch hätte ihm viel Freude gemacht!

Knapp vor Weihnachten erreichte uns noch eine zweite fürchterliche Nachricht. Stefan Hanöffner ist am 17. Dezember 2021 völlig unerwartet verstorben. Seit sieben Jahren war der junge Kollege als Kreisarchäologe im Landkreis Deggendorf tätig, wo er ein stetig wachsendes Aufgabenfeld, sowohl bei den Ausgrabungen als auch in der Verwaltung und Digitalisierung, betreut hat. Sein berufliches Engagement und die Mitarbeit in der Organisation des Niederbayerischen Archäologentages zeigen die Vielfalt, mit der sich Stadt- und Kreisarchäologien beschäftigen. Vielleicht gelingt es zukünftig, dieses Modell auch in weiteren Regionen zu etablieren, um damit die Präsenz der Bodendenkmalpflege weiter zu stärken.

Unser neuer Band „Das archäologische Jahr in Bayern 2021" zeigt, dass diese Publikation ein wichtiges Element der Information ist, in dem die aktuell gewonnenen Ergebnisse erstmals der Öffentlichkeit in Text und Bild informativ vorgestellt werden. Bei jährlich deutlich steigenden Ausgrabungszahlen, einem Thema, das auch im aktuellen Band der Berichte der Bayerischen Bodendenkmalpflege behandelt wird, ist es umso wichtiger, anhand ausgewählter Beispiele das breite Spektrum an Entdeckungen zu allen Zeitstufen zu dokumentieren. Der Band bietet aber auch die Möglichkeit, die Arbeit der Bodendenkmalpflege darzustellen und Vorgehensweisen zu verdeutlichen. So demonstriert das Beispiel der linearbandkeramischen Gräber in Obertraubling, dass auch bei vermeintlich vollständig überbauten und versiegelten Plätzen noch Siedlungsspuren und Gräber erhalten sind. Sie konnten vor einer erneuten Bebauung vollständig untersucht werden. Anders wurde in Obernburg am Main verfahren. Im Bereich der römischen Siedlung, die Teil des UNESCO Welterbes ist, wurde in einer der letzten freien Grünflächen auf eine Unterkellerung des Gebäudes verzichtet. Die Dokumentation des Planums erbrachte wichtige Informationen zur Struktur der römischen Siedlung und gleichzeitig blieben die Befunde fast vollständig erhalten. Wichtige neue Erkenntnisse kann auch die „Denkmalfeststellung im Vermutungsfall" liefern. Bei Riekofen erfolgte eine Voruntersuchung im Nähebereich zu bekannten Bodendenkmälern. Die nachfolgende Ausgrabung führte zu einer Vielzahl an Befunden unterschiedlicher Zeitstellung, unter anderem Gräber aus der Merowingerzeit. Der Erkenntnisstand zur Dichte der Bodendenkmäler hat sich damit weiter erhöht.

Das archäologische Jahr in Bayern verdeutlicht uns die Vielfalt unserer heimischen Bodendenkmäler und der Erkenntnisse, die daraus gewonnen werden können. Es zeigt aber auch, wie wichtig eine Abwägung ist, welche Methode im Einzelfall die richtige ist. Unterschiedliche Aspekte von Befund über Fund bis zum Erhalt der Bodendenkmäler bilden den Spannungsbogen dieses Bandes.

Prof. Dr. Bernd Päffgen
Gesellschaft für Archäologie in Bayern e. V.

Prof. Dipl.-Ing. Architekt Mathias Pfeil
Bayerisches Landesamt für Denkmalpflege

Dr. Walter Irlinger
Bayerisches Landesamt für Denkmalpflege

Lückenschluss? Linienbandkeramische Gräber in Obertraubling

Landkreis Regensburg, Oberpfalz

Neolithikum

Im Ortskern von Obertraubling sollte das Grundstück eines ehemaligen Discounters samt dazugehörigem Parkplatz neu bebaut werden. Trotz der ehemaligen Überbauung war zu vermuten, dass sich zumindest in Teilbereichen archäologische Befunde erhalten hätten. In unmittelbarer Umgebung sind bereits drei Bodendenkmäler ausgewiesen, von denen vor allem Siedlungsbefunde des Neolithikums (Linien- und Stichbandkeramik) sowie aus der gesamten Bronzezeit und der frühen Latènezeit bekannt sind, aber auch einige frühmittelalterliche Reihengräber. Nur 170 m südöstlich liegt auch die Kirche dieses seit dem 9. Jahrhundert belegten echten -ing-Ortes. Vor diesem Hintergrund konnten im Baubereich eigentlich alle vor- und frühgeschichtlichen Epochen vorhanden sein.

Unter dem komplett versiegelten Areal war in gut der Hälfte der Fläche der anstehende ockerhellbraune Lösslehm erhalten (Abb. 1), in dem sich etwas mehr als 30 archäologisch relevante Befunde abzeichneten. Neben vorgeschichtlichen Pfosten und diversen Gruben dominierte vor allem ein mittelalterlicher Brunnen die Grabungsarbeiten. Ein interessanter Anknüpfungspunkt zu den Nachbardenkmälern ist der stichbandkeramische Grubenkomplex im Süden der Grabungsfläche. Die Ausgrabungen konnten im Sommer 2020 abgeschlossen werden und die für eine Auswertung notwendigen anthropologischen Bestimmungen erfolgten 2021.

Linienbandkeramisches Bestattungsareal

Ziemlich unerwartet waren nämlich ganz im Süden der Untersuchungsfläche sieben linienbandkeramische Gräber zutage gekommen. Die Zeitstellung ist dabei weniger überraschend als die Befundgattung, denn Gräber

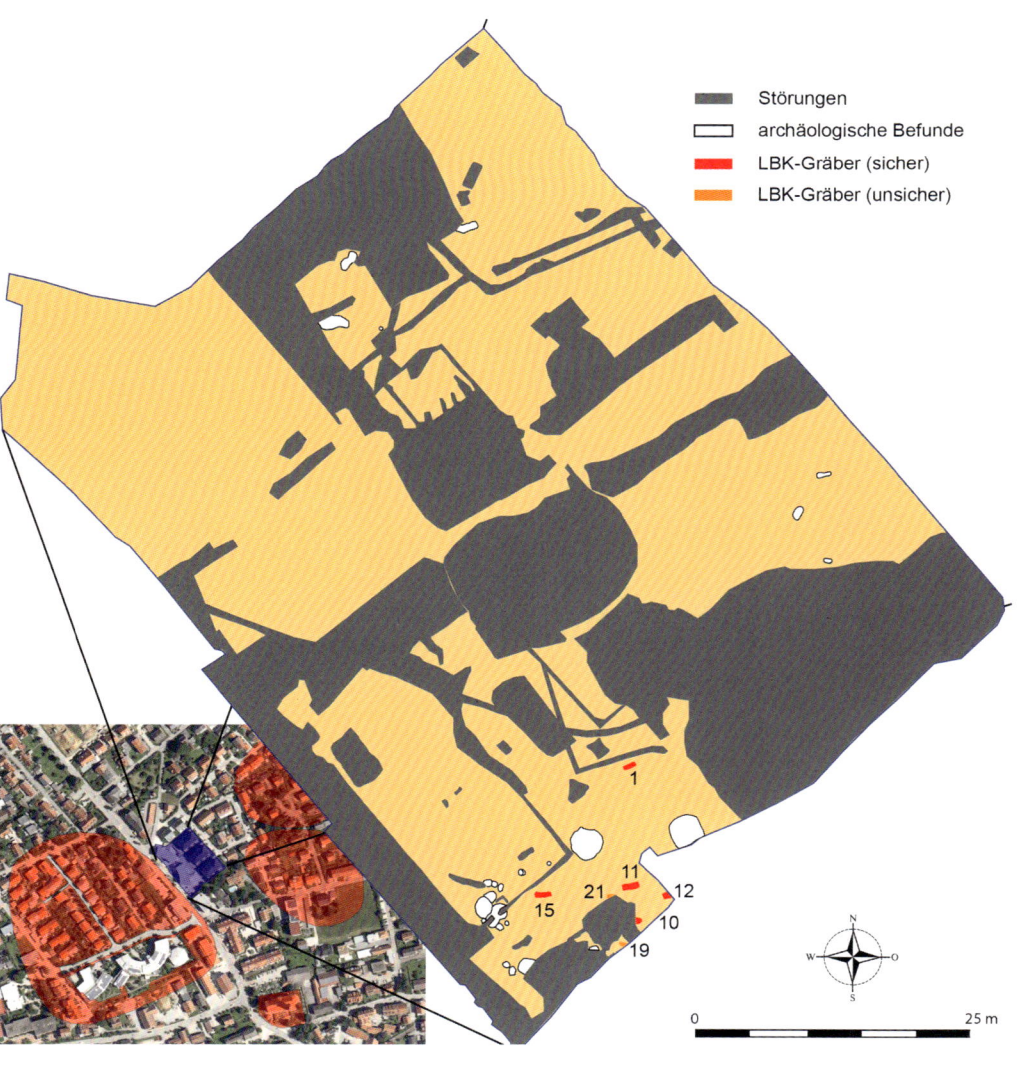

1 *Obertraubling. Grabungsplan des Bauvorhabens „Quellenhöfe" im Ortskern. Eingetragen sind die linienbandkeramischen Gräber im Süden der stark gestörten Fläche. Orthofoto: Bayerische Vermessungsverwaltung 2020.*

2 *Obertraubling. Von Grab 10 war nur der Schädel und oberste Teil des Rumpfes erhalten geblieben. Im Halsbereich sind die Amulette in Originallage, rechts daneben an der Schulter ein Pyritbrocken.*

3 *Obertraubling. Die beiden Eberzahnamulette aus Grab 10 sind mit gut 13 cm Länge stattliche Exemplare.*

4 *Obertraubling. Beim linksseitigen Hocker aus Grab 11 handelt es sich um einen 30–40 Jahre alten Mann. Norden ist rechts.*

der Linienbandkeramik sind in Bayern deutlich unterrepräsentiert. Neben Hunderten Siedlungsfundstellen sind nur sieben Gräberfelder aus der zweiten Hälfte des 6. Jahrtausends v. Chr. bekannt, zu denen kleinere Grabgruppen – wie zuletzt 2018 mit acht Bestattungen in Bad Abbach-Lengfeld – hinzukommen. Die sieben nahe beieinanderliegenden Gräber bzw. Grabreste am südlichen Rand der Grabungsfläche in Obertraubling mit den Befundnummern 1, 10, 11, 12, 15, 19 und 21 lassen den Schluss zu, dass es sich ursprünglich um ein größeres Bestattungsareal gehandelt hat. Insbesondere nach Osten und Süden sind noch weitere Gräber zu vermuten, je nach Umfang der modernen Störungen. Sie schließen damit quasi die Lücke zwischen den weiter östlich und westlich bekannten bandkeramischen Siedlungsnachweisen.

Bei allen diesen Gräbern handelt es sich um einfache Erdgruben, die unterschiedlich tief angelegt worden waren. Dementsprechend variierte die jeweilige Erhaltung der Bestattungen unterhalb der ehemaligen Betonfläche. Aufgrund ihrer Ausrichtung, der teilweise erkennbaren Form und der ähnlichen Verfüllung werden die Befunde 19 und 21 als unsichere Gräber der Linienbandkeramik mitgezählt (Abb. 1). Sie enthielten keinerlei Funde oder Knochenreste, aber ob es sich um ehemalige Leergräber handelt, lässt sich aufgrund der Fundstellensituation nicht sicher bestimmen.

Männer mit Schlagfeuerzeug

Grab 1 zeichnete sich deutlich vom Anstehenden ab, aber einige Knochen waren den vorangegangenen Bauarbeiten zum Opfer gefallen. Dennoch ließ sich ein rechter Hocker rekonstruieren, dessen Knie leicht und dessen Ellenbogen stärker angewinkelt waren. Einige Handknochen lagen beim Unterkiefer, sodass eine ähnliche Haltung wie bei den Gräbern 11 und 12 angenommen werden kann, die Hände also ursprünglich unter dem Kopf gelegen hatten. Laut anthropologischer Bestimmung handelt es sich um ein eher männliches Individuum zwischen 20 und 40 Jahren. Beigaben konnten nicht mehr festgestellt werden.

Grab 10 (Abb. 2) war ein zu großen Teilen gestörtes Grab mit Ost-West-Ausrichtung. Knapp unterhalb der Scapula war das Skelett des linken Hockers durch vorherige Bodeneingriffe abgetrennt worden, doch Schultern und Schädel verblieben ungestört. Im Halsbereich fanden sich zwei Amulette (Abb. 3), die jeweils aus einem Eberzahn gefertigt waren. Beide weisen zur Wurzel hin zwei Durchlochungen auf und an der Spitze des Zahns eine. Zwar gibt es im Gräberfeld von Sengkofen eine ähnlich lange, einseitig durchbohrte Geweihspitze, jedoch sind mit Obertraubling vergleichbare Stücke bislang ohne Parallele auf den bekannten Gräberfeldern der Linienbandkeramik. Vor der Stirn des frühadulten Mannes fand sich eine linienbandkeramische Scherbe, an seiner Schulter ein kleiner Pyritbrocken. Diese roströtlichen, oft zu bröselnden Krümeln verwitterten Reste können auf Grabungen übersehen oder als andere Fundkategorien angesehen werden, sind aber Teil sogenannter Schlagfeuerzeuge.

Das komplett erhaltene Grab 11 enthielt einen linksseitigen Hocker, dessen im Westen liegender Kopf nach Norden schaute (Abb. 4). Die Arme waren stark angewinkelt, sodass die Hände unter dem Kopf zu liegen kamen. Der 30–40 Jahre alte Mann kann anhand seines Knochenbaus bei einer Größe von 1,60 m als eher stämmig bezeichnet werden. Sein verknöcherter Kehlkopf weist auf ein Trauma hin (Schlagverletzung?), die Hockerfacetten

auf häufige Tätigkeiten mit entsprechender Körperhaltung. Im Bereich der Hände lag ein abgerundeter Flusskiesel, der im ansonsten komplett steinfreien Löss als Beigabe angesehen werden muss.

Grab 12 lag direkt an der Grabungsgrenze und konnte nur bis zur steinernen Gartenmauer des Nachbargrundstücks verfolgt werden. Wie schon bei Grab 11 lag der Kopf im Westen und der Blick wies nach Norden (Abb. 5). Die Hände des linksseitigen Hockers waren ebenfalls unter dem Gesichtsschädel positioniert. Der spätadulte bis mature Mann zeichnete sich durch kräftige Muskelmarker aus. Ihm war – im Unterschied zu Grab 10 diesmal vollständig – ein sogenanntes Schlagfeuerzeug beigegeben worden: ein größerer Pyritbrocken zusammen mit Silexklinge und Silexknolle (Abb. 7). Eine Dechsel mit D-förmigem Querschnitt aus Amphibolit vervollständigt das Beigabenensemble.

In Grab 15 schließlich war das Skelett in gestreckter Rückenlage mit Kopf im Osten komplett erhalten (Abb. 8). Durch die stark angewinkelten Unterarme lagen die Hände auf der Brust zusammen. Die Grabbeigabe eines großen Kumpfes resultierte in einem leicht angewinkelten rechten Knie. Der anthropologische Befund konstatiert ein eher weibliches Individuum von knapp über 20 Jahren, dessen untere Schneidezähne stark abgenutzt sind. Ein kleiner Kumpf lag rechts auf der Höhe ihres Kopfes, ein weiterer kleiner auf Höhe des Bauches unter dem rechten Ellenbogen. Dessen Verzierung aus parallel geschwungenen Bändern mit länglichen, einzelnen Einstichen, die senkrecht übereinander stehen (Abb. 6), legt eine Datierung in Richtung frühe mittlere LBK nahe (Phase II nach Brink-Kloke, IG C nach Herren bzw. Stufe IIIa der südbayerischen Chronologie).

Von den fünf Obertraublinger Gräbern enthielt nur eines sicher keine Beigaben, sodass diese Grabgruppe mit 80 % Beigabenausstattung über dem Durchschnitt der sieben publizierten linienbandkeramischen Gräberfelder in Bayern liegt. Mit Lengfeld (12,2 km nach Südwesten), Sengkofen (10 km nach Südosten), Regensburg-Kumpfmühl (7,3 km nach Nordwesten) und Mangolding (5,5 km nach Südosten) scheinen die linienbandkeramischen Gräber von Obertraubling räumlich eine Lücke zu schließen. Doch im Vergleich zur gesamtbayerischen Fundlandschaft fällt auf, dass der Regensburger Raum mit diesen nun fünf Fundstellen eine unvergleichlich hohe Dichte an linienbandkeramischen Bestattungsplätzen vorweisen kann.

Christoph Steinmann

Literatur H. Brink-Kloke, Drei Siedlungen der Linienbandkeramik in Niederbayern. Studien zu den Befunden und zur Keramik von Alteglofsheim-Köfering, Landshut-Sallmannsberg und Straubing-Lerchenhaid. Internat. Arch. 10 (Buch am Erlbach 1992). – N. Nieszery, Linearbandkeramische Gräberfelder in Bayern. Internat. Arch. 16 (Espelkamp 1995). – B. Herren, Die alt- und mittelneolithische Siedlung von Harting-Nord, Kr. Regensburg/Oberpfalz. Arch. Ber. 17 (Bonn 2003). – F. Reitmaier, Das linienbandkeramische Gräberfeld von Regensburg-Kumpfmühl. Beitr. Arch. Oberpfalz u. Regensburg 12 (Büchenbach 2018).

Örtliche Grabungsleitung F. Melzer, Fa. Adilo. – *Anthropologische Bestimmungen* S. Zäuner, Fa. Anthropol.

5 *Obertraubling. Von Grab 12 konnte wegen der Lage unmittelbar an der Grabungsgrenze nur der Kopf- und obere Brustbereich geborgen werden. Norden ist rechts.*

6 *Obertraubling. Dieser kleine Kumpf aus Grab 15 war ursprünglich unter dem rechten Ellenbogen der Bestatteten niedergelegt worden. Größter Durchmesser 9 cm.*

7 *Obertraubling. Das Fundensemble aus Grab 12 umfasst eine Dechsel und ein Schlagfeuerzeug, bestehend aus Pyritknolle, Silexklinge und kleiner Silexknolle.*

8 *Obertraubling. Grab 15 ist komplett erhalten und das einzige, aus dem Keramikgefäße geborgen wurden. Norden ist oben.*

Schon Dorf oder noch Weiler? Großsiedlung und eine Bestattung der Linienbandkeramik in Utzwingen im Ries

Gemeinde Maihingen, Landkreis Donau-Ries, Schwaben

Ein großer Siedlungsplatz

Die Ausweisung des Neubaugebietes „Hofäcker III" durch die Gemeinde Maihingen führte von August 2019 bis Juni 2020 zu einer größeren Ausgrabung. Die 6.000 m² große Untersuchungsfläche befindet sich am nordwestlichen Riesrand am Unterhang des Schönen Bergs, eines Geländesporns, der mit mäßiger Neigung abfällt (Abb. 9). Etwa 200 m südöstlich befindet sich ein Retentionsbecken im Bereich des Rechtsseitigen Grimmgrabens. Da bei Anlage dieses Beckens alles befundfrei war, kann damit die maximale Ausdehnung der Siedlung nach Südosten hin definiert werden.

Im oberen Hangbereich sind unter einer nur etwa 20–25 cm dünnen Humusdecke verwitterte Kalksteine bzw. Riffkalke aufgeschlossen. Hangabwärts folgt ein hellbraun-beiger schluffiger Verwitterungslehm, der stark mit verwittertem Kalk durchsetzt ist. Darüber zieht etwa in der Hangmitte ein hellbrauner schluffiger Lösslehmstreifen von Nordwest nach Südost. Die archäologischen Befunde liegen alle in den lehmigen Zonen.

Zwischen 1998 bis 2016 waren bereits die Bauabschnitte I und II auf einer Grundfläche von ca. 5.000 m² archäologisch untersucht und dabei insgesamt 25 Hausgrundrisse der Älteren Linienbandkeramik (LBK) freigelegt worden. Zahlreiche Hausgrundrisse überschnitten sich. Es zeigte sich, dass die älteren exakt Nordwest-Südost, die jüngeren etwas mehr nach Norden ausgerichtet sind.

In der aktuellen Untersuchung wurden zwölf weitere und zwei schon vorher angeschnittene Hausgrundrisse freigelegt, sodass mit nun 37 Häusern die größte bekannte Siedlung der LBK im Ries vorliegt. In der nächstgrößeren Siedlung in Nördlingen-Baldingen sind 32 Hausgrundrisse sowie eine Siedlungsbestattung bekannt, allerdings gemischt aus dem Jung- und Mittelneolithikum. Die nächsten Vergleiche, was die Verteilung und Überschneidungen der Häuser, die Grundrissformen und die Zeitstellung betrifft, stellen die Siedlung von Gerlingen und von Ulm-Eggingen im angrenzenden Württemberg mit 34 bzw. 37 Hausgrundrissen dar. Deutlich größer ist in Bayern nur die Siedlung in Stephansposching mit rund 100 Häusern, freilich mit einer deutlich längeren kontinuierlichen Besiedlungsgeschichte.

Der Erhaltungszustand der Häuser in Utzwingen ist sehr unterschiedlich. Dies rührt vor allem daher, dass einige mehrfach von jüngeren Häusern überschnitten und damit zerstört wurden. Außerdem hatten im Bereich der Häuser 6, 9 und 10 bereits frühere Untersuchungen stattgefunden. Die uns vorliegenden CAD-Pläne konnten aber aus diversen Gründen nicht in den aktuellen Plan eingepasst werden. Dieser Bereich ist im Grabungsplan daher als „Störung" eingetragen (Abb. 10).

9 *Utzwingen. Luftbild von Norden, Stand August 2019, Erschließungsstraße und im Hintergrund das Baugebiet „Hofäcker I und II", begrenzt durch den Grimmgraben. „Hofäcker III" befindet sich in der linken Bildhälfte; die Bauparzellen wurden erst 2020 geöffnet.*

Paradebeispiel: Haus 4

Von allen Häusern hat sich Haus 4 am besten erhalten, das wie die übrigen auch Nordwest-Südost orientiert ist und das ältere Haus 3 überschneidet. Der Grundriss stellt einen Großbau Typ 1 b nach P. J. R. Modderman dar. Er ist insgesamt 20,5 m lang und 5,50 m breit. Der Nordwestteil ist mit 2,20 m sehr kurz und schließt mit einer Querreihe aus drei Pfosten zum Mittelteil ab. Die Außenwand des Gebäudes besteht aus eng gesetzten Pfostengruben, von denen sich erosionsbedingt nur noch wenige Pfosten vor allem an der Nordostseite erhalten haben. Der Mittelteil besitzt einen auffällig großen Raum, dem nur ein etwa mittig gesetzter großer Zentralpfosten zugeordnet werden kann. Die übrigen acht Gruben in diesem Bereich sind nicht sinnvoll mit dem Grundriss zu verbinden. Das Fehlen von weiteren Pfosten ist zum Teil sicherlich der Erosion geschuldet, aber auch mit funktionalen Gründen erklärbar. Auch bei noch besser erhaltenen Grundrissen liegen die Querreihen im Mittelteil deutlich auseinander. Wenngleich sich im gesamten Gebiet der Linienbandkeramik nirgendwo ein Laufhorizont in einem Haus erhalten hat, wird angenommen, dass der Mittelteil der zentrale Raum für das Kochen, Essen, handwerkliche Tätigkeiten und zum Schlafen gewesen ist. Unmittelbar an den Mittelteil schließt sich der Südteil mit insgesamt drei Querreihen an. Charakteristisch sind die Längsgruben, in denen wahrscheinlich Doppelpfosten standen. Diese starke Abstützung wird damit begründet, dass die Pfosten ein Zwischengeschoss trugen, das als Speicherraum für Lebensmittel und andere Produkte diente. Wahrscheinlich hat sich der Haupteingang am Südostgiebel befunden. Entlang den Längsseiten konnten insbesondere auf der Nordwestseite mehrere, allerdings nicht durchgehende Längsgruben dokumentiert werden.

Weitere Häuser und Hofstellen

Nur etwa eine Hausbreite von Haus 4 entfernt schließen sich die Häuser 13, 5 und 14 an, von denen sich nur die Nordteile erhalten haben, welche sich jeweils überschneiden. Außerdem sind die Kleinbauten 11 und 12 vom Typ 3 nach Modderman in einer Flucht mit der Südgiebelseite von Haus 4 auffällig. Die beiden kleinen Gebäude können aufgrund der Größe nicht als Wohnhäuser gedient haben. Alternativ bietet sich eine Ansprache als zusätzlicher Werk- bzw. Lagerraum an.

Die Hausgrundrisse 3, 4, 5, 11–14 gehören wohl zu einem Hofplatz. Aufgrund der Überschneidungen sind stratigrafisch drei Bauphasen nachweisbar. Wendet man das gängige Hofplatzmodell an, ist es wahrscheinlich, dass dort nacheinander fünf Häuser standen und Haus 4 und die Kleinbauten 11 und 12 die

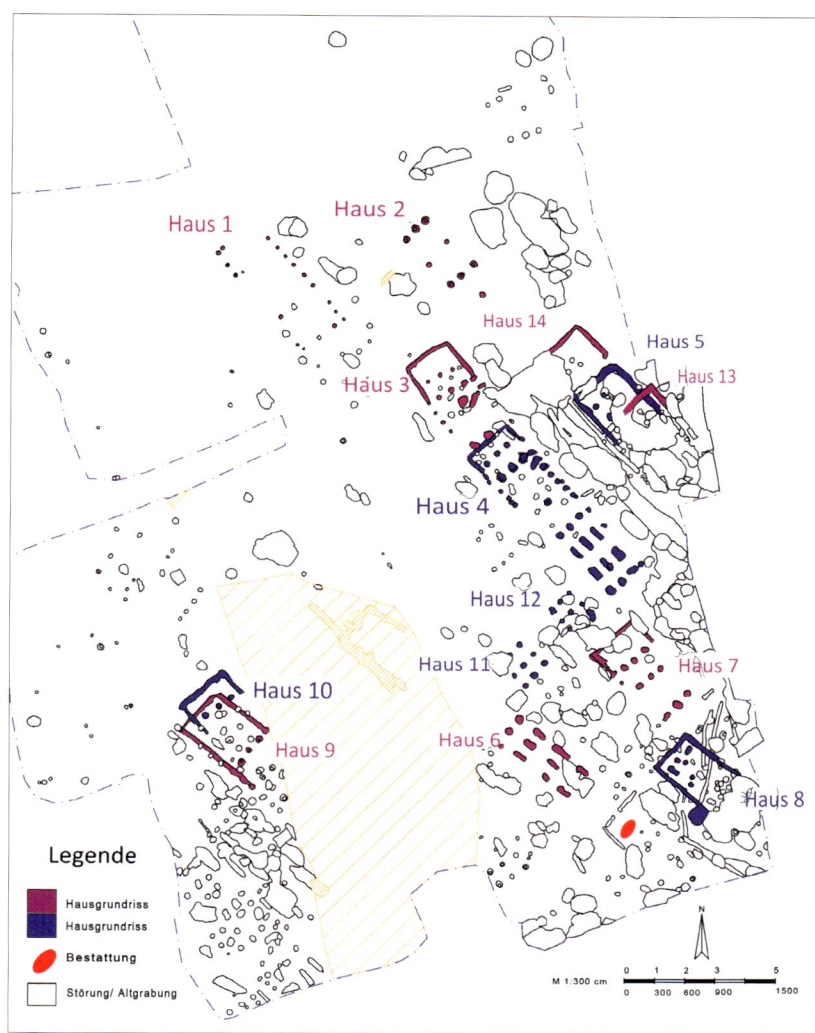

jüngsten Gebäude des Hofplatzes darstellen. Zu zwei weiteren Hofplätzen gehören wohl die Häuser 9 und 10 bzw. die Häuser 6–8. Aufgrund der Fundkeramik, die im Flombornstil verziert ist, lassen sich sämtliche Häuser – mit Ausnahme von Haus 1 und 2 – in die Ältere LBK (ca. 5300–5125 v. Chr.) datieren.

Selten in LBK-Fundstellen belegt sind zwei Rillensteine, die eine Sonderform der Schleifsteine darstellen (Abb. 11).

Bei den Häusern 1 und 2 handelt es sich um reine Pfostenbauten mit den Außenmaßen von 13,50 × 5,40 m bzw. 7,40 × 3,80 m. Aus den Pfostengruben bzw. einem benachbarten Grubenkomplex stammt neben Keramik der Äl-

10 *Utzwingen. Übersichtsplan Baugebiet „Hofäcker III" mit Hausgrundrissen und Kinderbestattung. Schraffiert die Grabungsflächen von 2000 und 2006.*

11 *Utzwingen. Sog. Rillenstein, ein Schleifstein mit unterschiedlich breiten und tiefen V-förmigen Rillen. An den Schmalseiten sowie auf der Unterseite befinden sich weitere Rillen. Maßstab 2 : 3.*

12 Utzwingen. Die Siedlungsbestattung eines Kindes aus der Zeit der Linienbandkeramik.

teren Linienbandkeramik auch eine Scherbe, die in die jüngste LBK/Übergang Stichbandkeramik datiert werden kann. Auffällig sind in Haus 2 die mit Brandlehm verfüllten Standspuren der Pfostengruben. In einer Standspur steckte zusätzlich eine Dechsel (Abb. 13). Diese wurde dort wohl intentionell nach Aufgabe des Gebäudes deponiert. Weiter im Süden, außerhalb der aktuellen Untersuchungsfläche, befinden sich zwei weitere Häuser mit vergleichbar verfüllten Pfostengruben. Daher ist es möglich, dass die Zerstörung der drei Häuser auf ein einziges flächendeckendes Brandereignis zurückgeht.

Erste nachweisbare Bestattung der LBK im Ries

Südwestlich von Haus 8 wurde eine 1,09 × 0,45 m große, Nordost-Südwest orientierte Grabgrube aufgedeckt (Abb. 12). Die Knochen sind in extrem schlechtem Zustand. Während vom fragmentierten Schädel immerhin noch der Oberkiefer mit Zähnen erhalten ist, war das postcraniale Skelett weitestgehend vergangen. Aufgrund der Größe handelt es sich mutmaßlich um eine Kinderbestattung. Eine rechtsseitige Hocklage kann noch erkannt werden. Der Schädel befindet sich im Nordosten, die Blickrichtung geht nach Nordwesten. Da sich keinerlei Beigaben fanden, wurde vom BLfD eine ^{14}C-Datierung in Auftrag gegeben. Das kalibrierte Kalenderalter liegt bei einer 2σ-Wahrscheinlichkeit von 95 % bei cal BC 5213–5013. Es handelt sich bei der Siedlungsbestattung in Utzwingen somit um die erste sichere Bestattung dieser Zeitstellung im Ries. In Nördlingen-Baldingen wurde eine männliche Hockerbestattung mit einer Silexklinge und Abschlag gefunden. Dort ist aber auch eine Zuweisung der Bestattung in das Mittelneolithikum möglich. Eine Bestattung in Wallerstein-Ehringen ist nur aufgrund der Beigabe einer Steinaxt und einer unverzierten Randscherbe in die Linienbandkeramik datiert. Die übrigen Befunde in der Umgebung des Grabes stammen aus anderen Zeitstufen. Auch eine Recherche im Fachinformationssystem des BLfD konnte im Ries, trotz einiger Dutzend linienbandkeramischer Fundstellen, keine weiteren Bestattungen ausfindig machen. Die Gründe dafür liegen zum Teil in der oft schlechten Knochenerhaltung, aber möglicherweise auch in anderen Bestattungsarten, wie z. B. in einigen der zahlreichen Höhlen am Rand des Rieskraters.

Schon Dorf oder noch Weiler?

Was die Siedlung in Utzwingen im Vergleich zu vielen anderen bekannten LBK-Siedlungen in Deutschland so besonders macht, sind die auffallend kurzen Abstände zwischen den einzelnen Hofplätzen, die damit weniger als locker gruppierter Weiler, sondern eher als Teil eines relativ dicht bebauten Dorfes zu verstehen sind. Ein Grund ist sicherlich in der nur begrenzt zur Verfügung stehenden Fläche zu suchen. Durch die andere Siedlungsstruktur verändert sich natürlich auch die Lage der bewirtschafteten Äcker zu den einzelnen Hofplätzen. Dies führt zu weiteren Fragen nach dem funktionalen und sozialen Umfeld und dem Wirtschaftsraum der Siedlung, die gegebenenfalls durch eine vertiefte Auswertung und weitere schon fest geplante Ausgrabungen in dem direkt östlich anschließenden neuen Baugebiet „Hofäcker Mitte" ab März 2022 beantwortet werden können.

Markus Arnolds

13 Utzwingen. Steingeräte. Länge der Dechsel links 12 cm.

Literatur C.-J. Kind, Ulm-Eggingen. Die Ausgrabungen 1982–1985 in der bandkeramischen Siedlung und der mittelalterlichen Wüstung. Forsch. u. Ber. Vor- u. Frühgesch. Baden-Württemberg 34 (Stuttgart 1989). – A. Neth, Eine Siedlung der frühen Bandkeramik in Gerlingen, Kreis Ludwigsburg. Forsch. u. Ber. Vor- u. Frühgesch. Baden-Württemberg 79 (Stuttgart 1999). – O. Rück, Arch. Jahr Bayern 2000, 17–19. – K. Staude, Arch. Jahr Bayern 2006, 11–13. – J. Pechtl, Stephansposching und sein Umfeld. Studien zum Altneolithikum im bayerischen Donauraum. Würzburger Stud. Vor- u. Frühgesch. Arch. 4 (Würzburg 2019).

Örtliche Grabungsleitung und anthropologische Bestimmung A. Wunderlich, Fa. ADA Archäologie GbR. – *^{14}C-Daten* S. Lindauer, Curt-Engelhorn-Zentrum Archäometrie gGmbH, Mannheim. – *FIS-Recherche* M. Fendt, BLfD.

Das Mittelneolithikum am Tor zur Hallertau – Siedlung der Stichbandkeramik in Mauern

Landkreis Freising, Oberbayern

Im Altsiedelland Hallertau

In Mauern, am Rande der im Donau-Isar-Hügelland gelegenen Hallertau, erlaubten bauvorgreifende archäologische Untersuchungen erneut einen Blick in die steinzeitliche Vergangenheit. Die Gegend war bereits seit der Ankunft der ersten sesshaften Ackerbauern zur Zeit der Linearbandkeramik besiedelt. Wo auf den Lössflächen im Einzugsgebiet des Mauerner Baches, auf einem Südhang gelegen, neuer Wohnraum entstehen soll, konnten auf einer Fläche von ca. 850 m² nun weitere archäologische Strukturen beobachtet werden, die mehrheitlich Zeugnis einer mittelneolithischen Besiedlung sind. Das jüngst ergrabene Areal schließt unmittelbar an die in den Jahren 2016 und 2017 untersuchten Bereiche des Baugebietes „Alpersdorf II" an. Dort konnten neben wenigen schnurkeramischen, vermutlich bronzezeitlichen und frühmittelalterlichen Befunden vor allem Hinterlassenschaften des Mittelneolithikums festgestellt werden. Das keramische Material entstammt dabei insbesondere dem späten oder jüngeren Abschnitt der bayerischen Gruppe der Stichbandkeramik, in wenigen Fällen der Gruppe Oberlauterbach.

Drei Gruben des Mittelneolithikums

Insbesondere Siedlungsspuren in Form von Pfostengruben, Gruben sowie eines Grabens sind das Ergebnis der 2021 durchgeführten Ausgrabung. Ein zu Teilen bereits in der Kampagne von 2016/17 ergrabener und noch bis zu 5 × 6 m erhaltener Grubenkomplex diente vermutlich als Materialentnahmegrube. Die Funktion einer 2,3 × 0,96 m breiten und 1,66 m tiefen Schlitzgrube muss, wie in so vielen Fällen, unklar bleiben. Sie reiht sich jedoch gut in die zahlreichen, meist Nordwest-Südost und somit entgegen der Hangrichtung orientierten Schlitzgruben des nördlich gelegenen Siedlungsareals ein. Die aufgedeckten Pfostengruben liegen, anders als in der Nachbarfläche „Alpersdorf II", ohne erkennbare Systematik vor. Auffallend waren die drei rundlichen, humos verfüllten und in unmittelbarer Nähe zueinander liegenden Gruben 27, 29 und 30 im westlichen Grabungsbereich (Abb. 14). Während Grube 29 nur wenige unverzierte Keramikscherben beinhaltete, lieferte die 2 × 1,9 m breite und 0,4 m tiefe, im Profil wannenförmige Grube 27 neben einer stichverzierten Scherbe mit Lochung ein „Paket" aus vier Silexklingen (Abb. 17). Das aus den Gruben stammende grob- und feinkeramische Material ist stets vorgeschichtlich bzw. neolithisch einzuordnen, die darunter befindlichen Stücke mit Stichzier verweisen auf das Mittelneolithikum. Als wesentlich jünger einzustufen ist der von Ost nach West verlaufende, fundleere Graben im östlichen Teil der Ausgrabungsfläche, welcher auf den Nachbarflächen stets die neolithischen Befunde störte.

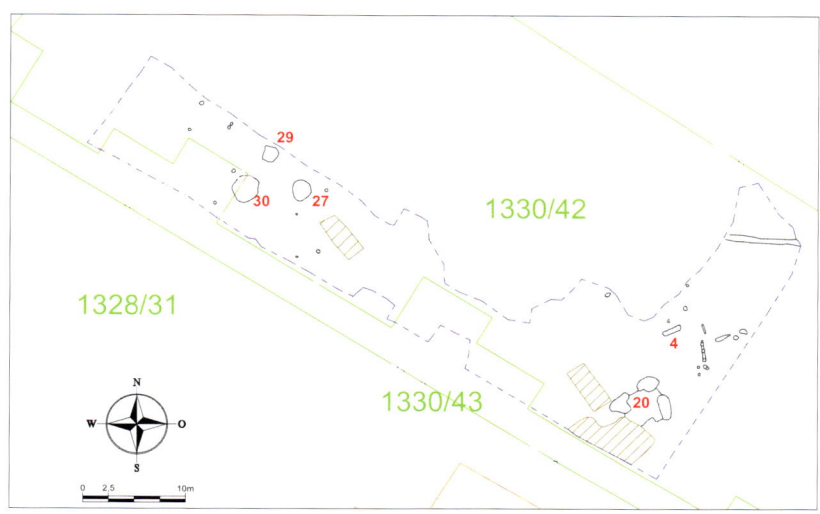

Stichverzierter Becher und Hörnchenknubben aus Grube 30

Von besonderer Bedeutung ist die im Planum runde, 2,5 × 2,8 m große und im Profil kessel- bis wannenförmige, 0,72 m tief erhaltene Grube 30. Nach und nach ließen sich dort zahlreiche verzierte Keramikreste bergen, die eine detailliertere zeitliche Einordnung in den jüngeren bis späten Abschnitt der bayerischen Gruppe der Stichbandkeramik zulassen. Es sind Gefäßreste, deren Außenseite mit überwiegend fein und eng gesetzten Stichen, in einem Fall mit zusätzlichen Ritzlinien, dekoriert wurde. Diese Dekorelemente ergeben unter anderem am oberen Gefäßrand horizontale umlaufende Bänder und auf dem Gefäßkörper Rautenmuster (Abb. 15). Ein zu zwei Dritteln erhaltener, im Block geborgener, kleiner Becher (Abb. 16) weist unterhalb des Bandes im Randbereich einen umfangreichen, leider nurmehr schlecht erkennbaren Stichdekor auf, bei dem es sich vermutlich um umlaufende Winkelbänder handelt. Er bedarf noch der Restaurierung. Neben einfachen Applikationen wie Ösen und Knubben auf grobkeramischen Scherben stechen zwei Hörnchenknubben (Abb. 18) hervor, die einst Bestandteil

14 *Mauern. Befundübersichtsplan Planum 1. Neben den Gruben 27, 29 und 30 sind die Schlitzgrube 4 sowie der Grubenkomplex 20 hervorzuheben.*

15 *Mauern. Gefäßkeramik der bayerischen Gruppe der Stichbandkeramik. Maßstab 2 : 3.*

16 *Mauern. Stichverzierter Becher in Grube 30.*

17 *Mauern. Vier Silexklingen aus Grube 27. Die beiden Klingen rechts sind endretuschiert. Maßstab 1 : 1.*

eines fein gearbeiteten Gefäßes gewesen sein dürften, wie beispielsweise eines aus Mauern-Alpersdorf bekannt ist. Letzteres wird in die nachfolgende Gruppe Oberlauterbach datiert, Hörnchenknubben setzten jedoch bereits im jüngeren Abschnitt der Stichbandkeramik ein.

Die Silices – Importe statt lokaler Produktion?

Unter den 23 Silices fanden sich vor allem Grundformen, und zwar Klingen und Lamellen. Geräte liegen nur in Form von einem Bohrer sowie endretuschierten Klingen vor. Die wenigen Absplisse, Abschläge und Trümmer vor Ort bzw. das Fehlen von Kernen und Präparationsabschlägen legen zunächst einen Import des Rohmaterials als fertige Grundformen nahe, auch wenn die Stichprobengröße für verlässliche Aussagen zu klein ist. Ein Vergleich mit den Silices aus den benachbarten Grabungsflächen wäre hier interessant. Für diese Hypothese spricht aber auch, dass keine klassischen Entrindungsabschläge angetroffen wurden. Kortexreste finden sich ausschließlich zu sehr geringen Teilen an Klingen und Lamellen. Im mittelneolithischen Inventar von Vilsbiburg-Solling legen die Bearbeiter aufgrund ähnlicher Beobachtungen daher nur eine sehr eingeschränkte Grundformenproduktion vor Ort bzw. eine nur eingeschränkte Rohmaterialversorgung nahe. Rohmaterial kommt – soweit makroskopisch bestimmbar – in Form von Jurahornstein vor. Die oben erwähnten Silexklingen aus Grube 27 (Abb. 17) sind in zwei Fällen endretuschiert, drei von vier Klingen tragen zudem typische Gebrauchsretuschen. Da alle Stücke proximal noch erhalten sind und Retuschen ggf. distal oder lateral auftreten, ist hier zunächst nicht von einer Schäftung auszugehen. Es handelt sich vermutlich um einfache Schneidewerkzeuge.

Archäobotanik: Erlen-Birken-Bruchwald und keine Kulturpflanzen

Aus den besonders humosen Gruben 20, 27, 29, 30, 52 und 53 wurden Bodenproben entnommen und geschlämmt. Neben den Resten von Nelke *Dianthus* sp. und möglicherweise Mastkraut *Sagina* sp., beides gewöhnliche Rasenpflanzen, ließen sich ein Samen der Schwarzerle *Alnus glutinosa* sowie eine Knospenschuppe einer weiteren Erlenart nachwei-

sen. Zwei weitere Samen gehören der Familie der Birkengewächse *Betulaceae* an, wobei einer der Gattung *Betula* zugeordnet werden kann. Beide Baumarten, Erle und Birke, stellten zusammen gegebenenfalls die natürliche Vegetation, möglicherweise in Form eines Erlen-Birken-Bruchwaldes, auf eher feuchtem und wohl öfter überschwemmtem Untergrund dar. Die kartierte Geologie des Standortes, welche sich aus einer Abschwemmmasse aus Schluff und nahe gelegenen Fluss- bzw. Bachablagerungen zusammensetzt, lässt eine solche Annahme durchaus zu. Reste von Kulturpflanzen, die Aufschluss über den betriebenen Ackerbau geben könnten, fehlen gänzlich. Ganz im Gegensatz dazu stehen die Ergebnisse zu einer Siedlung im nur 8 km entfernten Gammelsdorf. Dort traten gut erhaltene botanische Reste unter anderem von Einkorn,

Emmer und Lein im Kontext der Stichbandkeramik und der Gruppe Oberlauterbach zu Tage.

Das Bild vervollständigt sich
Mit den 2021 aufgedeckten Strukturen konnte ein weiterer Ausschnitt der bereits in den Jahren zuvor freigelegten mittelneolithischen Siedlung untersucht werden. Die Befunde und Funde fügen sich gut in das bekannte Bild und stützen die bisherige Annahme einer Besiedlung ausgehend vom entwickelten Abschnitt der bayerischen Gruppe der Stichbandkeramik bis in deren spätere Phase. Neben fein und grob gearbeiteter Keramik runden diverse Silices, darunter ein Bohrer und endretuschierte Klingen aus Jurahornstein, das Siedlungsinventar ab. Die wenigen archäobotanischen Reste lassen einen Bewuchs der Flächen entlang des Mauerner Baches von Birke und Erle vermuten, möglicherweise in Form eines Auen- oder Bruchwaldes. Der Anbau von Getreide fand vermutlich auf den weiter hangaufwärts gelegenen, trockeneren Lössflächen nördlich des Grabungsplatzes statt, was das Fehlen von Kulturpflanzen in den untersuchten Befunden erklären könnte. Insgesamt wäre eine umfassende wissenschaftliche Bearbeitung dieses inzwischen gut dokumentierten Platzes sehr wünschenswert, um einen präziseren Einblick in die Siedlungskontinuität und die Nutzung der Kleinregion in Mauern zu gewinnen.

18 *Mauern. Zwei Hörnchenknubben und ein Hörnchenknubbenansatz aus Grube 30. Auf der Knubbe links im Bild ist eine feine Stichzier erkennbar. Maßstab 2 : 3.*

Elena Maier, Delia Hurka, Amira Adaileh und Lea Eckert

Literatur M. Wild/B. Zach, Arch. Jahr Bayern 2014, 31–34 [Gammelsdorf]. – F. Eibl, Die Bayerische Gruppe der Stichbandkeramik und die Gruppe Oberlauterbach. Definition, Verbreitung und Untersuchungen zu Entwicklung sowie kultureller Stellung (Saarbrücken 2016). — M. Wild/Th. Richter/J. Pechtl, Die alt- und mittelneolithische Siedlung von Solling, Stadt Vilsbiburg. In: L. Husty/T. Link/J. Pechtl (Hrsg.), Neue Materialien des Bayerischen Neolithikums 3 – Tagung im Kloster Windberg vom 16. bis 18. November 2018. Würzburger Stud. Vor- u. Frühgesch. Arch. 6 (Würzburg 2020) 79–108.

Örtliche Grabungsleitung und -dokumentation E. Maier, Büro für Archäologie Neupert, Kozik und Simm, München. – *Archäobotanik* L. Eckert, Universität Augsburg.

Eine mittelneolithische Bestattung mit 144 Kalksteinperlen aus Altdorf

Landkreis Landshut, Niederbayern

Archäologische Untersuchungen auf der fruchtbaren Lössterrasse zwischen Altdorf und Landshut haben in den letzten Jahren immer wieder interessante Ergebnisse erbracht. Neben fundreichen Gruben der Münchshöfener Kultur konnten auch Teile einer Siedlung der mittleren Jungsteinzeit ergraben werden. Nach den bisherigen Erkenntnissen befand sich das Zentrum der mittelneolithischen Siedlung im südöstlichen Bereich des untersuchten Areals in der Nähe der Terrassenkante zum Isartal. Dort fanden sich in relativ dichter Befundlage verschiedene Hausgrundrisse mit begleitenden Gruben, Gräben und Pfostenreihen sowie eine Sonderbestattung mehrerer menschlicher Individuen in einer flachen Siedlungsgrube.

Befund 89: eine Bestattung im Graben
Im Sommer 2021 konnten aufgrund einer anstehenden Baumaßnahme weitere Teilbereiche dieses Siedlungsareals untersucht werden. Nördlich bzw. nordwestlich der bisher ergrabenen Flächen befanden sich größere Grubenkomplexe, die vermutlich zur Materialentnahme gedient hatten, sowie mehrere Schlitzgruben, deren exakte Funktion bisher nicht sicher geklärt ist. Da die Befunddichte nach Norden hin stark abnimmt, ist wohl davon auszugehen, dass hier bereits die Randbereiche der mittelneolithischen Siedlung erfasst sind. Überraschend kamen in diesem Bereich während des Oberbodenabtrags menschliche Knochen zum Vorschein. Beim vorsichtigen weiteren Abtiefen zeigte sich, dass es sich um ein beinahe vollständig erhaltenes Skelett handelte, das in einer sehr flachen, länglichovalen Grabgrube (Befund 89) innerhalb eines schmalen Grabens (Befund 93) niedergelegt worden war (Abb. 20).

Die Orientierung von Grabgrube und Skelett folgte der südwest-nordöstlichen Laufrichtung

19 Altdorf. Verschiedene Varianten von Kalksteinperlen aus Befund 89. Maßstab 3 : 2.

des Grabens. Dies lässt vermuten, dass der nur noch mit geringer Tiefe erhaltene Graben zum Zeitpunkt der Niederlegung der Bestattung oberflächlich noch sichtbar gewesen sein dürfte. Der Schädel befand sich auf der linken Seite liegend im Nordosten; dementsprechend richtete sich der Blick des bestatteten Individuums nach Südosten. Auch der Oberkörper war zur linken Seite gedreht. Der rechte Oberarm war knapp über dem Unterkiefer nach vorne gelegt, der Unterarm zum Schädel hin angewinkelt; der linke Oberarm fand sich unmittelbar vor dem Brustbereich mit eng nach oben angewinkeltem Unterarm. Die linke Hand war knapp unter dem rechten Oberarmknochen stark nach innen eingeklappt, wobei die Fingerknochen teilweise den Bereich des linken Schultergelenks überdeckten. Hüftbereich und Beine waren nur leicht zur linken Seite gedreht, wobei das rechte Bein beinahe voll durchgestreckt, das linke Bein leicht nach außen abgewinkelt war. Vermutlich handelte es sich bei dem bestatteten Individuum um eine jüngere, eventuell weibliche Person. Ob diese vorläufige Einschätzung zutreffend ist, wäre durch anthropologische Untersuchungen abzuklären.

Beim Freiputzen des Skeletts fanden sich im Bereich von Hals, Brust und Armen insgesamt 144 Perlen aus hellem Kalkstein (Abb. 19). Bei der überwiegenden Mehrzahl handelt es sich um ringförmige Exemplare. Die Abmessungen reichen von ca. 0,5 cm Durchmesser und 0,25 cm Breite bis zu 0,9 cm Durchmesser und 0,8 cm Breite. Die Seiten sind manchmal leicht abgeschrägt. Daneben kommen länglich-röhrenförmige Perlen vor, die ähnliche Durchmesser, aber Längen von 1,1 bis 1,8 cm erreichen können. Der Durchmesser der Durchlochung liegt bei den meisten Funden übereinstimmend bei etwa 0,3 cm. Wie sich zeigte, waren die unterschiedlichen Varianten für verschiedene Teile des Perlenschmucks bestimmt. Die kleineren Ringperlen fanden sich beinahe ausschließlich an Hals bzw. Nacken. Vor dem Hals waren in gewissem Abstand zueinander zunächst kleinere, im Brustbereich dann größere Exemplare der röhrenförmigen Variante sowie einige größere Ringperlen zu finden. Auffällige Konzentrationen von größeren Ringperlen konnten auf den Oberarmknochen knapp über den Ellenbogen festgestellt werden. Am linken Arm fanden sich noch in situ eng aneinander liegende Ringperlen in zwei übereinander angeordneten Strängen, darunter zahlreiche Beispiele mit abgeschrägten Seiten.

Auffällig ist, dass einige Perlen aus einem helleren Werkstoff mit deutlich poröserer Oberflächenstruktur gefertigt wurden. Offenbar be-

20 Altdorf. Das Grab Befund 89 in Planum 2, eingetieft in den flachen Graben Befund 93.

 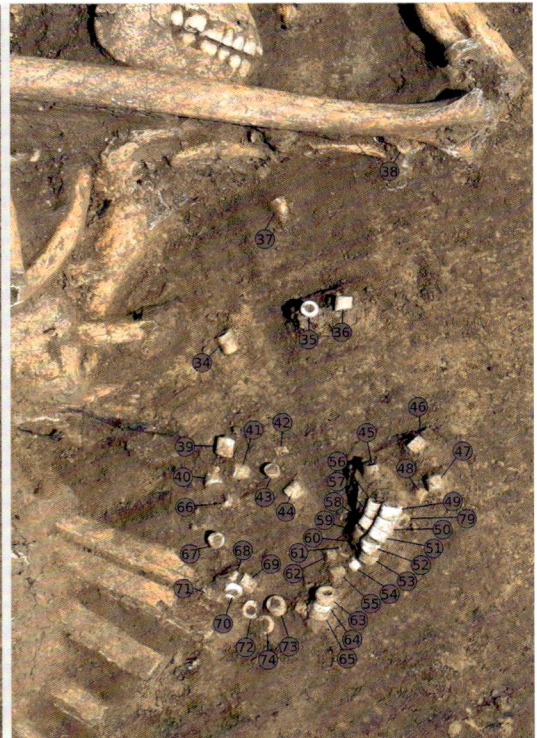

21 *Altdorf. Befund 89, Detailaufnahmen aus dem Brustbereich. Links Planum 2, rechts Planum 3 nach Wegnahme des linken Armes.*

nutzte man zur Herstellung dieser Stücke eine andere Gesteinsvarietät. Dieser erste Eindruck sollte durch petrografische Analysen weiter untersucht werden.

Datierung und Rekonstruktion
Abgesehen von den Perlen waren keine weiteren Bestandteile der Kleidung oder Beigaben vorhanden. Einige kleinteilig zerscherbte, offensichtlich zum Teil bereits mehrfach umgelagerte Keramikfragmente und eine an der Außenseite des rechten Oberschenkels anliegende, alt abgebrochene Klinge aus Arnhofener Plattensilex dürften wohl zufällig in die Grabgrube gelangt sein. Auch der Graben, in den die Grabgrube eingetieft war, erbrachte kein aussagekräftiges Fundmaterial. Dennoch kann das Grab über die Perlenfunde mit großer Wahrscheinlichkeit der mittleren Jungsteinzeit zugeordnet werden. Bestattungen mit derartigen Kalksteinperlen gelten im Südosten Bayerns gemeinhin als charakteristisch für das Mittelneolithikum, wobei sich eine Zeitstellung innerhalb der Gruppe Oberlauterbach andeutet. Dies dürfte wohl auch für den vorliegenden Befund anzunehmen sein, doch sollte eine ^{14}C-Beprobung des Skelettmaterials den Datierungsansatz absichern.

Durch den Neufund ergeben sich aufschlussreiche Details zu Kleidung bzw. Accessoires des Mittelneolithikums in der Region. Während die Perlen im Halsbereich durchaus als Teile einer Kette oder auch als eine Art Kragenbesatz interpretiert werden könnten, spricht die lockere Fundlage der größeren Perlen im Brustbereich eher für einzeln auf der Kleidung aufgenähte Stücke. Die beiden Perlenstränge unter dem linken Ellenbogen wirken im ersten Moment wie der untere Abschluss einer Kette (Abb. 21). Allerdings befanden sie sich eindeutig außerhalb des Brustbereiches und müssten daher im Zuge der Niederlegung des Leichnams stark verrutscht sein. Dies ist bei der ansonsten sehr sorgfältig erfolgten Positionierung des Skeletts jedoch wenig wahrscheinlich, zumal die Kette viel zu kurz gewesen wäre, um dabei unter den Ellenbogen zu geraten. Es ist vielmehr anzunehmen, dass es sich um einen mehrreihigen Gewandbesatz handelt, wie er unter anderem bei einer mittelneolithischen Bestattung aus Regensburg-Pürkelgut ebenfalls knapp über den Ellenbogen nachweisbar ist. Wie die ungestörte Fundlage in diesem Bereich zeigt, waren die Perlen nicht einzeln aufgenäht, sondern in einer Art zusammenhängender Girlande gefasst. Die mehrheitliche Verwendung von Exemplaren mit abgeschrägten Seiten ergab eine leichte Rundung, die an der Außenseite des Oberarmes knapp über dem Ellenbogen sicherlich ausgesprochen dekorativ gewirkt haben dürfte (Abb. 22).

Mit ihren 144 Perlen gehört die Bestattung von Altdorf neben denen von Regensburg-Pürkelgut, Künzing-Bruck und Landshut-Hascherkeller zu den am besten ausgestatteten Perlengräbern in Südostbayern. Möglicherweise wurden die Perlen in diesem Fall sogar vor Ort hergestellt. Funde von Kalksteinperlen (darunter auch Halbfabrikate), Silexbohrern und Glättsteinen aus mehreren 2018 ergrabenen mittelneolithischen Befunden legen nahe, dass

22 Altdorf. Rekonstruktion der beiden Perlenstränge vom linken Ellenbogen in Fundlage. Durchmesser der äußersten Perle links unten ca. 0,9 cm.

23 Altdorf. Scheibenperle aus der Siedlungsgrube Befund 41. Maßstab 2 : 1.

sich im zentralen Bereich der Siedlung eine kleine Produktionsstätte zur Schmuckherstellung befand.

Weitere Perlen- und Skelettfunde

Bei einem weiteren Perlenfund aus der Siedlungsgrube Befund 41 handelt es sich um ein ungewöhnliches Einzelstück (Abb. 23). Form und Material der Scheibenperle aus einer harten, sehr gut geglätteten Gesteinsvarietät unterscheiden sich deutlich von den mittelneolithischen Exemplaren. Das keramische Fundmaterial legt eine Datierung in die Zeit der Münchshöfener Kultur nahe.

Aus der Kegelstumpfgrube Befund 4 konnten die Überreste mehrerer menschlicher Individuen geborgen werden. Knapp über der Grubensohle fand sich der umgedrehte Oberschädel eines erwachsenen Menschen (Abb. 24).

Ob einige vereinzelt in der Grube gefundene, stark fragmentierte menschliche Knochen dem gleichen Individuum zuzuordnen sind, muss vorerst unklar bleiben. Ebenfalls im Bereich der Grubensohle kamen Skelettreste eines Kleinkindes zum Vorschein, bei dem die Milchzähne gerade durch das bleibende Gebiss ersetzt wurden. Der Zahnbefund weist mehrere Auffälligkeiten auf und dürfte bei der anthropologischen Untersuchung interessante Ergebnisse erbringen. Die nahe dem Schädel geborgenen Keramikfragmente sind der Gruppe Oberlauterbach zuzuordnen, während aus den oberflächennahen Bereichen der Grube mehrheitlich Fundmaterial der Münchshöfener Kultur geborgen wurde. Auch hier ist eine ^{14}C-Beprobung unverzichtbar, um zu einer eindeutigen Datierung der Skelettfunde zu kommen. Damit liegen aus der Altdorfer Siedlung aus den Grabungskampagnen 2017, 2018 und 2021 mittlerweile Überreste von mindestens zehn menschlichen Individuen vor. Eine ausführliche anthropologische und DNA-basierte Untersuchung dürfte aufschlussreiche Informationen zur mittelneolithischen und münchshöfenzeitlichen Population des Fundortes erbringen.

Christian Konrad Piller

Literatur F. Eibl, Die Bayerische Gruppe der Stichbandkeramik und die Gruppe Oberlauterbach. Definition, Verbreitung und Untersuchungen zu Entwicklung sowie kultureller Stellung (Saarbrücken 2016). – Ch. K. Piller/A. Adaileh, Arch. Jahr Bayern 2018, 30–32. – A. Adaileh/Ch. K. Piller, „Gutes aus der Region!" Schmuck und Tracht der mittleren Jungsteinzeit im Südosten Bayerns. Bayer. Arch. 2/2019, 10–13.

Grabungsleitung und -dokumentation Ch. K. Piller und A. Forster, Fa. A und C Archäologie GbR, Landau a.d. Isar.

24 Altdorf. Menschlicher Oberschädel auf der Sohle der Kegelstumpfgrube Befund 4.

Ein zweites Erdwerk der Münchshöfener Kultur bei Riekofen

Landkreis Regensburg, Oberpfalz

Straßenausbau zwischen Riekofen und Sünching

Im Zuge des Ausbaus der Staatsstraße St 2146 fand ab Herbst 2020 eine gut ein Jahr dauernde Grabungskampagne statt. Die Straßentrasse zieht über eine ausgedehnte, leicht nach Nordosten hin abfallende und im Süden durch das niederbayerische Hügelland begrenzte Lössfläche am südwestlichen Rand des Gäubodens, einer der fruchtbarsten und daher denkmalreichsten Regionen Bayerns.

Es verwundert deshalb kaum, dass die Straße zahlreiche prähistorische Fundstellen quert. Zu nennen sind hier u. a. Siedlungen der Stichbandkeramik und der Oberlauterbacher Gruppe, der frühen bis mittleren Bronzezeit sowie der Hallstatt- und beginnenden Latènezeit. Zudem konnten Siedlungsbefunde der späten römischen Kaiserzeit und des Mittelalters sowie ein frühneuzeitlicher Lehmentnahmekomplex beobachtet werden. Hinzu kommen mehrere reich ausgestattete Gräber des 7. Jahrhunderts n. Chr.

Herausragend unter diesen Befunden ist ein Grabenwerk der jungneolithischen Münchshöfener Kultur, das sich westlich von Hartham und nur 1,4 km südlich einer zeitgleich existierenden, bereits 1994/95 untersuchten Doppelkreisgrabenanlage am östlichen Ortsrand von Riekofen befindet.

Das Erdwerk

Das Grabenwerk liegt am Fuße eines in Richtung Norden abfallenden Hanges, eines Ausläufers des niederbayerischen Hügellandes, in einer leichten Geländesenke. Es besteht aus vier Gräben, zwei großen Außengräben und zwei kleinen Innengräben, die einen ova-

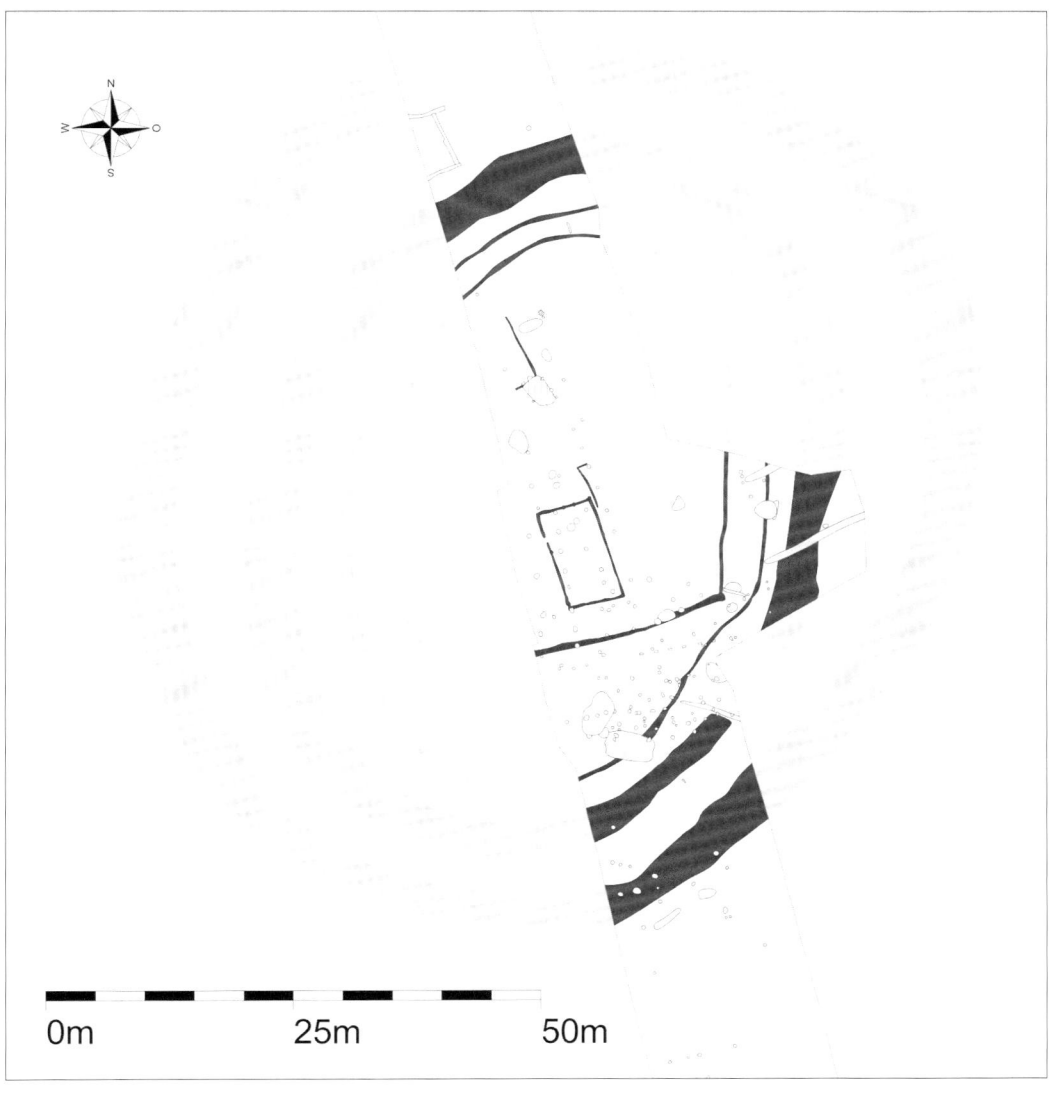

25 *Riekofen. Schematischer Plan des Münchshöfener Erdwerks. Hellgrau: rekonstruierte Abschnitte.*

len Grundriss mit Südsüdwest-Nordnordost ausgerichteter Längsachse bilden (Abb. 25). In den freigelegten Flächen ließ es sich über 81,5 m Länge und 28 m Breite verfolgen, wird aber ehemals eine Größe von etwa 110 × 70 m gehabt haben.

Erdwerke von ovaler Grundform sind in der Münchshöfener Kultur vergleichsweise selten – meist verfügen sie über abgerundet rechteckige Grabensysteme. Einzig das zweite Riekofener Erdwerk gleicht dem hier vorgestellten, ist jedoch mit 72,5 × 53,3 m um ein Drittel kleiner.

Die Außengräben

Der äußere Außengraben, ein maximal 1,12 m tiefer Sohlgraben, war nur im Süden der Grabungsfläche auf 15 m Länge nachweisbar, nicht jedoch im Norden. Es ist möglich, dass sich dort ehemals eine Öffnung bzw. Eingangssituation der Anlage befand.

Im Gegensatz zum äußeren Graben war der innere Außengraben überall, wo man ihn in der Grabungsfläche erwartete, auch nachweisbar. Im Südosten gab es eine Eingangssituation, wobei die Grabenunterbrechung zwischen 2,5 und 10 m breit gewesen sein muss.

Im Schnitt war der innere Außengraben mit 0,8–1,59 m deutlich tiefer als der äußere Graben, wobei sich insbesondere zum Grabenkopf hin ein deutlicher Abfall der Befundsohle beobachten ließ. Zudem konnten zwei verschiedene Bauphasen festgestellt werden: Er war zunächst als Spitzgraben angelegt und zu einem späteren Zeitpunkt erneut angegraben worden. Hierbei wurde der ältere Grabenabschnitt entweder komplett in den jüngeren Graben integriert oder blieb als Restbefund unter ihm bestehen. Die jüngere Aushubphase stellt sich gewöhnlich als breiterer Spitzgraben oder häufiger als Sohlgraben dar.

Die Innengräben

Innerhalb der beiden großen Außengräben befanden sich zwei kleinere Innengräben, die mit einer Breite von maximal 0,89 m deutlich schmaler waren als die 2,6–5,6 m breiten Außengräben.

Der äußere dieser beiden Innengräben verlief nahezu gleichläufig zu den Außengräben. Lediglich im Südosten erschien er minimal einziehend, was auf die Nähe zum Grabendurchlass in den Außengräben zurückzuführen sein mag. Das Gräbchen, das im Süden deutlich besser erhalten war als im Norden, reichte bis zu 52 cm tief in den anstehenden Boden. In den Längsprofilen verlief es leicht gewellt, aber annährend höhenkonstant, in den Querprofilen war es U- bis V-förmig.

Nahezu identisch war der innere Innengraben beschaffen, griff jedoch etwas tiefer in das Erdreich ein. Das bis zu 69 cm tiefe Gräbchen verlief im Norden und Osten gleichläufig zu den weiter außen gelegenen Gräben. Im Südosten aber knickte es um, sodass sich hier eine annährend rechteckige Form andeutet. Vor allem im südlichen Grabenabschnitt zeigten sich eng nebeneinander gesetzte, 30–45 cm durchmessende und bis zu 55 cm tiefe Pfostenstandspuren, bei denen es sich offenbar um die Reste einer hölzernen Palisade handelt (Abb. 26).

Die Innenbebauung

Bemerkenswert an der Kreisgrabenanlage ist, dass sich in ihrem Zentrum, umgeben von Palisaden und mächtigen Grabensystemen, die Grundrisse dreier Nordnordwest-Südsüdost orientierter Wandgräbchenbauten befanden.

Hausgrundrisse der Münchshöfener Kultur, insbesondere Wandgräbchenbauten, sind vergleichsweise selten. Obgleich in den letzten Jahren entscheidende Fortschritte in ihrer Erforschung gemacht wurden, sind bislang nur acht weitere Beispiele bekannt: je eines aus den Landkreisen Regensburg und Kelheim, sechs aus dem Landkreis Eichstätt. Chronologisch sind alle der mittleren bis späten Münchshöfener Kultur zuzuweisen.

Die drei Riekofener Gebäude, von denen zwei nur partiell erhalten sind, ähneln den bekannten Beispielen, sind im Schnitt jedoch etwas kleiner. Das komplett erhaltene Gebäude hatte eine Länge von 10,9 m bei 5,7 m Breite. Die Wandgräbchen, deren Breite zwischen 15 und 35 cm schwankte, erschienen im Querschnitt zumeist U-förmig und waren noch 7–46 cm tief, wobei sie im Süden generell tiefer reichten als im Norden. Eine etwa 60 cm breite Öffnung in der Westwand zeigt eine Eingangssituation an.

26 *Riekofen. Palisadenstellungen im südlichen Abschnitt des inneren Innengrabens.*

Innerhalb der Wandgräbchen ließen sich vereinzelte Pfostenstellungen beobachten, die Hinweise über den Aufbau des ehemaligen Gebäudes geben. So waren unter anderem drei (von ehemals fünf) Pfostengruben an der nördlichen Schmalseite des Gebäudes deutlich erkennbar. Sie zeigen an, dass das Gebäude von großen Firstpfosten dominiert wurde, die auf eine Satteldachkonstruktion hindeuten.

Aufgrund der Ähnlichkeit sowie der identischen Ausrichtung der drei Wandgräbchenbauten ist von einem gleichzeitigen bzw. zeitnahen Bestehen der Häuser auszugehen.

Die Funde

Die Funde – Keramik, Steinartefakte, verziegelter Lehm, Tierknochen – stammen überwiegend aus den Gräben des Erdwerks. Ihre Verteilung zeigt, dass überraschend wenig Fundgut aus dem äußeren, deutlich mehr hingegen aus dem inneren Außengraben geborgen werden konnte. Auch die Innengräben enthielten recht wenig Fundmaterial, wobei dies wohl vorrangig auf ihr geringeres Erdvolumen zurückzuführen ist.

Eine deutliche Zunahme der Fundmengen ließ sich an den Grabenköpfen im inneren Außengraben beobachten. Interessanterweise kommt es zu einem vergleichbaren Anstieg an Funden auch im Norden des Erdwerks – dort, wo sich die vermutete Öffnung im äußeren Außengraben befindet. Vermutlich wurde in den stärker frequentierten Bereichen des Erdwerks, d. h. an seinen Zugängen, vermehrt Abfall entsorgt. Auffällige Fundkonzentrationen im Bereich der Innenbebauung traten nicht auf.

Allgemein unterscheidet sich das Fundmaterial aus Gräben und Hausstellen nicht. Das Formgut ist sehr einheitlich und – ebenso wie die Funde aus dem zweiten Riekofener Erdwerk – stilistisch der Stufe Osterhofen-Altenmarkt zuzuweisen, also dem frühen Spät-Münchshöfen (4240–4060 v. Chr.; Abb. 27).

Als Leitformen finden sich gedrungene Tassen mit randständigem Henkel und reicher Verzierung aus Winkelbändern, Furchenstich, Pfeilstich sowie einer markanten Kreuzschraffur. Daneben gibt es Schüsseln mit einziehender Mündung, Knickwandschalen mit Kerbreihen an Rand und Umbruch, Schultergefäße, vereinzelte Tüllenlöffel und Fußschalen mit kleinem Fuß. Gelegentlich zeigt sich auf einigen Scherben eine sandige Schlickrauung. Auffällig im Formenspektrum des Erdwerks ist einzig das Fragment einer Michelsberger Ösenkranzflasche, die als Indiz für überregionalen Handel dienen kann (Abb. 27,6).

Zusammenfassung

Das jüngst ergrabene Erdwerk stellt einen außergewöhnlichen Befundkomplex dar, insbesondere die Hausgrundrisse der Münchshöfener Kultur sind eine Seltenheit. Auch die Nähe zwischen den beiden zeitgleichen, bei Riekofen gelegenen Erdwerken und ihre Ähnlichkeit in Bezug auf ihren Aufbau und ihr Fundspektrum sind bemerkenswert. Eine gemeinsame wissenschaftliche Auswertung der Anlagen hinsichtlich ihrer Funktion und ihres Einflusses auf die unmittelbare Umgebung könnte der Forschung wertvolle Ansätze liefern.

Rebecca Münds-Lugauer und Teresa Losert

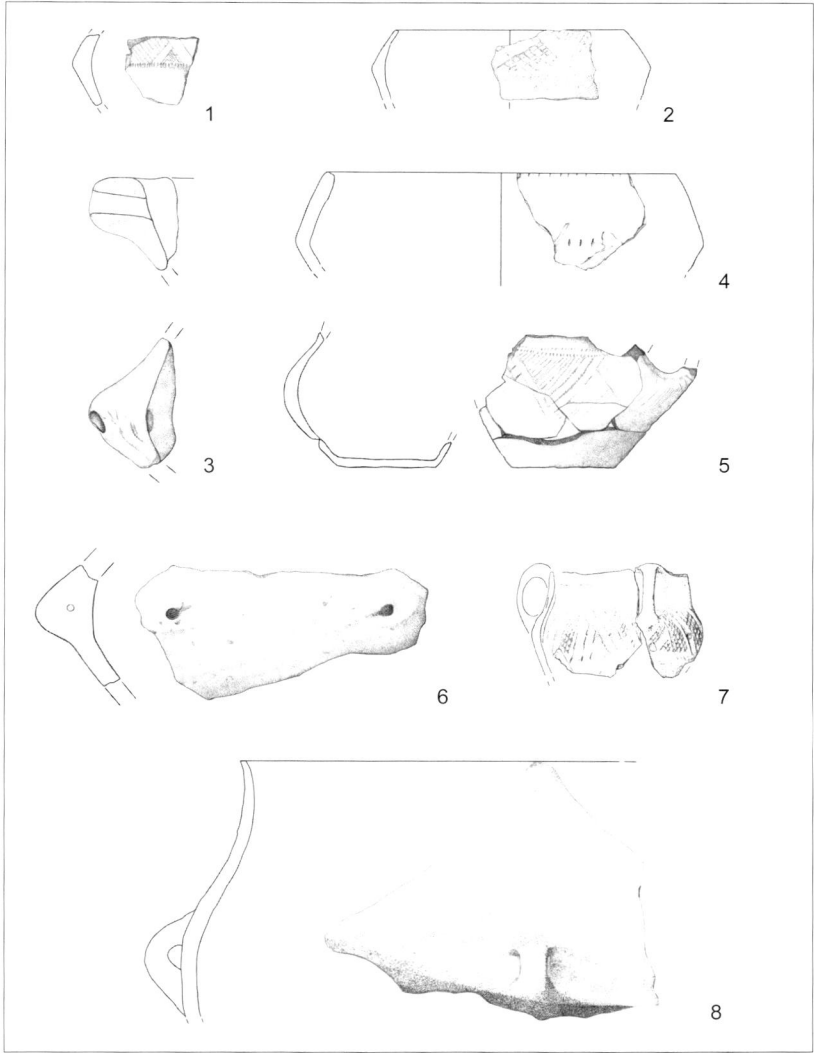

27 Riekofen. Funde aus dem Münchshöfener Erdwerk. Maßstab 1 : 4.

Literatur A. Tillmann, Eine Doppelkreisgrabenanlage der Pollinger Kultur aus Riekofen, Lkr. Regensburg. In: Beiträge zur Archäologie in der Oberpfalz 1 (Regensburg 1997) 123–129. – D. Meixner, Fossae sub muris tectae – Neolithische Hausgrundrisse unter einer römischen villa rustica bei Gaimersheim, Lkr. Eichstätt (Oberbayern). In: J. Pechtl/T. Link/L. Husty (Hrsg.), Neue Materialien des bayerischen Neolithikums 1. Tagung im Kloster Windberg vom 21. bis 23. November 2014. Würzburger Stud. Vor- u. Frühgesch. Arch. 2 (Würzburg 2016) 87–97. – D. Meixner, Alles „klassisch"? – Überlegungen zur inneren Chronologie der frühjungneolithischen Münchshöfener Kultur. Bayer. Vorgeschbl. 82, 2017, 7–55.

Örtliche Grabungsleitung R. Münds-Lugauer, Pro Arch GmbH, Ingolstadt. – *Technische Grabungsleitung* T. Losert, Pro Arch GmbH, Ingolstadt. – *Dokumentationsassistenz* Zs. Bálint, Pro Arch GmbH, Ingolstadt. – *Vermessung und Planerstellung* M. Rakos, Pro Arch GmbH, Ingolstadt. – *Finanzierung* Staatliches Bauamt Regensburg.

An der Peripherie des Lengyel-Kreises: Ein Münchshöfener Erdwerk bei Mangolding

Gemeinde Mintraching, Landkreis Regensburg, Oberpfalz

Der lössbedeckte Gäuboden südöstlich von Regensburg gehört zu den fundreichen Altsiedlungsgebieten. Eine großflächige Magnetprospektion der Landschaft zwischen Mangolding und Mintraching, die am bekannten bandkeramischen Fundkomplex ansetzte, hat mittlerweile zahlreiche archäologische Strukturen erbracht, darunter das südlich der Pfatter gelegene linienbandkeramische (LBK) Erdwerk „Herzogsmühlbreite" (Erdwerk 1: Arch. Jahr Bayern 2019, 14 ff.). Nördlich des Bachlaufes wurde im „Pfatterfeld" eine Reihe sich überschneidender Grabenanlagen detektiert, deren zeitliche Entwirrung einen erheblichen Beitrag zur Biografie des Platzes darstellen wird (Abb. 28).

Grabenwerke an der Pfatter

Erdwerk 2 bildet einen unregelmäßigen Kreis mit einem größten Durchmesser von etwa 160 m (Abb. 28, rot). Der Graben konnte 2021 mehrfach geschnitten werden. Die Profile zeigen erhebliche Unterschiede in Form und Dimension: In den breiteren Bereichen wurde ein wannenförmiger Sohlgraben ausgeführt, in schmaleren Zonen ist ein flüchtig gestalteter Spitzgraben zu erkennen. Die Breite schwankt zwischen 2,1 und 6,2 m, die Tiefe unter der heutigen Geländeoberfläche zwischen 1,4 und 2,2 m. Berücksichtigt man den mittlerweile vollständigen Verlust des Bt-Horizontes der ehemaligen Parabraunerde, so ist von einer einstigen Grabentiefe von bis zu 3 m auszugehen. Trotz der unterschiedlichen Bauausführung einzelner Strecken – der Graben ist beispielsweise an seiner tiefsten Stelle am schmalsten – gibt es keine Hinweise auf ein Grubenwerk vom Typ Rosheim „Sainte-Odile" (Unterelsass). Dagegen spricht auch der Magnetbefund, der einen gleichförmigen Grabenverlauf erkennen lässt, ohne Hinweise auf Erdbrücken oder architektonisch besonders hervorgehobene Zugangsbereiche. Eine längerfristige Instandhaltung der Anlage durch Ausräumen von eingeflossenem Erdreich oder ein erneutes Einschneiden der Grabenwände war nicht feststellbar.

Graben 3 verläuft leicht trapezförmig mit Seitenlängen von 70 bis 100 m (Abb. 28, blau). Er ist 2,0 m breit und 1,3 m tief. Charakteristische Fragmente von Kegelhalsgefäßen und teils verzierten Schalen lassen ihn als hallstattzeitlich erscheinen. Möglicherweise zugehörige Bauelemente könnten eine innere Abgrenzung des nordöstlichen Bereiches und ein nördlich vorgelagerter Ausbau darstellen. Das Grabenwerk liegt etwa 1 km südwestlich des Herrenhofes Mintraching „Kellerfeld" und erinnert in seiner Form an das etwa 20 km südöstlich gelegene umzäunte Mehrhausgehöft von Geiselhöring (Lkr. Straubing-Bogen).

Der kleine Graben 4 erstreckt sich über etwa 35 m parallel zur nordöstlichen Innenseite von Erdwerk 2 und könnte mit ihm in funktionaler Beziehung gestanden haben (Abb. 28, orange). Er ist lediglich 0,8 m breit und 1,3 m tief. Möglicherweise wurde Graben 4 bereits im Mittelneolithikum angelegt. In den beiden stich- und ritzverzierten Stücken (Abb. 29,1–2) spiegelt sich innerhalb des Südostbayerischen Mittelneolithikums (SOB) eine weite zeitliche Spanne.

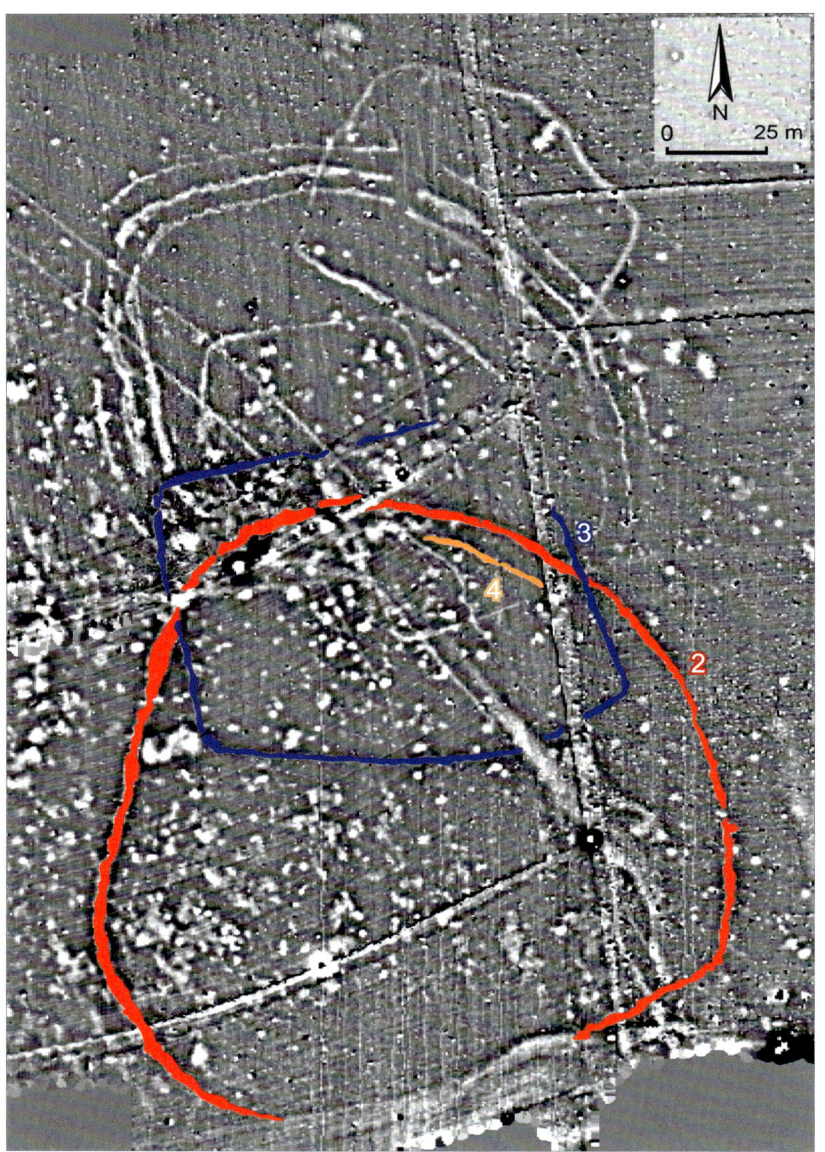

28 *Mangolding. Grabenwerke an der Gemarkungsgrenze nach Mintraching nördlich der Pfatter. Die hier behandelten Gräben 2 (rot), 3 (blau) und 4 (orange) sind auf dem Graustufenbild farblich hervorgehoben.*

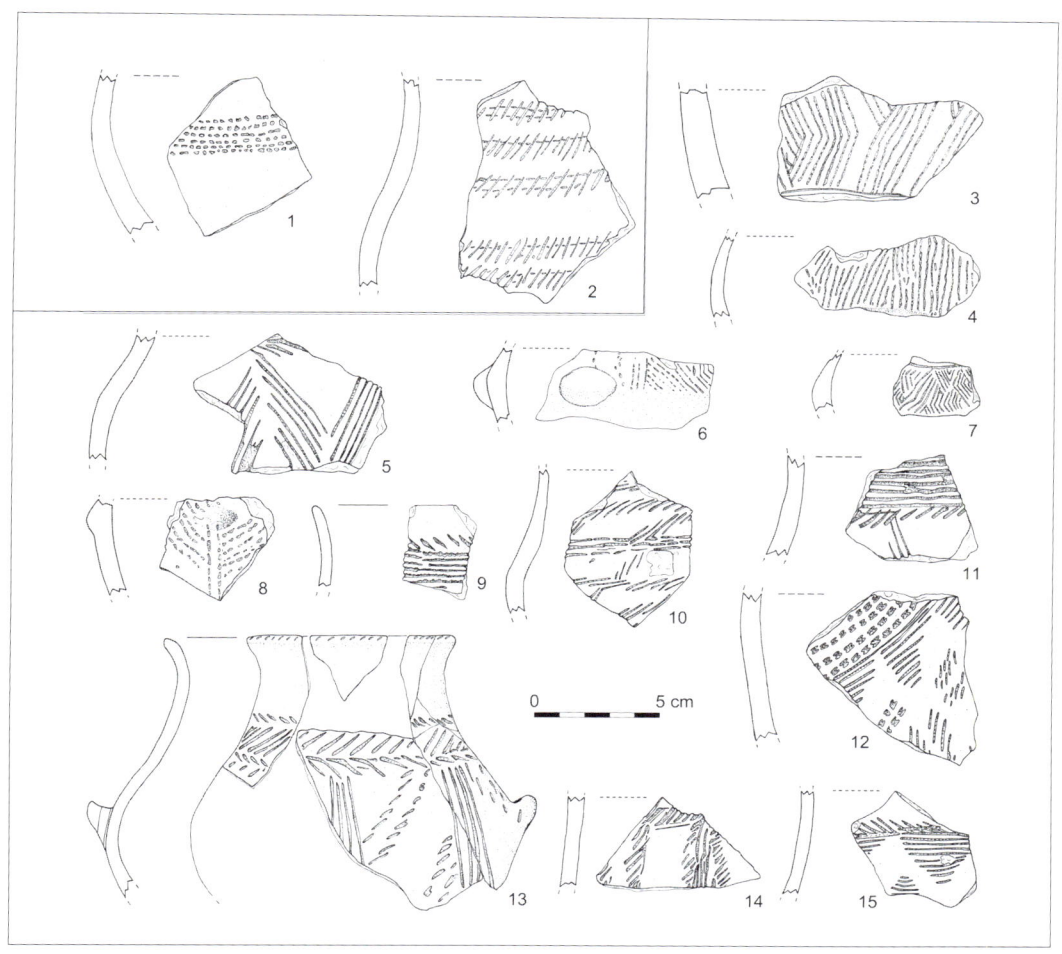

29 Mangolding. Graben 4 (1–2) erbrachte SOB, Graben 2 (3–15) spätes SOB und mittleres Münchshöfen. Maßstab 1 : 3.

Funde

Die Grabenverfüllung der Anlage 2 erbrachte ein umfangreicheres Fundinventar, darunter Keramik, Silices und Steingeräte sowie tierische und menschliche Knochen. Die Keramik der alt-, mittel- und jungneolithischen Zeitstufen, in denen das Gelände in manchen Bereichen dicht besiedelt war, wurde in den Horizontabstichen der Ausgrabung durchmischt vorgefunden. Ein zeitlich gestufter Verfüllungsprozess ließ sich nicht erkennen.

Die Keramikserie beginnt mit der ältesten LBK, gefolgt von notenkopfverzierter Ware. Während gestochene, mittelneolithische Motive eher selten sind (Abb. 29,8), tritt der Oberlauterbacher Zierstil in seiner jüngeren Ausprägung stärker in Erscheinung (Abb. 29,10.13). Als Gefäßformen sind ritzverzierte Becher mit gekerbtem Rand (Abb. 29,13) und flachbodige, steilwandige Schirmständer (Abb. 29,12) zu erkennen. Dem mittleren Münchshöfener Horizont Wallersdorf/Enzkofen sind mit Flechtbandmustern in spitzem Furchenstich dekorierte Stücke (Abb. 29,3.4.6.7) zuzuweisen, die teilweise von Pilzschulterbechern stammen. Außerdem treten Schalen mit einbiegendem Rand und unterrandständige Ösen auf. Die Verfüllung des Erdwerkes datiert somit in die beginnende zweite Hälfte des 5. Jahrtausends v. Chr.; vermutlich wurde es auch in dieser Zeit auf einem altbesiedelten Platz ausgehoben.

Menschliche Überreste

Aus dem breitesten Bereich des Grabens 2 stammen die Knochen mehrerer menschlicher Individuen, darunter der Skelett-Torso eines Infans I (Abb. 30). Er lag nur wenige Zentimeter über der Grabensohle. Beigaben waren nicht vorhanden, eine Grabkonstruktion war nicht erkennbar. Die Deponierung erinnert an den Fund eines Kinderskelettes aus dem annähernd zeitgleichen Grabenwerk von Meitingen-Langenreichen (Lkr. Augsburg), die Toten

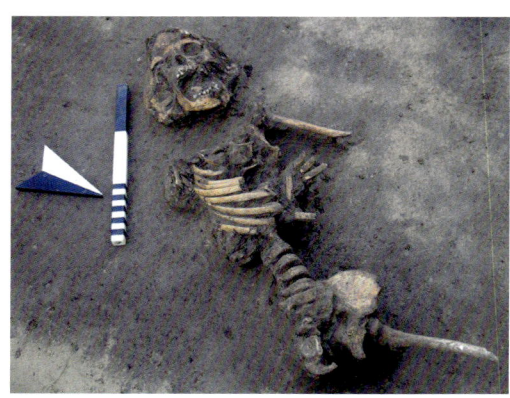

30 Mangolding. Blick auf die Grabensohle mit dem Torso eines Kinderskeletts im nordwestlichen Bereich von Erdwerk 2.

im mittel- bis spätmünchshöfenzeitlichen Grabenring 1 von Oberschneiding-Riedling und entfernt an die Beobachtungen im niederbayerischen Atting-Rinkam (beide Lkr. Straubing-Bogen).

Monumentales Gemeinschaftswerk
Das Erdwerk 2 von Mangolding gehört zu den über zwei Dutzend umfassenden Münchshöfener Grabenanlagen, die allerdings hinsichtlich Form, Größe und Nutzungsdauer sehr heterogen sind. Es ist mit einer Innenfläche von 1,8 ha verhältnismäßig groß und in dieser Hinsicht am ehesten der etwas jüngeren Anlage Riedling 1 mit 1,6 ha an die Seite zu stellen. Der monumentale Mangoldinger Bau war ein großes Gemeinschaftswerk und kann auch als Manifestation stärkerer sozialer Integration verstanden werden; hier wurden gemeinsame Überzeugungen bestätigt und tradiert.

Weiträumige Kontakte
Das Erdwerk wurde in einem von der späten donauländischen Lengyeltradition beeinflussten Gebiet errichtet. Das mittlere Münchshöfen lässt sich nach Westen (Aichbühl) und Norden (Gatersleben) mit mitteleuropäischen Ausläufern der späten Lengyel-Kultur verbinden. Nach Westen zeigen sich zudem Beziehungen zu den Epi-Rössener Gruppen Bischheim und Schwieberdingen (sogenannte Schulterbandgruppen), während sich nach Osten Verknüpfungen mit dem Spätlengyel-Horizont ergeben (MMK IIb–c und MOG IIa–b). Trotz weitgespannter Kontakte nahm Münchshöfen aber offensichtlich nicht am jungneolithisch-kupferzeitlichen Austausch von Prestigegütern teil.

Thomas Saile, Martin Posselt und Florian Reitmaier

Literatur D. Meixner, Alles „klassisch"? Überlegungen zur inneren Chronologie der frühjungneolithischen Münchshöfener Kultur. Bayer. Vorgeschbl. 82, 2017, 7–56. – C. Jeunesse, The fifth millennium BC in central Europe. Minor changes, structural continuity: a period of cultural stability. In: M. Gleser/D. Hofmann (Hrsg.), Contacts, Boundaries, and Innovation in the fifth millennium (Leiden 2019) 105–127. – M. Posselt/Th. Saile, Arch. Jahr Bayern 2019, 14–17. – A. Perutka/F. Schreil/D. Hofmann/M. Szilágyi/J. Ewersen/L. Husty/C. Sarkady/G. Grupe, Conspicuous burials in a Neolithic enclosure at Riedling (Bavaria, Germany) – A selection of individuals? Journal Arch. Scien. Reports 39, 2021, article 103154. https://doi.org/10.1016/j.jasrep.2021.103154.

Magnetprospektion M. Posselt. – *Örtliche Grabungsleitung* F. Reitmaier.

Eine schnurkeramische Bestattung mit Grabeinbau in Ickelheim

Stadt Bad Windsheim, Landkreis Neustadt a.d. Aisch-Bad Windsheim, Mittelfranken

Glücklich darf man die Umstände nennen, welche zur Entdeckung einer außergewöhnlich komplexen schnurkeramischen Bestattung am Rande der Windsheimer Bucht führten. So war es der zuständige Gebietsreferent Christoph Lobinger, dem innerhalb eines denkmalfachlich nicht begleiteten Baufeldes am nördlichen Ortsrand von Ickelheim eine langrechteckige Verfärbung auffiel. Diese war in den zähbindigen Geschiebelehm des lokal anstehenden Keupers eingebracht. Sie wies eine Länge von knapp 2 m bei einer Breite von ungefähr 0,9 m auf, wobei die westliche Seite leicht unregelmäßig gerundet erschien, während die Ecken im Nordosten und Südosten gleichmäßig gerundet waren. Die Ausrichtung der Längsachse kann mit Westsüdwest-Ostnordost angegeben werden. Ausprägung und Bemaßung des Befundes ließen auf eine vorgeschichtliche Grabstätte schließen.

Grabausstattung: Keramikgefäß, Steinbeil, Silexdoch, Knochennadel

Planum 2 entsprach der Bestattungsebene. Insgesamt war die Knochensubstanz in relativ gutem Zustand. Lediglich der Schädel war aufgrund der Erdlast komprimiert und die Gelenkköpfe, Teile des Beckens sowie ein Großteil der äußeren Rippen waren durch die Lagerung im Boden teils stärker in Mitleidenschaft gezogen. Der anthropologischen Bestimmung zufolge handelt es sich um einen im adulten Alter verstorbenen Mann. Die Körpergröße kann auf ca. 178 cm geschätzt werden. Patho-

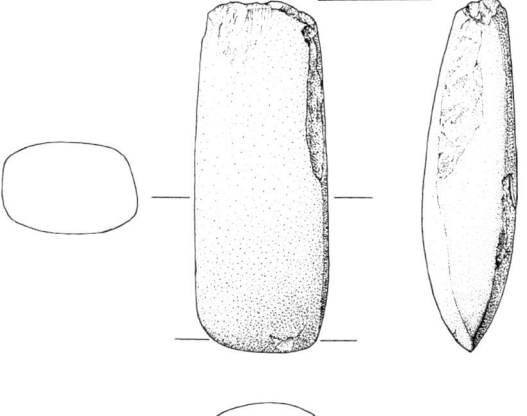

31 *Ickelheim. Beilklinge aus Felsgestein. Maßstab 1 : 2.*

logische Veränderungen liegen nicht vor. Der Mann lag in Hockerstellung auf der linken Körperseite mit Kopf im Westen und Blick nach Norden.

Neben den sterblichen Überresten wurde ein vergleichsweise reichhaltiges Beigabenensemble angetroffen. Hierzu gehört zunächst ein Keramikgefäß, welches hinter dem Kopf des Verstorbenen deponiert worden war. Die Keramik war zum Zeitpunkt der Freilegung stark zerscherbt und, wie für schnurkeramische Gefäßkeramik leider nicht unüblich, stark aufgeweicht. Trotz einer Bergung im Block war die Gefäßform nicht mehr rekonstruierbar. Lediglich einige horizontale Schnureindrücke auf einigen Wandscherben geben Hinweise, dass es sich möglicherweise um einen Becher der schnurkeramischen Kultur handelt. Als weitere Beigabe ist ein Beil aus Felsgestein, dem ersten Anschein nach aus Amphibolit, zu nennen (Abb. 31). Das leicht asymmetrisch geneigte, walzenförmige Beil war an den Längsseiten jeweils flau facettiert und stellenweise beschädigt. Aufgrund der Lage im Grab, hinter dem Schädel, darf angenommen werden, dass der vergangene hölzerne Schaft auf der rechten Körperseite des Toten drapiert wurde. Vermutlich hatte er ihn in der rechten Hand gehalten. Über dem Becken des Bestatteten lag, etwa parallel zur Gürtellinie, die 11,6 cm lange Klinge eines Silexdolches (Abb. 32). Der Griff und die anzunehmende Scheide bzw. ein Futteral der exquisiten Beigabe haben die Lagerung im Boden nicht überdauert. Die Fundlage deutet eine Trageweise an einem Gürtel an. Es handelt sich bei der Klinge um einen sogenannten Spandolch, das Material ist vermutlich süddeutscher Plattenhornstein. Besonders reizvoll wirkt die graue Bänderung auf der Klingenmitte: Sie scheint einen Mittelgrat auf der Ventralseite der Klinge imitieren zu wollen. Auf der Dorsalseite liegt der annähernd schneidenparallele Farbstrich exakt am Mittelgrat. Auch eine neben dem Dolch aufgefundene, knapp 14 cm lange Knochennadel

32 *Ickelheim. Silexdolch (1) und Knochennadel (2) im schnurkeramischen Grab. Länge der Klinge 11,6 cm. Norden ist oben.*

33 *Ickelheim. Bestattungsebene des Grabes. Die sechs quadratischen Pfostengruben stehen im Zusammenhang mit einem anzunehmenden Einbau aus Flechtwerkwänden.*

dürfte am Gürtel getragen worden sein (Abb. 32). Sie könnte ebenfalls in einem mittlerweile vergangenen Behältnis aufbewahrt gewesen sein. Zum Zeitpunkt der Auffindung war sie infolge des Erddrucks mehrmals gebrochen.

Ein Grabbau mit sechs Pfosten

Das Grab sticht vor allem aufgrund einiger Merkmale des Grabbaus aus der Masse der bekannten endneolithischen Grabanlagen heraus. So wurden jeweils an den Ecken der Grabgrube sowie mittig der Längsseiten insgesamt sechs annähernd quadratische Pfostenspuren erkannt (Abb. 33, Befundnummern 6 bis 11). Die Seitenlängen variieren dabei leicht zwischen 10 und 11,5 cm. Offenbar waren die hier eingebrachten Pfosten eckig bebeilt bzw. behauen. Die Befundmächtigkeit in den angelegten Detailprofilen schwankte zwischen 10 und nur noch 3 cm. Sämtliche Pfostenspuren waren in Planum 2 nicht mit einer Längskante, sondern mit einer Ecke zur Grabgrube hin gerichtet. Die Seitenwände der Grabgrube verliefen ihrerseits nicht gerade, sondern wellenförmig. Man könnte hier auf einen Grabeinbau in Form von Flechtwerkwänden schließen. Am Kopfende der eigentlichen Grabgrube befand sich anscheinend eine Arbeitsgrube, welche auch in Planum 2 dokumentiert ist. Sie könnte als Zugang zur Bestattungsebene interpretiert werden. Somit dürfte der Tote mitsamt seinen Beigaben wohl über die südwestliche Schmalseite der Grabgrube zur letzten Ruhe in eine Grabkammer aus Flechtwerk eingebracht worden sein. In der Vergangenheit sind immer wieder einzelne Pfostengruben auf Höhe der Bestattungsebene endneolithischer Gräber beobachtet worden, jedoch nie in der sechsfachen, symmetrischen Anordnung rund um die ganze Grabgrube wie bei der Ickelheimer Bestattung.

Latènezeitlicher Brunnen

Ein anderer Befund, der hier erwähnt werden soll, eine große, leicht wellig gerundete Struktur mit einigem aufliegendem Fundmaterial, reichte in Planum 1 etwa zur Hälfte über die Grabungsgrenze hinaus. Man entschied sich dafür, den Befund auf eine sinnvolle zweite Ebene abzutiefen und letztendlich konservatorisch zu überdecken.

Im Planum 2 zeigte er sich (Abb. 34) als eine annähernd rechteckige, relativ gleichmäßig verfüllte Grube. In der Mitte konnte eine weitere mehr oder weniger quadratische Einfüllung abgegrenzt werden.

Nicht zuletzt gaben mehrere Bohrungen innerhalb des Befundes Anhaltspunkte für die jeweilige Mächtigkeit der Teilbefunde (Abb. 35) und somit Hinweise für eine mögliche Interpretation. In den Bohrkernen aus der zentralen Einfüllschicht (B2) war nach 1,0 m unter Planum 2 der anstehende Boden nicht erfasst, was eine Gesamtmächtigkeit von über 1,3 m bedeutet. Die umgebende Einfüllschicht hingegen reichte insgesamt weniger tief. Hier war der anstehende Boden in den Bohrkernen bereits nach 0,45 m unter Planum 2 erreicht. Form und Teufe des zentralen Teilbefundes lassen den Schluss auf einen verfüllten Kastenbrunnen und eine umgebende Arbeitsgrube zur Errichtung desselben zu. Zwei langrechteckige seitliche Ausbuchtungen könnten aufgrund ihrer geringmächtigen Teufe von jeweils ca. 0,15 m unter Planum 2 als Teil einer möglichen Abtreppung gedeutet werden. Diese dürften den Zugang zur unteren Ebene der Baugrube während der Ausschachtungsarbeiten bzw. der Errichtung des Brunnens gewährt haben. Weitere Teilbefunde im Inneren des Gesamtbefundes können durchweg verschiedene Einfüllschichten darstellen. Ihre teils unregelmäßige Formgebung ist verschiedenen Sackungsprozessen zuzuschreiben, was aus dem Schichtverlauf des hergestellten Profils 3/A–B hervorgeht.

Eine Datierung des mutmaßlichen Brunnens ist einerseits durch diverse Keramikscherben, andererseits durch ein Glasarmringfragment möglich. Dieses konnte einem Bohrkern aus dem zentralen Teilbefund bei 0,92 m unter Planum 1 entnommen werden (Abb. 35). Es handelt sich um ein transluzides kobaltblaues Glas ohne erkennbare Fadenauflage. Auf der Schauseite des Stückes sind oberhalb des flau abgesetzten gerundeten Randes die Reste einer plastischen Zierleiste zu erkennen. Als Terminus post quem darf daher die entwickelte Stufe Latène C1 gelten. Weiters stammen aus dem Brunnenschacht zahlreiche Tierknochen, dem

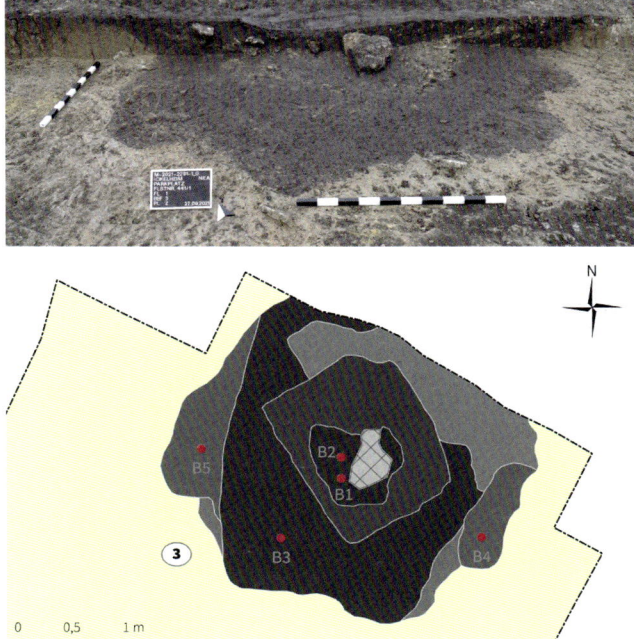

34 *Ickelheim. Latènezeitlicher Brunnen in Planum 2. Die Teilbefundung lässt auf einen Kastenbrunnen mit umgebender Arbeitsgrube und Abtreppungen jeweils im Westen und Osten schließen.*

ersten Anschein nach von verschiedenen Rindern und Schweinen. Die Rinderknochen lassen sich mindestens einem großen ausgewachsenen (eventuell ein Auerochse) sowie einem jungen Tier zuordnen. Teilweise sind an den Knochen Schnittspuren zu erkennen.

Während sich der zu vermutende latènezeitliche Brunnen vorläufig einer näheren Untersuchung entzieht, zeugt die benachbarte endneolithische Grabstätte von der Notwendigkeit einer zeitnahen fachgerechten archäologischen Untersuchung. Nicht zuletzt die geringmächtige Erhaltung der Abdeckung über der Bestattungsebene ist wohl für den Zustand des Skelettes sowie des entdeckten Gefäßes verantwortlich. Eine etwaige konservatorische Überdeckung hätte unweigerlich bereits kurzfristig zum Verlust eines außergewöhnlichen endneolithischen Grabbefundes geführt.

Benjamin Binzenhöfer

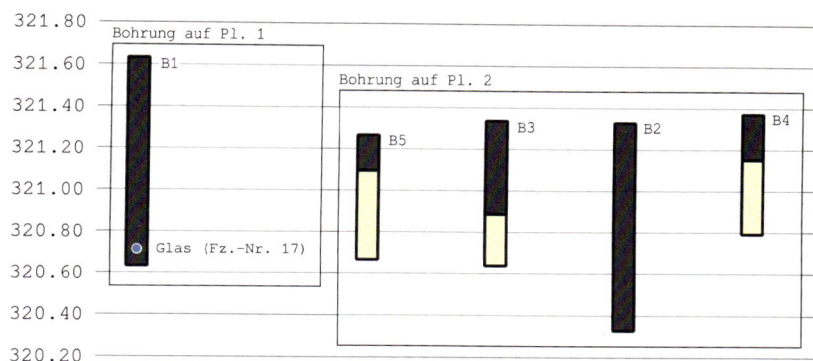

Literatur V. Dresely, Schnurkeramik und Schnurkeramiker im Taubertal. Forsch. u. Ber. Vor- u. Frühgesch. Baden-Württemberg 81 (Stuttgart 2004). – M. Schußmann, Neue Gräber der schnurkeramischen Kultur zwischen Taubertal und Steigerwald. Ber. Bayer. Bodendenkmalpfl. 57, 2016, 41–100. – B. Kriens/J. Rathgeber/I. Stolzenburg, Arch. Jahr Bayern 2020, 46–48.

Örtliche Grabungsleitung B. Binzenhöfer, KT Archäologische Dienstleistungen. – *Anthropologische Bestimmung* K. von Heyking und N. Carlichi-Witjes, AnthroArch.

35 *Ickelheim. Das Bohrkerndiagramm des latènezeitlichen Brunnens bestätigt ein Tiefenzentrum in der Befundmitte und Abstufungen zu den Seiten hin. Schwarz: Verfüllung; gelb: anstehender Boden.*

Viel Ausstattung – keine Bestattung: Eine einzigartige Grabanlage der Glockenbecherkultur bei Köfering

Landkreis Regensburg, Oberpfalz

Südlich von Regensburg soll die Kreisstraße R 30 auf veränderter Trasse neu gebaut werden. Bereits der erste Baukilometer westlich von Köfering zieht sich fast komplett durch bekannte Bodendenkmäler. Mittels Voruntersuchungen im März 2020 konnten Abschnitte definiert werden, in denen archäologische Befunde erhalten waren. Zwischen November 2020 und April 2021 wurden die notwendigen Ausgrabungen ausgeführt und erfolgreich abgeschlossen.

Im Befundspektrum dominierten Siedlungsbefunde aus fast allen Epochen von der Altheimer Kultur bis in die römische Kaiserzeit. Bemerkenswert sind Gräben aus der Zeit um 200 n. Chr., die schon in benachbarten Untersuchungsflächen festgestellt worden waren. Sie gehören zu einer Villa rustica aus der Gründungszeit des Regensburger Legionslagers.

Kindergrab

In der Mitte der Untersuchungsfläche konnte ein isoliert liegendes Grab der Glockenbecherkultur dokumentiert werden. Nach anthropologischem Befund war hier ein sieben- bis achtjähriger Knabe kulturtypisch in einer Nord-Süd ausgerichteten Grabgrube mit dem Kopf im Norden und Blick nach Osten bestattet worden. Die Keramikbeigaben, eine kleine Henkeltasse und eine größere Schale, erlauben eine Datierung in den jüngeren Abschnitt der Glockenbecherzeit (zwischen 2300 und 2150 v. Chr.). Etwa ein Dutzend vergleichbare Bestattungen sind im Umkreis von wenigen Kilometern bislang bekannt.

Grab ohne Begräbnis

Wenige hundert Meter entfernt war am Südende der Untersuchungsfläche ein weiteres Grab zu erwarten: diesmal eine Ost-West ausgerichtete Grube, die von einem Kreisgraben

36 *Köfering. Die künstlerische Interpretation stellt die ehemalige Grabanlage dar: Die meisten Beigaben lagen am Boden einer hölzernen Kammer, auf der zwei weitere Becher standen. Ein umlaufendes Gräbchen begrenzt den aufgeschütteten Hügel.*

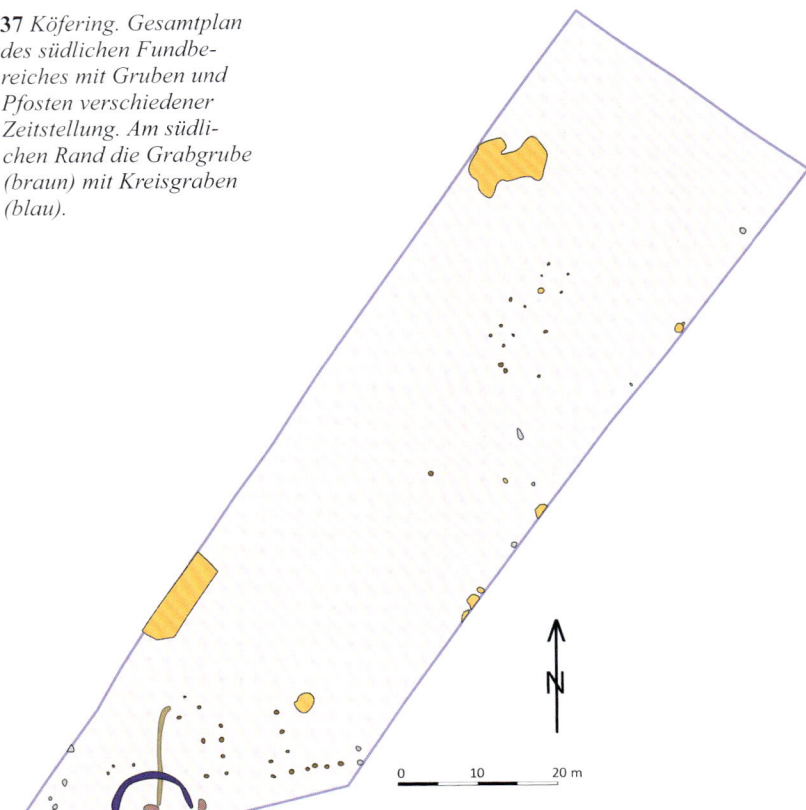

37 *Köfering. Gesamtplan des südlichen Fundbereiches mit Gruben und Pfosten verschiedener Zeitstellung. Am südlichen Rand die Grabgrube (braun) mit Kreisgraben (blau).*

38 *Köfering. Sohle der Grabkammer mit Keramikgefäßen (rot), Armschutzplatten (grün), Pfeilspitzen (blau) und Knochengeräten (gelb) sowie Lage der Balken der hölzernen Grabkammer (braun). Norden ist rechts.*

eingeschlossen war (Abb. 37). Kreisgräben wie diese umgeben in der Regel Grabhügel, die über der Grabgrube errichtet wurden. Nur wenige Zentimeter unter dem Grabungsplanum kamen zwei Gefäße zum Vorschein, deren Form und Verzierung sie als Glockenbecher auswiesen. Damit war klar, dass es sich um eine besondere Grabanlage aus dieser Epoche handelt, da nur etwa eine Handvoll von Gräbern mit Kreisgraben aus der Glockenbecherzeit in Bayern bekannt sind.

Weitere Funde oder Hinweise auf eine Bestattung gab es nicht innerhalb der folgenden 30 cm in Richtung Grabsohle. Die Bodenverfärbungen, die die Dimensionen der ehemaligen Grabanlage anzeigten, wurden allmählich größer und blieben dann als Ost-West ausgerichtetes Rechteck von etwa 3 × 2 m konstant. Die Ränder von zwei Gefäßen zeigten schließlich die Nähe des Grabbodens an, auf dem sich die zerdrückten Reste von immer mehr Gefäßen abzeichneten. Letztlich waren es acht komplett verzierte Glockenbecher und eine hochhalsige Tasse. Noch erstaunlicher war die Anzahl der übrigen Funde (Abb. 38): elf geflügelte Pfeilspitzen aus Feuerstein, ein nadelförmiges Kupfergerät, zwei verzierte Knochenpfrieme, Eberzahnlamellen und weitere Reste. Die größte Überraschung waren jedoch gleich vier Armschutzplatten aus Stein.

Armschutzplatten, insbesondere in Kombination mit Pfeilspitzen, sind gerade für Gräber aus der Glockenbecherkultur typisch. Sie dienten dem Schutz des Unterarms vor Verletzungen durch die zurückschnellende Bogensehne. Diese Funktion konnten auch Manschetten aus organischem Material wie Lederbänder übernehmen, die sich jedoch nicht erhalten haben. Da solche Armschutzplatten aus Stein aufwendig herzustellen sind, wird angenommen, dass sie das Prestige ihrer Träger zeigen sollten. Aus den besser ausgestatteten Gräbern der Glockenbecherkultur sind einzelne Exemplare bekannt, manchmal sogar im Set mit Kupferdolch und verziertem Glockenbecher.

Mit Köfering vergleichbare Fälle sind bislang nur aus dem fast 400 km entfernten tschechischen Hulín bekannt, das 60 km östlich von Brünn liegt. Eine Bestattung der dortigen reich ausgestatteten Grabgruppe enthielt ebenfalls vier Armschutzplatten und sogar 15 Pfeilspitzen, aber „nur" drei Glockenbecher. Andere Gräber dort zeigen Spuren hölzerner Einbauten, die in Köfering als echte Kammer bislang unbekannte Dimensionen erreichen (Abb. 36). Grabkonstruktion und spezifische Verzierungen der insgesamt elf Gefäße verweisen damit auf Beziehungen nach Osten, die es weiter zu erforschen gilt.

Knochenanalysen des Skeletts könnten hier Hinweise geben, jedoch sind in der Grabgrube keinerlei Reste eines menschlichen Skelettes festgestellt worden. Solche auch als Kenotaph bezeichneten Leergräber sind im Glockenbecherkontext nicht gänzlich unbekannt, jedoch extrem selten. Die gut erhaltenen und sogar mit feinen Verzierungen versehenen Knochenpfrieme belegen, dass das Fehlen eines Skeletts nicht den Erhaltungsbedingungen im Köferinger Boden zugeschrieben werden kann. Zwischen den deponierten Funden – jeweils am Rand im Osten und Westen sowie in der Mitte (vgl. Abb. 38) – wäre sogar entsprechend der Glockenbechertradition in Nord-Süd-Richtung ausreichend Platz für eine oder zwei Personen gewesen.

Über die Gründe für die fehlende Bestattung kann nur gemutmaßt werden, ebenso wie über die Frage, ob die gesamte Grabanlage gerade wegen eines nur symbolisch möglichen Begräbnisses so außergewöhnlich gestaltet und ausgestattet worden ist. Es fällt auf, dass weder an den Gefäßen noch an den Steingeräten Spuren einer längerfristigen Benutzung erkennbar sind. Vielmehr scheint es so, als seien die Gegenstände explizit für die Niederlegung hergestellt worden.

Die zeitnahe Untersuchung und Auswertung der Funde war nur möglich, weil sie gleich nach der Ausgrabung restauriert werden konnten (Abb. 40). Dank fachgerechter Reinigung der Gefäßscherben blieben alle Spuren der Bemalung erhalten. Bei deren Analyse im Zentrallabor des BLfD (Abb. 39) stellte sich heraus, dass es sich bei den weißen Inkrustationen der tiefer liegenden Verzierungselemente um Kalzit handelt. Die rötliche Bemalung der erhabenen Streifen erfolgte auf der Basis von Hämatit, auch bekannt als Rötel.

Fazit

Vor dem Hintergrund der sonst üblichen einfachen Grabgruben ist der Bau von hölzerner Grabkammer und Hügel in der Glockenbecherzeit absolut ungewöhnlich und im Donaueinzugsgebiet unbekannt. Auch wenn Edelmetalle und andere seltene Fundkategorien in Köfering nicht vorhanden sind, so zeigt doch die Menge der Funde aus Keramik, Stein und Knochen, dass es sich um eine in Mitteleuropa einzigartige Grabanlage handelt. Diese ist in die ältere Glockenbecherzeit zu datieren und somit etwas älter als das Kindergrab.

Christoph Steinmann

Literatur J. Peška, Two new burial sites of Bell Beaker Culture with an exceptional find from Eastern Moravia/Czech Republic. In: M. P. Prieto Martínez/L. Salanova (Coord.), Current researches on Bell Beakers. Proceedings of the 15th International Bell Beaker Conference: From Atlantic to Ural (Santiago de Compostela 2013) 61–72.

Ausgrabung ArcTron GmbH, Altenthann. – *Restaurierung* Museumsservice Odvody, Sinzing. – *Chemische Analysen* Zentrallabor BLfD, B. Seewald. – *Finanzierung* Landkreis Regensburg.

39 *Köfering. Reste roter Bemalung (auf den erhabenen Querstreifen) und weißer Kalkeinlagerungen (in den geriffelten Flächen dazwischen). Untersuchung im Zentrallabor des BLfD mittels Raman-Spektrometrie.*

40 *Köfering. Das Ensemble der restaurierten Funde aus dem Glockenbecher-Kenotaph.*

Rituelles aus Glockenbecherkultur und Frühbronzezeit – Deponierungen mit Skelettresten in Mamming

Landkreis Dingolfing-Landau, Niederbayern

Im Frühling 2021 begann die Gemeinde Mamming mit der Erschließung des neuen Baugebietes „Seiheräcker IV". Das betreffende Areal befindet sich auf einer fruchtbaren Lössterrasse des tertiären Hügellandes über dem südlichen Isarhochufer. Aus dieser siedlungsgünstigen Lage resultiert eine hohe Dichte an Bodendenkmälern. Bereits 2015 hatte die Kreisarchäologie Dingolfing-Landau bei bauvorgreifenden Untersuchungen im unmittelbar angrenzenden Bauabschnitt „Seiheräcker III" zahlreiche vorgeschichtliche Befunde dokumentiert, was sich nun auf dem neuen Gelände fortsetzte.

Wie sich zeigte, waren im zentralen Teil der Fläche vor allem Befunde mittelneolithischer Zeitstellung vorhanden, während sich nördlich und östlich davon fast ausschließlich metallzeitliche Strukturen befanden. Der gesamte östliche Bereich des Geländes war aufgrund seiner Hanglage über dem Bubach von starken Erosionserscheinungen betroffen, die einen erheblichen Einfluss auf den Erhaltungszustand der archäologischen Substanz zur Folge hatten. Viele Pfostenstellungen waren nur noch wenige Zentimeter tief erhalten. Gleiches gilt für den Großteil der Siedlungsgruben. Funde waren kaum vorhanden und beschränkten sich auf einzelne Keramikfragmente. Von diesem allgemeinen Bild hoben sich drei Befunde deutlich ab (Abb. 41).

41 *Mamming. Plan mit Lage der Befunde 359, 397 und 399.*

Siedlungsgrube mit diversem Fundgut der jüngeren bis späten Glockenbecherkultur (Befund 359)

Hierbei handelt es sich um eine langovale, 0,4 m tiefe Grube. Zerscherbte Keramik war in der gesamten Verfüllung vorhanden, konzentrierte sich aber auffällig im südöstlichen Grubenteil. Hier fanden sich unter anderem vier größtenteils noch gut erhaltene Henkeltassen. In unmittelbarer Nähe dazu kam ein flächig retuschierter Dolch aus dunkelgraubraunem Plattenhornstein zum Vorschein (Abb. 43). Des Weiteren stammen aus diesem Bereich vier bearbeitete Knochenwerkzeuge unterschiedlicher Form und Größe (Abb. 42). Besonders hervorzuheben sind eine lange, leicht gebogene Nadel und ein einschneidiges Werkzeug, das an eine Messerklinge erinnert. Beide Stücke sind an einer runden Durchlochung abgebrochen. Daneben wurde die umgedrehte Schädelkalotte eines erwachsenen menschlichen Individuums gefunden.

Die Datierung des Befundes ist über die keramischen Funde gut abgesichert. Kleine Tassen mit randständigem Henkel sowie Fragmente von T-Randschalen sind der jüngeren und späten Glockenbecherkultur zuzuordnen. Obwohl sich unser Kenntnisstand in der letzten Zeit deutlich verbessert hat, sind glockenbecherzeitliche Siedlungsbefunde nach wie vor nur selten nachweisbar. Bisher ebenfalls kaum bekannt ist die Gebrauchskeramik dieser Zeitstufe. Davon konnten aus der Grube zahlreiche Wandscherben, aber auch Boden- und Randfragmente geborgen werden, die teilweise mit plastischer Dekoration versehen waren.

Keramikdeponierung der älteren Frühbronzezeit (Befund 397)

In dieser zylindrischen Grube tauchten beim Abtiefen der Segmente zunächst kaum Funde auf. Dies änderte sich ab einer Tiefe von etwa 0,4 m, als man überraschend auf eine dichte Lage mit Keramik stieß (Abb. 45). Neben vielen zerdrückten Exemplaren wurden auch einige beinahe vollständig erhaltene Gefäße geborgen. Auf dem Niveau der Keramikdeponierung kamen auch zwei nebeneinanderliegende kegelförmige Webgewichte und ein kleines, hakenförmiges Fragment aus flachem Bronzedraht zum Vorschein. Gefäße mit vertikalem Henkel, deutlich abgesetzter Schulter und weit ausbiegendem Rand sind der Keramikgruppe Burgweinting/Viecht und damit der älteren Frühbronzezeit zuzuordnen (Abb. 44 rechts).

Kinderbestattung der jüngeren Frühbronzezeit (Befund 399)

Unmittelbar benachbart ist eine Kegelstumpfgrube. An der Oberfläche konnten nur einzelne Keramikfragmente aufgelesen werden. Darunter folgte eine weitgehend fundfreie Schicht mit humoser Verfüllung, bis sich auch hier auf einer Tiefe von ca. 0,4 m eine dichte Konzentration von Keramikfragmenten feststellen ließ. Wie sich zeigte, war die Grube auf diesem Niveau beinahe flächendeckend mit einem Scherbenpflaster bedeckt (Abb. 46). Neben zahlreichen Beispielen von Feinkeramik besteht das Fundmaterial zu einem großen Teil aus grob zerscherbten Großgefäßen, die mit aufgesetzten Fingertupfenleisten und vertikalen Bandhenkeln versehen waren.

42 *Mamming. Bearbeitete Knochengeräte der Glockenbecherkultur aus Grube 359. Maßstab 1 : 1.*

In der südlichen Hälfte der Grube fand sich das direkt auf dem Scherbenpflaster niedergelegte, etwa Nordost-Südwest orientierte Skelett eines Kindes (Schädel im Nordosten, Blick nach Südosten). Beide Arme waren vor dem Oberkörper angewinkelt, die Hände ruhten unter dem Schädel. Der Oberkörper war größtenteils nach links gedreht, das Becken lag flach auf der Keramikunterlage. Von den Beinen hatte sich nur ein Oberschenkelknochen erhalten. Da dieser bereits alt verlagert worden war, ließ sich die ursprüngliche Positionierung der Beine nicht mehr feststellen. Unter dem Oberkörper und um den Schädelbereich waren auffällig viele große Scherben von Grobkeramik vorhanden, die offenbar absichtlich am Skelett

43 *Mamming. Flächig retuschierter Silexdolch aus Grube 359. Länge 5,8 cm.*

44 *Mamming. Keramikgefäße aus den Gruben 397 (rechts) und der Kinderbestattung 399 (links, hinten und vorne). Höhe des großen Gefäßes hinten 11,2 cm.*

45 Mamming. Keramikdeponierung mit Bronzeobjekt und fragmentiertem Webgewicht aus Grube 397. Breite des Bronzefragments ca. 1,7 cm.

46 Mamming. Keramikdeponierung mit darauf niedergelegter Kinderbestattung 399.

niedergelegt worden waren. Südwestlich davon fand sich ein vollständig erhaltener, beinahe aufrecht stehender Henkelbecher (Abb. 44 hinten). Bei der Entfernung des Gefäßinhaltes in der Werkstatt der Kreisarchäologie kam ein noch unbestimmter Knochen zum Vorschein. Möglicherweise handelt es sich bei dem Gefäß um eine absichtliche Deponierung, die in Zusammenhang mit der Kinderbestattung steht. Auf dem Niveau des Scherbenpflasters befand sich zudem ein kleines Fragment aus dünnem Bronzedraht.

Darunter besaß die Grube noch eine Resttiefe von etwa 0,2 m. Die Verfüllung unterschied sich deutlich von den oberen Schichten. Holzkohlepartikel, kleinere Teile verziegelten Lehms und einige kalzinierte Knochenstückchen deuten auf Feuereinwirkung hin. Keramikfunde, darunter zwei weitgehend erhaltene Tassen (Abb. 44 links und vorne), waren immer noch in größerer Zahl vorhanden, doch ließen sich kaum noch zusammengehörige Keramikscherben feststellen. Gleichzeitig stieg die Zahl der Tierknochen in der Grubenverfüllung merklich an. Die verschiedenen Schichten deuten an, dass die Grube in mehreren, unmittelbar aufeinander folgenden Arbeitsgängen innerhalb eines kurzen Zeitraumes zugefüllt worden war. Wie zahlreiche Scherben und Gefäße mit Rillenverzierung belegen, geschah dies während der Laufzeit der Keramikgruppe Sengkofen/Jellenkofen, welche in der Region die jüngere Frühbronzezeit repräsentiert.

Kontinuität von Traditionen?

Die Besonderheit an den drei vorgestellten Befunden ist, dass es sich nicht um einfache Vorrats- oder Kellergruben handelt, die nach ihrer Auflassung mehr oder weniger zufällig mit Siedlungsabfall und ähnlichem verfüllt wurden. Positionierung und Gesamtcharakter der Fundinventare belegen, dass es sich um intentionelle Niederlegungen bzw. Deponierungen handelt. Die drei Gruben weisen trotz mancher Unterschiede gemeinsame Grundzüge auf, welche in der bislang aufgedeckten Grabungsfläche ansonsten nicht vorkommen. Die auffällige räumliche Nähe der Deponierungen zueinander könnte als Hinweis auf ein besonders genutztes Areal innerhalb der kupfer- und frühbronzezeitlichen Siedlung angesehen werden. Damit ergeben sich auch interessante Perspektiven hinsichtlich einer möglichen Kontinuität zwischen der Spätphase der Glockenbecherkultur und den nachfolgenden Stufen der Frühbronzezeit in Mamming.

Florian Eibl, Katrin Fleißner, Simon Lorenz und Christian Konrad Piller

Literatur V. Heyd, Die Spätkupferzeit in Süddeutschland. Saarbrücker Beitr. Altertumskde. 73 (Bonn 2000). – J. Zuber, Keramikdeponierungen der Bronze- und Urnenfelderzeit in Ostbayern. In: Fines Transire 24 (Rahden/Westf. 2015) 163–189. – K. Massy/S. Hanöffner/N. Carlichi-Witjies/Ph. W. Stockhammer, Früh- und ältermittelbronzezeitliche Gräber und Siedlungsreste aus Altenmarkt, Stadt Osterhofen, Lkr. Deggendorf. In: L. Husty/K. Schmotz (Hrsg.), Vorträge des 36. Niederbayerischen Archäologentages (Rahden/Westf. 2018) 123–174.

Voruntersuchung und Planerstellung S. Lorenz und K. Fleißner, Kreisarchäologie Dingolfing-Landau. – *Grabungsleitung bis August 2021* A. Niederfeilner, Fa. Arctron GmbH, Altenthann. – *Grabungsleitung und -dokumentation ab September 2021* Ch. K. Piller und A. Forster, Fa. A und C Archäologie GbR, Landau an der Isar. – *Restaurierung* F. Thalhammer, Kreisarchäologie Dingolfing-Landau.

Sogar Silber: Ein exzeptionelles Gräberfeld der Frühbronzezeit auf mehrphasigem Fundplatz in Erdings Westen

Landkreis Erding, Oberbayern

Metallzeiten

Seit 2005 wird die fortschreitende Erschließung von Grundstücken am Kletthamer Feld und Almfeld im Westen der Großen Kreisstadt Erding planmäßig archäologisch begleitet. Mit der 19,5 ha großen Fläche südlich der Dachauer Straße, die in drei Kampagnen zwischen 2019 und 2021 untersucht wurde, umfasst das bislang dokumentierte, zusammenhängende Areal über 50 ha.

Naturraum und Siedlungsgunst

Die fruchtbaren Parabraunerden der mit Löss und Lösslehm bedeckten risseiszeitlichen Hochterrasse sowie humusreiche Kalkrendzinen aus Almkalk boten seit jeher beste Siedlungsgunst auf der Westseite des Erdinger Sempttals. Der heute größtenteils verrohrte und umgeleitete Itzlinger Graben verlief den Grabungsbefunden nach bis in das Frühmittelalter mäandrierend unterhalb der Terrassenkante (Abb. 47). Damit bot er über Jahrtausende Zugang zu einem ganzjährig wasserführenden Fließgewässer. Intensive Landwirtschaft mit einhergehender Bodenerosion haben das einst flach-wellige Gelände stark nivelliert und die Terrassenkante massiv überprägt. Hiervon zeugen gekappte Bodenprofile, teils mächtige Kolluvien entlang des Hangfußes, aufgefüllte Trockentälchen und Geländesenken mit lokaler Staunässebildung sowie partiellem Erhalt von fossilen Oberböden.

Spätneolithikum

Eine Grube mit dem Bruchstück einer Sichel aus Plattensilex und ein 2,80 × 2,70 m großes Grubenhaus, in dem sich als ehemaliges Inventar eine kleine Mahlplatte mit Läuferstein fand, sind die östlichsten Ausläufer einer in den 1950er Jahren durch den Lehmabbau der Ziegelei Auer bekannt gewordenen Mineral-

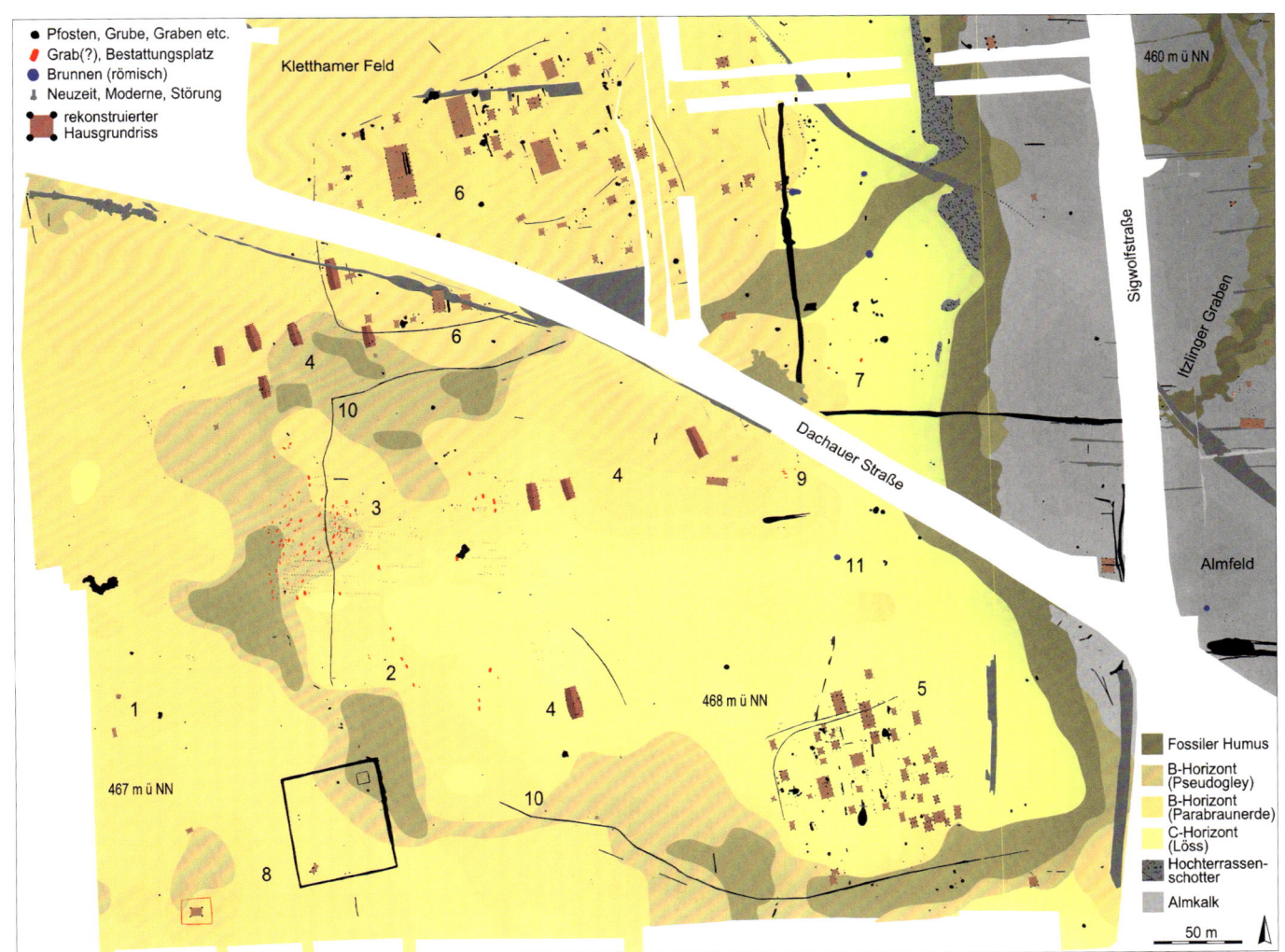

47 Erding. Höhencodierter Übersichtsplan der Grabungen 2019–2021 in Zusammenschau mit Plänen vorausgegangener Projekte. Maßstab 1 : 4.000.

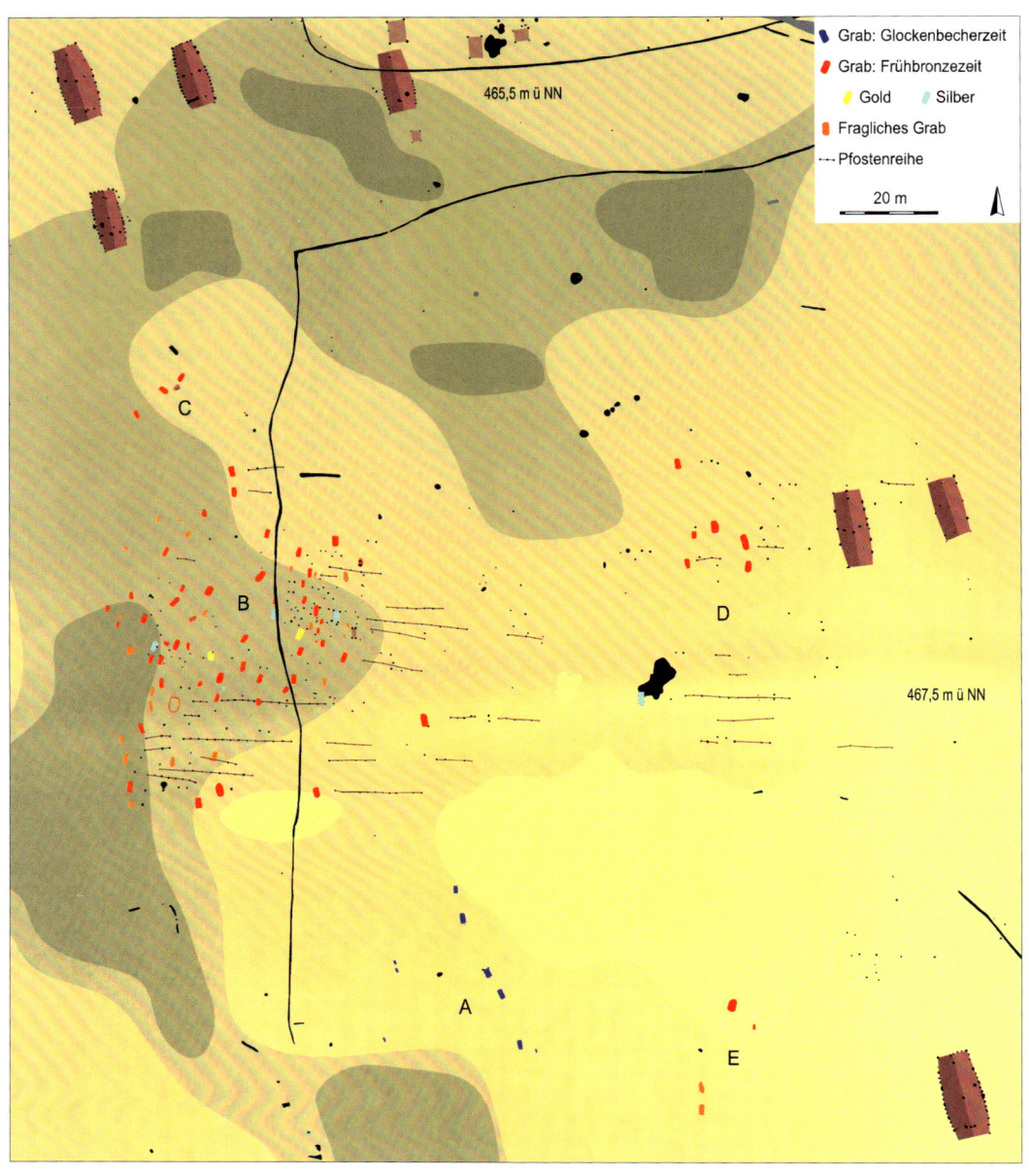

48 Erding. Höhencodierter Detailplan. Farbsignaturen siehe Abb. 47. Maßstab 1 : 1.500.

bodensiedlung der Altheimer Kultur (Abb. 47,1). Sie markiert den Beginn einer seit dem 4. Jahrtausend v. Chr. mit Unterbrechungen andauernden Besiedlung in Erdings Ortsteil Altenerding bzw. Klettham.

Glockenbecher- und Frühbronzezeit
Auf der Grabungsfläche kamen insgesamt mehr als 100 Bestattungen des Endneolithikums und der Frühbronzezeit zu Tage. Die stellenweise sauren Bodenverhältnisse führten allerdings dazu, dass sich oftmals keine Knochen mehr erhalten haben. Zehn glockenbecherzeitliche Bestattungen (Abb. 47,2; 48,A) im Süden stellen die ältesten Gräber dar. Fünf große Grabgruben in Längsreihung sind vermutlich erwachsenen Individuen zuzurechnen, eines davon war sogar mit einer Totenhütte in charakteristischer Vierpfostenkonstruktion überbaut. Schalen mit T-förmig verdicktem Rand sowie verzierte Glockenbecher wurden den Verstorbenen als Beigaben mitgegeben. Zwischen der glockenbecherzeitlichen Nekropole und dem frühbronzezeitlichen Bestattungsareal klafft trotz räumlicher Nähe nach aktuellem Auswertungsstand eine zeitliche Lücke.

Das 96 älterfrühbronzezeitliche Gräber umfassende Bestattungsareal besteht aus vier Grabgruppen (Abb. 47,3; 48,B–E). Somit stellt es eine der größten Nekropolen dieser Zeit in ganz Süddeutschland dar, welche glücklicherweise vollständig ausgegraben werden konnte. Meistens handelte es sich um flache Grabgruben, in einigen Fällen verrieten die Verfärbungen eine regelhafte Verwendung von Baumsärgen oder sogar gezimmerten Holzsärgen. Die Grundrisse etlicher Totenhütten und vor allem die Vielzahl an Pfostenreihen zeugen von einer komplexen Gräberfeldkonzeption. Pendants zu diesen Pfostenreihen finden sich in der Münchener Schotterebene, beispielsweise im frühbronzezeitlichen Gräberfeld von Kirchheim b. München, im Lechtal und im niederösterreichischen Traisental. Sie zeigen die typische Ausrichtung nach Osten und sind meistens einzelnen Gräbern zuzurechnen. Ausrichtung und Lage der Pfostenreihensegmente könnten entweder auf ehemals durchgängige, bis zu 100 m lange Reihen schließen lassen (z. B. Grünwald) oder auf weitere, nicht erhaltene Gräber zurückzuführen sein.

Den Verstorbenen wurden u. a. Kupferschmuck (Ruderkopfnadeln, Armbänder und -ringe), Silexpfeilspitzen und vereinzelt Keramikgefäße beigegeben. Besonders hervorzuheben sind die beiden goldenen und vier silbernen Ringe sowie ein silberner Schmelzrest aus je einem Grab (Abb. 49), denn Silberobjekte sind in der gesamten Frühbronzezeit nur äußerst selten belegt. Diese heben die Bedeutung der Nekropole auf ein gesamteuropäisches Niveau.

Insgesamt zehn frühbronzezeitliche Gebäudegrundrisse konnten in den Kampagnen zwischen 2019 und 2021 erfasst werden. Dabei liegen nördlich des frühbronzezeitlichen Gräberfeldes sechs Häuser dicht beieinander, während sich die restlichen vier Gebäude in lockerer Streuung östlich bzw. südöstlich von diesem befanden (Abb. 47,4). Im Gegensatz zu den bereits 2005 ergrabenen Hausbefunden des Typs Eching/Öberau (Abb. 50, 129 und 154) sind die Nordnordwest bis Südsüdost ausgerichteten, stark gebauchten Grundrisse bei einer Länge von 18 bis 11 m und einer Breite von 8 bis 5 m relativ kurz. Sie zeichnen sich durch viele eng gesetzte Außenpfosten und wenige Mittelpfosten aus (Abb. 50, z. B. 398, 632, 683, 740). Gelegentlich fanden sich im südlichen Hausinneren Gruben. Somit können sie eher dem Typ Zuchering zugewiesen werden, auch wenn die typischen Wandgräbchen und die südlichen Anten fehlen. Es bleibt zu diskutieren, inwiefern es sich hierbei um eine Zwischenform handelt. Meist ist mit dem Typ Zuchering Fundmaterial der jüngeren Frühbronzezeit vergesellschaftet. So lässt sich auch die Keramik aus den nahe gelegenen Gruben der Keramikgruppe Sengkofen/Jellenkofen zuordnen. Eine Gleichzeitigkeit zum Gräberfeld kann vermutlich ausgeschlossen werden. Ob alle Gebäude der weilerartigen Siedlung im Nordwesten und die abseits gelegenen Höfe zur gleichen Zeit bestanden haben, lässt sich so nicht beantworten, da u. a. Überschneidungen von Hausgrundrissen fehlen. In jedem Fall zeichnet sich eine komplexe Besiedlungsgeschichte auf der Hochterrasse über die gesamte Frühbronzezeit ab.

Spätbronze- bis Hallstattzeit

700 m nördlich des aktuellen Untersuchungsareals ist bei vorausgehenden Ausgrabungen eine 7 ha große Siedlung der späten Bronze- und älteren Urnenfelderzeit am Terrassenfuß nachgewiesen worden.

In der jüngeren Urnenfelderzeit hat sich das Siedlungsgeschehen mit einer mindestens 1 ha großen, dorfartigen Ansiedlung auf den Rand der Lössterrasse verlagert (Abb. 47,5).

2019 wurde zudem der Südteil einer ca. 2,75 ha großen, mit einem Zaungräbchen eingefriedeten Siedlung der Hallstattzeit ergraben (Abb. 47,6). Leider ist ein Brandgräberfeld, das sich zwischen den Siedlungsstellen befand, weitestgehend Pflug und Bodenerosion zum Opfer gefallen (Abb. 47,7). Verlässliche Aussagen zu Kontinuitäten und Unterbrüchen von der Spätbronze- bis Hallstattzeit sind aufgrund des Bearbeitungsstandes einstweilen nicht möglich.

Jüngere Latènezeit

Im Südwestteil kam ein 65 × 55 m großes viereckschanzenähnliches Grabenwerk der jüngeren Latènezeit zu Tage (Abb. 47,8). Der bis zu 2,50 m breite und bis maximal 1 m tiefe, fundarme Umfassungsgraben besaß keine Erdbrücke, die eine Zugangssituation

49 Erding. Frühbronzezeitliche Gold- und Silberringe sowie ein Schmelzrest aus Silber. Die Funde stammen aus sieben verschiedenen Gräbern und waren je einem Individuum beigegeben worden. Maßstab 1 : 1.

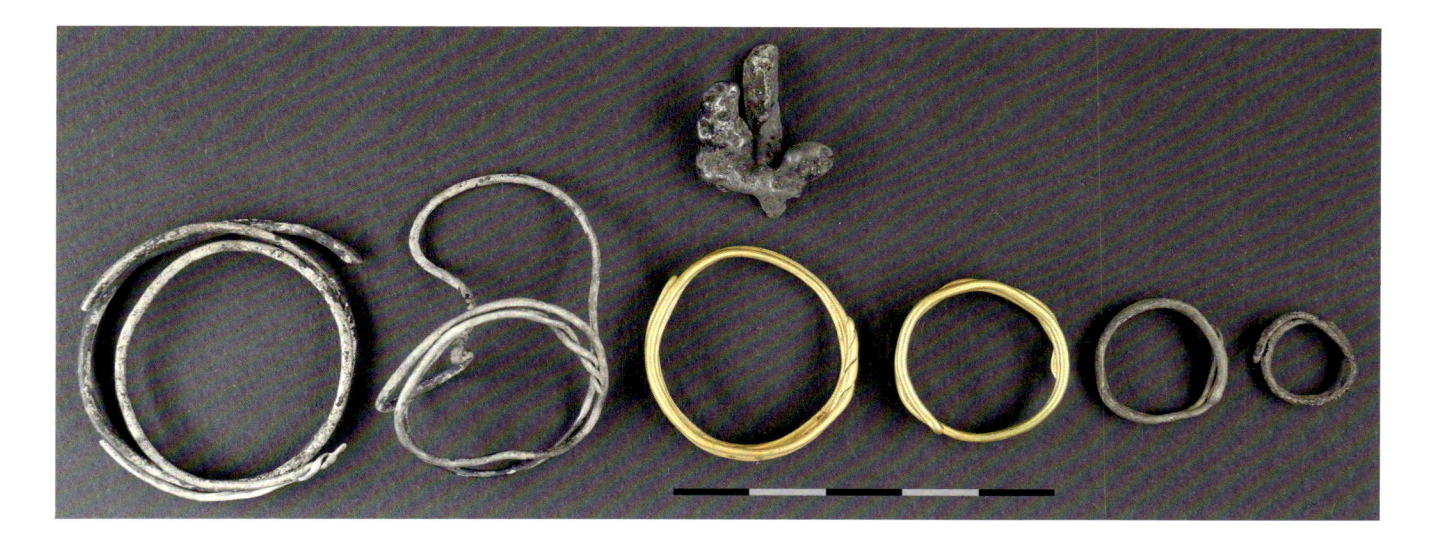

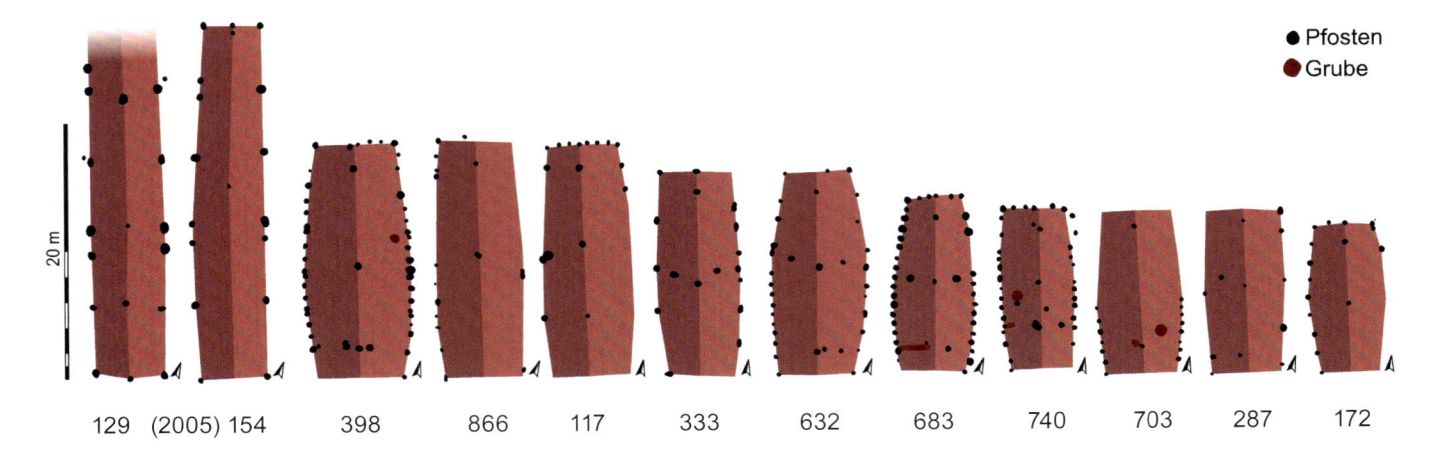

50 Erding. Frühbronzezeitliche Hausgrundrisse der Grabungen 2005 (129, 154) und 2019–2021. Maßstab 1 : 600.

markieren würde. Pfostenpaare – innenliegend im Westen, Osten und Süden – könnten jedoch Tordurchlässe anzeigen. Ein einstiger Wall war in den Profilen nicht nachweisbar. Neben fraglichen und undatierten Gruben sowie vereinzelten Pfosten bestand die spärliche Innenbebauung aus einem rudimentär erhaltenen, diagonal gestellten Vier- oder Sechspfostenbau und – in der gegenüberliegenden Nordostecke gelegen – einem quadratischen Gräbchengeviert von 6,70 m Seitenlänge unbekannter Funktion. Wenig südöstlich wurde ein Vierpfostenbau mit 17 × 15 m großer Umfriedung aufgedeckt. Ausweislich kalzinierter Knochen in der Verfüllung scheint es sich um einen der in Süddeutschland seltenen Grabgärten zu handeln. Weitere jüngerlatènezeitliche Siedlungsspuren fehlen in sämtlichen Grabungskampagnen in Erdings Westen auffälligerweise komplett. Ein großer Bestattungsplatz der Endlatènezeit lag hingegen 750 m weiter östlich.

Römische Kaiserzeit
Graffiti auf Scherben zweier teilweise verpflügter Brandbestattungen der mittleren römischen Kaiserzeit (Abb. 47,9) lieferten die ältesten Erdinger Namenszeugnisse. SAM[...] und vermutlich SERENINVS oder SERENIANVS (freundliche Mitteilung Martin Pietsch) lebten und starben auf einem im Nahbereich zu vermutenden Gutshof. Seit 2005 waren nördlich der jüngsten Grabungsfläche regelhaft Befunde von der frühen römischen Kaiserzeit bis zur Spätantike vorhanden, ohne bislang ein klar abgrenzbares Dichtezentrum oder das Haupthaus einer Villa rustica ausweisen zu können. Nach Süden dünnen die römischen Befunde merklich aus. Der Verlauf eines Gräbchens orientierte sich offensichtlich am durch Staunässe gekennzeichneten, stark tonhaltigen Pseudogley (Abb. 47,10). Mit der mutmaßlichen Ausleitung von Oberflächenwasser – hangabwärts in Richtung Itzlinger Graben – schuf man eine rund 30 Tagwerk (etwa 10 ha) große Acker- und/oder Weidefläche. Die Wasserversorgung stellte ein Brunnen sicher (Abb. 47,11).

Bodendenkmalpflegerischer Erfolg
Bemerkenswert ist, dass nahezu sämtliche Fundstellen, die dort seit 2005 bauvorgreifend dokumentiert werden konnten, bis auf zwei diffuse Luftbildbefunde und dem Einzelfund eines ausgeackerten urnenfelderzeitlichen Vollgriffschwerts der Bodendenkmalpflege im Vorfeld nicht bekannt waren. Die konsequente denkmalfachliche Betreuung und die archäologische Untersuchung von Flächen, in denen aufgrund der Siedlungsgunst archäologische Befunde vermutet wurden, zahlt sich in der Stadt Erding somit seit knapp zwei Jahrzehnten in vorbildlicher Weise für Forschung und Bodendenkmalpflege vollends aus.

Stefan Biermeier, Sabrina Kutscher,
Ken Massy und Harald Krause

Literatur S. Biermeier/M. Pietsch, Vielfalt in Erdings Westen: Vom Neolithikum bis zur Spätantike. Arch. Jahr Bayern 2006, 107–110. – Ch. Later/B. Herbold/H. Krause/S. Biermeier, Zwischen Kelten und Augustus. Eine Gräbergruppe der Endlatènezeit in Erding. Arch. Jahr Bayern 2017, 58–61. – K. Massy, Die Gräber der Frühbronzezeit im südlichen Bayern. Untersuchungen zu den Bestattungs- und Beigabensitten sowie gräberfeldimmanenten Strukturen. Materialh. Bayer. Arch. 107 (Kallmünz 2018). – M. Schefzik, Pfostenbauten des Endneolithikums und der Frühbronzezeit in Süddeutschland. Eine aktuelle Bestandsaufnahme. In: H. Meller u. a. (Hrsg.), Siedlungsarchäologie des Endneolithikums und der frühen Bronzezeit. 11. Mitteldeutscher Archäologentag vom 18. bis 20. Oktober 2018 in Halle (Saale). Tagungen Landesmus. Vorgesch. Halle 20/2 (Halle [Saale] 2019) 679–699.

Örtliche Grabungsleitung S. Biermeier, Fa. SingulArch, München. – *Grabungstechnik* A. Kowalski, Fa. SingulArch, München. – *Restaurierung* B. Herbold, BLfD; L. Lun und V. Disl, Fa. Mona Lisl, München; J. Stolz, Mittelstetten. – *Anthropologische Bestimmungen* A. Grigat, Fa. AnthroWerk, München. – *Geoarchäologie* H. Krause, Museum Erding. – *Finanzierung* VIMA Grundverkehr GmbH, Neuburg a.d. Donau.

Vom Ende eines Handwerkerhauses – Frühbronzezeitliche Weberei in Oberaichbach

Gemeinde Niederaichbach, Landkreis Landshut, Niederbayern

Die Fundstelle

Bevor der etwa 7,5 km lange Aichbach östlich von Landshut bei Niederaichbach in die Isar mündet, durchfließt er von Süden nach Norden das niederbayerische Hügelland. In der oberen Hälfte seines Laufes liegt auf einer bis zu 250 m breiten und 700 m langen lössbedeckten Bachterrasse an der westlichen Bachseite die Ortschaft Oberaichbach. Nördlich an diesen Ort anschließend und zugleich am nördlichen Ende der Terrasse entstand in den Jahren 2020 und 2021 ein neues Wohngebiet. Da im Bereich des rund 1,8 ha großen Baugebietes bereits Anfang der 1990er Jahre urgeschichtliche Keramik gefunden worden war, legte die Kreisarchäologie Landshut noch vor Beginn der Erschließungsarbeiten für den Pfarrer-Maier-Ring großflächige Sondagen an. Im Rahmen dieser Voruntersuchungen wurde im Südosten der überplanten Fläche, auf der hier noch etwa 40 m breiten Terrasse, eine kleine Siedlung der frühen Bronzezeit aufgedeckt, die von der Kreisarchäologie im Rahmen zweier kurzer Grabungskampagnen in den Jahren 2020 und 2021 auf rund 2.000 m² flächig untersucht werden konnte (Abb. 51). Die Grenzen der Siedlung wurden dabei nach Norden und Westen erreicht. Nach Süden und Osten wäre mit einer Fortsetzung zu rechnen, im dortigen bebauten Dorfbereich von Oberaichbach bzw. unter der Kreisstraße LA 11 ist jedoch keine Befunderhaltung mehr zu erwarten.

Ein frühbronzezeitlicher Siedlungsplatz

Innerhalb der Grabungsflächen traf man auf etwas mehr als 50 Befunde, bei denen es sich mehrheitlich um Pfosten- sowie um Vorrats- und Abfallgruben handelte. Unter den Pfostengruben fielen besonders einige paarweise bzw. im Quadrat angeordnete auf, von denen jeweils der südliche Mittelpfosten einen kleineren Durchmesser und eine geringere Tiefe aufwies (Abb. 51). Die Anordnung dieser korrespondierenden Pfosten erlaubt die Rekonstruktion zweier Häuser, die nacheinander an der gleichen Stelle errichtet worden waren. Bei den Gebäuden handelte es sich um nahezu gleich große, zweischiffige Sechspfostenbauten. Haus 1 maß 5,08 × 5,22 m, Haus 2 war mit 5,05 × 5,51 m rund einen Quadratmeter größer. Keramikfunde aus den Pfostengruben erlauben eine Datierung beider Häuser in die frühe Bronzezeit und stratigrafische Überlagerungen belegen, dass Haus 1 das ältere der beiden Gebäude war. Südlich der beiden Häuser deuten drei Pfostengruben möglicherweise auf ein weiteres Gebäude hin, ebenso südöstlich.

Der starke Holzkohleeintrag in den Pfostengruben der Häuser 1 und 2 und eine massive Brandschuttschicht in zahlreichen Abfallgruben der Siedlung sind Zeugen eines heftigen Schadfeuers im frühbronzezeitlichen Dorf, das, dem archäologischen Befund zufolge, Haus 1 zerstörte. Einige Funde aus der Brandschuttschicht dieses Katastrophenereignisses erlauben uns interessante Einblicke in die handwerklichen Tätigkeiten, die hier am Beginn der Bronzezeit ausgeführt wurden. Sie sollen im Folgenden kurz vorgestellt werden.

Weberei

Neben verbranntem Hüttenlehm, sekundär verbrannter Keramik und den Resten von Holzkohle bestand der Brandschutt in den Abfall- und Pfostengruben aus Webgewichtfragmenten bzw. in wenigen Fällen auch in Gänze

51 Oberaichbach. Vereinfachter Grabungsplan der frühbronzezeitlichen Siedlung am Pfarrer-Maier-Ring. Blau: Haus 1; rot: Haus 2; orange: nur unter Vorbehalt rekonstruierbare Häuser; grün: Gruben mit Brandschutt und Webgewichten.

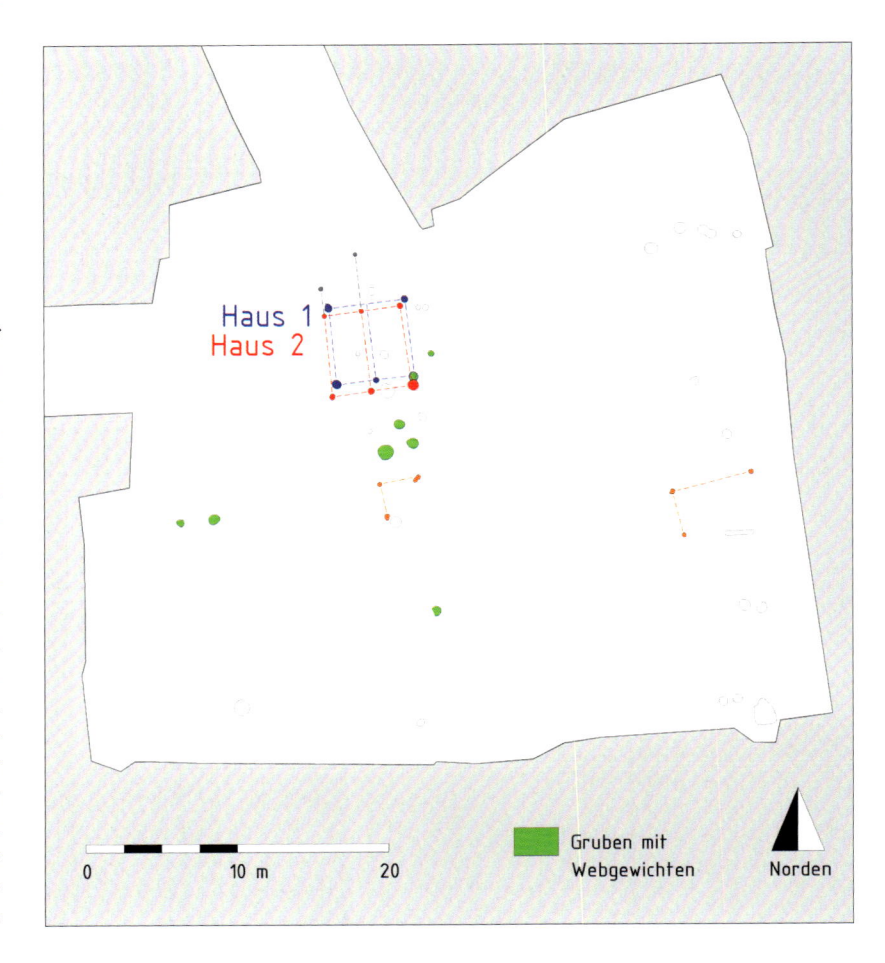

52 Oberaichbach. Der unvollständig erhaltene Keramikgusstiegel aus der frühbronzezeitlichen Siedlung.

53 Oberaichbach. Die zwölf vollständigen pyramidenstumpfförmigen Webgewichte aus der frühbronzezeitlichen Siedlung.

erhaltenen Webgewichten. Insgesamt liegen zwölf ganz oder nahezu vollständige und eine unbestimmte Anzahl von unvollständigen Webgewichten vor (Abb. 53). Dabei fanden sich die Bruchstücke der rekonstruierbaren Exemplare nicht immer innerhalb desselben Befundes. Teilweise lagen sie verstreut in den Brandschuttschichten mehrerer Gruben. Diese Beobachtung belegt, dass der Schutt Resultat *eines* Brandereignisses ist und gleichzeitig in die verschiedenen Gruben gelangte.

Die pyramidenstumpfförmigen Webgewichte bestehen aus mineralisch gemagertem Ton, im oberen Drittel findet sich jeweils eine Durchbohrung. Der bei niedriger Temperatur erfolgte Brand der Stücke legt nahe, dass sie ursprünglich nur luftgetrocknet waren. Gebrannt wurden sie wohl erst im Rahmen des Schadfeuers. Technisch lassen sich die Webgewichte in zwei Größenklassen unterteilen: Die größeren sind rund 16 cm hoch bei einem Basisdurchmesser von 9,5 cm; die kleineren messen etwa 15 cm in der Höhe bei einem Basisdurchmesser von 7,5 cm. Entsprechend unterscheidet sich auch die Masse: Die größeren Stücke wiegen rund 1,2 kg, die kleineren rund 600 g. Folgt man den Ergebnissen experimentalarchäologischer Untersuchungen, lassen die unterschiedlich schweren Stücke Rückschlüsse auf die Feinheit des auf einem Gewichtswebstuhl produzierbaren Gewebes zu. Zum Spannen der Kettfäden ist eine Masse von 30–40 g je Faden notwendig. Demzufolge erlaubten die 600 g schweren Webgewichte die Spannung von 15–20 Fäden, die doppelt so schweren die Spannung von 30–40 Fäden und damit die Herstellung von deutlich feinerem Gewebe.

Ein Gusstiegel für Bronzeguss

Dass neben der Weberei in Haus 1 der frühbronzezeitlichen Siedlung von Oberaichbach noch weitere handwerkliche Tätigkeiten durchgeführt wurden, belegt ein Fund, der aus zahlreichen Fragmenten sekundär verbrannter, mineralisch gemagerter Keramik zusammengesetzt werden konnte (Abb. 52). Bei der dickwandigen Keramikform handelt es sich um ein noch 16 cm lang erhaltenes und 7 cm breites Stück mit abgerundetem Ende. Zentral über die gesamte Länge des Stückes verläuft eine 3,5 cm breite und 3 cm tiefe Kuhle, die zum Ende der Form hin halbrund ansteigt. Anhand seiner charakteristischen Form und des typischen Materials kann das Stück als Gusstiegel für den Bronzeguss interpretiert werden. Das recht kleine Volumen des Tiegels war dabei sicherlich nur für die Herstellung kleiner Bronzegegenstände, zur Produktion für den Eigengebrauch, ausreichend.

Thomas Richter

Literatur S. Möslein, Die Straubinger Gruppe der donauländischen Frühbronzezeit – Frühbronzezeitliche Keramik aus Südostbayern und ihre Bedeutung für die chronologische und regionale Gliederung der frühen Bronzezeit in Südbayern. Ber. Bayer. Bodendenkmalpfl. 38, 1997, 37–106. – K. Grömer, Prähistorische Textilkunst in Mitteleuropa. Geschichte des Handwerkes und Kleidung vor den Römern. Naturhist. Mus. Wien Veröff. Prähist. Abt. 4 (Wien 2010).

Örtliche Grabungsleitung Th. Richter und S. Zawadzki, Kreisarchäologie Landshut.

Eine „zyklopische" Steinbefestigung der Mittelbronzezeit auf dem Stätteberg bei Oberhausen

Landkreis Neuburg-Schrobenhausen, Oberbayern

Lage und Forschungsgeschichte

Die Befestigung auf dem Stätteberg westlich von Neuburg a. d. Donau war durch die Aktivitäten des Historischen Vereins Neuburg und erste Schürfungen durch lokale interessierte Laien bereits seit dem 19. Jahrhundert als antiker Fundplatz bekannt. Damals wurde er aufgrund massiver Vorkommen von hart gebranntem Lehm, den man für Ziegel hielt, in die Römerzeit datiert, weshalb sich in der älteren Literatur und auf Landkarten gelegentlich auch die Bezeichnung „Römerberg" findet.

Lidar-Scans des Terrains (Abb. 54) zeigen eine insgesamt 86 ha große, umwallte Fläche auf dem Kalksteinplateau, einem südlich der Donau gelegenen Ausläufer der Frankenalb. Auf der nördlichen Spornlage ist zudem der erhöhte Bereich – die Oberburg – mit einer ca. 5,5 ha großen Innenfläche (Abb. 54,1) von einer massiven Maueranlage eingegrenzt. Es handelt sich dabei um die neben der Houbirg bei Happburg und dem Schwanberg bei Rödelsee um die drittgrößte derzeit bekannte vorgeschichtliche Befestigungsanlage Bayerns, auch wenn die größere sogenannte Außenbefestigung (Abb. 54,3) bislang undatiert ist. Ein ihr vorgelagertes Hügelgräberfeld (Abb. 54,5) datiert in die Hallstattzeit. Zwischen äußerer und innerer Befestigung verläuft über den an dieser Stelle niedrigen Geländesattel eine Römerstraße im Anschluss an eine die Donau überquerende Brücke (Abb. 54,6).

Aufgrund von Geländeeingriffen durch Steinbrucharbeiten unternahm Wolfgang Dehn am südlichen Teil der Innenbefestigung 1951 eine Ausgrabung und deckte dabei eine Steinbefestigung mit Pfostenschlitzkonstruktion auf. Es fanden sich Bronzen der mittleren Bronzezeit in deren Vorfeld sowie in der Innenfläche hinter der Befestigung. Zudem konnte Dehn auf der Plateauspitze, durch ältere Fundnachrichten inspiriert, einen Brandopferplatz lokalisieren (Abb. 54,4). Die von ihm in der Germania 1952 publizierten Grabungsergebnisse blieben bislang in der Forschung weitgehend unberücksichtigt. Lediglich die Keramik des Brandopferplatzes ist von Rainer-Maria Weiss publiziert worden.

Das genaue Studium des Berichts von Dehn und ein Besuch der überwucherten ehemaligen Grabungsstelle am Wall der Oberburg gaben uns Anlass, seine Ergebnisse zu über-

54 *Oberhausen. Lidar-Scan des Stättebergplateaus mit den hervorgehobenen Befestigungsanlagen (1–3) sowie der Lage von Brandopferplatz (4), hallstattzeitlichem Gräberfeld (5) und Römerbrücke (6).*

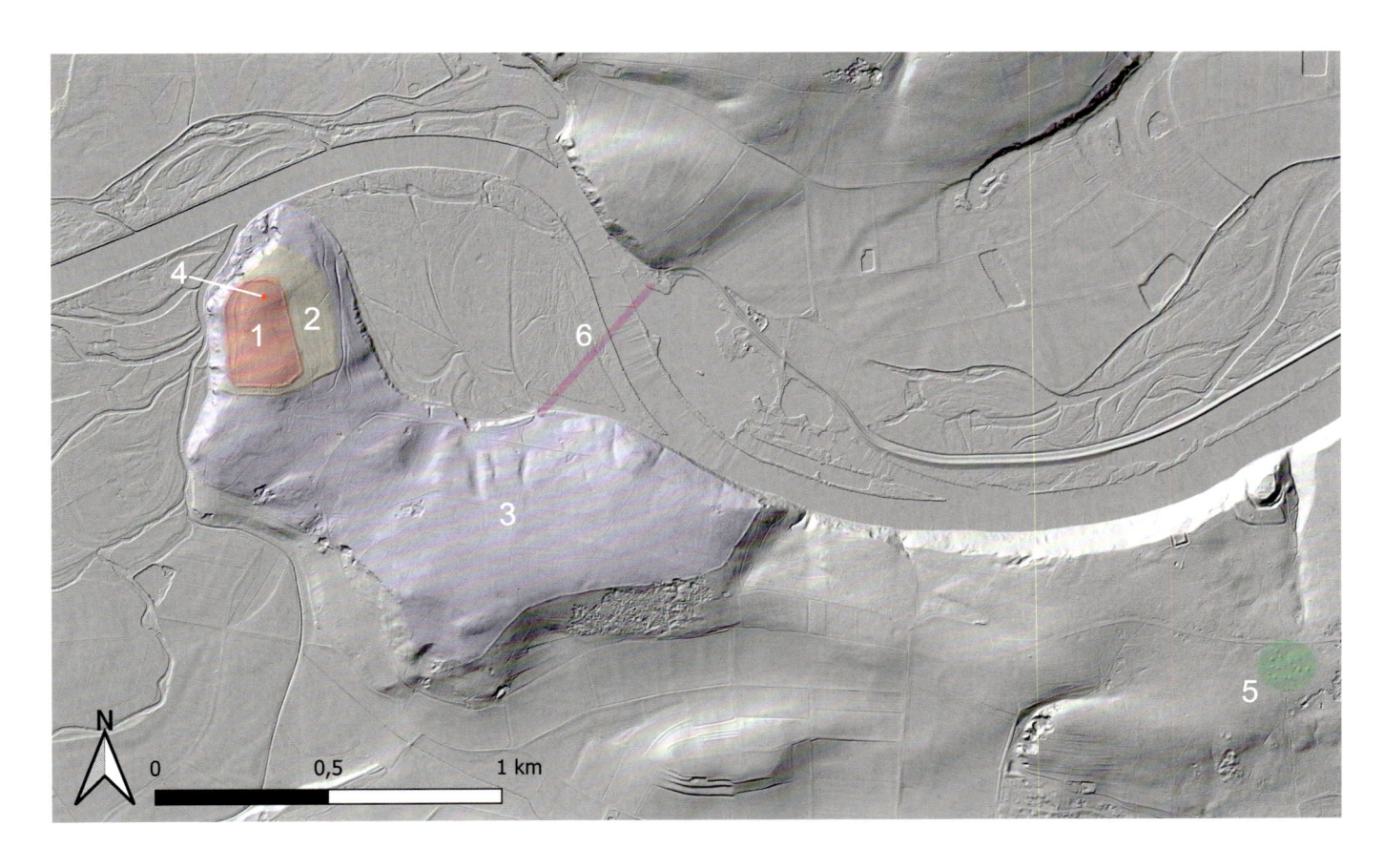

prüfen, um detaillierte Kenntnisse über die Art der Befestigung und deren Datierung zu gewinnen. In Abstimmung mit dem Bayerischen Landesamt für Denkmalpflege und den Bayerischen Staatsforsten wurde im Sommer 2019 im Bereich der alten, nicht mehr klar im Gelände erkennbaren Schnitte eine dreiwöchige Lehrgrabung des Instituts für Vor- und Frühgeschichtliche Archäologie und Provinzialrömische Archäologie der Ludwig-Maximilians-Universität München durchgeführt. Unterbrochen durch die Corona-Pandemie, wurden die Ausgrabungen im Sommer 2021 in demselben Areal als dreiwöchige Lehrgrabung fortgesetzt. Die Ergebnisse beider Kampagnen erbrachten folgende spektakulären Ergebnisse.

Pfostenschlitzmauer der Südfront
Die Alt-Schnitte wurden erneut freigelegt und im zentralen Bereich vor der südlichen Außenmauer erstmals bis auf den anstehenden Boden abgegraben. Es zeigte sich eine aus bis zu 1,2 m breiten Kalksteinen errichtete Mauerfront – ähnlich den gleichzeitigen sogenannten zyklopischen Steinbefestigungen in Griechenland –, die jedoch nach mitteleuropäischer Manier in regelmäßigen Abständen von Lücken einer Pfostenschlitzkonstruktion unterbrochen war. An einigen Stellen konnten noch verkohlte Reste der Pfosten nachgewiesen werden. Im südlichen Frontbereich war die Mauer noch bis zu 1,80 m Höhe erhalten (Abb. 55).

Um detaillierte Einblicke in den Aufbau dieser monumentalen Befestigung zu erlangen, wurde das Westprofil des Jahres 1951 geringfügig versetzt und erstmals auf den anstehenden Fels, auf dem die Mauer aufsitzt, abgegraben. Es zeigte sich eine bislang in dieser Art in Süddeutschland einmalige Mauerkonstruktion mit einer aus massiven Jurakalkblöcken errichteten äußeren und inneren Fassade. Der Mauerkörper war im unteren Bereich mit dicht gepackten kleineren Kalksteinen und dazwischen eingebrachtem, durch Brand verziegeltem Lehm verfüllt. Die Anlage ging durch massive Feuereinwirkung zugrunde. Auf der noch aufrecht stehenden Mauerkrone befand sich eine Schicht von verziegeltem Stampflehm, der in teils großen, ziegelartigen Brocken vorlag. Einzelne Steine einer über der Stampflehmschicht gelegenen Steinrollierung konnten noch in situ angetroffen werden. Der Großteil dieser die Mauerkrone bildenden Steinlage war als schichtartig verkippter Versturz in den Schnittprofilen sichtbar. ^{14}C-Analysen aus Holzkohlen der Mauerpfosten wie auch von Tierknochen aus der Fläche unmittelbar hinter der inneren Mauerfassade ergaben allesamt Datierungen in das 14. Jahrhundert v. Chr. Diese Ergebnisse stimmen mit Teilen der relativchronologischen Einordnung der Keramik aus dem Brandopferplatz überein. Ein weiteres ^{14}C-Datum aus der Brandschicht im Bereich der nach außen verstürzten Mauer fällt in das 12. Jahrhundert v. Chr. und verweist auf das Ende der Nutzung der Befestigung an dieser Stelle.

Weder eine solche Pfostenschlitzkonstruktion noch eine derartige massive Befestigung aus großen Kalksteinen mit einem Lehmaufbau ist bislang für süddeutsche Befestigungsanlagen der Mittelbronzezeit nachgewiesen. Aufgrund der angetroffenen Konstruktionsdetails ist davon auszugehen, dass die Befestigung einen hölzernen Aufbau in Form eines Wehrgangs besessen hat. Gleichfalls erstmalig gelang der Nachweis von gut datierten mittelbronzezeitlichen Steinbruchaktivitäten vor Ort. Im Areal vor der südlichen Mauerfront kamen durch das Abgraben bis auf den gewachsenen Felsen nahezu in der gesamten Fläche stufenartige Abbruchkanten des anstehenden Kalksteins zum Vorschein. Offenbar war zumindest ein Teil der in der Mauer verbauten (Fassaden-)Steine direkt vor Ort abgebaut worden.

Äußerer Wall
Bislang noch ohne gesicherte Datierung bleibt ein weiterer, flacherer Wall, der der inneren Mauer nach Süden vorgelagert und sowohl im Lidar-Scan als auch stellenweise im Gelände noch gut erkennbar ist (Abb. 54,2). Das Freilegen des Dehn-Schnitts in diesem Anschnitt erbrachte in der Kampagne 2021 eine von der inneren Befestigung abweichende Konstruktion, die jedoch ebenfalls großformatige Kalksteine verwendete. Möglicherweise handelt es sich um eine ältere Befestigungsphase (worauf eine spätfrühbronzezeitliche Scherbe des Typs Arbon-Landsberg hinweist, vermutlich Tasse vom Typ Poing), die bei Errichtung der mittelbronzezeitlichen Mauer in Teilen abgebaut bzw. deren Steine bei der Errichtung der neuen Befestigung als Spolien verwendet wurden.

Bezüge zur Donau – zwischen Heuneburg und Bogenberg
Der Bezug zur Donau ist beim Stätteberg offensichtlich. Die Anlage kontrolliert zugleich eine auch in der Römerzeit genutzte Furt und Engstelle des Flusses. Mit dieser prominenten Lage steht sie nicht allein. Erst in den letzten Jahren haben systematische Aufnahmen der vormittelalterlichen Festungen entlang der Donau eine dichte Folge bronzezeitlicher Burgen ergeben, die die Bedeutung dieser wichtigen vorgeschichtlichen Verkehrs- und Kommunikationsader anzeigen. Die westlichste und zugleich bekannteste Festung ist die 150 km flussaufwärts vom Stätteberg gelegene Heuneburg, gebaut an jener Stelle, an der die Donau erst schiffbar wird. Eine große in

Haupt- und Vorburg gegliederte Festung wurde dort unmittelbar am Hochufer der Donau in der frühen Mittelbronzezeit planmäßig errichtet, in der älteren Urnenfelderzeit um 1300 v. Chr. erneuert und 200 Jahre später aufgegeben, bevor der Platz in der Hallstattzeit seine größte Bedeutung erhielt. Die Reisensburg bei Günzburg stellt eine mächtige vorgeschichtliche Wallburg direkt oberhalb der Donau dar, die ebenfalls in der Mittelbronze- und Urnenfelderzeit besiedelt war, ihre imponierenden Befestigungen sind bislang undatiert. Die monumentale Befestigung auf dem Sebastiansberg, der über der Donauniederung bei Aislingen thront, hat ebenfalls Spuren einer dichten vorgeschichtlichen Besiedlung erbracht. Am Rand dieser Anlage wurden neolithische bis eisenzeitliche Siedlungsreste gefunden. 5 km östlich des Stättebergs liegt der Neuburger Stadtberg, dessen Besiedlung in einem zeitlichen Ablöseverhältnis zum Stätteberg steht, wie die Forschungen Nils Ostermeiers belegen konnten. Weiter donauabwärts ist der mit mehreren Abschnittswällen befestigte Frauenberg oberhalb des Donaudurchbruchs bei Weltenburg zu nennen. Funde verweisen auf eine Besiedlung am Übergang von der frühen zur mittleren Bronze- sowie in der Urnenfelderzeit. Die östlichste bekannte Festung mit mittelbronzezeitlichen Siedlungsspuren im unmittelbaren Einzugsgebiet der Donau in Bayern ist der Bogenberg bei Straubing mit seiner imponierenden Lage auf einem Inselberg.

Diese knappe Auflistung weist vermutlich forschungsgeschichtlich bedingte Lücken auf. Viele für befestigte Siedlungen geeignete Plätze sind entweder nicht ausgegraben oder modern überbaut, von anderen vorgeschichtlichen Befestigungen fehlt datierbares Fundmaterial. Dennoch zeichnet sich ein Bild ab, dass in der Mittelbronzezeit eine Reihe großflächig konzipierter Burgen planmäßig entlang der Donau errichtet wurde, um diesen wohl wichtigsten Ost-West verlaufenden Handelskorridor zu kontrollieren und zu sichern. Die bronzezeitliche Burg auf dem Stätteberg ist bislang die mächtigste dieser Anlagen. Gleichzeitig markiert ihre Lage auch einen wichtigen Verkehrsweg in nordsüdlicher Richtung. Bereits jetzt kann gesagt werden, dass die Ausgrabung auf dem Stätteberg durch die hohen Standards einen signifikanten Erkenntnisgewinn zum bronzezeitlichen Burgenbau in Bayern und in Süddeutschland erbracht hat. Dies wird sich hoffentlich in der Zukunft ausbauen lassen, um die Forschung in erheblichem Maß voranzutreiben.

Carola Metzner-Nebelsick, Louis D. Nebelsick, Ken Massy, Wolf-Rüdiger Teegen und Thomas Simeth

Literatur W. Dehn, Der Stätteberg bei Unterhausen, Lkr. Neuburg a. d. Donau (Schwaben). Germania 30, 1952, 280–287. – R.-M. Weiss, Prähistorische Brandopferplätze in Bayern. Internat. Arch. 35 (Espelkamp 1997). – N. Ostermeier, Der Stadtberg von Neuburg an der Donau: Eine Höhensiedlung der Urnenfelderzeit, der Hallstattzeit und der Frühlatènezeit im oberbayerischen Donauraum. Würzburger Stud. Vor- u. Frühgesch. Arch. 5 (Würzburg 2020).

Örtliche Grabungsleitung C. Metzner-Nebelsick, LMU München. – *Wissenschaftliche Leitung* C. Metzner-Nebelsick, LMU München, und L. D. Nebelsick, Universität Warschau. – *Dokumentation* C. Metzner-Nebelsick, K. Massy, W.-R. Teegen, alle LMU München; F. Stremke, Bremen. – [14]*C-Daten* R. Friedrich, CEZA Mannheim.

55 *Oberhausen, Stätteberg. Südliche Außenfassade der mittelbronzezeitlichen Befestigung mit Carola Metzner-Nebelsick als menschlicher Maßstab.*

Eine urnenfelderzeitliche Flächensiedlung an der Mindel in Dirlewang

Landkreis Unterallgäu, Schwaben

Am nördlichen Ortsrand von Dirlewang im Allgäu, im Bereich der heutigen Alamannenstraße, waren seit den 1930er Jahren bei Baumaßnahmen immer wieder merowingerzeitliche Bestattungen zutage gekommen, bis schließlich 1968 Rainer Christlein systematische Grabungen durchführte. Neben den frühmittelalterlichen Gräbern stellten sich auch urnenfelderzeitliche Befunde ein. Im Zuge der Erschließung eines unmittelbar nördlich anschließenden, gut 2,5 ha großen Neubaugebiets zwischen Hammerschmiedeweg im Westen und Mindelheimer Straße im Osten wurde daher eine archäologische Begleitung der relevanten Bodenarbeiten nötig. Nachdem der Oberbodenabtrag auf den Erschließungstrassen im Frühjahr 2021 etwa 250 Befunde erbrachte, waren nun auch die insgesamt 40 Bauparzellen zu untersuchen. Nach Absprache zwischen Gemeinde und Bayerischem Landesamt für Denkmalpflege sollte der abgetragene Oberboden in den nicht zu bebauenden Randbereichen der einzelnen Parzellen gelagert werden, sodass sich insgesamt elf einzelne Grabungsareale unterschiedlicher Größe ergaben.

Topografisch gesehen liegt das Siedlungareal auf der östlichen Niederterrasse der Mindel, die unmittelbar westlich vorbeifließt, und fällt nach Süden und nach Westen zum Fluss hin ab. Etwa im Zentrum der abgeschobenen Fläche befindet sich eine leichte, kiesige Geländeerhöhung, auf der sich der Großteil der Befunde konzentrierte. Die flacheren Bereiche und Senken waren von Schwemmschichten der Mindel bedeckt, sodass hier die Befunde im Planum kaum zu erkennen waren und erst durch einen erneuten Oberbodenabtrag sichtbar gemacht werden konnten.

Eine umfriedete Siedlung
Die archäologischen Arbeiten auf den Bauparzellen, die inklusive Oberbodenabtrag von Mitte Juli bis Mitte Oktober 2021 dauerten,

56 *Dirlewang. Befundplan.*

erbrachten ca. 500 archäologisch relevante Befunde (Abb. 56). Überwiegend handelt es sich um Pfostengruben oder Gruben unterschiedlichster Form und Größe. Eingefasst wird die Siedlung wohl von einem bogenförmigen Graben, innerhalb dessen sich zumindest einige wenige Nordwest-Südost ausgerichtete Gebäudegrundrisse (Sechs- und Achtpfostenbauten) rekonstruieren lassen. Aber auch westlich außerhalb der Umfassung finden sich zahlreiche Spuren von unterschiedlichen Aktivitäten. Insgesamt verteilen sich mehr als 20 Feuerstellen über das gesamte Untersuchungsareal. Sie alle zeichneten sich als mittelgrau-braune oder dunkelgrau-schwarzbraune Verfärbungen mit einem durch Hitzeeinwirkung meist deutlich ausgeprägten rotorangen Rand ab. Die Umrisse sind rund bis oval (180 × 130 cm), rechteckig (250 × 120 cm) oder annähernd quadratisch (70 × 70 cm), die erhaltene Tiefe erreicht 15–40 cm. Wenn auch die Formen und die Abmessungen dieser wohl als Kochgruben zu interpretierenden Befunde variieren, zeigen sie im Grunde im zweiten Planum alle den gleichen Aufbau aus einer mehr oder weniger kompakt gesetzten Lage aus Flusskieseln, zwischen denen sich oft Reste von Holzkohle fanden (Abb. 58). Auf der südlichen Fläche 1 konzentrieren sich fünf solche Feuergruben (Befunde 760, 761, 762, 768, 780) unmittelbar außerhalb des Umfassungsgrabens und direkt am leicht abfallenden Hang zu einer feuchten Senke hin. Diese Situation ähnelt der in der zeitgleichen Fundstelle von Bötzingen am Kaiserstuhl, wo die dortigen Kochgruben mit der Röstung von Eicheln in Verbindung gebracht werden. Diese Art der Nahrungszubereitung lässt sich für Dirlewang nicht nachweisen. In einem kleinen, zwar zerdrückten, aber ansonsten kompletten Henkelgefäß, das in Grube 740 auf einem Unterlegstein deponiert worden war (Abb. 57), fanden sich jedoch Getreidereste. Die paläobotanische Bestimmung konnte mit Emmer/Dinkel, Einkorn, Nacktgerste und Nacktweizen ein typisch spätbronzezeitliches Getreidespektrum ermitteln. Interessant in diesem Zusammenhang ist die Beobachtung, dass das Getreide bereits für die Nahrungszubereitung aufbereitet worden war.

Brandgräber
Neben den Siedlungsbefunden konnten auch die Reste von elf Bestattungen untersucht werden. Hierbei handelt es sich um Urnen- und Brandschüttungsgräber. Diese liegen sowohl innerhalb als auch außerhalb des Umfassungsgrabens. Die Befunde 278, 295, 307, 327, 400 und 630 sind Urnenbestattungen. Abgesehen von Grab 295, wo sich Reste dreier ineinander gestapelter, zerdrückter Gefäße fanden, war meist nur noch der Boden erhalten oder sie waren wie Grab 278 komplett zerpflügt. Bei

57 *Dirlewang. Grube 740, Henkelgefäß mit verschiedenen Getreideresten auf einem Unterlegstein.*

58 *Dirlewang. Feuergrube 780, Planum 3 (Länge 2,30 m, Breite 1,20 m).*

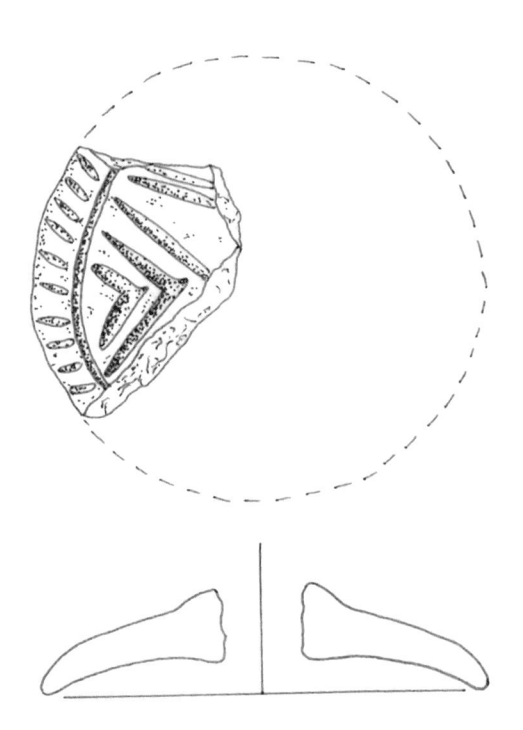

59 *Dirlewang. Fragment eines Tonstempels aus Grube 746. Maßstab 1 : 1.*

den Befunden 311, 326, 331 und 441 handelt es sich um Brandschüttungen. Diese waren im Planum nicht alle unbedingt als solche erkennbar und erst beim Schneiden zeigte sich Keramik und mit winzigen Leichenbrandpartikeln durchsetze Holzkohle. Abgesehen von den Fragmenten der Urnen bzw. der Gefäße in den Brandbestattungen konnten keine weiteren Beigaben beobachtet werden und auch Leichenbrand liegt nur in mikroskopischen Spuren vor.

Spätere Siedlungstätigkeit
Eine weitere Nutzung des Geländes nach der Urnenfelderzeit konnte für die römische Kaiserzeit über drei Grubenhäuser (Befunde 513, 625 und 667) und zumindest eine Pfostengrube (Befund 655) nachgewiesen werden, die entsprechendes Fundmaterial wie Keramik, einen tönernen Spinnwirtel, ein halbes Webgewicht, Eisennägel und Tegula-Bruchstücke enthielten.

Die Keramikfunde
Abgesehen von großen Mengen an Keramikscherben ist das Fundspektrum sehr begrenzt. Lediglich einige Flintabschläge, Fragmente von Mahlsteinen und vereinzelte, wohl aufgrund der Bodenbeschaffenheit schlecht erhaltene Tierknochen konnten geborgen werden. Das umfangreiche Keramikinventar bedarf noch eingehenderer Untersuchungen, aber es umfasst das typische urnenfelderzeitliche Repertoire an Grob- und Feinkeramik (Bz D bis mindestens Ha B1). Interessant in diesem Zusammenhang sind vier Keramikgruben (Befunde 608, 736, 745, 746), enthielten sie doch neben knapp 1600 Keramikscherben weitere Tonobjekte. So enthielt Grube 736 das verzierte Fragment eines tönernen Feuerbocks oder Mondidols (Abb. 61) und Grube 746 das kleine Fragment eines Tonstempels (Abb. 59).

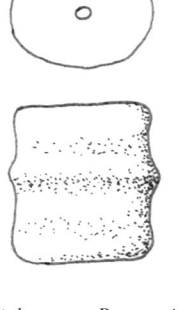

60 *Dirlewang. Bernsteinperle vom Typ Tiryns aus Grube 608. Maßstab 1 : 1.*

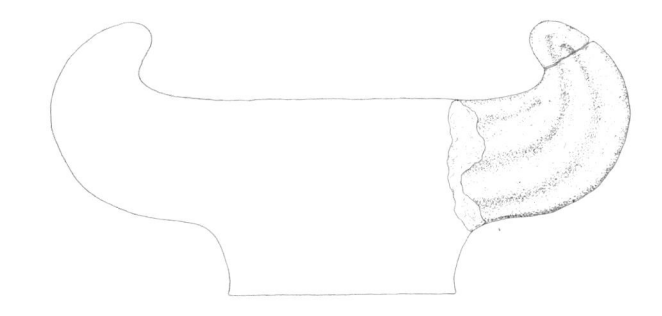

61 *Dirlewang. Fragment eines verzierten tönernen Feuerbocks aus Grube 736. Maßstab 2 : 3.*

Pretiosen – eine Tiryns-Perle
Der exzeptionellste Fund stammt aus der Grube 608. Hier fanden sich neben mehr als 600 Keramikscherben eine Bernsteinperle und das Fragment eines bronzenen Nadelschafts – der einzige Bronzefund aus der gesamten Ausgrabung. Die sauber gearbeitete zylindrische Perle hat eine Länge von 2,1 cm und einen ovalen Querschnitt von 1,6 bzw. 1,9 cm Durchmesser und weist mittig einen umlaufenden Wulst auf (Abb. 60). Dieses Fundstück kann typologisch der Gruppe der sog. Tiryns-Perlen zugeordnet werden, benannt nach einem bronzezeitlichen Hortfund in der gleichnamigen mykenischen Stadt. Dieser Perlentyp findet seine Verbreitung von Zentraleuropa über die Adria und Ägäis bis in den Vorderen Orient (Levante, Syrien) und in die Ukraine. Gehäuft nachgewiesen ist der Typ u. a. in Venetien, wo zudem etwa in Fratessina auch der Beleg für die Verarbeitung von Bernstein erbracht werden konnte. Dort wurden die Perlen häufig als Zier von Gewandnadeln verwendet, worauf auch das in der Grube 608 mit der Perle vergesellschaftete Nadelfragment hindeutet.
Erbrachte der Fund aus Dirlewang den ersten Nachweis einer Perle dieses Typs für den süddeutschen Raum, so ist sie zugleich ein weiterer Beleg für den ausgedehnten Überlandhandel dieser Zeit.

Jürgen Schreiber

Literatur G. Woltermann, Die prähistorischen Bernsteinartefakte aus Deutschland vom Paläolithikum bis zur Bronzezeit. Methodische Forschungen zu Lagerstättengenese, Distributionsstrukturen und sozioökonomischem Kontext. Universitätsforsch. Prähist. Arch. 290 (Bonn 2016). – T. Kaszab-Olschewski/B. Zach, Essbare Eicheln aus Bötzingen am Kaiserstuhl. Arch. Ber. 30, 2019, 211–221.

Örtliche Grabungsleitung J. Schreiber, Dig it! Company GbR, Peiting. – *Makrobotanische Analysen* Ch. Herbig, Rodenbach.

Ein Keramikdepot der Urnenfelderzeit aus Hainsfarth

Landkreis Donau-Ries, Schwaben

Am südlichen Ortsrand von Hainsfarth befindet sich ein seit 1983 durch Oberflächenfunde bekanntes Bodendenkmal, das in Teilbereichen von Bodeneingriffen zur Entwicklung eines Gewerbegebietes betroffen ist. Nachdem 2016 nördlich des Oberen Kesselweges bereits Siedlungsbefunde der Urnenfelderkultur und zwei isolierte Bestattungen des Frühmittelalters dokumentiert worden waren (Abb. 62), fügte sich auch der 2021 in einer nach Süden anschließenden Fläche festgestellte Befund weiter in das Gesamtbild einer Besiedlung mit urnenfelderzeitlichem Schwerpunkt. Wenige Funde könnten auf ältere Aktivitäten (Bz C) hinweisen. Von dieser Konzentration durch einen befundfreien Raum von ca. 40 m getrennt, wurde erst wieder im Süden der Fläche ein Vierpfostengrundriss erkannt.

Als ungewöhnliche Einzelbeobachtung fiel jedoch die Grube 10 auf, in der sich ein vollständiges Keramikgefäß mit Resten eines Deckgefäßes befand (Abb. 63). In Planum 1 hob sich die humose, sandige Verfüllung als etwas unscharf begrenzter, leicht ovaler Umriss vom umgebenden hellen Sand ab. Die maximal 140 cm lange Grube besaß ein steilwandiges Profil mit flacher Sohle und einer maximalen Erhaltungstiefe von knapp über 40 cm unter Planum 1. Der gute Zustand des Gefäßes sowie die Vorvereinbarung mit dem Erlaubnisinhaber über den weiteren Fundverbleib ermöglichten eine Bergung im Block für eine anschließende Freilegung unter Werkstattbedingungen.

Das Gefäßensemble

Überraschend zeigte sich bei der Auflösung des Blocks jedoch keine Spur von Leichenbrand oder Holzkohle, sondern eine geschichtete Abfolge von Bechern und Schalen, deren Zwischenräume wahrscheinlich erst nachträglich nach dem Einbrechen der Deckschale durch sandiges Material ausgefüllt worden waren. Am Boden des 27 cm hohen bauchigen Gefäßes mit einem Durchmesser von maximal 34,5 cm (Abb. 64,1) waren zwei Spitzbodenbecher mit der Mündung nach unten platziert worden (Abb. 64,4.5). Daneben befand sich ein schlecht erhaltener konischer Tondeckel (Abb. 64,6), der mit seinem Durchmesser von 9,8 cm als Verschluss für beide Becher (Mündungsdurchmesser von 9 bzw. 9,5 cm) in Frage käme. Auf die Becher bzw. den Tondeckel war das Unterteil eines topfartigen Gefäßes abgelegt worden (Abb. 64,3). Das Fehlen sämtlicher Teile oberhalb der Bauchpartie kann nicht den Erhaltungsumständen oder der Bergung zugeschrieben werden. Vielmehr müssen diese bereits bei der Niederlegung gefehlt haben. Setzt man den Durchmesser dieses Gefäßunterteils

62 Hainsfarth. Topografie und bodendenkmalpflegerisch untersuchte Flächen am Oberen Kesselweg im Gewerbegebiet Süd.

von 19,5 cm in Beziehung zur Mündung des Außengefäßes an deren engster Stelle, so dürfte das Gefäß 3 nur mit großer Geschicklichkeit und sanftem Druck überhaupt hineingepasst haben. Es liegt der Verdacht nahe, dass das Fehlen der restlichen, oberen Gefäßteile dem Umstand geschuldet ist, dass das Gefäß gezielt auf diesen Durchmesser abgearbeitet wurde. Die eigentliche Abdeckung des Ganzen bildet eine mit der Mündung nach unten auf dem Außengefäß platzierte Schale, deren Reste sowohl an der Außenseite von Gefäß 1 aufliegend als auch in das Gefäß verstürzt angetroffen wurden (Abb. 64,2). Typologisch lässt sich das Inventar insbesondere auf Grundlage der Spitzbecher der Stufe Ha B und damit der Urnenfelderkultur zuweisen.

Planvolle Niederlegung
Der Befund wird wegen der weitgehenden Vollständigkeit der einzelnen Gefäße sowie ihrer gezielten Anordnung nicht als eine Entsorgung unbrauchbar gewordener Keramik, sondern als planvolle Niederlegung in einer ansonsten fundleeren Grube am Rande eines Siedlungsareals interpretiert. Die Grube übersteigt dabei deutlich den zur Niederlegung unbedingt notwendigen Durchmesser. Eine vorherrschende Interpretation solcher urnenfelderzeitlicher Keramikdepots geht von einem kultischen Charakter aus, etwa der Hypothese, dass zuvor rituell genutzte bzw. mit Bedeutung aufgeladene Gefäße einer weiteren profanen Nutzung entzogen wurden. Im Hinblick auf das bereits unvollständig niedergelegte Gefäßunterteil 3 in Hainsfarth kann diese Hypothese nicht für alle Keramikeinheiten in gleicher Weise in Anspruch genommen werden. Bei der beobachteten Schichtung fällt jedoch auf, dass die beiden Becher und der Deckel zuunterst im Außengefäß und damit an der geschütztesten bzw. innersten Position niedergelegt wurden. Dass die Mündung der Becher nach unten zeigte, spricht dabei gegen eine Niederlegung im gefüllten Zustand.

Auch wenn eine abschließende Deutung des Befundes weder aus sich selbst heraus noch aus dem Kontext möglich scheint, hat das glückliche Zusammenspiel aus vollständiger Erhaltung, Bergung und restauratorischer Dokumentation zusätzliche Informationen erbracht, die bei einer Zerscherbung der Gefäße wohl nicht erkennbar und rekonstruierbar gewesen wären.

Johann Friedrich Tolksdorf
und Saskia Stefaniak

Ausgrabung ADA Archäologie GbR, A. Wunderlich.

63 *Hainsfarth. Grubenbefund 10. Rechts die bei der restauratorischen Freilegung rekonstruierte Niederlegungsweise der Gefäße. Maßstab 1 : 4.*

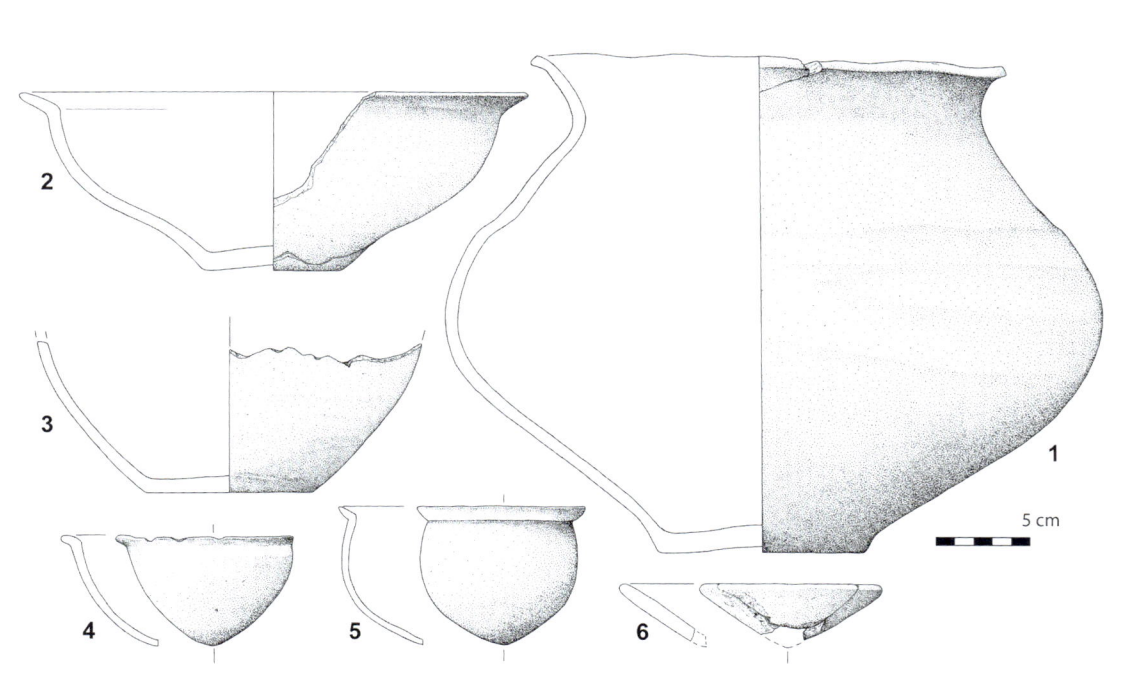

64 *Hainsfarth. Grubenbefund 10. Die Gefäße. Maßstab 1 : 4.*

Metallzeitliche Siedlungen an den Talhängen der Regnitz bei Hirschaid

Landkreis Bamberg, Oberfranken

In den letzten 15 Jahren sind die Forderungen nach neuen Bau- und Gewerbeflächen stetig angestiegen. Dies gilt auch für die Gemeinden zwischen Forchheim und Bamberg. Seit über 20 Jahren plante der Markt Hirschaid die Erschließung eines Gewerbegebietes von 6,6 ha Größe direkt westlich an der Bundesautobahn 73. Das Grabungsareal war bisher Ackerfläche; es fällt von Norden nach Süden und von Osten nach Westen zur Regnitzaue hin ab. Durch die Anlage von Sondagen sollte die genaue Lage, die Ausdehnung sowie der Erhaltungszustand eines dort lokalisierten Bodendenkmales ermittelt werden (Abb. 65). Dabei zeigte sich, dass im Boden wesentlich mehr verborgen war, als bisher vermutet wurde.

Im Herbst 2020 begannen die Grabungsarbeiten mit der Anlage von Sondageschnitten in unmittelbarer Nähe zu den Stellen der kartierten Lesefunde. Doch schon mit den ersten zwei Sondagen war offensichtlich, dass in diesem Bereich kein Bodendenkmal nachzuweisen war. Dafür zeichneten sich an ganz anderer Stelle, im Süden der Untersuchungsfläche, im Planum eine große Anzahl von Pfostenlöchern ab (Abb. 66,1a grün). Auf der dort ausgeprägten Geländekuppe waren die Befunde direkt unter dem Humus überraschend gut erhalten, während hangabwärts liegende Befunde stellenweise von einem bis zu 130 cm starken Kolluvium überlagert waren. Nach einer Erweiterung der Fläche nach Norden stieg die Anzahl der Pfosten weiter an. Somit wurde die erste von insgesamt sechs voneinander abgrenzbaren Siedlungsstellen in der gesamten Grabungsfläche angeschnitten.

Pfostenbauten und Urnengräber

Die Siedlung auf der Hangkuppe ist die flächenmäßig größte und zeigt zudem die beste Befunderhaltung (Abb. 66,2a). Insgesamt konnten an dieser Stelle über 250 Pfosten erfasst werden. Lehrbuchhaft waren von den meisten Pfosten sowohl die Pfostengruben als auch die dazugehörigen Pfostenstellungen erhalten. In diesem Gewirr aus Pfostenlöchern lassen sich einzelne Nordwest-Südost orientierte Hausgrundrisse erkennen. Bis auf wenige Ausnahmen fehlen im erfassten Siedlungsareal allerdings die sonst üblichen Abfall- oder Entnahmegruben. Eine Besonderheit stellen einzelne Urnengräber in der Nähe der Siedlung dar, die durch die landwirtschaftliche Nutzung des Areals stark gestört waren (Abb. 66,1b rot; 67).

Die Funde aus den Pfosten und Urnengräbern lassen eine Datierung in die Urnenfelderzeit (1300–700 v. Chr.) zu. Ob der Siedlungs- und Bestattungsplatz gleichzeitig bestand, muss vorerst noch offen bleiben.

Eisenzeitliche Siedlung

Ein zweiter ausgedehnter Siedlungsplatz befindet sich nördlich der ursprünglichen Fundstelle (Abb. 66,2a blau). In lockerer Streuung

65 Hirschaid. Luftbild mit dem Vorhabensbereich und der Kartierung der betroffenen Fundstelle. Geobasisdaten: Bayerische Vermessungsverwaltung 2022.

66 Hirschaid. Plan. 1a Siedlung der Urnenfelderkultur (grün); 1b Urnengräber (rot); 2a Siedlung der Eisenzeit (blau); 2b einzelnes Urnengrab (rot); 3 Siedlung der ausgehenden Urnenfelderkultur/ frühen Hallstattzeit (türkis); 4 latènezeitliches Grubenhaus (blaugrün); 5 Siedlung der vorgeschichtlichen Metallzeiten (hellblau); 6 Siedlungsreste des Neolithikums (lila).

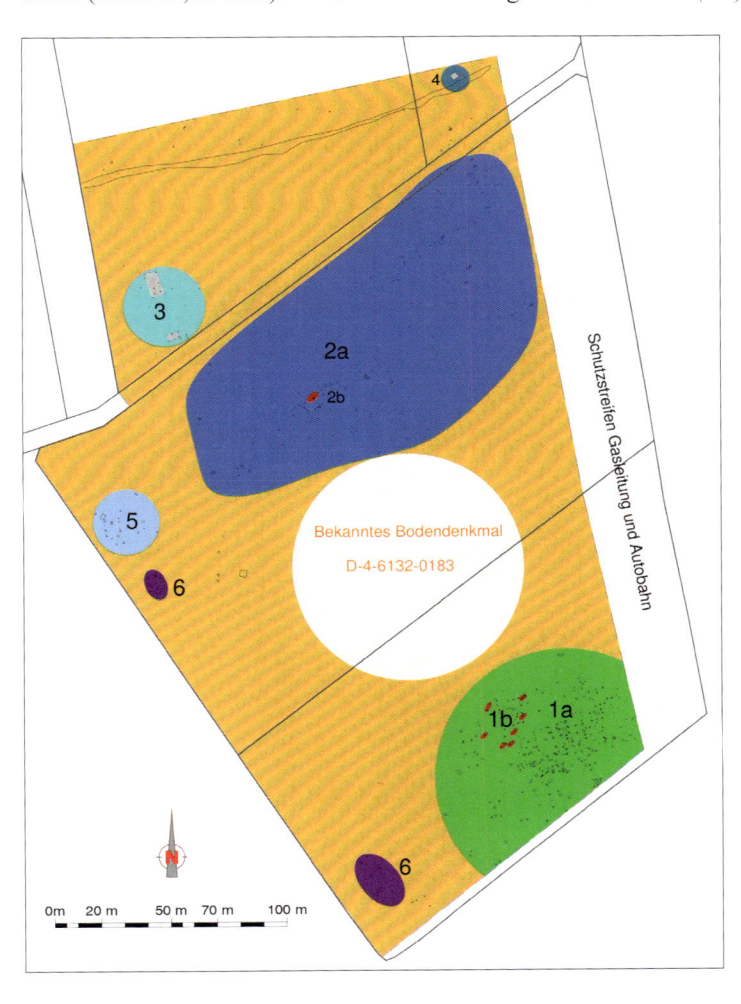

67 *Hirschaid. Stark zerpflügte urnenfelderzeitliche Urnenbestattung 300 mit Resten des Leichenbrandes. Durchmesser der Urne 25 cm.*

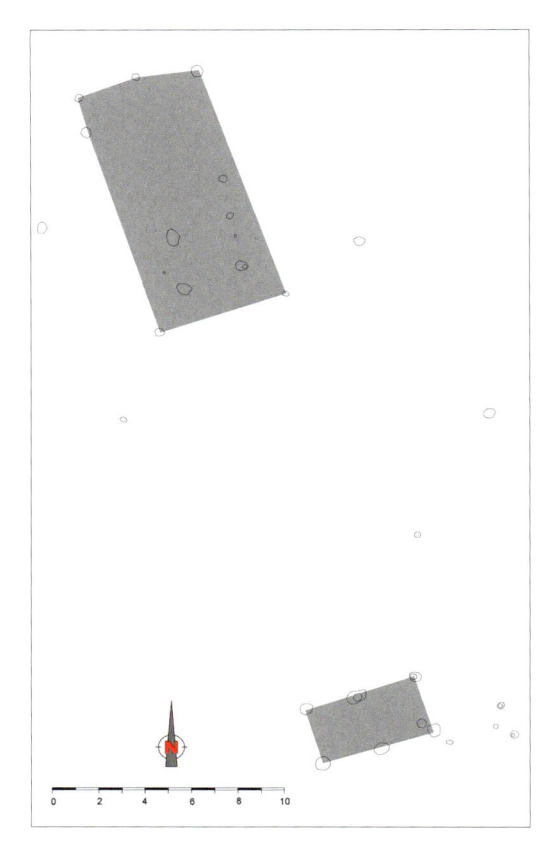

68 *Hirschaid. Detailausschnitt des Grabungsplans mit rekonstruierten eisenzeitlichen Hausgrundrissen.*

haben sich in diesem Bereich einzelne Pfosten, zum Teil in Reihen, erhalten. Aufgrund der Hanglage ist jedoch ein Großteil der Befunde erodiert. Die Funde lassen lediglich eine Zuweisung in die Eisenzeit zu. Auch bei dieser Siedlung wurde in unmittelbarer Nähe einer Pfostenreihe eine zeitgenössische Urne freigelegt (Abb. 66,2b rot; 69).

Im äußersten Westen des Grabungsareals, unmittelbar im Hangbereich gelegen, gelang es, zwei weitere Hausgrundrisse freizulegen. Es handelt sich um ein zweischiffiges Haus von 8,8 m Länge und 5,5 m Breite sowie einen deutlich kleineren Speicherbau aus sechs Pfosten. Damit lässt sich eventuell ein kleines Gehöft fassen. Die Funde aus den nahe gelegenen Abfallgruben stammen aus der ausgehenden Urnenfelder- bzw. frühen Hallstattzeit (Abb. 66,3 türkis; 68).

Zeitlich nicht genauer einzuordnen ist eine kleine Gruppe aus Pfosten und Gruben südwestlich der eisenzeitlichen Siedlung (Abb. 66,5 hellblau). Aus diesem Siedlungskomplex konnten lediglich einige Webgewichte geborgen werden.

Einen letzten, singulären Siedlungsbefund stellt ein Grubenhaus im äußersten Norden dar. Wie die anderen Befunde auf der Hangkuppe war auch das Grubenhaus erodiert und nur noch bis zu einer Tiefe von 40 cm erhalten (Abb. 66,4 blaugrün).

Resümee

Während der flächigen Untersuchung des Baugebietes auf 4,4 ha konnten nur vereinzelte neolithische Befunde festgestellt werden, die mit den zuvor gemachten Lesefunden korrelieren (Abb. 66,6). Dafür konnten in der untersuchten Fläche gleich mehrere bisher unbekannte metallzeitliche Siedlungsspuren aufgedeckt werden. Die Mehrzahl der dokumentierten Befunde ist anhand des Fundmaterials vorerst nur in die späte Urnenfelderzeit und frühe Eisenzeit zu datieren. Auch hier kann nur eine detaillierte Bearbeitung des geborgenen Fundmaterials die tatsächliche zeitliche Tiefe der einzelnen Siedlungsstellen klären. Wegen der starken Hangerosion ist ein Teil der metallzeitlichen Befunde nur noch in geringer Tiefe erhalten, folglich ist es möglich, dass ältere Befunde schon vollständig der Erosion zum Opfer gefallen sind und sich nur das verlagerte Fundmaterial erhalten hat. Dass es sich beim Regnitztal um eine bedeutende und über Jahrtausende genutzte Siedlungslandschaft handelt, steht außer Frage. An den Talhängen der Regnitz bestanden während der ausgehenden Bronze- und Eisenzeit nicht nur Dörfer, sondern auch locker gestreut liegende Einzelgehöfte oder Gehöftgruppen.

Andreas Pross und Michael Jaschek

69 *Hirschaid. Durch kolluviale Überdeckung ungestörte singuläre eisenzeitliche Urnenbestattung. Die Deckschale wurde mit Reibsteinfragmenten beschwert. Durchmesser der Urne 30 cm.*

Kalenderberg in Niederbayern: Nordostalpine Keramik aus einer hallstattzeitlichen Siedlung von Altenmarkt

Stadt Osterhofen, Landkreis Deggendorf, Niederbayern

Bereits seit 2010 werden westlich von Altenmarkt bauvorgreifende Ausgrabungen im Gewerbegebiet „Am Stadtwald" durchgeführt. Sein Wachstum greift in eine reiche archäologische Landschaft ein, die sich auf den lössbedeckten Terrassen beiderseits des Herzogsbachs erstreckt, welcher bei Osterhofen das Donautal erreicht. Erwartungsgemäß liegen in den bisher untersuchten Flächen mehrperiodige Siedlungs- und Grabbefunde mit unterschiedlichen Schwerpunkten vor. Während in den nordöstlichen Grabungsschnitten eine großflächige Siedlung der Frühbronzezeit mit zugehörigem Gräberfeld das Befundbild deutlich dominiert hatte, wurde bei den anschließenden Untersuchungen im Südwesten des Gewerbegebiets bei unvermindert starkem Befundaufkommen eine veränderte chronologische Zusammensetzung der Siedlungsbefunde festgestellt. In dem zwischen 2019 und 2021 untersuchten Areal einer geplanten Lagerfläche dünnen jedenfalls die teils keramikreichen Gruben der frühbronzezeitlichen Siedlung in ihrer Anzahl merklich aus. Neben Befunden der Altheimer Kultur sind es hier vor allem Gruben und Grubenkomplexe der Hallstattzeit, die den chronologischen Schwerpunkt des Siedlungsgeschehens ausmachen. Dass im Bereich dieser hallstattzeitlichen Siedlung keinerlei Hinweise auf die zugehörigen Gebäude dokumentiert werden konnten, liegt an der fortgeschrittenen Erosion, der nur besonders tiefgründige Befunde entgangen sind.

Das Fundmaterial fügt sich weitestgehend unauffällig in die zu erwartenden Siedlungsfunde der älteren Eisenzeit in Süddeutschland. Es dominieren Tierknochen als Speiseabfall sowie Gefäßkeramik. Einige seltenere Stücke wie Bronzenadeln oder Spinnwirtel runden das Fundgut ab. Die Keramik lässt sich aufgrund der Gefäßformen sowie der Verzierungen gut in die ältere Eisenzeit einordnen. In der Gesamtheit hinterlässt das Material einen eher älteren Eindruck in der Hallstattzeit; gewisse Anklänge an die vorangegangene Urnenfelderzeit lassen sich in einigen Funden auch erahnen.

Der Kalenderberg-Topf
Aus dem bekannten Rahmen hallstattzeitlicher Keramik in Süddeutschland fällt ein grob verziertes Gefäß, das annähernd vollständig in einem größeren Grubenkomplex deponiert worden war (Abb. 71). Es handelt sich hierbei um einen Topf mit einem bauchigen Gefäßkörper und einem deutlich von diesem abgesetzten Rand. Am Übergang vom Gefäßkörper zum Randbereich findet sich eine umlaufende plastische Leiste, die mit alternierend angebrachten Fingertupfeneindrücken verziert ist. Unterhalb dieser sind weitere entsprechende Verzierungen aus gekerbten Leisten auf dem Gefäßkörper angebracht, die eine drei- bis vierreihige Girlandenzier ergeben, die um den Gefäßkörper läuft. Eine Knubbe innerhalb der einzelnen Girlanden rundet die Verzierung ab (Abb. 70). Während es in der niederbayerischen Hallstattzeit häufig Töpfe mit umlaufender Leiste im Schulterknick gibt, fällt die Gesamtkonzeption der Verzierung durch die Girlanden aus dem Rahmen der hier üblichen Zierformen. Bekannt sind derart verzierte Gefäße unter dem Namen „Kalenderbergtöpfe". Sie gelten als typisch für die Kalenderberggruppe der Hallstattzeit, die sich in Niederösterreich und angrenzenden Regionen im sogenannten Osthallstattkreis findet. Hier sind zahlreiche entsprechend verzierte Gefä-

70 *Altenmarkt. Teil des noch unrestaurierten Kalenderbergtopfs mit der typischen Leistenverzierung auf der Schulter. Maßstab 1 : 3.*

71 *Altenmarkt. Der Kalenderbergtopf in situ bei der Ausgrabung des Grubenkomplexes 73-75-79.*

72 Altenmarkt. Fragment eines sogenannten Mondidols oder Feuerbocks aus Grube 60.

ße belegt, die sowohl in Siedlungen als auch in Gräberfeldern auftreten. Bis dato war der am weitesten im Westen gelegene Fundort solcher Töpfe in Mitterkirchen im östlichen Oberösterreich festgestellt worden. Mit dem hier vorgestellten Fund aus Altenmarkt fassen wir somit ein Gefäß entsprechender Form und Verzierung weitab des eigentlichen Verbreitungsgebietes donauaufwärts. Dies wirft verschiedene Fragen auf: Handelt es sich um einen Import aus dem Nordostalpenraum oder wurde vor Ort von Personen mit der entsprechenden Kenntnis ein derartiger Topf getöpfert? Wenn es sich um einen Fund aus der Kalenderberggruppe handelt, über welche Wege und im Zuge welcher Kontakte und Beziehungen fand der seinen Weg in den niederbayerischen Raum?

Ein Feuerbock (Mondidol)
Auch wenn derartige Fragen vor einer intensiven Auswertung der Ausgrabung nicht eindeutig geklärt werden können, gibt ein Fund aus einer benachbarten Grube der Siedlung einen weiteren Hinweis auf die Verbindungen in den Nordostalpenraum: Es handelt sich hierbei um ein Fragment eines massiven Keramikobjektes, dessen Oberfläche mit zwei Riefen und Kerben verziert ist und das eine markante Biegung aufweist (Abb. 72). Auch wenn der größte Teil dieses Fundstücks nicht erhalten ist, ist es doch eindeutig den sogenannten Feuerböcken oder Mondidolen zuzuweisen. Bei dieser Fundgattung handelt es sich um barrenförmige Stücke aus Keramik mit symmetrischen – oftmals zu Hörnern aufgebogenen – Enden und einer Standfläche. Das erhaltene Fragment dürfte zu einem entsprechend hornartig aufgebogenen Ende gehören. Für diese Gegenstände wurden im Laufe der Forschungsgeschichte verschiedene Interpretationen vorgeschlagen, so als Giebel oder First eines Daches, als tatsächlicher Feuerbock, als Nackenstütze oder als kultisches Objekt, das einen Herd symbolisieren soll. Derartige Funde sind in Niederbayern in der vorangegangenen Urnenfelderzeit aus Gräbern und Siedlungen bekannt, werden in der Hallstattzeit in dieser Region aber seltener. Vereinzelt lassen sie sich jedoch auch in hallstattzeitlichen Siedlungen im bayerischen Donauraum nachweisen. Typisch sind sie in der Hallstattzeit wiederum in der Kalenderberggruppe, in der sie in Siedlungen und Gräbern zahlreich belegt sind. Gerade die Kombination aus einem Gefäß mit Kalenderbergverzierung, einem Feuerbock und einer innenverzierten Schale ist für Bestattungen in einem Teil der Kalenderberggruppe typisch. Diese werden als symbolische Beigaben interpretiert, die eine gewisse privilegierte Personengruppe anzeigen. In den Gräbern der Kalenderberggruppe werden die Feuerböcke von der Forschung auch als Herdsymbol angesehen. Somit lassen sich in den Gruben der Altenmarkter Siedlung zwei Funde aufzeigen, die in ihrer Kombination typisch für die ältere Eisenzeit im Nordostalpenraum sind. Gerade diese Kombination ist für die Interpretation von Bedeutung und könnte andeuten, dass hier nicht nur ein einzelner Topf seinen Weg in den niederbayerischen Raum fand, sondern möglicherweise gemeinsam mit mobilen Individuen auch die Idee der Kombination entsprechender Funde im Nordostalpenraum. Die weitere Auswertung der Grabung mag hier weiterführende Hinweise erbringen.

Bezüge zur mittleren Donau
Die kulturellen Bezüge donauabwärts haben in Altenmarkt übrigens lange Tradition: Im unmittelbar an das Gewerbegebiet „Am Stadtwald" anschließenden Baugebiet „Am Wasserturm" wurde erst kürzlich eine Grube mit Keramik der Badener Kultur entdeckt. Es handelt sich bereits um die zweite im Ortsbereich von Altenmarkt gelegene Fundstelle dieser spätneolithischen Kultur, deren Kerngebiet eigentlich an der mittleren Donau in Ungarn und Niederösterreich liegt. War man noch bis vor wenigen Jahrzehnten der Ansicht, dass es sich bei solchen Keramikfunden nur um „exotische" Importe handelt, so geht man heute aufgrund einer deutlich erweiterten Materialbasis davon aus, dass es in Niederbayern einen eigenständigen Badener Siedlungshorizont gibt. Vermutlich haben die Träger dieser Besiedlung denselben Weg entlang der Donau genommen, auf dem dann während der Hallstattzeit auch die Keramik der Kalenderberggruppe nach Altenmarkt gelangt ist

Gabriele Raßhofer und Robert Schumann

Literatur G. Raßhofer/A. Rauh/K. Schmotz, Siedlung und Bestattungen der frühen Bronzezeit in Altenmarkt. Arch. Jahr Bayern 2012, 43–45. – L. Nebelsick, Die Kalenderberggruppe der Hallstattzeit am Nordostalpenrand. In: L. Nebelsick et al., Hallstattkultur im Osten Österreichs (St. Pölten 1997) 9–128. – M. Hümmer/U. Kirpal, Eine schnurkeramische Männerbestattung in Altenmarkt. Arch. Jahr Bayern 2020, 43–45.

Örtliche Grabungsleitung und Grabungsdokumentation G. Meixner, S. Ruhland, C. Theurer und S. Watzlawik, Fa. ARCTEAM GmbH, Regensburg.

Ein mehrphasiger hallstattzeitlicher Siedlungs- und Bestattungsplatz in Kleinostheim

Landkreis Aschaffenburg, Unterfranken

Im Zuge der geplanten Erweiterung eines Gewerbegebietes in Kleinostheim wurde 2020/2021 eine archäologische Voruntersuchung des etwa 60.000 m² großen Geländes durchgeführt, da in diesem Bereich u. a. eine vor- und frühgeschichtliche Siedlung vermutet wurde. Das Grundstück befindet sich zwischen der Mainparkstraße und der A 3 direkt östlich des Mains. Im Vorfeld waren geophysikalische Untersuchungen unternommen worden, die das Vorhandensein von vorgeschichtlichen Befunden nahelegten. Es wurden 33 verschieden große Sondageflächen geöffnet, in denen zahlreiche Überreste einer mehrphasigen früheisenzeitlichen Nutzung des Geländes zutage kamen, die sich vor allem auf den südwestlichen und den nördlichen Bereich des Areals konzentrierten (Abb. 73).

Eine frühhallstattzeitliche Fundstelle

Nach der jeweiligen stratigrafischen Lage der Befunde lässt sich die Nutzung der Fundstelle deutlich in mindestens drei Phasen mit unterschiedlichen Funktionen gliedern. Diese für vorgeschichtliche Fundplätze in Mitteleuropa sehr ungewöhnliche Mehrphasigkeit war wohl bedingt durch die besondere Lage in unmittelbarer Nähe des Mains. So war das Areal offensichtlich wiederholt überschwemmt worden, wobei sich sehr homogener, rötlich-brauner Auenlehm mit Kieslagen ehemaliger das Gelände durchziehender Wasserläufe abgelagert hatte, der die anthropogenen Kulturschichten jeweils überlagert und so wieder freies, fruchtbares Nutzland hinterlassen hatte.

Ausweislich der diagnostischen Keramik (Kegelhalsgefäße, Trichterrandschalen, Tassen, Fingertupfenleisten; Abb. 76) fand die Nutzung des Geländes insgesamt innerhalb eines frühen Abschnitts der Eisenzeit (ältere Hallstattzeit, Stufe Ha C [1]) statt. Eine detaillierte typologische und feinchronologische Analyse der Keramik steht noch aus.

Phase 1: Handwerkliche Nutzung

Eine weitere Besonderheit des Fundplatzes lag in der sich mit den Phasen wandelnden Funktion. In der ältesten Phase 1 konnte im Norden und etwa 150 m entfernt im Süden des Geländes eine handwerkliche Nutzung mit jeweils mehreren größeren Feuerstellen nachgewiesen werden (Abb. 73), die zum Teil eine große Anzahl Keramikfragmente von unterschiedlichen Gefäßen enthielten. Mindestens eine

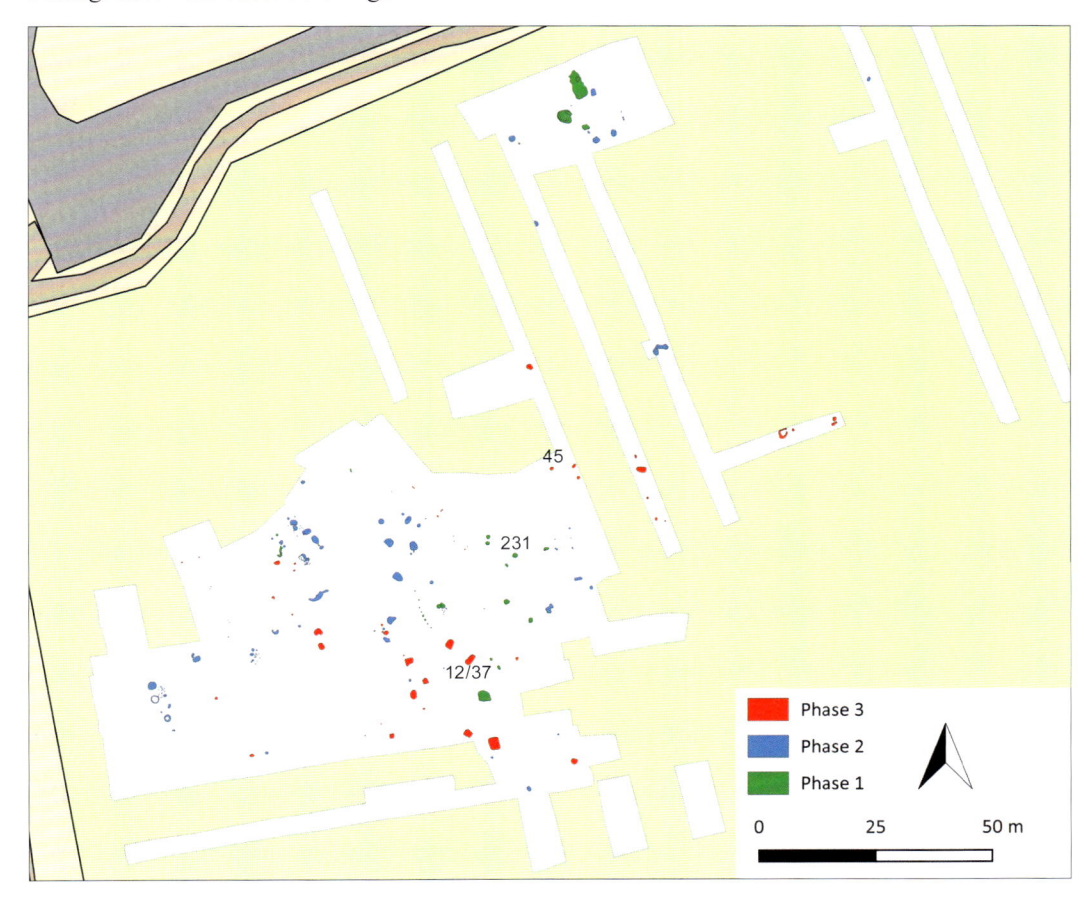

73 *Kleinostheim. Sondageflächen und Verteilung der Befunde.*

74 Kleinostheim. Keramikmeiler 231 (Phase 1).

75 Kleinostheim. Mehrfachurnenbestattung 12/37 (Phase 3).

76 Kleinostheim. Ausgewählte Keramik. 1, 3, 6, 10, 15 aus Grab 123; 2 aus Grab 12/37; 8 aus Grab 24; 4, 9, 12, 13, 14 aus Keramikmeiler 231; 5, 11 aus Grab 45; 7 aus Grube 242. Maßstab 1 : 6.

der im Süden dokumentierten Feuerstellen mit sehr reichhaltigem und unterschiedlichem Keramikinventar (siehe Abb. 76) kann als Hinweis auf örtliche Keramikherstellung interpretiert werden (Abb. 74). Begleitet wurden diese Feuerstellen von Gruben zur Entsorgung der anfallenden Asche. Aufgrund ihrer Ähnlichkeit kann man annehmen, dass die Feuerstellen gleichzeitig und zum selben Zweck von Angehörigen einer (dörflichen?) Gemeinschaft bzw. der Bevölkerung eines engeren Umfelds betrieben worden sind.

Phase 2: Wohnbebauung

Die darauffolgende zweite, durch alten Abtrag sehr rudimentär und flach erhaltene Phase war charakterisiert durch Siedlungsbefunde, vornehmlich Pfostengruben und Gruben, die möglicherweise zu ehemaligen Gebäudestrukturen gehört hatten, sowie zahlreiche kleine Gruben für besondere Zwecke. Zudem fanden sich als Besonderheit im äußersten Südwesten und im Norden kleine Kreisgräben mit Durchmessern zwischen ca. 1,40 und 1,80 m, deren lehmige Verfüllungen lediglich sehr kleine Keramik-, Holzkohle- und Brandlehmfragmente enthielten. Die Funktion dieser eigentümlichen kleinen Kreisgräben, die sorgfältig und bestimmt mit einer komplexeren Intention angelegt worden sind, deren praktischer Nutzen sich aber bislang nicht erschließt, möchte man im rituellen Kontext verorten.

Phase 3: Gräber

Während der jüngsten Phase 3 wurde das Areal als Gräberfeld genutzt, in dem zumeist einzeln (Bestattungstyp 1, Abb. 77), in drei nachgewiesenen Fällen aber auch in Gruppen (Bestattungstyp 2, Abb. 75) Urnenbestattungen vorgenommen wurden. Die Gräber waren insgesamt durch ihre hohe Lage nur ca. 0,15–0,25 m unter der modernen Oberfläche wohl infolge von Ackerbau in früheren Zeiten sehr stark gestört worden und in der Regel nur noch fragmentarisch mit kleinen Steinstrukturen zumeist aus Rotsandbruchstein zur Aufnahme der Bestattungsgefäße erhalten. In einem

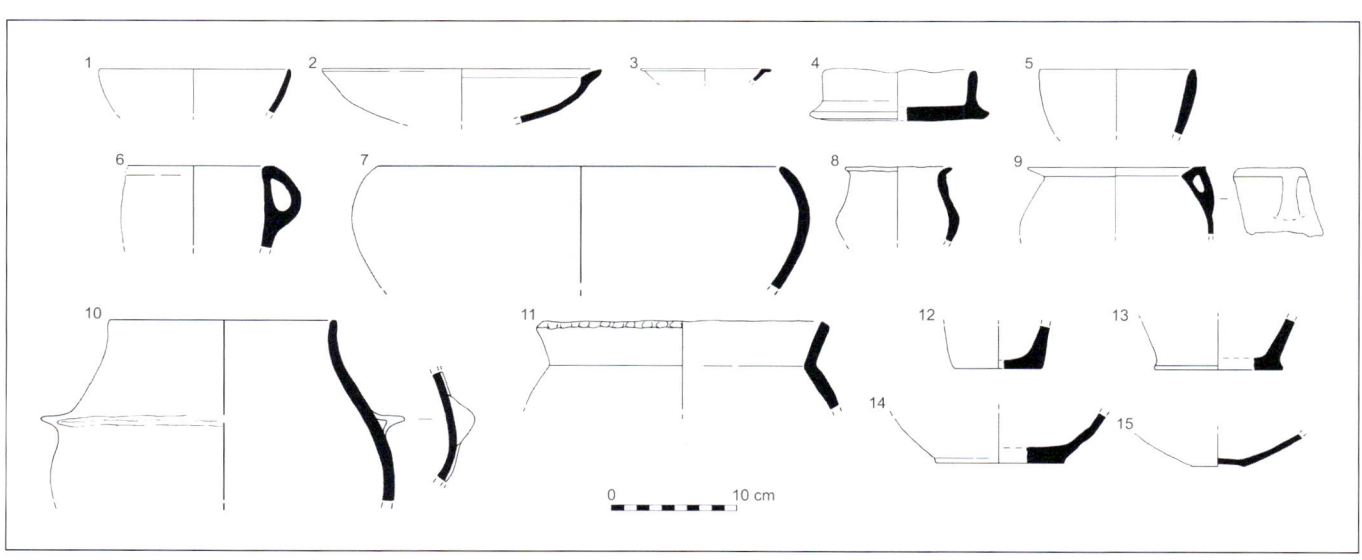

Fall war die Sohle der Urnengrube mit zwei Steinplatten ausgelegt (Abb. 77). Als Inventar der 29 dokumentierten Urnengräber fanden sich lediglich zerscherbte und unvollständige Keramikgefäße. Andere Funde kamen nicht vor und Leichenbrand hatte sich nur in wenigen Fällen als kleine Partikel erhalten. Einige ähnliche Befunde ohne Keramik wurden aufgrund der Anordnung der Steine ebenfalls als gestörte Urnenbestattungen interpretiert. Ein möglicher dritter Bestattungstyp dieser Phase wurde in zwei Flächen durch beieinander liegende größere, flache Steine markiert, die wir als ehemalige Abdeckungen interpretieren. Zwar enthielten diese Befunde keine weiteren Funde, ein Hinweis auf ehemalige größere Grabanlagen – möglicherweise Körperbestattungen – ergab sich aber mit einer ähnlichen Steinstruktur in Phase 1, bei der sich ein abgestelltes Gefäß (Beigabe?) fand. Zwei beieinander liegende, schlecht erhaltene menschliche Langknochen, die in einer anderen Fläche ohne weiteren Befund isoliert abgelagert auf dem Niveau der Phase 2 zutage kamen, mögen diese Annahme bestätigen.

Fazit
Die archäologische Voruntersuchung südlich der Mainparkstraße hat trotz des zumeist dürftigen Erhaltungszustandes der zahlreichen anthropogenen Befunde wesentliche neue Informationen zum frühhallstattzeitlichen Siedlungswesen der Region erbracht, wobei sowohl die hier angetroffene Mehrphasigkeit als auch der funktionale Wandel in der Nutzung des Areals große Besonderheiten darstellen. Die flächenübergreifende Zuweisung der einzelnen Befunde zu den Nutzungsphasen gestaltete sich aufgrund fehlender durchgehender Profile und des homogenen anstehenden Auenlehms teilweise als schwierig und kann hier für einige Befunde nur als vorläufig gelten.

Christian Falb und Dominik Meyer

77 *Kleinostheim. Urnenbestattung 45 (Phase 3).*

Literatur H. Zürn, Hallstattzeitliche Grabfunde in Württemberg und Hohenzollern. Forsch. u. Ber. Vor- u. Frühgesch. Baden-Württemberg (Stuttgart 1987).

Geophysikalischen Untersuchungen A. Kolodziey, Firma Geophysik Consultancy, Groß-Bieberau.

Ein Verkehrsknotenpunkt der Eisenzeit in Waltendorf

Gemeinde Niederwinkling, Landkreis Straubing-Bogen, Niederbayern

Geostrukturelle Lage
Südlich von Straubing durchschneidet die Donau den Gäuboden, der zu den größten Lössgebieten Süddeutschlands mit sehr ertragreichen Böden gehört. Die mineralreichen und gut durchlüfteten Lössböden sind fruchtbar und leicht zu bearbeiten, bieten also hervorragende Bedingungen für den Getreideanbau.
Der Ausbau der Bundeswasserstraße zwischen Straubing und Vilshofen beinhaltet auch die Rückverlegung des Deiches am linken Donauufer im Polder Sulzbach um etwa 400 m und auf einer Länge von 4,1 km. Die neue Deichlinie im Abschnitt zwischen Albertskirchen und Mariaposching folgt dabei im Wesentlichen einer leichten natürlichen Geländeerhebung, die entweder aus Uferwällen oder Niederterrassen besteht. Dort befinden sich zahlreiche archäologische Fundstellen.
Die erfassten Fundstellen liegen an der Grenze zweier Naturräume, nämlich dem Alpenvorland und den Mittelgebirgen des Oberpfälzer und des Bayerischen Waldes. Die Donau ist dabei als prähistorische Verkehrsachse und verbindendes Element zu verstehen, die über weite Strecken Kontakte und den Warenaustausch mit dem restlichen Europa nach Südosten und Nordwesten ermöglichte.

Latènezeit
Eine ausgedehnte Fundstelle befand sich auf der Niederterrasse südöstlich von Waltendorf. Auf der langgestreckten, Nordwest-Südost verlaufenden Niederterrasse ließen sich umfangreiche und zugleich ungewöhnliche Siedlungsbefunde der Hallstatt- und der Latènezeit nachweisen. Die Siedlungsbereiche beider Zeitstufen überlagern sich, wobei sich deren Siedlungskerne an gegenüberliegenden Enden

78 *Waltendorf. Keramik der Hallstattzeit mit geometrischen Ornamenten und Inkrustation. Maßstab 2 : 3.*

79 *Waltendorf. Polychrom bemalte Keramik der Hallstattzeit. Maßstab 1 : 2.*

der Niederterrasse verorten lassen. Die Ausgrabung und Dokumentation der latènezeitlichen Befunde hat gerade erst begonnen, sodass noch keine validen Aussagen zu Umfang und Qualität des Fundplatzes in seiner Gesamtheit getroffen werden können. Im Gegensatz zur Siedlung der Hallstattzeit war die latènezeitliche Siedlung viel stärker gegliedert. Einzelne Hofstellen mit Wohn- und Speicherbauten sowie Gruben waren in mehreren Fällen durch Palisadengräbchen voneinander getrennt. Die Siedlung selbst war von einem Grabenwerk umschlossen, das mehrmals erneuert und anscheinend auch erweitert wurde. Zu der Siedlung gehört eine Viereckanlage, deren Grabenwerk mindestens dreiphasig ist. Die keramischen Funde entsprechen dem Fundmaterial aus bekannten latènezeitlichen Fundkomplexen in Niederbayern wie Pocking-Hartkirchen, Lkr. Passau. Zwei Scherben konnten anhand der Stempelverzierung als Importwaren aus dem Gebiet der Fritzens-Sanzeno-Kultur südlich der Alpen bestimmt werden.

Siedlungsplatz der Hallstattzeit

Die Siedlungsbefunde der Hallstattzeit lassen sich in der linear angelegten, rund 35 m breiten Grabungsfläche in Form von Gruben, Grubenkomplexen, Pfostengruben sowie Grubenhäusern und Speicherbauten fassen (Abb. 80–81). Es handelt sich um eine ausgedehnte ländliche Siedlung, die sich vermutlich bis an den Rand der Niederterrasse zum Ufer der Donau hin erstreckte und sich auch nach Osten weiter fortsetzte.

Die Bebauungsstruktur gliedert sich in komplexe wirtschaftliche Einheiten mit jeweils einem Nordnordost-Südsüdwest ausgerichteten, zweischiffigen Pfostenbau als zentralem Wohngebäude, um das die Zweckbauten organisiert sind. Zu einer Hofstelle gehören Abfall- und Vorratsgruben sowie mehrere Speicherbauten, die als Vier-, Sechs- oder Achtpfostenspeicher zu beschreiben sind. Mindestens elf Grubenkomplexe aus fünf bis 18 Einzelgruben dienten der saisonalen Vorratshaltung von Getreide. Auch wenn die einzelnen Gruben eines Komplexes nicht gleichzeitig bestanden, ist von einer größeren Menge gelagerten Getreides auszugehen, welche offenbar über den subsistenziellen Bedarf der Hofgemeinschaft hinaus reichte. Die Verteilung der Grubenkomplexe nimmt augenscheinlich Bezug auf die Pfostenbauten und kann als Indikator für einzelne Hofstellen gedeutet werden.

Fünf dokumentierte Grubenhäuser sind als Wirtschaftsgebäude mit besonderer Funktion zu interpretieren, die auch der lokalen Produktion von Textilien dienten. Überschneidungen bei Gruben und Grubenhäusern sowie Pfostengruben belegen die Mehrphasigkeit der hallstattzeitlichen Siedlung. Der Grabungsbefund zeigt, dass einzelne Pfostenbauten bis zu dreimal an nahezu der gleichen Stelle wiedererrichtet wurden. Die Grundrisse liegen sehr eng beieinander und weichen in der Ausrichtung leicht ab, sodass man davon ausgehen muss, dass die Gebäude nacheinander errichtet wurden und nicht gleichzeitig bestanden. Sie belegen zudem die relative Konstanz der einzelnen Hofstellen.

Die wirtschaftliche Grundlage der Siedlung bildete die Landwirtschaft, die dank der fruchtbaren Böden als ertragreich gelten kann. Die Nähe zum Flusssystem der Donau erlaubte den Handel mit Salz, Kupfer, Zinn, Gold, Bernstein und Grafit.

Fundmaterial

Das sehr umfangreiche Fundmaterial umfasst Tierknochen, Bernstein, Keramik sowie Funde aus Bronze und Eisen. Bei den Tierknochen handelt es sich überwiegend um Speisereste von Schaf/Ziege und Schwein, nur selten sind Rinderknochen im Fundgut vorhanden. Im Allgemeinen überwiegen Langknochen der oberen Extremitäten sowie Rippen und die fleischtragenden Teile des Schädels.

Die größte Fundgruppe bilden die keramischen Fundstücke, die nach einer ersten Durchsicht vorläufig in den Abschnitt Ha D1/2

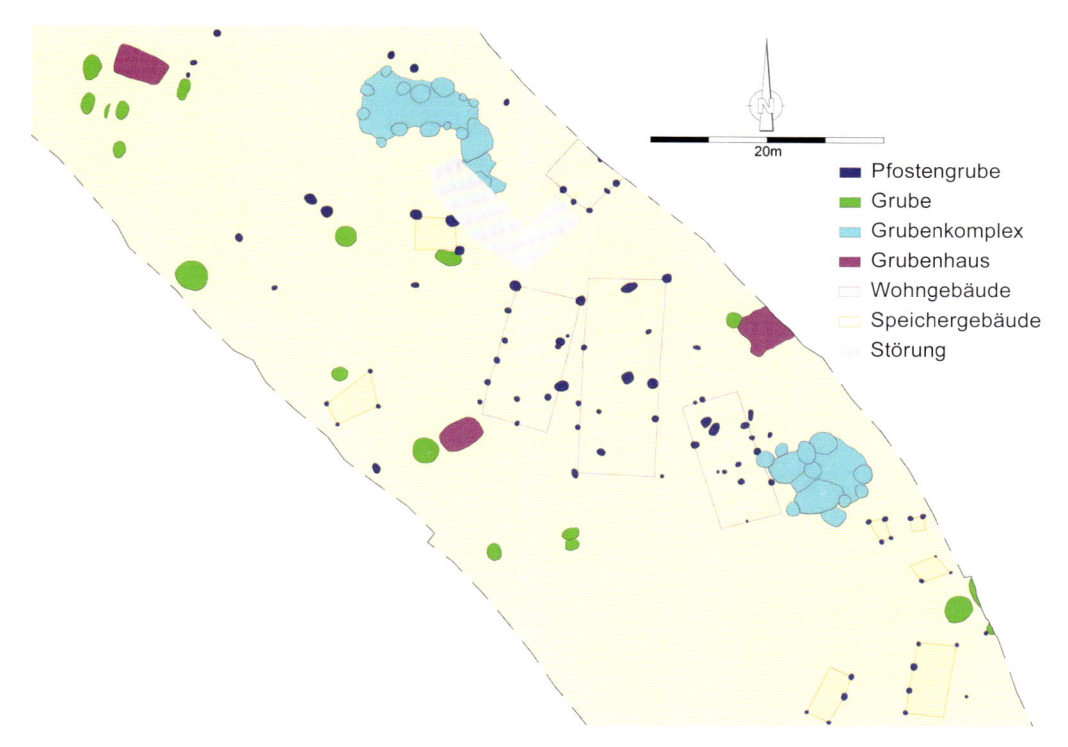

80 *Waltendorf. Ausschnitt aus dem Grabungsplan mit zwei hallstattzeitlichen Hofstellen. Hausgrundrisse schraffiert.*

datiert werden können. Konische und kugelige Spinnwirtel aus einem feingemagerten, reduzierend gebrannten Ton bezeugen die Herstellung von Garn. Aus einem Grubenhaus konnte eine kleine Tonfigur geborgen werden, welche ein Pferd mit erhobenem Schweif darstellt, der Kopf ist alt gebrochen. Die säulenförmigen Beine und der gedrungene Körper charakterisieren das Fundstück als Tieridol, wie sie in Viereckanlagen im südostbayerischen Raum in der Späthallstattzeit vorkommen (Abb. 82). Die Gefäßkeramik umfasst grob- und feinkeramische Schalen, Schüsseln, Töpfe sowie Großgefäße. Der zur Herstellung verwendete Ton ist gut aufgearbeitet und fein geschlämmt. Die Waren wurden meist reduzierend ge-

81 *Waltendorf. Luftaufnahme der Arbeiten an einem hallstattzeitlichen Grubenkomplex.*

82 Waltendorf. Fragment eines Pferdchenidols, ca. 5 cm lang. Ungefähr natürliche Größe.

brannt, die Feinkeramik auch oxidierend. Die Farbtöne des Scherbens schwanken zwischen braun, einem dunklen graubraun und einem leicht rötlichen braun.

Die Verzierungen zeichnen sich durch die Verwendung geometrischer Elemente aus, die in den ungebrannten Ton eingeschnitten, -geritzt oder -gestempelt wurden. Sie bilden geometrische Muster in Form von Zickzacklinien, Dreiecken, Rauten oder in Feldern angeordneten Stempelreihen sowie aus vertikal umlaufenden Riefen und Rillen. Sehr selten wurde eine weiße Inkrustation aufgetragen, die das Dekor hervorhebt (Abb. 78). Oxidierend gebrannte feinkeramische Formen weisen gelegentlich eine polychrome Bemalung auf, für die rote und schwarze Farbe verwendet wurde (Abb. 79). Die auf den rotbraunen Tongrund aufgetragene Bemalung ist in Zonen angeordnet und wird von umlaufenden Rillen und eingestochenen Drei- und Vierecken begleitet. Fingertupfenverzierte oder eingeschnittene Rillen finden sich auf Groß- und Vorratsgefäßen.

Zwei Funde, ein Messer und eine Kette mit 26 Bernsteinperlen aus einer Siedlungsgrube, finden Parallelen in den Beigabenensembles von Bruckberg bei Landshut: Das Messer ist vergleichbar mit der Messerbeigabe eines Mannes aus Hügel 11; eine Kette mit 47 Perlen aus stumpf gelbem bis rötlich-braunem Bernstein gehörte der Frau aus Hügel 15.

Eisenverhüttung

Am nordwestlichen Rand der Siedlung fanden sich Hinweise auf eine lokale Verhüttung von Eisenerz. Erhalten blieb der ovaloide Unterteil des Ofens, der einen Durchmesser von 150 bzw. 120 cm und eine Tiefe von 15 cm hatte. Die Ofengrube war mit Resten der stark verziegelten abgebrochenen Ofenwandung verfüllt. Bereits im Planum war der Abstichkanal zu erkennen, der das Abfließen der mineralischen Schlacke zur Trennung vom wertvollen Roheisen ermöglichte. Funde von Ofenwandung und Eisenschlacken aus umliegenden Gruben (Abb. 83) belegen die Existenz weiterer Öfen, die außerhalb der Grabungsfläche zu vermuten sind. Die erzeugte Menge Eisen war aber wohl nur für den Eigenbedarf bestimmt.

Ausblick

Obwohl Niederbayern an der Peripherie des Hallstattkreises liegt, zeigen neuere Ausgrabungen und bekannte Fundstellen wie der Natternberg und Künzing im Lkr. Deggendorf, dass die Verbreitung hallstattzeitlicher Herrenhöfe und Herrschaftssitze weiter zu fassen ist. Die Fundstelle Waltendorf bietet das Potenzial, die Frage der Siedlungskontinuität zwischen jüngerer und älterer Eisenzeit etwas näher zu beleuchten. Nach Abschluss der Grabungen kann deren wissenschaftliche Auswertung hoffentlich einen Beitrag zur Frage der Kontinuität oder Diskontinuität der Hallstatt- zur Latènezeit leisten.

Alexandra Völter

Literatur F. Klein, Siedlungsfunde der ausgehenden Späthallstatt- und frühen Latènezeit aus Württemberg (Tübingen 2004). – P. Donat, Zu Hausbefunden der hallstatt- und latènezeitlichen Viereckanlagen in Süddeutschland. Jahrb. RGZM 53, 2006, 110–173.

Örtliche Grabungsleitung und Grabungsdokumentation A. Völter und K. Kurze, Fa. Archbau GmbH. – *Vorhabenträger und Finanzierung* Wasserbauliche Infrastrukturgesellschaft mbH (Wiges).

83 Waltendorf. Hallstattzeitliche Grube mit abgebrochener Ofenwandung im Profil.

Eine hallstattzeitliche (?) Tonstatuette aus Mönchstockheim

Gemeinde Sulzheim, Landkreis Schweinfurt, Unterfranken

Die Fundstelle

Etwa 4 km nördlich von Gerolzhofen liegt in der Niederung des Unkenbaches die Ortschaft Mönchstockheim. Das Dorf erhält eine Ortsumgehungsstraße, die nördlich von Mönchstockheim in bislang landwirtschaftlich genutztem Gelände verlaufen wird. Da im Bereich der neuen Streckenführung sowohl bekannte Bodendenkmäler als auch siedlungsgünstige Vermutungsflächen liegen, wurden im Vorfeld der Bauarbeiten umfangreiche archäologische Sondierungen durchgeführt.

Die Grabungsfläche liegt an einem mittelstark geneigten und nach Südosten abfallenden Hang oberhalb der Unkenbachaue und wird von einer heute noch im Gelände sichtbaren Trockenrinne begrenzt. Die Trockenrinne befindet sich an einer geologischen Störungszone bzw. einer Schichtgrenze. Ca. 15 m weiter östlich ist während der Grabung eine parallel zu dieser heutigen Trockenrinne verlaufende und bereits verfüllte Rinne dokumentiert worden (Abb. 85–86).

Die dokumentierte Länge der Rinne betrug 29 m südöstlich und 21 m nordwestlich der bestehenden Straße. Die Breite auf Planum 1 variiert zwischen 5 m und 12 m, die erhaltene Tiefe zwischen 0,50 m und 1,80 m. Im Südosten lief die Rinne mit einem halbrunden Abschluss flach aus. Das nordwestliche Ende wurde nicht erfasst, allerdings ist der weitere Verlauf in aktuellen Luft- bzw. Satellitenfotos als Bewuchsmerkmal deutlich zu erkennen. Die Rinne ist auf der gesamten Länge oberflächennah mit einem dunkelbraunen, leicht humosen Kolluvium verfüllt. Unterhalb des Kolluviums schließt sich ein Horizont an, der stark mit Wiesenkalkeinmischungen und hallstattzeitlicher Keramik durchmischt ist. Im Liegenden folgt ein weiterer, deutlich toniger, aber auch humoser Schichtaufbau, der als hallstattzeitliche Oberfläche (Begehungshorizont, Nutzungsniveau) bezeichnet werden kann. Auf der Schichtsohle und den Profilwandungen liegt fast durchgehend eine

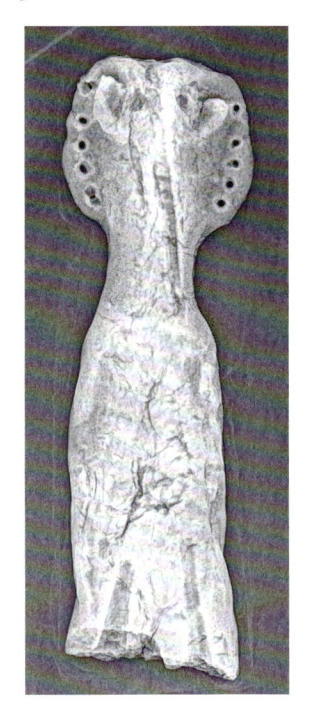

84 *Mönchstockheim. Röntgenaufnahme der Tonstatuette. Erkennbar sind drei längliche Hohlräume, die von oben in den Kopf und von unten ins Innere führen.*

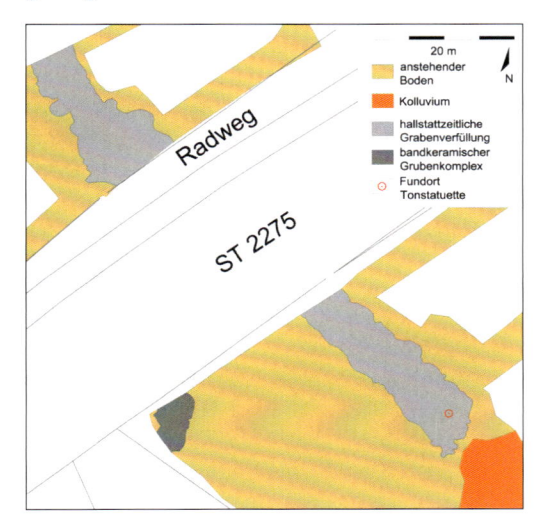

85 *Mönchstockheim. Ausschnitt aus dem Gesamtplan mit der auf beiden Seiten der Straße erfassten geologischen Rinne und der Fundstelle der Statuette.*

86 *Mönchstockheim. Übersichtsaufnahme mit der dunkelbraun verfüllten Rinne in der Bildmitte. Blick von Südwesten.*

87 Mönchstockheim. Funde aus der Schicht mit der Statuette. Gefäßkeramik der Hallstattzeit (oben), ein Knochenartefakt (unten) sowie ein Tonstempel (links). Maßstab 1 : 2.

88 Mönchstockheim. Die Rinne mit dem teilweise noch verfüllten Strudelloch.

89 Mönchstockheim. Profilschnitt durch das Strudelloch am Fundort der Statuette.

dunklere, stark holzkohlehaltige Schicht auf. Der Anteil an Fundmaterial (vor allem Keramikscherben) in dieser unteren Schicht nimmt von Nordwesten nach Südosten hangabwärts exponentiell zu. Am südöstlichen Ende der Rinne war in dieser unteren Schicht eine muldenförmige Vertiefung vorhanden, die als eine Art Strudelloch oder auch Schöpfgrube interpretiert werden kann und auf deren Sohle neben zahlreichen anderen Keramikscherben ein außergewöhnlicher Fund geborgen wurde (Abb. 88–89).

Die Statuette

Es handelt sich um eine 19 cm hoch erhaltene Keramikstatuette mit der stilisierten Darstellung einer menschlichen Gestalt (Abb. 90). Sie besitzt einen flachrunden Kopf, der mit plastisch hervorgehobener Nase und Ohren zu den Seiten hin flach ausgeformt ist. Die Randbereiche sind auf beiden Seiten mit jeweils fünf Löchern durchbohrt. Die Beine sind nur noch im Ansatz erhalten. Die Oberfläche des Brust- und Bauchbereichs fehlt, da sie flächig abgeplatzt ist. Ob in dem abgeplatzten Bereich ursprünglich Arme und männliche oder weibliche Geschlechtsmerkmale ausgeformt waren, bleibt offen. Lediglich ein senkrecht auf Höhe der linken Brust verlaufender schmaler Wulst könnte auf einen Armansatz hinweisen. Von diesen Fehlstellen abgesehen, ist die Figur unfragmentiert. Rückseitig verläuft auf Bauchhöhe unregelmäßig horizontal eine 2 mm breite Rille, deren Entstehung und Funktion unklar bleibt. Ins Innere der Statuette führen drei längliche, zwischen 3 und 7 cm tiefe Hohlräume, wie das Röntgenbild erkennen lässt (Abb. 84): Je einer führt von den Beinansätzen in den Bauchbereich und ein dritter von der Kopfoberseite durch den Hals zur linken Brustseite.

Der den Körper formende Tonwulst geht in einen flach modellierten Kopf über. Die Augenhöhlen sind mit einem vorne abgerundeten Gegenstand eingestochen, die Mundöffnung ist mit einem Stäbchen eingedrückt. Die je fünf seitlichen Löcher wurden mit einem Stäbchen durchgestochen und zeigen kleine Wülste vorne und hinten um das Einstichloch herum.

Bezüglich der Hohlräume ist sowohl denkbar, dass die Figur um Stäbe herum modelliert wurde, als auch, dass sie in den feuchten Ton gebohrt wurden. Jedenfalls wurden die Stäbe vor dem Brand herausgezogen, was beim Kopf eindeutig erkennbar ist. Diese Hohlräume haben entweder der späteren Verwendung gedient oder sie sind herstellungsbedingt.

Restauratorische Behandlung

Bei der Auffindung im März 2021 wurde umgehend mit der Restaurierungswerkstatt des BLfD Kontakt aufgenommen, um den Erstversorgungsbedarf zu klären. Vor allem auch im Hinblick auf möglicherweise vorhandene fragile Farbreste sprach man sich ab, denn ein Austrocknen der Statuette hätte den Verlust von Farbresten zur Folge haben können. Um den erdfeuchten Erhaltungszustand bis zur Freilegung beizubehalten, wurde die Statuette mit dem umgebenden feuchten Erdreich in einen Eimer gebettet und an die Restaurierungswerkstatt weitergeleitet.

Die Ergebnisse einer XRF-Röntgenfluoreszenzanalyse am Zentrallabor des BLfD sowie die Beobachtungen bei der schonenden Reinigung der Keramikoberfläche konnten bisher einen ursprünglichen Farbüberzug weder bestätigen noch ausschließen.

Archäologische Einordnung

Die Fundschicht im Strudelloch und die übrige Rinnenverfüllung können durch die in großer Zahl geborgenen Gefäßfragmente eindeutig in die Hallstattzeit datiert werden. Diese archäologische Datierung wird durch zwei ^{14}C-Daten aus der Fundschicht bestätigt. Bei den untersuchten Proben handelt es sich um ein Holzkohlefragment (kalibriertes Alter 769–525 v. Chr.) und einen verkohlten Pflanzensamen (kalibriertes Alter 786–549 v. Chr.).

Trotzdem ist eine zeitliche und kulturelle Einordnung der Statuette schwierig, da es bislang im süddeutschen bzw. mitteleuropäischen Raum keine Vergleichsfunde gibt. Ähnliche Darstellungen mit stilisierten Gesichtern und durchlochten Ohren finden sich während der Hallstattzeit insbesondere in Österreich und Tschechien. Allerdings handelt es sich stets um Figuren oder Applikationen aus Bronze. Sucht man nach Vergleichsstücken aus Ton, finden sich die besten Entsprechungen in Rumänien und Bulgarien am Schwarzen Meer. Die charakteristischen Gesichter mit ebenfalls durchlochten Ohren und stilisierten Nasen und Augen sind sowohl auf Tonfiguren als auch auf figürlichen Gefäßen zu finden. Solche tönernen Gesichter sind typisch für die lokale Kupferzeit (zweite Hälfte 5. Jahrtausend v. Chr.) in der westlichen Schwarzmeerregion wie beispielsweise aus dem bedeutenden Gräberfeld von Varna (Bulgarien).

Trotz der großen räumlichen Distanz und der zeitlichen Lücke von nahezu 4000 Jahren zu den Funden aus der Schwarzmeerregion kann zum jetzigen Zeitpunkt noch kein Interpretationsansatz ausgeschlossen werden. Das Vorhandensein von weiteren außergewöhnlichen Funden wie z. B. ein Tonstempel (Abb. 87) sowie die große Menge an sehr gut erhaltenen und nicht verrundeten Gefäßscherben, speziell im Strudelloch, spricht für eine intentionelle Niederlegung der Tonstatuette. In Verbindung mit der besonderen naturräumlichen Gegebenheit eines möglichen Quellhorizontes, der sich an den Schichtgrenzen des Keupers ausgebildet haben kann und dessen Wiesenkalk und Sinterkalkausfällungen im Rinnensediment erhalten sind, ist eine rituelle Deponierung oder ein Opfer an einem „heiligen Ort" denkbar. Als Hinweis auf einen besonderen Platz kann auch das völlige Fehlen von zeitgleichen hallstattzeitlichen Siedlungsresten im angrenzenden untersuchten Areal (immerhin 0,6 ha) gelten.

Britta Kopecky-Hermanns, Clemens Köhler, Markus Rehfeld und Thomas Teufel

Literatur R. Krauß/V. Slavcev, Wen stellen die tönernen Gesichter im Gräberfeld von Varna I dar? In: T. Link/D. Schimmelpfennig (Hrsg.), Taphonomische Forschungen (nicht nur) zum Neolithikum. Fokus Jungsteinzeit 3. Vorträge AG Neolithikum (Kerpen-Loogh 2012) 237–256.

Örtliche Grabungsleitung und Grabungsdokumentation M. Rehfeld und T. Teufel, Büro für Ausgrabungen und Dokumentation Heyse. – *Konservierung* C. Köhler, BLfD München. – *Geoarchäologie* B. Kopecky-Hermanns. – *^{14}C-Daten* S. Lindauer, Curt-Engelhorn-Zentrum Archäometrie gGmbH (Proben-Nr. 52347 und 52349; Angabe mit 95 % Wahrscheinlichkeit, 2σ). – *XRF-Röntgenfluoreszenzanalyse* B. Seewald, BLfD Zentrallabor.

90 *Mönchstockheim. Die Tonstatuette mit markant modelliertem Kopf. Der Brust-Bauch-Bereich und die Beine sind nicht erhalten. Höhe 19 cm. Maßstab 3 : 4.*

Von keltischem Alltag und keltischer Vorstellungswelt an der Mainschleife bei Prosselsheim

Landkreis Würzburg, Unterfranken

Nur 4 km westlich der hallstatt- und latènezeitlichen Höhensiedlung Vogelsburg in der Mainschleife bei Volkach plant die Gemeinde Prosselsheim am südwestlichen Ortsrand die Erschließung eines Neubaugebietes. Da sich eine bekannte eisenzeitliche Siedlung über Teile des Geländes erstreckt, wurde im Vorfeld eine Sondierungsgrabung vorgenommen. Diese erbrachte die ersten einschlägigen Befunde im anstehenden Lösslehm: Pfosten- und Vorratsgruben sowie Grubenhäuser. Daraufhin wurde das komplette Baugelände auf einer Fläche von knapp 19.380 m² vom Oberboden befreit.

Gebäudestandorte

Den vorgefundenen Gebäuderesten sind neben fünf Grubenhäusern auch wenigstens zwölf Ständerbauten zuzurechnen, wenn auch erosionsbedingt nicht alle vollständig erhalten (Abb. 91).

So wurden im Bereich eines massiven Sechspfostenbaus mit ca. 63 m² Grundfläche in einer Siedlungsphase der Späthallstattzeit drei Grubenhäuser in den Boden abgetieft. Diese dienten überwiegend verschiedenen handwerklichen Zwecken. Neben der lokalen Textilproduktion, nachgewiesen durch diverse Spinnwirtel und Webgewichte, gibt es deutliche Anzeichen für eine umfangreiche Metallverarbeitung. Hierauf deuten neben Schlacken gleich mehrere Gusstiegel aus Grubenhaus 95 hin. Die kellerartig eingetieften Gebäude, deren Längsachsen ungefähr in West-Ost-Richtung verliefen, waren regelhaft in Sechs- bzw. Achtpfostenbauweise errichtet worden. In zwei Fällen scheinen jeweils vier bzw. sechs Pfosten Dachkonstruktionen über geräumigen Kellergruben getragen zu haben (Befunde 51 und 172).

Viele Vorratsgruben mit umfangreichem Fundaufkommen

Bei der überwiegenden Mehrzahl der aufgedeckten Befunde handelt es sich um Vorrats- bzw. Kellergruben. Diese scheinen relativ gleichmäßig über die gesamte Siedlung verteilt. Zum Teil sind sie paarig gruppiert, gelegentlich bilden sie aber auch Reihungen. Obwohl die jeweiligen Einstiegsbereiche weitreichenden Erosionsprozessen anheimgefallen sind, war in den Profilen stellenweise dennoch eine Befundmächtigkeit bis zu 2 m zu verzeichnen. In den unteren Bereichen waren viele dieser Gruben beutel- bis kegelstumpfförmig ausgeprägt. Im Fall von Grube 313 konnten sogar noch Spuren eines Steigbaumes auf der Sohle dokumentiert, allerdings wegen schlechter Erhaltung nicht mehr geborgen werden (Abb. 94). Ein Großteil der aus den Vorratsgruben stammenden Funde besteht aus

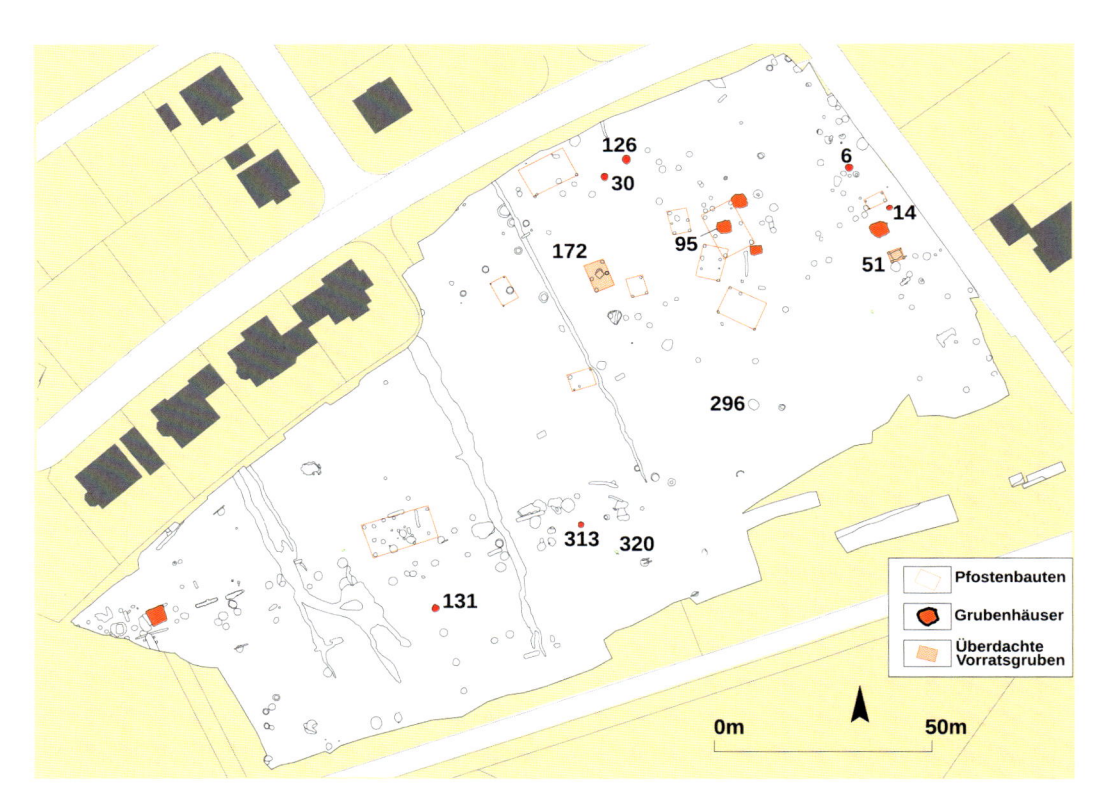

91 *Prosselsheim. Gesamtplan der Grabungsfläche mit Hausgrundrissen und Gruben (rot).*

Brandlehm und Gefäßkeramik. Die Scherben erlauben eine Datierung der Siedlungstätigkeit von Hallstatt D2 bis nach Latène A1, mit einem überragenden Schwerpunkt in der Späthallstattzeit. Es kamen aber auch einige außergewöhnliche Fundstücke zutage, darunter das Fragment einer Gussform aus Sandstein. Sie wurde aus Befund 30 geborgen und dürfte ein Altstück aus der Urnenfelderzeit darstellen. Mit Hilfe dieser Form konnte man sowohl Stabbarren als auch scheibenartige Bronzen herstellen. Zu Schmuck und Kleidung gehören vier Armringe und neun Fibeln, die vollständig oder fragmentarisch erhalten sind. Darunter befinden sich Pauken- und Fußzierfibeln in verschiedenen Ausgestaltungen (Abb. 92). Bronzeringchen, trianguläre Rähmchenanhänger und zwei Bronzeperlen runden das Spektrum der Buntmetallfunde ab. Aber auch das Eisen, für dessen Metallurgie die Kelten in der antiken Welt gerühmt wurden, war als Werkstoff im Fundgut vertreten. So stehen zwei Messern vier Lanzenspitzen gegenüber. Eine kleine ringförmige Bernsteinperle aus Grube 126 muss schließlich als Importstück an den Main gelangt sein.

Tierdeponierungen

Einen weiteren auffälligen Befund stellte die etwa 1,60 × 1,70 m große Grube 131 dar, in der sich das Skelett eines ausgewachsenen Pferdes fand (Abb. 95). Dieses war in separaten, jedoch anatomisch zusammengehörigen Körperpartien niedergelegt worden. Nicht nur war der Rumpf in eine vordere und eine hintere Hälfte zerlegt, auch die Extremitäten und der Schädel waren abgetrennt und wahllos auf der Grubensohle deponiert worden. Ob hier ein ritueller Hintergrund besteht, lässt sich nicht endgültig beurteilen – eine profane Deutung als Schlacht- oder Speiseabfall ist jedenfalls unwahrscheinlich. So wurde ein ähnlicher Befund jüngst in der Siedlung von Frankfurt am Main-Harheim entdeckt.

Menschenknochen im Siedlungszusammenhang

Menschliche Reste wurden in vier Vorratsgruben angetroffen, wobei das schulternahe Gelenkende eines Oberarmknochens aus Grube 6 wohl eher zufällig in die Verfüllung gelangt ist. Eine Besonderheit stellt die Kegelstumpfgrube 313 dar, die neben dem Bruchstück eines menschlichen Schädeldaches auch eine dreifach gelochte Knochenscheibe mit einem Durchmesser von etwa 3,8 cm enthielt (Abb. 93). Solche Trepanationsscheiben oder Knochenrondelle stammen zumeist aus frühlatènezeitlichen Höhlenfundstellen und wurden vermutlich unter Verwendung eines Lederstreifens oder einer Schnur als Anhänger getragen. Im Siedlungszusammenhang ist das vorlie-

92 Prosselsheim. Spitzpaukenfibel aus Bronze. Länge 5,1 cm.

93 Prosselsheim. Durchlochte Trepanationsscheibe aus Grube 313. Vorder- und Rückseite. Maßstab 1 : 1.

94 Prosselsheim. Kegelstumpfgrube 313 im Profil.

95 *Prosselsheim. Zerlegte Pferdedeponierung in Grube 131.*

gende Stück exzeptionell; ob ein ebenfalls in Grube 313 entdecktes Bronzeringlein mit der Trageweise der Scheibe zusammenhängt, lässt sich derzeit nicht abschließend klären.

Auf der ebenen Sohle von Kegelstumpfgrube 14 wurde das Skelett eines adulten Mannes in gestreckter Rückenlage aufgedeckt. Der rechte Arm des Südsüdost-Nordnordwest ausgerichteten Skelettes war stärker angewinkelt, wobei die Hand auf dem Brustkorb ruhte. Besondere Beachtung verdient die unter dem Gesäß liegende linke Hand, die eine anatomische Besonderheit in Form eines in gekrümmter Haltung versteiften Fingers aufwies. Da der Verstorbene nicht – wie in vergleichbaren Siedlungsdeponierungen der Eisenzeit öfter belegt – in die Grube geworfen, sondern sorgsam niedergelegt wurde, kann hier durchaus die Sonderbestattung eines Menschen mit körperlicher Anomalie vermutet werden. Aus dem näheren Umfeld der Grabung liegen ähnliche hallstatt- beziehungsweise frühlatènezeitliche Siedlungsbestattungen unter anderem aus Unterpleichfeld und Euerfeld vor.

Anders als bei Kegelstumpfgrube 14 sind die Menschenknochen in der beutelförmigen Vorratsgrube 296 erst im weiteren Verfüllungsverlauf in die Erde gelangt. So zeichnete sich im Profil ein mittiger Füllmaterialkegel ab, der wohl durch das Zuschaufeln der Grube bis auf deren halbe Höhe zurückzuführen ist. Hierauf wurde in Nordost-Südwest-Ausrichtung der Leichnam eines Kindes der frühen Altersstufe Infans II gebettet, von dem jedoch nur noch die Beinpartie und wenige verlagerte Reste des Oberkörpers erhalten waren. Erstaunlicherweise barg die obere Hälfte der Grube fünf menschliche Schädel, die in annähernd zentraler Lage und teils dicht beieinander ruhend freipräpariert wurden. Die zugehörigen Unterkiefer fehlten, sodass zwischen Tod und Niederlegung bereits ein längerer Zeitraum verstrichen sein muss. Möglicherweise ist der Befund im Zusammenhang mit dem keltischen Schädelkult zu sehen.

Zusammenfassung

Lange Zeit dominierten Grabfunde und die sogenannten „Fürstensitze" das Bild der Kelten am Übergang von der Späthallstatt- zur Frühlatènezeit. Dieser Abriss über das Bodendenkmal am Ortsrand von Prosselsheim zeigt evident, dass auch ländliche Siedlungen mit überaus facettenreichen Ergebnissen aufwarten können. Die Befunde und Funde geben somit beredt Zeugnis über mannigfaltige Aspekte des Alltags. Hierzu zählen die umfangreichen Hinweise auf handwerkliche Tätigkeiten oder die gefundenen Schmuck- und Kleidungsbestandteile. Darüber hinaus verdienen die kultisch konnotierten Details erwähnt zu werden, allen voran die auffälligen Bestattungen oder Deponierungen von Menschen und Tieren innerhalb der Siedlung. Daneben stechen die Gegenstände mit Amulettcharakter aus der Masse der Funde heraus. Ein Vergleich mit nahe gelegenen Fundplätzen gleicher Zeitstellung zeigt, dass sich Prosselsheim nahtlos ins Gefüge der keltischen Besiedlung im Umfeld der Mainschleife einpasst.

Benjamin Binzenhöfer und Marcel Günther

Literatur N. Graf/R. Graf, Eisenzeitliche Amulette aus Höhlen Nordbayerns. Natur u. Mensch 2011 (2013) 51–62. – M. Schußmann, Eine Siedlungsstelle der frühen Latènezeit aus Unterpleichfeld, Lkr. Würzburg. Beitr. Arch. Ober- u. Unterfranken 8, 2013, 151–212. – A. Hampel/K. Pasda, Ein Grab für ein Pferd? In: W. David/V. Rupp/F. Verse (Hrsg.), Kelten Land Hessen. Archäologische Spuren im Herzen Europas. Glaubergschriften 3 (Mainz 2022) 144 f.

Örtliche Grabungsleitung B. Binzenhöfer und M. Günther, Fa. Ausgrabungen Specht. – *Bestimmung der Gussform* M. Honeck, Universität Würzburg. – *Anthropologische Bestimmungen* M. Günther, Fa. Ausgrabungen Specht.

Zwischen Jungneolithikum und Frühlatène – Siedlung mit Vorratsgruben am Aiterhofener Kirchsteig

Landkreis Straubing-Bogen, Niederbayern

Die Situation vor Ort

Die für die Erschließung eines Gewerbegebiets bereits 1997 durchgeführten archäologischen Untersuchungen in der Flur „Am Kirchsteig" am südlichen Ortsende von Aiterhofen erbrachten auf 0,68 ha eine recht dichte archäologische Befundsituation. Neben zwei schnurkeramischen Bestattungen und zwei beraubten, wohl frühmittelalterlichen Gräbern belegen vorwiegend Siedlungsspuren verschiedener jungstein- und metallzeitlicher Kulturgruppen bis ins hohe Mittelalter einen Nutzungszeitraum dieses Areals von über 6.000 Jahren. Die damals leider nur in Ausschnitten untersuchte Fläche deutet ein größeres Siedlungsareal an, weshalb das Bayerische Landesamt für Denkmalpflege das umliegende Gebiet großflächig unter Denkmalschutz stellte.

Für das Bauvorhaben einer größeren Gewerbehalle im unmittelbaren westlichen Anschluss an die frühere Grabungsfläche waren deshalb archäologische Untersuchungen notwendig. Das bauseits beanspruchte Grabungsareal wurde bis kurz vor Grabungsbeginn im Spätherbst 2021 landwirtschaftlich genutzt. Östlich der geplanten Halle wurde im Vorgriff eine knapp 1.000 m² große Stellfläche angelegt, für die unter archäologischer Begleitung lediglich die oberste Grasnarbe entfernt, anschließend ein Geotextil aufgelegt und ein etwa 20 cm mächtiges Schotterpaket aufgebracht wurde. Die darunter zu vermutende archäologische Befundsituation bleibt unbekannt. Wie erwartet kamen jedoch in der etwa 55 × 40 m großen Hallenfläche unter dem etwa 40 cm mächtigen humosen Oberboden, mehr oder weniger gleichmäßig im gesamten Grabungsareal verteilt, zahlreiche, meist schwarzbraune bis dunkelbraune Bodenverfärbungen zu Tage, die sich im rotbraun lehmigen B-Horizont klar abzeichneten (Abb. 96). Unter diesem etwa 40 cm mächtigen B-Horizont stand gelber Löss an. Vorab sei hier der in den intensiv landwirtschaftlich genutzten Flächen des Gäubodens eher selten anzutreffende auffallend gute Erhaltungszustand zahlreicher Befunde erwähnt, was nicht nur die Grabungsdauer unerwartet in die Länge zog, sondern auch die Grabungskosten deutlich anhob.

Älteste Siedlungsreste

In Planum 1 erfasste man 80 meist runde bis rundovale Pfostengruben. Diese gruppieren sich zu sechs Vier-, Sechs- oder Achtpfostenbauten (Haus 1–6) unterschiedlicher Größe. Sie sind meist ungefähr Nord-Süd orientiert und dürften den metallzeitlichen Besiedlungsphasen auf der Grabungsfläche zuzuordnen sein.

Die ältesten angetroffenen Siedlungsspuren reichen bis in die jungneolithische Münchshöfener Kulturgruppe zurück und werden durch glimmergemagerte Scherben mit der typischen, am Gefäßrand und am Bauchknick angebrachten senkrechten Kerbverzierung und durch Gefäßreste mit feiner Furchenstichverzierung belegt. Wenige Scherben mit Arkadenrand und eine etwa 15 cm große, beidseitig retuschierte Feuersteinsichel finden beste Vergleiche im Altheimer Fundmilieu.

Außer vereinzelten bronzezeitlichen Gruben und einem urnenfelderzeitlichen Siedlungsniederschlag mit zahlreichen Fragmenten zeittypischer Vorratsgefäße und mehreren fein verzierten Trichterhalsbechern zeichnet sich im Grabungsgelände ein frühlatènezeitlicher Siedlungsschwerpunkt ab.

96 *Aiterhofen „Am Kirchsteig". Grabungsplan. Rot: frühlatènezeitliche Grubenhäuser; blau: Silogruben.*

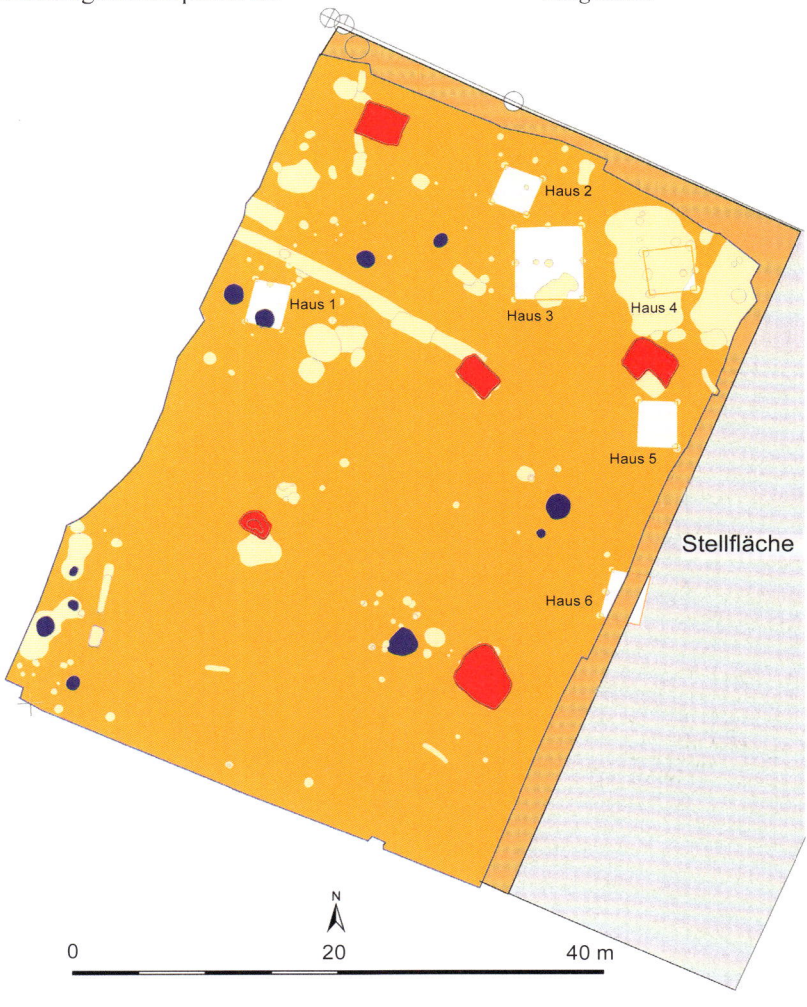

97 Aiterhofen. Altheimer Sichel; latènezeitliche Spinnwirtel und Webgewichte.

Frühlatène: Grubenhäuser und Kegelstumpfgruben

Neben den runden, ovalen und amorphen Siedlungsbefunden fallen im Grabungsplan drei rechteckige Grubenhäuser mit Grundflächen zwischen 4 × 3,5 m und 2,3 × 1,8 m auf. Ihre erhaltenen Befundtiefen bis zur flachen Sohle liegen im Schnitt bei etwa 30 cm unter Planum 1. Vereinzelt ließen sich dabei auch Eckpfostenstellungen nachweisen. Zwei weitere mögliche Grubenhäuser mit leicht unregelmäßigeren Grundrissen und deutlich flacheren Befundtiefen wurden etwas südlicher angetroffen. Sowohl in den Siedlungsgruben als auch in den Grubenhäusern fanden sich überdurchschnittlich häufig unterschiedlich geformte Spinnwirtel, die zusammen mit mehreren Webgewichten in diesem Teil der Frühlatènesiedlung auf Textilverarbeitung hinweisen (Abb. 97).

Bemerkenswert sind sowohl der Erhaltungszustand als auch die Anzahl von bislang über zehn freigelegten Kegelstumpfgruben. Die in Planum 1 oft als relativ unscheinbar wirkenden und vorerst als kleinere Gruben angesehenen Befunde entpuppten sich als teilweise noch bis in eine Tiefe von 1,50 m unter Planum 1 reichende, an der Sohle sehr breite Silogruben, die man meist mit der Vorratshaltung in Verbindung bringt. Einige grenzten sich extrem scharf konturiert vom anstehenden gelblichen Lössboden ab. Mehrere Einfüllschichten mit keramischen Funden, Holzkohleresten sowie unterschiedlich großen gebrannten Lehmbrocken, zum Teil mit Rutenabdrücken ehemaliger Architekturteile, ließen die verschiedenen Verfüllungsvorgänge bei Grube 101 gut nachvollziehen (Abb. 98).

Wenige Zentimeter über der Sohle und etwa 1 m unter Planum 1 der Kegelstumpfgrube 58 fand sich das Skelett einer in Rückenlage bestatteten erwachsenen Frau, das leider beim Anlegen des Profils teilweise zerstört wurde. Wegen mehrerer einschlägiger Scherben hatte man beim ersten Abstich mit einem münchshöfenzeitlichen, dann, als auch bronzezeitliche Scherben auftraten, mit einem bronzezeitlichen Befund gerechnet. Schließlich überraschten die unter dem Skelett liegenden latènezeitlichen Gefäßfragmente, die den Zeitpunkt für die Grubenanlage festlegen. An der linken Hand fand sich ein kleiner, unverzierter Bronzering. Die Scherben früherer Besiedlungsphasen dürften somit beim Verfüllen der Silogrube in diese hineingeraten sein.

Beidseitig verzierte Keramik

Aus der Fülle der bislang geborgenen Keramik sticht aus der frühlatènezeitlichen Grube 52 eine auffällig verzierte Bodenscherbe hervor. Die Außenseite zeigt die Reste zweier tief in den Ton eingedrückter Spiralverzierungen, die Innenseite hingegen an identischer Stelle (wohl durchgedrückt) leicht erhabene, fein gravierte

98 Aiterhofen. Latènezeitliche Silogrube 101.

Spiralen sowie daneben zarte barkenähnliche Halbbögen, die in Kreisaugen enden (Abb. 99). Ein gleiches Stück liegt aus einer frühlatènezeitlichen Grube aus Regensburg Rathenaustraße vor. Gefäße mit derartiger beidseitiger Verzierung sind im frühlatènezeitlichen Fundmilieu Südbayerns fremd und deuten überregionale Verbindungen an.

Obwohl aufgrund der Ergebnisse der früheren Grabung mit archäologischem Befund auf der aktuellen Grabungsfläche zu rechnen war, überraschten sowohl die Befunddichte als auch die gute Erhaltung, vor allem die der Kegelstumpfgruben. Rückwirkend betrachtet ist es zu bedauern, dass 1997 auf diesem Siedlungsareal größere Flächen unbeobachtet für die Bebauung freigegeben wurden.

Ludwig Husty

99 *Aiterhofen. Beidseitig verzierte latènezeitliche Scherbe aus Grube 52. Maßstab 1 : 1.*

Literatur G. Rühl, Arch. Jahr Bayern 1997, 83–86. – U. Kirpal, Vorgeschichtliche Dörfer und Friedhöfe im Osten von Burgweinting, Stadt Regensburg – ein Vorbericht. Beitr. Arch. Oberpfalz 8, 2008, 29–76.

Grabungsleitung J. Frost, Fa. Archaios, Sinzing.

Keltisches Textil- und Eisenhandwerk auf einem mehrphasigen Siedlungsplatz in Wetzendorf

Stadt Nürnberg, Mittelfranken

Frühlatènezeitliche Befunde aus dem Nürnberger Stadtgebiet beschränkten sich bisher auf den Nachweis von Siedlungsplätzen in Form von Pfostenstellungen und Gruben sowie weniger Oberflächenfunde bei Geländebegehungen (Abb. 100). Großflächige Bauleitplanungen im Stadtteil Wetzendorf erbrachten nun neue Erkenntnisse zur Siedlungsstruktur und Rohstoffgewinnung des 5. und frühen 4. vorchristlichen Jahrhunderts.

Der beständige Zuwachs an Einwohnern zwingt die Stadt Nürnberg zur Ausweisung neuer Bauflächen, hauptsächlich im nördlich der Kernstadt gelegenen Knoblauchsland. Entlang des Wetzendorfer Landgrabens sollen ca. 40 ha Landwirtschaftsfläche für Wohnbau und einen integrierten Park umgenutzt werden. Sondagen zur Klärung des Bestands und Erhaltungszustands von Bodendenkmälern führten zur Aufdeckung einer seit der frühen Bronzezeit bis in die frühe Urnenfelderzeit genutzten Siedlungsfläche. Vereinzelt kamen auch Gruben mit Schlackeeinfüllungen zu Tage, die eher für eine in der Nähe gelegene, jünger zu datierende Eisenverarbeitung sprachen. Die Gesamtausdehnung der vorgeschichtlichen Siedlungen sollte in weiteren Sondagen 2020/21 festgestellt werden, nachdem östlich des Untersuchungsareals früh- und spätlatènezeitliche Befunde bei Grabungsarbeiten dokumentiert werden konnten.

Ein fundreiches Gehöft

Während sich der größte Teil der Sondagen gut in die bisher vorliegenden, vornehmlich bronzezeitlichen Grabungsbefunde einreihen ließ, befand sich ein Schnitt an der Südgrenze der Planfläche innerhalb einer deutlich jüngeren Siedlungsstelle. Durch das Fehlen der hangabwärts zunehmenden Deckschichten und die Position an der topografisch höchstgelegenen Stelle des Untersuchungsareals

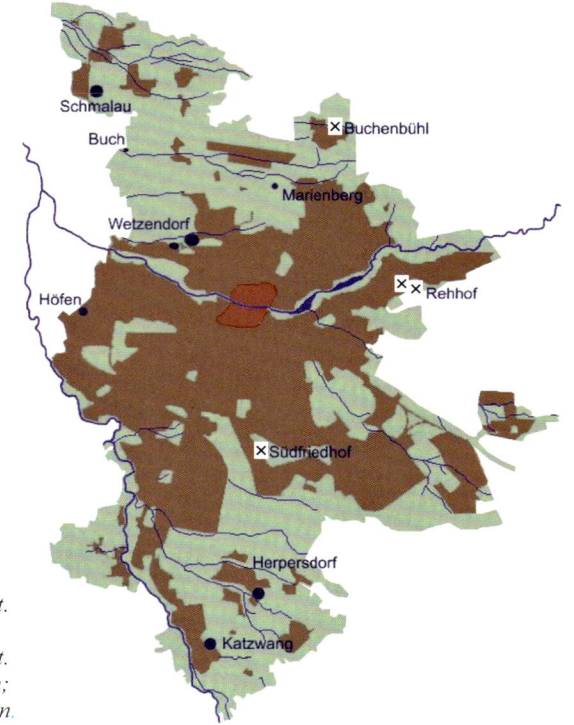

100 *Nürnberg. Kartierung frühlatènezeitlicher Siedlungen im Stadtgebiet. Keramische Einzelfunde sind mit einem × markiert. Braun = bebaute Flächen; grün = unbebaute Flächen.*

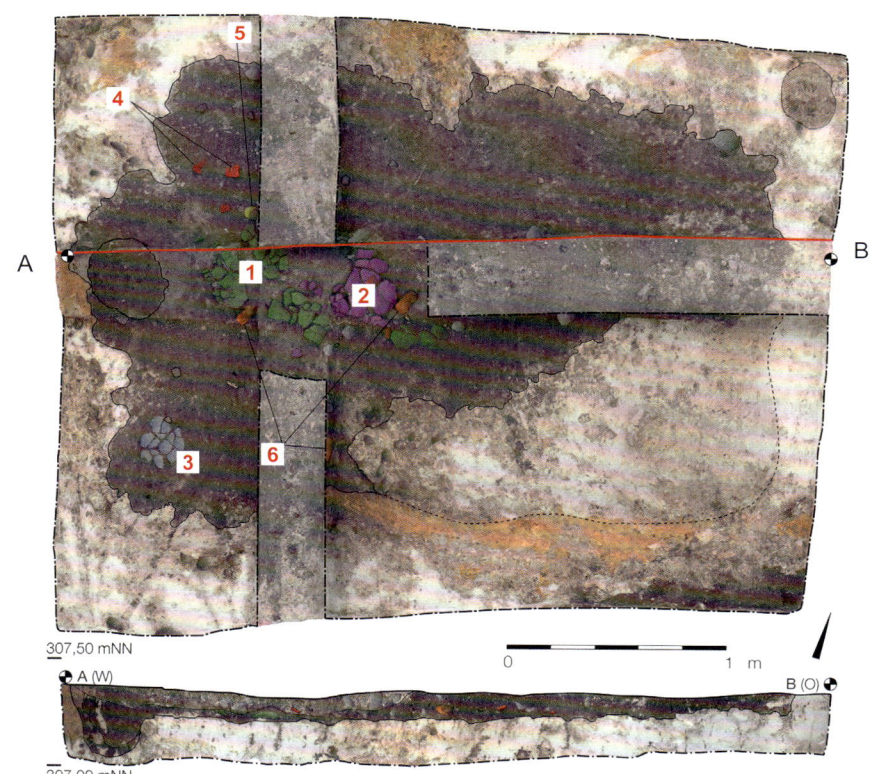

101 *Wetzendorf. Die Grubenhütte in Planum 2 und im Längsprofil. Scherbenanpassungen und Sonderfunde farblich markiert. 1–4 vollständig rekonstruierbare Gefäßreste; 5 Geweihrose; 6 Webgewichte.*

101). Der flachgründige Bau mit einer Größe von 3,2 × 2,1 m barg an der Sohle ein stark zerscherbtes Gefäßinventar aus drei grobkeramischen Töpfen mit Fingertupfenzier und einer S-förmig profilierten Schale mit kantigem Umbruch und Rädchendekor. Ferner fanden sich neben einer vierfach durchlochten Geweihrose und einigen Glättsteinen noch zahlreiche, teils gut erhaltene Webgewichte (Abb. 102). Der Befund kann daher textilhandwerklich-hauswirtschaftlichen Nutzungshintergründen zugewiesen werden und dürfte dem umfangreichen Fundmaterial der Verfüllungen nach in der Stufe LT A abgebrochen worden sein. Da erste Anzeichen einer eisenzeitlichen Bebauung bereits bei Leitungsverlegungen in der nahe gelegenen Parlerstraße festgestellt wurden, ist letztlich davon auszugehen, dass mit den angetroffenen Strukturen nur ein kleinerer Teilbereich einer insbesondere nach Süden und Westen fortlaufenden Siedlungsstelle ergraben wurde.

war der erosions- und ackerbaubedingte archäologische Substanzverlust hier schon weit fortgeschritten. Dem angetroffenen Gehöft ließ sich neben einem bereits weitgehend abgegangenen Pfostenbau, einem verstürzten Lehmkuppelofen und mehreren tiefgreifenden Silo- und Vorratsgruben auch eine annähernd Ost-West ausgerichtete Grubenhütte mit mutmaßlichem Zugang an der Südwestecke und je einem First- und Eckpfosten zurechnen (Abb.

Eisenhandwerkliches Siedlungsareal

Baupläne zur Errichtung eines teilunterkellerten Verwaltungsgebäudes machten im Berichtsjahr parallel zu den Sondierungen eine Ausgrabung auf einer ca. 800 m² umfassenden Fläche im südlichen Anschluss notwendig. Der maschinelle Abtrag erbrachte hier zunächst eine bis zu 1,5 m mächtige Schuttüberdeckung, die wohl zur Angleichung des natürlichen Gefälles aufgetragen wurde, als in den 1980er Jahren das Bauindustriezentrum entstand. In den nachfolgenden Lehmen und Sanden zeigten sich insbesondere im südwestlichen Teil des Grabungsareals Befunde eines weiteren eisenzeitlichen Siedlungsausschnitts. Mehrere verbundartige Gruben ließen darunter noch die teilerfasste Lage von bis zu vier Hausgrundrissen erkennen (Abb. 103). Die den zeittypischen Kleinbauten mit überwiegend vier bis acht Pfostenstellungen zuzuweisenden Gebäudereste deuten anhand von Überschneidungen eine längerfristige Nutzung der Siedlungsstelle an. Ein Bau mit sechs ergrabenen Pfosten an der südlichen Grabungsgrenze zeigte an der Nordseite zudem eine kesselartig eingetiefte Vorratsgrube, in die nachträglich eine steingesetzte Herd- oder Feuerstelle eingebracht wurde (Abb. 103,1). Das verhältnismäßig schlichte Fundmaterial aus vornehmlich unverzierter Wirtschaftsware erlaubt auch hier eine Datierung in die frühe Latènezeit.

Im westlichen Anschluss der Bauten befanden sich mehrere bis zu 1,5 m tief greifende Siedlungsgruben mit kessel- oder kegelstumpfförmigem Aufbau und mehreren Verfüllungsphasen. Während für den überwiegenden Teil eine Vorrats- oder Speicherfunktion anzunehmen ist, wurde in der Westhälfte der Untersuchungsfläche eine sekundär metallurgisch

Urnenfelderzeit hin zu einer parklandschaftsartigen Einzelhofbebauung während der Hallstattzeit, die archäologisch schwieriger zu fassen ist. Welche Beweggründe dazu und zu einer „Rückkehr" zu den alten Siedlungsmustern und Standorten am Beginn der Frühlatènezeit führten, bleibt bislang ungeklärt.

Arne Kluge und John P. Zeitler

Literatur T. Teufel/J. P. Zeitler, Arch. Jahr Bayern 2013, 79–81. – M. Schußmann, Die Latènezeit im südlichen Mittelfranken. Universitätsforsch. Prähist. Arch. 161 (Bonn 2008). – R. Pleiner, Iron in Archaeology. The european bloomery smelters (Prag 2000).

Örtliche Grabungsleitung A. Kluge. – *Grabungstechnik* A. Lindberg und J. Reisenhauer; alle Fa. exTerra Archäologie Happe & Glaß GbR, Fürth.

102 *Wetzendorf. Auswahl der gefäßkeramischen und textilhandwerklichen Kleinfunde aus der Grubenhütte. Höhe des Webgewichts 11,5 cm.*

103 *Wetzendorf. Vereinfachter Befundplan der Grabungsfläche südlich der Parlerstraße mit rekonstruierten Hausgrundrissen. 1 nachträglich als Herd- oder Feuerstelle genutzte Vorratsgrube; 2 metallhandwerkliche Arbeitsgrube.*

104 *Wetzendorf. Ofenrest und vorgelagerte Fundkonzentration aus Schlacke und ofenbaulichen Bestandteilen an der Sohle der Arbeitsgrube Abb. 103,2.*

genutzte Materialentnahmegrube aufgedeckt (Abb. 103,2). Das nach einer ersten Teilverfüllung angelegte Arbeitsniveau wies einen stark holzkohlehaltigen Laufhorizont auf und enthielt im westlichen Randbereich noch den angeziegelten Sohlenrest einer kleinen Ofenanlage (Abb. 104). Innerhalb des Befundes und im unmittelbaren östlichen Vorfeld fanden sich große Mengen an Schlacke sowie diverse ofenbauliche Bestandteile und mehrere Steinwerkzeuge, die wohl zum Pochen und Mahlen verwendet wurden. Vor allem die zahlreich vorliegenden verschlackten Wandungs- und Düsenfragmente sowie einige Luppen belegen den Standort eines Rennofens zur primären Eisenverhüttung. Der Werkbereich dürfte zur durch zahlreiche Schlackefunde aus dem Stadtgebiet seit Längerem angenommenen Verarbeitung lokal oberflächlich anstehender Eisenerze gedient haben.

Fazit

Neben der großflächigen bronze- und urnenfelderzeitlichen Siedlung im Umfeld des Wetzendorfer Landgrabens wurde durch die Sondagen eine mindestens ebenso große Besiedlung des gleichen Areals in der Frühlatènezeit nachgewiesen. Dies deckt sich mit anderen Ortslagen im Nürnberger Stadtgebiet und den meisten nordostbayerischen Höhensiedlungen, wo nach einem vermeintlichen Abbruch am Ende der Urnenfelderzeit oftmals eine Wiederaufnahme in der Frühlatènezeit zusammen mit dem Neuaufbau der älteren Befestigungen erfolgte. Der Hiatus während der Hallstattzeit dürfte dabei eher auf ein verändertes soziologisches Siedlungsverhalten als auf einen echten Besiedlungshiatus in der Region zurückzuführen sein. Dahinter steht wahrscheinlich eine Auflösung der dorfartigen Strukturen der

Ein mittellatènezeitlicher Keramikbrennofen bei Pöttmes

Landkreis Aichach-Friedberg, Schwaben

Ein Brennofen von bemerkenswertem Erhaltungszustand

Im Winter 2020/21 bedingten Straßenbaumaßnahmen entlang der Staatsstraße St 2045 westlich von Pöttmes eine archäologische Untersuchung, bei der wohl das südliche Ende einer Siedlung der entwickelten Latènezeit zutage trat. Außer fünf etwa gleich orientierten Hausgrundrissen und einer größeren, ovalen Pfostenstellung kam dabei auch ein Keramikbrennofen zutage. Während die Siedlung selbst sich auf einer leichten Anhöhe befand, war der Ofen über 50 m weiter hangabwärts und scheinbar isoliert errichtet worden.

Vor Beginn der Grabungsarbeiten und ohne Wissen der Archäologen wurde bedauerlicherweise vom Kampfmittel-Räumdienst mit einer gezahnten Baggerschaufel ein etwa 1 × 1 m großes Loch in die Mitte der Brennkammer geschlagen, das die gesamte Struktur durchbrach. Die Informationen zur Konstruktionsweise sind an dieser Stelle verloren. Durch den Eingriff ins Zentrum des Befunds war bei der Ausgrabung jedoch schon sehr früh klar, was erwartet werden konnte.

Trotz der massiven Beschädigung ist der Erhaltungszustand des Ofens immer noch bemerkenswert und lässt durch seine zahlreichen Konstruktionselemente aus verziegeltem Lehm viele Rückschlüsse auf seine Bauweise zu. Der Detailreichtum des Pöttmeser Ofens ist weitaus größer als bei vergleichbaren latènezeitlichen Keramikbrennöfen beispielsweise in Osterhofen-Schmiedorf (Lkr. Deggendorf) und Brendlorenzen (Lkr. Rhön-Grabfeld).

Dank der großen Menge an Keramik innerhalb des Ofens ist eine Datierung nach Lt C1 bis Anfang C2 (ca. 260–120 v. Chr.) gesichert.

Konstruktionsdetails

Der Ofen gehörte zum Typ der stehenden Öfen mit zwei Heizkanälen, die sehr wahrscheinlich in durch einen Steg bzw. Zunge getrennte Heizkammern führten. Darauf befand sich die Lochtenne, die zudem durch Stützen in der Ofenwandung stabilisiert wurde. Im Schürbereich bzw. in den Schürkanälen wurde das Brennmaterial gestapelt und verbrannt, die Hitze zog in den Heizraum (die sog. Hölle) und von dort aus nach oben durch die Lochtenne in die Brennkammer. Die Heizräume mit den zwei Kammern wurden abwechselnd bedient, um Temperaturschwankungen zu vermeiden. Die zu brennende Keramik stellte man auf die Lochtenne zwischen die Löcher, die dafür eine gewisse Dicke und Stabilität haben musste. Über die Lochtenne war mutmaßlich eine Kuppel mit Kamin aufgesetzt, deren Höhe sich – wie fast immer – nicht erschließen ließ. Die Kuppeln wurden aus Lehm gebaut und wiesen ein innen liegendes hölzernes Gerüst (Flechtwerk) auf, das bei der ersten Benutzung verbrannte. Der oberirdische Teil ging auch bei dem Ofen von Pöttmes verloren, der in die Erde eingelassene Teil mit Sohle, Zunge, Schürkanälen, verstürzter Lochtenne und Wandung war bis auf eine Höhe von ca. 45 cm erhalten. Insgesamt maß der Ofen grob ca. 2,0 × 3,2 m, die reine Lehmkonstruktion der Brennkammer erreichte eine Ausdehnung von ca. 1,5 × 1,7 m. Die Ofenwanne und -wandung bestand aus verziegeltem Lehm von variierender Dicke, die teilweise Fingerabdrücke und Verstreichspuren aufwiesen (Abb. 107). An die Innenseiten der Wandung im Bereich des Heizraums waren zunächst drei Stützpfeiler angebracht, die zusammen mit der Zunge die Lochtenne tragen sollten. Dass die ursprünglichen Stützen nicht ausreichten, zeigten vier weitere Streben, die über den alten oder zwischen die-

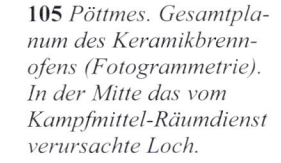

105 Pöttmes. Gesamtplanum des Keramikbrennofens (Fotogrammetrie). In der Mitte das vom Kampfmittel-Räumdienst verursachte Loch.

106 *Pöttmes. Die verstürzte Lochtenne des Brennofens in situ.*

sen eindeutig nachträglich aufgesetzt waren. In die Stützen und in die Wandung der ersten Phase – und in geringerem Umfang auch der zweiten – waren von oben im noch feuchten Zustand zahlreiche Löcher eingebracht, die wohl von Stöcken oder Ruten herrührten und die zur Konstruktion der Kuppel oder zur Fixierung der noch ungebrannten Lochtenne benötigt wurden.

Die bis zu ca. 14 cm dicke Lochtenne war augenscheinlich als Ganzes in den Hohlraum des darunterliegenden Heizraums hinuntergebrochen, wo die Bruchstücke in der Ofenwanne vorgefunden wurden (Abb. 106). Anhand der Ausdehnung des Innenraums ist von einem Durchmesser der Tenne von ca. 1,4 m auszugehen. Auf ihrer Unterseite befanden sich zahlreiche Reisigabdrücke und geradlinige, parallele Furchen. Man legte also vermutlich Stöcke aus, schichtete Reisig darauf und formte dann darüber aus feuchtem Ton die Lochtenne. Ob diese außerhalb angefertigt und dann im Ofeninneren positioniert oder direkt in den Ofen hineingebaut wurde, lässt sich nicht abschließend beurteilen. Die Wanne – bis auf Höhe der Lochtenne – wurde jedoch als abgeschlossenes Element konstruiert, worauf man die weitere Wandung bzw. die Kuppel vergleichsweise locker aufsetzte. Dies hätte einen problemlosen wiederholten Aufbau der Kuppel ermöglicht, ohne dass es sich im Befund zwangsläufig niedergeschlagen hätte.

Von der Brennkammer schließlich führten zwei Schürkanäle in den Feuerungsbereich, immer begleitet von einer intensiv schwarzgrauen Schicht, die sich außerhalb des Ofens trichterförmig verbreiterte (Abb. 105; 109). Die Schürkanäle wurden direkt in den anstehenden Boden tunnelförmig eingebracht und dann von innen mit einer Schicht Lehm ausgekleidet. Die Verbindung zwischen dem Hauptteil des Ofens und den Schürkanälen fiel – wie oben erwähnt – der Kampfmittelsondierung zum Opfer.

Das Fundgut

Oberhalb der Tenne wurde, vermischt mit unbestimmbaren Konstruktionselementen, wahrscheinlich das Brenngut der letzten Ofenbeschickung angetroffen. Dabei handelt es sich um die Überreste von mindestens 25 unterschiedlich großen, recht hart gebrannten, bauchigen und scheibengedrehten Töpfen gleichen Typs. Ihre Randdurchmesser bewegen sich zwischen ca. 22 und 38 cm (Abb. 108). Die Form lässt sich in die Mittellatènezeit datieren. Auch die Schürkanäle enthielten einiges Fundgut, jedoch inhomogener und kleinteili-

107 *Pöttmes. Detail einer Wandungsstütze mit Fingerabdrücken und Verstreichspuren.*

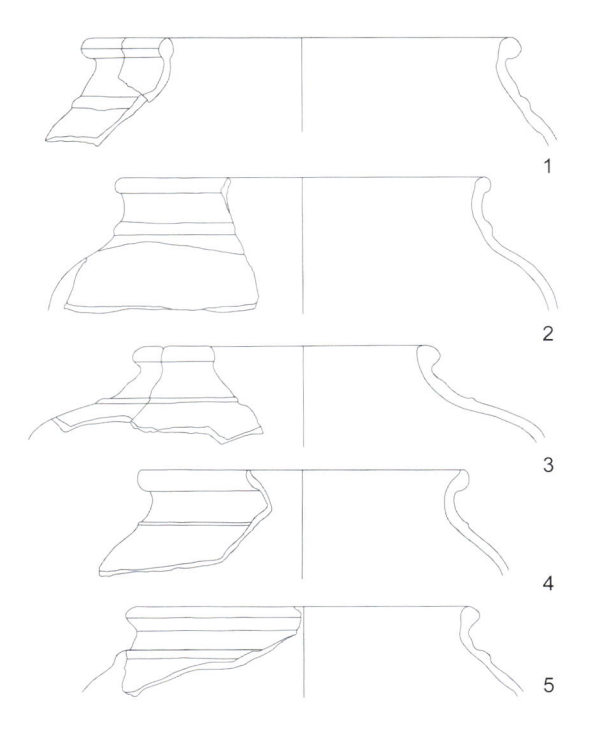

108 *Pöttmes. 1–5 Auswahl an Randscherben von Töpfen aus der Brennkammer. Maßstab 1 : 6.*

ger zerschert. Das Fundmaterial oberhalb des Heizraums könnte ausschließlich die Keramik sein, die beim letzten Brand über der Lochtenne zusammengestürzt ist. In diesem Falle müssten sich die Bruchstücke zu vollständigen Gefäßen zusammenfügen lassen, was im Rahmen der bisherigen Aufarbeitung jedoch noch nicht erfolgt ist. Andernfalls wäre der Ofen neben den eigenen Konstruktionselementen mit anderweitig zerbrochener Keramik verfüllt worden, was jedoch aufgrund der Abgeschiedenheit des Befunds nicht naheliegt. Befunde und Funde in der Siedlung, die sich mit dem Ofen konkret in Beziehung setzen ließen, wie beispielsweise Fehlbrände oder Lehmgewinnungsgruben, konnten nicht identifiziert werden. Über das Fundmaterial wissen wir aber immerhin, dass die Siedlung bis in das frühe Spätlatène (Lt D1) existierte, den Ofen also um wenigstens 100 Jahre überdauerte. Aus einer Grube stammt zudem Keramik, die derjenigen aus der Ofenverfüllung entspricht.

Resümee

Der Ofenfund lässt annehmen, dass sich die Siedlung selbst mit qualitativ hochwertiger Keramik versorgte. Wie oft oder wie lange der Ofen letztendlich in Betrieb war, ist nicht zu sagen. Dadurch, dass für den Bau und die Ausbesserungen jedoch einiges an Aufwand betrieben wurde, kann man davon ausgehen, dass sich die Aufrechterhaltung der Brennarbeiten lohnte. Was letztendlich zur Aufgabe führte, ist schwer zu beurteilen. Möglicherweise ist beim letzten Brand die Lochtenne eingestürzt und die darauf platzierte Keramik zu Bruch gegangen. Die Bewohner der Siedlung haben uns jedenfalls ein herausragendes Beispiel eines keltischen Keramikbrennofens hinterlassen.

Marina Lindemeier

Literatur S. Gerlach, Töpferöfen in einer jüngerlatènezeitlichen Siedlung bei Brendlorenzen. Arch. Jahr Bayern 2001, 65–68. – M. Zeiler, Rekonstruktion von Töpfereien der jüngeren vorrömischen Eisenzeit (Ha D–Lt D). In: P. Trebsche u. a. (Hrsg.), Architektur: Interpretation und Rekonstruktion. Beiträge zur Sitzung der AG Eisenzeit während des 6. Deutschen Archäologie-Kongresses in Mannheim 2008. Beitr. Ur- u. Frühgesch. Mitteleuropa 55 (Langenweißbach 2009) 263–280. – K. Schmotz, Neufunde spätkeltischer Töpferöfen in Künzing und Osterhofen-Schmiedorf, Lkr. Deggendorf. In: K. Schmotz (Hrsg.), Vorträge des 15. Niederbayerischen Archäologentages (Espelkamp 1997) 229–258.

Durchführung der Grabung Firma Pro Arch Prospektion und Archäologie GmbH.

109 *Pöttmes. Die ausgenommene Ofenwanne mit Wandungsdetails und Ansatz von zwei Schürkanälen.*

Glasperlen und Fabelwesen aus einer Siedlung der Latènezeit am Hochrainweg in Germering

Landkreis Fürstenfeldbruck, Oberbayern

Die große Kreisstadt Germering liegt im Westen der Münchner Schotterebene, die hier nach Norden in den anmoorigen Bereich des Dachauer Mooses übergeht. Da die Schotterebene in diesem Bereich keine nennenswerten Fließgewässer aufweist, bot sich für Siedlungen nur dieser Übergangsbereich an, in dem man durch den Bau von Brunnen leicht das Wasser erreichte. Zahlreiche Siedlungen vom Endneolithikum bis in die Neuzeit konnten in den letzten Jahrzehnten in diesem Streifen nachgewiesen werden. Ein neues Baugebiet und die Erweiterung der Feuerwehrstation führten 2019 bis 2021 in dieser Lage zu archäologischen Untersuchungen auf etwa 2,7 ha Fläche, da dort Siedlungsreste zu vermuten waren. Bis auf kleinere Gebäude im südlichen Teil war das Gelände bis dahin unbebaut geblieben und diente als Acker und Weide. Nach dem Oberbodenabtrag zeigte sich ein flächiges, wenn auch nicht sehr dichtes Befundbild.

Bronzezeitliche Siedlungsreste

Die ältesten Befunde können der mittleren Bronzezeit zugeordnet werden. In einer Siedlungsgrube (Abb. 110,8) fanden sich zeittypische Keramikscherben mit betontem Schulterumbruch und Fingereindrücken (Abb. 111), in einer anderen (Abb. 110,7) eine Hornsteinknolle (Abb. 111). Ein Brunnen (Abb. 110,6) ist ebenfalls in diese Zeit zu setzen. Welche der unspezifischen Gebäudegrundrisse der mitt-

110 *Germering. Ausschnitt der Grabungsfläche mit besprochenen Befunden und den Entwicklungsphasen des Zentralbaus.*

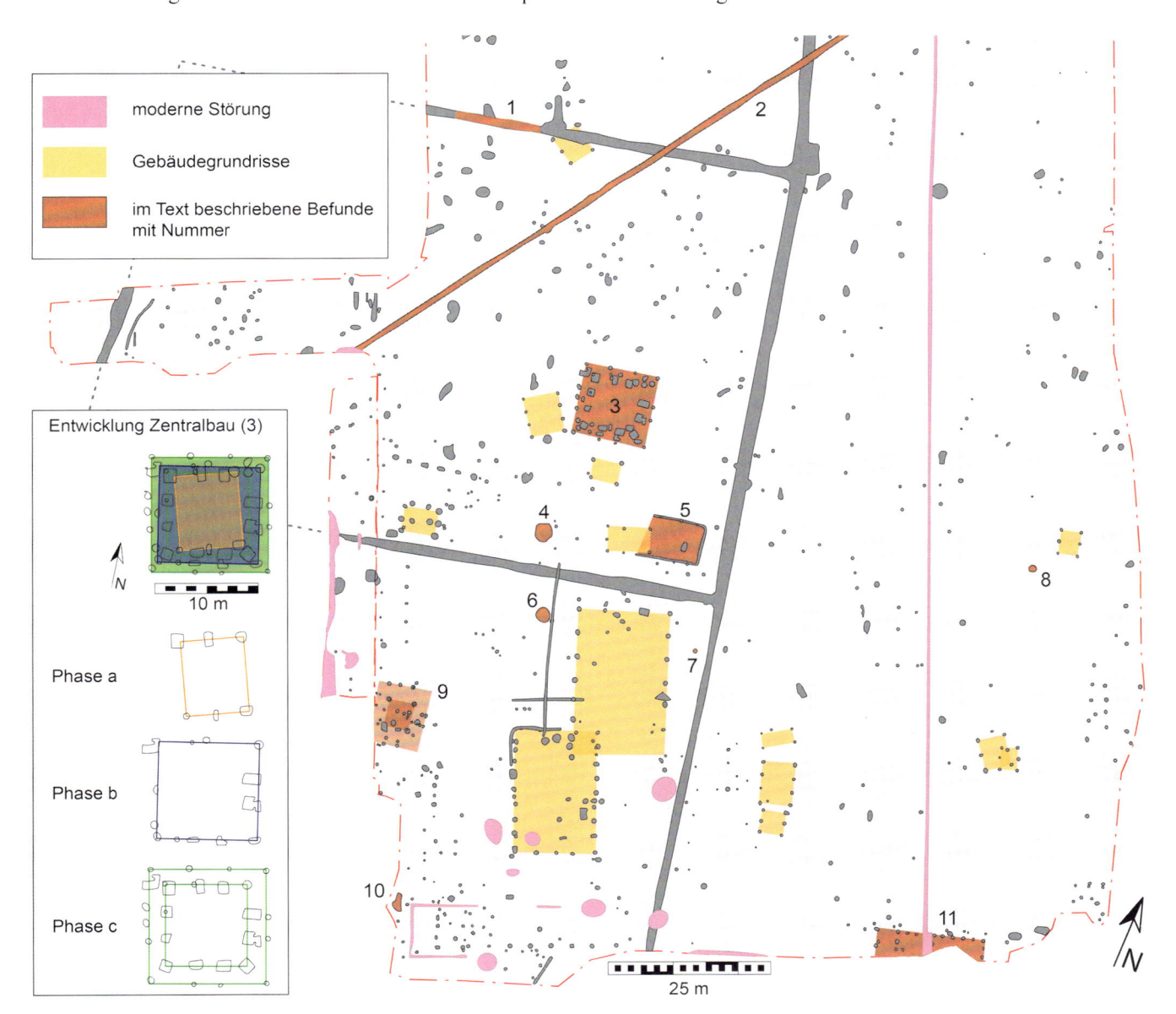

111 *Germering. Hornsteinknolle und Keramik aus bronzezeitlichen Gruben. Durchmesser an der Bruchfläche der Knolle 9 cm.*

leren Bronzezeit zuzurechnen sind, lässt sich mangels aussagekräftiger Funde derzeit nicht beantworten.

Die latènezeitliche Siedlung

Zahlreiche Befunde gehören zu einer mittel- und spätlatènezeitlichen Siedlung. Neben einem Grabenwerk sind dies mehrere Gebäude und Brunnen. Von dem Grabenwerk wurden alle vier Gräben und zwei Ecken erfasst. Es ist annähernd rechteckig und hat eine Ausdehnung von etwa 98 × 69 m. Eine Zugangssituation konnte nicht festgestellt werden, ist aber im Bereich der nicht vollständig ergrabenen Westseite möglich. Der Nord-Süd verlaufende östliche Graben läuft über die Ecken der Einfriedung hinaus und setzt sich im Norden und Süden außerhalb der Grabungsgrenzen fort.

An der Südostecke des Grabenwerks orientiert sich auf dessen Innenseite ein rechteckiger Wandgräbchenbau mit Pfostenstellungen im Gräbchen (Abb. 110,5). Er misst an seiner Schmalseite 6,5 m, der Westabschluss ist nicht erhalten. Mit einem Abstand von 2,7 m zum östlichen Graben bleibt – bei einer angenommenen Gleichzeitigkeit – an dieser Stelle kein Platz für eine Wallschüttung. Die umfassenden Gräben sind mit Breiten zwischen 1,3 und 2,2 m und einer durchschnittlichen Tiefe von 60 cm auch sicher nicht als Reste einer Viereckschanze zu deuten. Das Grabenwerk erinnert allerdings durchaus an die manchen Viereckschanzen vorausgehenden Einfriedungen und auch die Innenbebauung weist Ähnlichkeiten mit solchen Anlagen auf.

Neben dem Wandgräbchenbau in der Südostecke ist dies insbesondere der zentral in der östlichen Hälfte gelegene Bau Abb. 110,3. Das Gebäude wurde am selben Standort mindestens dreimal errichtet. Die erste Bauphase, ein rechteckiger Sechspfostenbau, weicht in ihrer Ausrichtung noch von den Grabenstrukturen ab, sodass anzunehmen ist, dass die Gräben erst mit dem Bau des zweiten, nun quadratischen Gebäudes angelegt wurden. In der dritten Bauphase wird das Gebäude durch einen 11 × 11 m großen Umgangsbau ersetzt. Der quadratische Kernbau aus zwölf tiefen, im Planum rechteckigen Pfostengruben wird im Abstand von etwa 1,5 m von einer umlaufenden Reihe kleinerer Pfosten begleitet. Derartige Gebäude sind mit rechteckigen und quadratischen Grundrissen aus zahlreichen Viereckschanzen bekannt. Ein im Grundriss ähnlicher Bau mit vorgelagerten Doppelpfostenpaaren wurde etwa 20 m südlich des Grabenwerks erfasst (Abb. 110,9). Das Fundmaterial aus den ersten beiden Bauphasen des Zentralbaus ist für eine genauere Datierung nicht ausreichend, lediglich aus den Pfostengruben der jüngsten Bauphase c steht eine größere Menge an Keramik und das Bruchstück einer blauen Glasperle mit gelber Zickzackfadenauflage zur Verfügung. Die Keramik umfasst Formen der Stufen Latène C bis D1b/D2, die Perle datiert in denselben Abschnitt. Auch die Funde aus den Gräben streuen von der Mittel- bis in die Spätlatènezeit, sicher frühlatènezeitliches Material ist nicht darunter.

Zur Siedlung gehörten auch mehrere Brunnen. Der im Inneren des Grabenwerks gelegene (Abb. 110,4) reichte noch bis kurz vor das heute anstehende Grundwasser, wo sich Reste eines Brunnenkastens aus Eichenbohlen erhalten hatten (Abb. 112). Trotz der noch messbaren 97 Jahrringe konnte leider keine befriedigende Synchronlage für eine dendrochronologische Datierung gefunden werden. Auch eine ^{14}C-Analyse von Knochenmaterial aus dem Brunnen erbrachte wegen mangelnder Kollagenerhaltung kein Ergebnis. Die Ursache hierfür ist wohl in der Lage am Übergang zum Moosgebiet mit den dort vorhandenen sauren Böden zu suchen. Als Datierungsgrundlage stehen somit nur die Funde aus dem Brunnen zur Verfügung. Aus dem untersten Sohlenbereich des Schachtes konnten eine blau-gelbe, radial gebänderte sowie eine gesprenkelte blaue Glasperle und ein

112 *Germering. Holzkasten des latènezeitlichen Brunnens Abb. 110,4 mit Perle in Fundlage.*

einfacher Bronzering geborgen werden (Abb. 113), die eventuell als Brunnenopfer zu deuten sind. Die Kombination der Perlen lässt eine Datierung in die Stufe Latène D1 erkennen. Eine am Brunnensediment durchgeführte Pollenanalyse gibt einen Einblick in die damalige Umgebungsvegetation, die von Mischwäldern, Äckern und Weiden geprägt war.

Das Vorgefundene stellt sich dar als Ausschnitt eines größeren mittel- bis spätlatènezeitlichen Siedlungsareals, dessen Spuren sich durch Grabungen und Lesefunde über 2 km in östliche Richtung verfolgen lassen. Das Grabenwerk wird schräg von einem kleineren schnurgeraden Graben geschnitten (Abb. 110,2), der bisher in sechs Grabungsflächen angetroffen wurde und sich auf einer Länge von über 560 m nachweisen lässt. Das darin gefundene Material, ein Bruchstück einer mittel- bis spätlatènezeitlichen Eisenfibel und einige Ziegelfragmente, legen zusammen mit der abweichenden Orientierung eine Datierung in die römische Kaiserzeit nahe.

Ein latènezeitliches Fabelwesen

Das auffälligste Fundstück stammt aus dem nördlichen Ost-West verlaufenden Graben (Abb. 110,1). Es handelt sich um einen maximal 4,5 cm großen Ring aus Buntmetall, der ein Fabelwesen formt (Abb. 114). Das Tier besitzt ein weit aufgerissenes Maul, der Körper ist ringförmig zum Maul zurückgeführt, dessen Unterkiefer sich nach innen wölbt. Unterhalb einer langen, spitzen Zunge endet der Körper in einem rechtwinklig angesetzten, trapezförmigen Fuß. Der Ring ist dreirippig facettiert und lediglich an der Außenseite etwas abgegriffen. Mit mandelförmigen Augen, spitzen Ohren und der mit Kreuzschraffur verzierten Zunge ist der Kopf sehr naturalistisch gestaltet. Die lange Schnauze und der Unterkiefer sind mit feinem Tremolierstich verziert, die Oberseite des Kopfes ist mit einem Kamm aus schrägen Kerben versehen. Im Maul befindet sich ein rundes Loch, das sicherlich eine praktische Funktion, etwa zur Aufnahme eines Ringes, Stabes oder Riemens hatte. Stärkere Abnutzungs- oder Gebrauchsspuren sind allerdings an keiner Stelle festzustellen. Unterhalb der Zunge ist das Stück hohl gearbeitet, darin befinden sich die Reste eines dort eingelegten Eisens mit flachrechteckigem Querschnitt. Die Darstellung mit aufgerissenem Maul, ringförmig geschwungenem Körper und trapezförmigem Fuß erinnert an die Verzierungen mit antithetischen Drachenpaaren am Heftabschluss latènezeitlicher Schwertscheiden. Ähnlichkeiten bestehen insbesondere zu den Typen I und III nach J. M. de Navarro, die in die Stufen Latène B und C datieren. Das Germeringer Stück könnte als vollplastische Umsetzung dieses Motivs betrachtet werden. Seine Funktion bleibt indes unklar, weil die Form des eingelegten Eisenstücks nicht zu ermitteln ist. Denkbar wäre beispielsweise eine Deutung als Griffende eines Rasiermessers oder als Knauf eines Ringgriffmessers. Überzeugende Vergleichsstücke sind uns bisher jedoch nicht bekannt.

Frühmittelalterliche Siedlung

Eine einzelne römische Terra-sigillata-Bodenscherbe mit Töpferstempel REG[...] aus einer Grube in der Südwestecke des Areals (Abb. 110,10) dürfte als Altstück aus einem frühmittelalterlichen Kontext stammen. Am südlichen Rand der Grabungsfläche konnte noch der Teilgrundriss eines Langhauses (Abb. 110,11) dokumentiert werden. Es gehört zu einer großen, sich von West nach Ost erstreckenden Siedlung, die nach derzeitigem Stand spätestens um die Mitte des 6. Jahrhunderts beginnt und Ende des 7. Jahrhunderts eine Ausdehnung von ungefähr 1,4 km Länge erreicht und an dieser Stelle ihre nördliche Grenze hat. Alle Siedlungen von der Vorgeschichte bis in die Neuzeit orientieren sich an einer West-Ost verlaufenden Verbindung entlang der Nordkante der Münchner Schotterebene. Dort wo das Grundwasser leicht zu erreichen war, reihten sich die Siedlungen wie Perlen an einer Kette auf.

Marcus Guckenbiehl und Markus Wild

113 Germering. Glasperlen und Bronzering aus dem Brunnen Abb. 110,4. Durchmesser der blau/gelben Perle 31 mm (etwa natürliche Größe).

114 Germering. Fabelwesen aus dem nördlichen Graben. Maßstab 2 : 1.

Literatur R. Gebhard, Der Glasschmuck aus dem Oppidum von Manching. Ausgrabungen Manching 11 (Wiesbaden 1989). – J. M. de Navarro, The finds from the site of La Tène Vol. I. Scabbards and swords found in them (Oxford 1972).

Örtliche Grabungsleitung und Grabungsdokumentation St. Kaminski, Dig It! Company, Landsberg a. Lech. – *Oberbodenabtrag* M. Guckenbiehl, Stadtarchäologie Germering. – *Restaurierung* B. Herbold, BLfD. – *Dendrotechnik* J. Weidemüller, BLfD. – *Pollenanalyse* M. Knipping, Weissach. – *^{14}C-Daten* CEZ Archäometrie gGmbH, Mannheim.

Eckig runderneuert – Die Viereckschanze von Biburg

Gemeinde Nennslingen, Landkreis Weißenburg-Gunzenhausen, Mittelfranken

Die keltische Viereckschanze in Biburg ist schon lange als Bodendenkmal bekannt. Bis in die frühe Neuzeit müssen noch Teile der Anlage obertägig erkennbar gewesen sein. Sie befindet sich auf der Albhochfläche, wo verwitterter Kalkstein die Basis im Untergrund bildet und von einer teilweise massiven Alblehmschicht überdeckt wird. Gerade im Umfeld der Grabenanlage ist diese deutlich ausgeprägter als üblich. Die Viereckschanze liegt an einem leicht nach Süden hin abfallenden Hang, der auf die nur 85–90 m messende Nord-Süd-Ausdehnung der Anlage ein 5 m hohes Gefälle aufweist. Die Ost-West-Ausdehnung konnte in den bisherigen Grabungen noch nicht vollständig erfasst werden, liegt aber bei mindestens 135 m (Abb. 115).

Bisherige Grabungen
Durch die voranschreitende Bautätigkeit seit den 1980er Jahren ist die Anlage bis heute nahezu vollständig überbaut worden. Die Ergebnisse der baubegleitenden Grabungen der letzten zwölf Jahre zeichnen ein zwar fragmentarisches, aber doch detailreiches Bild des Fundplatzes, welches hier erstmals kurz vorgestellt werden soll.
Im Jahr 2009 wurde bei der Einrichtung der Baustraße mit Wendehammer der umgebende Graben der Viereckschanze im Westen geschnitten, allerdings ohne erkennbaren Wall (Abb. 115–116). Ebenfalls wurden innerhalb der Anlage am südlichen Graben eine auffällige Steinpflasterung und eine Brandschicht freigelegt. Direkt südlich der späteisenzeitlichen Anlage befanden sich einige bronzezeitliche Brand- und Steinpackungsgräber.
Zehn Jahre später erfolgten Eingriffe in einzelnen Parzellen südlich der Viereckschanze, die nur wenige, nicht näher datierbare Gruben erbrachten.
2021 sollten drei der vier Parzellen nördlich der Straße bebaut werden. Vollständig gegraben wurden dabei überwiegend befundarme Flächen, um den größtmöglichen Teil der Anlage denkmal- und kostenschonend zu erhalten. Etwa die Hälfte der 2021 eröffneten Flächen wurde im Anschluss an eine eingehende Planumsdokumentation konservatorisch überdeckt. Im selben Jahr folgte zudem durch die Verlegung einer Fernwasserleitung ein weiterer Grabenschnitt im Norden der Anlage.

Befunde
Bereits in den Grabungen der Erschließungsstraße 2009 konnte ein erster Grabenschnitt im Südwesten der Anlage sowie eine Planumsdokumentation des südlichen Grabens und des Brandhorizontes im Südosten erfolgen. Dabei zeigten sich die Befunde, wie auch in allen folgenden Grabungen, oftmals schon wenige Zentimeter unterhalb des Oberbodens in einer außerordentlich guten Erhaltung.
In den neusten Grabungen von 2021 konnte nun der südliche Graben auf einer größeren Fläche im Planum dokumentiert werden (Abb. 116 grau; 119). Zudem zeigte sich besonders mittig und im Osten des Grabens ein unerwar-

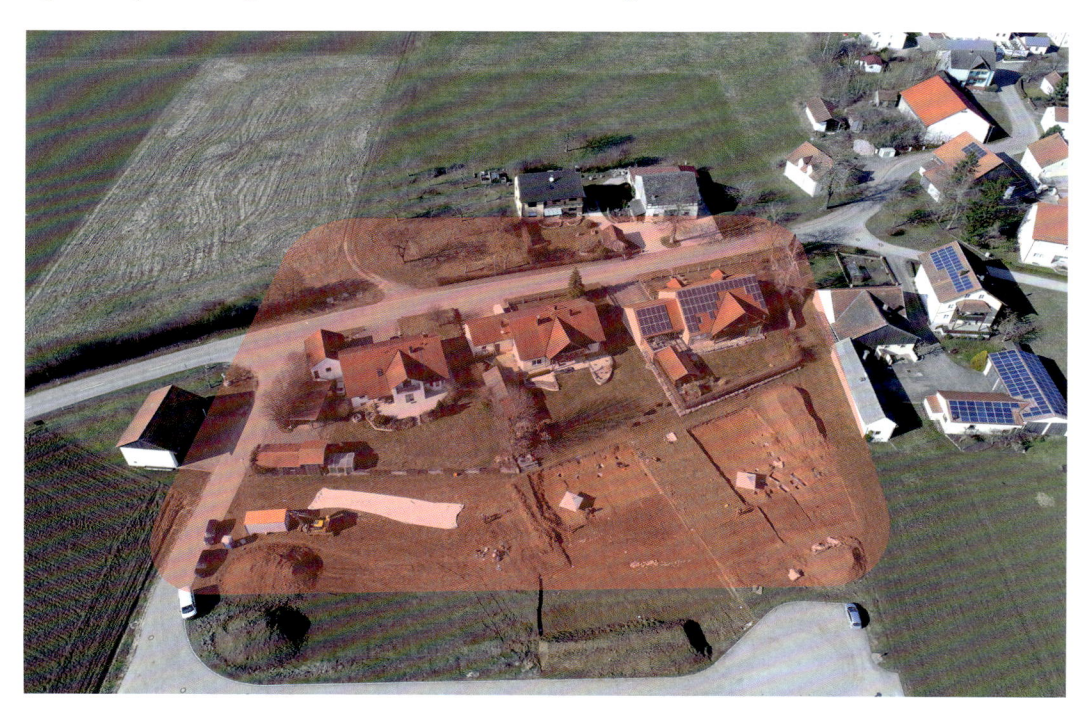

115 *Biburg. Luftbild mit vermuteter Form und Ausdehnung der Anlage. Blick von Süden.*

tet komplexes Bild einer mehrphasigen Abfolge von Befunden. Diese lagen zum Teil gut geschützt unter dem verflossenen, im Gelände kaum noch auszumachenden Wallkörper. Die ältesten Befunde, Pfostengruben sowie ein Grubenhaus, datieren dabei in die Frühlatènezeit und zeigen damit eine Siedlungsaktivität bereits vor dem Bau der Viereckschanze. Aus dem Innenbereich der Anlage stammen zahlreiche Einzelfunde, darunter auch eine Fibel, die durch ihre Datierung in die späte Mittellatènezeit eine weitere Siedlungsphase aufzeigt.

Älteste Bauphase

Die älteste fassbare Bauphase der Viereckschanze beginnt mit der Anlage eines geradlinigen West-Ost verlaufenden Gräbchens von durchschnittlich 38–42 cm Breite, bei dem es sich ähnlich der ältesten Bauphase der Viereckschanze von Holzhausen 1 um eine blickdichte Palisade gehandelt haben dürfte (Abb. 119,5). Innerhalb des Grabens konnten zahlreiche Pfostengruben nachgewiesen werden, die zumindest teilweise zu einer jüngeren Bauphase gehören. Ein nahe gelegener Tordurchlass ist wahrscheinlich, jedoch im Befund nicht gesichert. Durch den Vergleich mit Holzhausen 1 ist ein umlaufendes Gräbchen mit einer dem späteren Wall deckungsgleichen Ausdehnung anzunehmen. Die Orientierung weicht jedoch um wenige Grad von der des späteren Grabens ab, sodass am erhaltungsbedingten Ende des Gräbchens im Westen bereits mehr als 5,40 m zwischen Gräbchen und Graben liegen, an der östlichen Grabungsgrenze jedoch nur etwa 2,50 m. Das Gräbchen der älteren Phase scheint zudem auch keinen vorgelagerten Graben besessen zu haben. Dieser hätte sich im Westen der Grabungsfläche abzeichnen müssen.

Das Ende dieser ersten Bebauungsphase zeigt sich in dem flächigen Brandhorizont, der sich von der Gräbchenverfüllung nach Norden zieht. Dieser lässt sich in mehreren Befunden nördlich des Gräbchens feststellen und über-

116 *Biburg. Luftbild und eingepasst schematischer Plan mit verschiedenfarbigen Kampagnen und vermuteter Form der Anlage. Grau = Graben; blau = Wall; braun = älteres Gräbchen.*

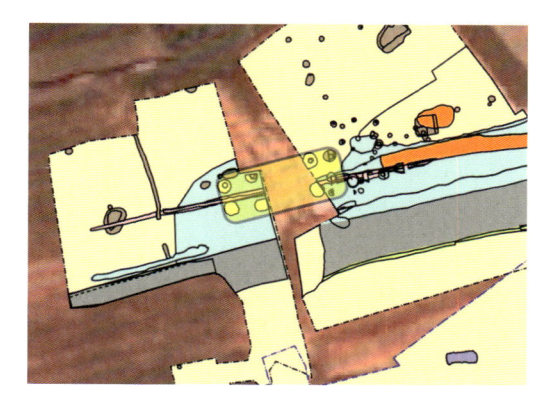

117 *Biburg. Die Torsituation.*

118 *Biburg. Massiver Pfosten im Planum (Tor).*

119 *Biburg. Luftbild, Blick von Süden. 1 Vorgelagertes Gräbchen; 2 Graben; 3 Steine am Wallfuß; 4 Wallkörper; 5 Gräbchen und Brandhorizont; 6 Brandhorizont und verflossener Wallkörper.*

lagert auch andere Befunde, darunter ein zu dieser Zeit bereits aufgelassenes Grubenhaus. Die an sich nur wenige Zentimeter mächtige Brandschicht erbrachte allein in den gegrabenen ca. 70 m² eine große Menge an Fundmaterial, darunter über 180 kg Brandlehm mit Abdrücken von Ästen und bearbeiteten Hölzern, teils sekundär gebrannte Keramik, aber auch gut erhaltene Nägel, Haken sowie ein Messer aus Eisen. Die Keramik deutet auf eine Datierung in die frühe Spätlatènezeit hin. Im Fundmaterial überwiegen zum Teil sehr große, kammstrichverzierte Grafittontöpfe. Bemerkenswert sind auch große engmundige Gefäße mit dunkler geglätteter Oberfläche.

Graben und Wall

Bei der folgenden Anlage des Grabens (Abb. 119,2) wurde sowohl das Gräbchen als auch der weitgehend unverlagerte Brandhorizont überschüttet. Der so entstandene Wall zeigt an beiden Wallfüßen noch lagig aufgerichtete Kalksteinplatten, die beim Aushub der tieferen Schichten des Grabens auf dem entstehenden Wallkörper zum Liegen kamen (Abb. 119,4). Der Abstand zwischen den so definierbaren Wallenden liegt konstant bei 5,80–6,20 m, bei einer noch erhaltenen Höhe von maximal 40 cm.

Während oder nach der Anlage des Walls werden mehrere massive Pfostengruben von bis zu 1,25 m Durchmesser und einer erhaltenen Tiefe von durchschnittlich 60 cm bis zu beachtlichen 118 cm und damit bis in den anstehenden, schwer zu bearbeitenden Kalksteinschutt angelegt (Abb. 118). Während die innere Reihe, bestehend aus mindestens vier Pfostengruben mit erhaltenen Standspuren, zumindest teilweise ausgegraben werden konnte, lagen von der zweiten Pfostenreihe nur zwei Pfostengruben teilweise innerhalb der Grabungsfläche (Abb. 121). Der Befund deutet auf einen massiven zwei- oder dreischiffigen Bau hin, wie er für einen Torbau (Abb. 117), vergleichbar denen von Holzhausen und Oberesslingen, in Frage kommt. In den Profilen konnten Anzeichen von Nachbesserungsarbeiten festgestellt werden. Der Graben läuft an dieser Stelle

120 *Biburg. Rituell deponierte Tierreste, darunter Equiden und Rinder.*

durch, während die erwähnten lagigen Kalksteinplatten des Walls in diesem Bereich nicht nachweisbar sind.

Der Graben selbst ist bisher nur in zwei Profilen tiefer erschlossen (Abb. 121). Dabei zeigt sich bei dem Profil im Westen der Anlage eine nur noch geringe Befunderhaltung des trichterförmig einziehenden Spitzgrabens von 1,80 m unter Geländeoberkante. Der Aufbau des Grabens zeigt keine Hinweise auf Instandhaltungen oder Erneuerungen im Sohlbereich. Im nördlichen Grabenschnitt wurde die Sohle auf über 2 m unter Geländeoberkante noch nicht erreicht.

Jüngeres Gräbchen

Während der äußere Grabenrand der Viereckschanze bereits teilweise verfüllt ist, wird ein schmales vorgelagertes Gräbchen angelegt, in dem mehrere Rinder- und Equidenknochen, meist noch im anatomischen Verbund, niedergelegt wurden (Abb. 119,1; 120). Das Gräbchen lässt sich noch auf über 40 m Länge nachweisen und wurde vermutlich noch während der Spätlatènezeit sukzessive verfüllt. Der kleine Ausschnitt des Grabens, der vollständig gegraben werden konnte, zeigte ein regelmäßiges U-förmiges Profil ohne erkennbare Einbauten. Eine rituelle Nutzung ist hier sicherlich gegeben.

Fazit

Durch die zahlreichen kleineren Einzelgrabungen und die neuste größere Maßnahme an der Viereckschanze konnte insgesamt ein unerwartet detailreicher Einblick in den Aufbau der Anlage gewonnen werden. Dieser bleibt allerdings nur punktuell. Durch die Ergebnisse der vielen kleinräumigen Eingriffe lässt sich lediglich ein vorläufiges Bild der Viereckschanze zeichnen. Dabei bleiben leider noch viele Aspekte, insbesondere bautechnische Details zum möglichen Torbau und Aufbau des Grabens, ungeklärt. Einige Teile des Bodendenkmals sind von Bebauungen noch unberührt, ebenso konnte durch eine erfolgreiche Umplanung eine große Fläche konservatorisch überdeckt werden. Diese noch intakten Teile der Anlage bieten weiterhin die Möglichkeit zukünftiger Untersuchungen.

Matthias Tschuch und Katharina Buchholz

121 Biburg. Profilschnitt im Torbereich. Blick von Südwesten.

Literatur K. Schwarz/G. Wieland, Die Ausgrabungen in der Viereckschanze 2 von Holzhausen. Frühgesch. u. Provinzalröm. Arch. Mat. u. Forsch. 7 (Rahden/Westf. 2005). – M. Schußmann, Die Latènezeit im südlichen Mittelfranken. Universitätsforsch. Prähist. Arch. 161 (Bonn 2008).

Eine spätlatènezeitliche Befestigungsanlage bei Entau

Gemeinde Irlbach, Landkreis Straubing-Bogen, Niederbayern

Im Zusammenhang mit dem Donauausbau zwischen Straubing und Vilshofen sind im „Polder Sand-Entau" Deichbaumaßnahmen erforderlich. Hierfür werden auch im Gebiet der Gemeinde Irlbach dem Fluss entlang umfangreiche Bodeneingriffe notwendig.

Der „Polder Sand-Entau" erstreckt sich östlich von Straubing auf der rechten Donauseite ausgehend vom Hafen Straubing-Sand über etwa 9 km bis südlich der Ortschaft Entau. Naturräumlich liegt das Projektgebiet im Dungau, einer weitgehend ebenen Beckenlandschaft, die mit einer mittleren Höhe um 325 m ü. NN und einer Breite von ca. 15 km zwischen Regensburg und Vilshofen entlang der Donau verläuft. Der Dungau mit seinen fruchtbaren Lössböden, auch als „Kornkammer Bayerns" bekannt, ist als Altsiedelland reich an archäologischen Hinterlassenschaften. Im Vorfeld der Deichbaumaßnahmen werden daher seit dem Sommer 2020 zwischen den Ortschaften Entau und Ainbrach archäologische Sondagen und Ausgrabungen durchgeführt.

Eine gewaltige Befestigungsanlage

Westlich von Entau wurde dabei nahe Sophienhof auf knapp 35 m Länge ein Teilstück eines großen Befestigungswerks erfasst. Es bestand aus einem Westnordwest-Ostsüdost verlaufenden, im Mittel ca. 4,2 m breiten und

122 *Entau. Ausschnitt aus dem Gesamtplan mit Graben und Doppelpfostenreihe der Befestigungsanlage.*

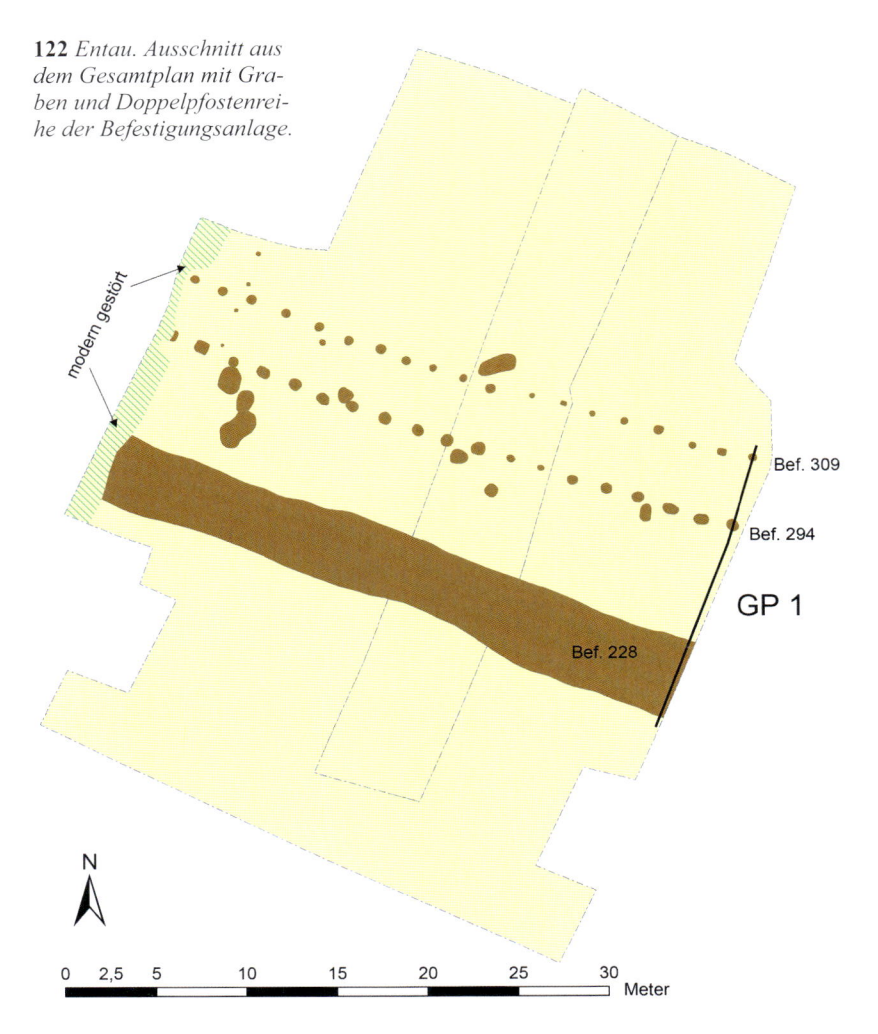

123 *Entau. Teilfläche im Planum mit je sechs Pfostengruben von Innen- und Außenseite der Mauer und dem vorgelagerten Graben. Blick von Norden. Befundkonturen weiß gestrichelt.*

bis zu 1,3 m tiefen Graben und einer begleitenden, etwa 4 m breiten Mauer, von deren Innen- und Außenwand sich 19 korrespondierende Paare der parallel verlaufenden Pfostengrubenreihen im Planum abzeichneten (Abb. 122–123). Der Schnitt durch den Graben und ein Pfostenpaar wurde in Form eines fotogrammetrisch entzerrten Geoprofils GP 1 im Schnitt dokumentiert (Abb. 124) und sedimentologisch-pedologisch beschrieben.

Zum überwiegenden Teil bestand das Fundmaterial aus dem Graben sowie einigen Pfostengruben aus unspezifischen vorgeschichtlichen Scherben, Brocken verziegelten Lehms, wenigen Bruchstücken ortsfremden Gesteins und einigen vorerst unbestimmbaren Eisenfragmenten. Die vorläufige zeitliche Einordnung der Anlage stützt sich auf wenige Scherben aus grafithaltigem Ton, einige davon mit Kammstrichverzierung, die für eine Datierung in die Spätlatènezeit sprechen. Hinweise auf andere Zeitstufen fanden sich nicht.

Angesichts der – wenngleich nur in einem kurzen Abschnitt dokumentierten – erheblichen Dimension der Anlage, die eindeutig auf eine fortifikatorische Funktion schließen lässt, stellt sich die Frage nach ihrer ehemaligen konstruktiven Beschaffenheit.

Eine Holz-Erde-Mauer

Die Ausgrabung der Entauer Befestigung erbrachte keinerlei Hinweise auf eine ehemalige Steinkonstruktion, weder in situ noch in Form verlagerten Steinmaterials innerhalb der Grabenverfüllung bzw. im Pflughorizont des näheren Umkreises. Sofern also nicht nach der Auflassung der Anlage eine ehemals vorhandene steinerne Mauer(schale) als Steinbruch genutzt und restlos abgebaut wurde, ist anzunehmen, dass der aufgehende Mauerkörper als reine Holz-Erde-Konstruktion ausgeführt wurde und nicht, wie in spätkeltischem Kontext gut belegt, als Pfostenschlitzmauer oder echter *murus gallicus* mit steinerner Außenschale. Da sich darüber hinaus so gut wie keine (sicheren) Belege für eiserne Nägel fanden, die für die Vernagelung des Holzkastenwerks eines *murus gallicus* in großer Menge benötigt wurden, ist davon auszugehen, dass die äußere und innere Schale der Wehrmauer wie auch deren Innengerüst in reiner Holzbauweise durch gezimmerte Verbindungen (Verkämmung, Verzapfung) und/oder Holzverdübelung errichtet wurden. Sofern die vorläufige Datierung der Anlage zutrifft – und nicht ein provinzialrömischer Zusammenhang besteht, wo Holz-Erde-Mauern mehrfach belegt sind – haben die mutmaßlich keltischen Erbauer der Anlage möglicherweise nur in Ermangelung der örtlichen Verfügbarkeit von geeignetem Steinmaterial eine reine Holz-Erde-Konstruktion gewählt.

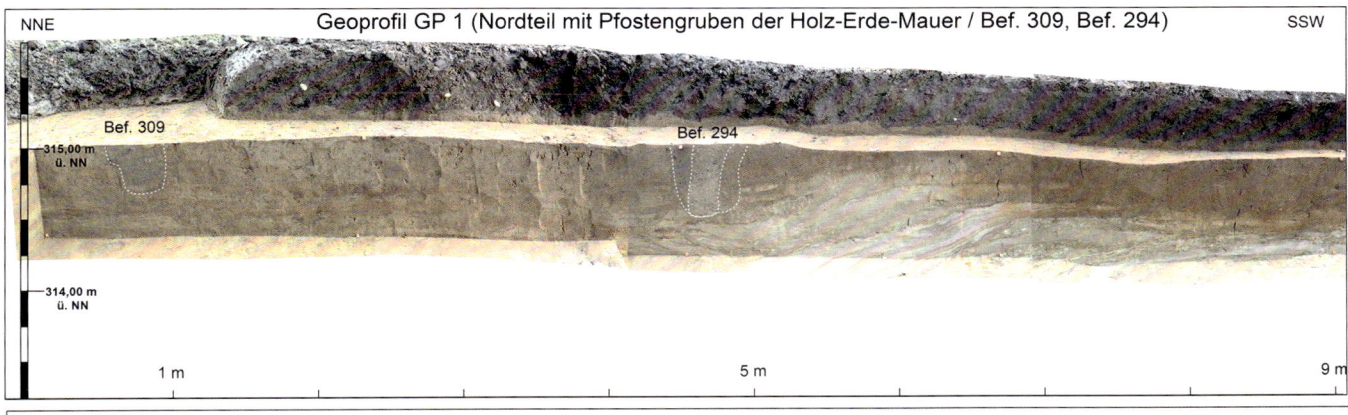

Die Ausdehnung der Befestigungsanlage

Obgleich im begrenzten Grabungsausschnitt des Deichbaufeldes nur ein kleiner Abschnitt der Befestigungsanlage erfasst wurde, gibt es Anhaltspunkte für ihre ehemalige Ausdehnung. So sind im unmittelbar westlich an die Grabungsfläche (Abb. 125,1) grenzenden Waldstück (Abb. 125,2) – wenn auch durch dichten Bewuchs verunklart – sowohl Reste der ehemaligen Mauerfüllung in Form eines Erdwalls als auch der begleitende Graben als vorgelagerte flache Senke obertägig erhalten. Der Höhenunterschied zwischen Grabensohle und Wallkrone beträgt im heutigen Zustand noch bis zu 1,50 m.

Im Digitalen Geländemodell (DGM) lassen sich diese im Wald erhaltenen obertägigen Spuren des Befestigungswerks, die dort mit leichter Biegung in Richtung Nordwesten verlaufen, auf ca. 300 m Länge klar verfolgen (Abb. 125,2, insbesondere Ausschnittvergrößerung). Und auch östlich der Grabungsfläche zeichnet sich im überhöhten DGM eine ebenfalls leicht bogenförmige Struktur ab, die aufgrund der ackerbaulichen Nutzung allerdings nur schemenhaft zu erkennen ist. Nach etwa 150 m scheint sie in einer steilen Kurve nach Norden umzubiegen, weswegen anfangs auf eine ursprünglich insgesamt ovale bis ellipsenförmige Anlage von etwa 550 m Länge und 275 m Breite (das entspricht etwa 13–14 ha Fläche) geschlossen wurde (Abb. 125,7). Diese Annahme konnte jedoch im Zuge der Untersuchung des nördlich anschließenden Sondagebereichs nicht verifiziert werden.

Wenngleich mehrere hundert Meter entfernt, könnten zwei weitere, nordöstlich bzw. nordwestlich im Zuge der archäologischen Sondage des donauparallelen Deichbaufelds erfasste Grabenabschnitte mit der vermutlich keltischen Befestigungsanlage in Verbindung stehen (Abb. 125,3.4), wobei der nordöstliche Graben darüber hinaus im Luftbild auf einer Länge von ca. 70 m weiter in Richtung Donau zu verfolgen ist (Abb. 125,5, insbesondere Ausschnittvergrößerung). Zwar ergaben sich hinsichtlich der Datierung der auf knapp 40 m bzw. 25 m Länge freigelegten Grabenteilstücke mangels aussagekräftigen Fundmaterials keinerlei Hinweise, doch können sie sowohl vom optischen Erscheinungsbild als auch von den Dimensionen in Planum und Profil dem

124 *Entau. Geoprofil GP1 quer zur Befestigung mit einer Pfostengrube der Mauerinnenseite (309), der Maueraußenseite (294) und dem vorgelagerten Graben (228). Blickrichtung nach Ostsüdost. Montage aus sieben fotogrammetrisch entzerrten Einzelbildern; Befundkonturen weiß gestrichelt.*

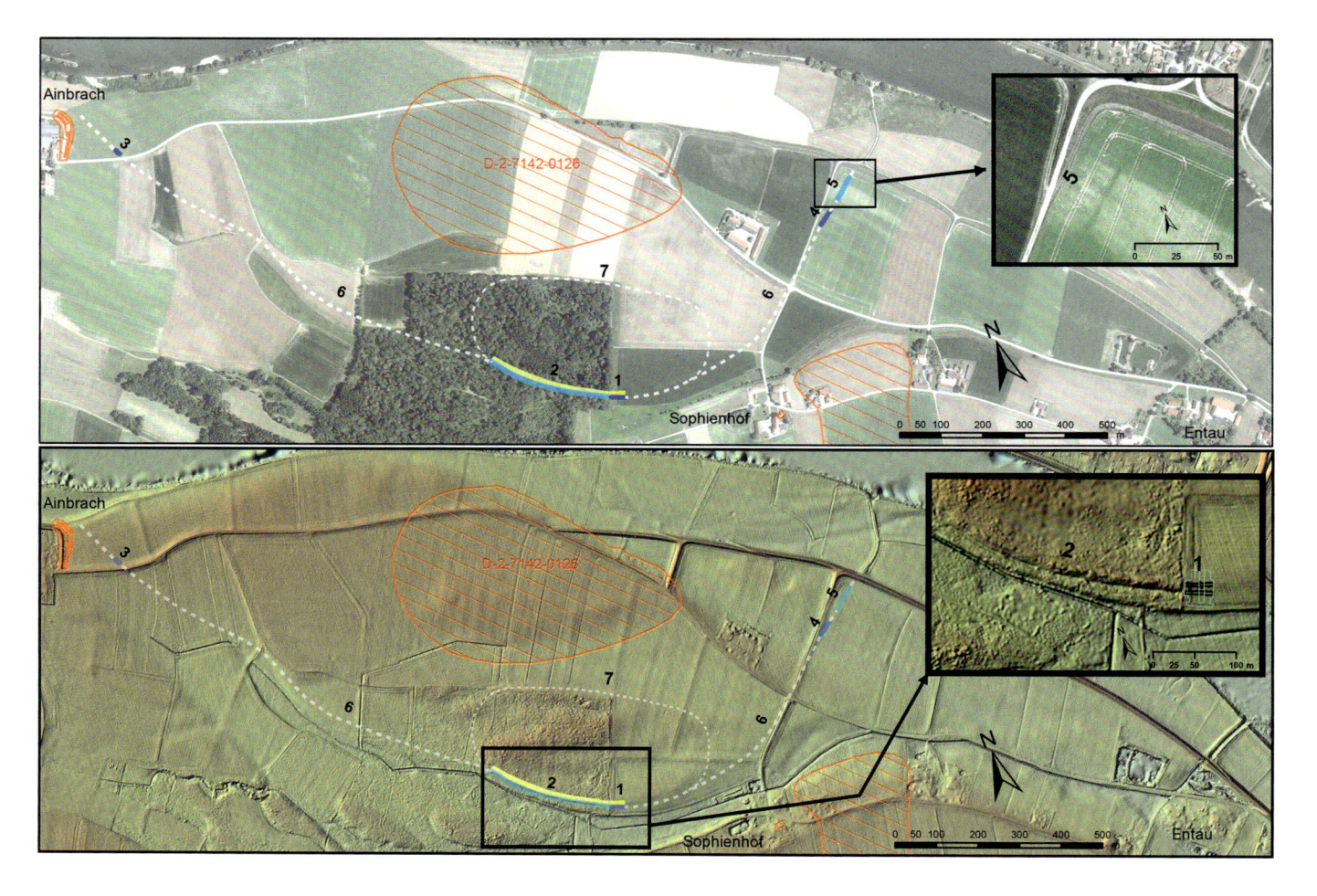

125 *Entau. Mögliche Ausdehnung der Befestigungsanlage im Orthofoto und im DGM. 1 Holz-Erde-Mauer (gelb) mit vorgelagerten Graben (blau) im Grabungsausschnitt; 2 Mauer (hellgelb) und vorgelagerter Graben (hellblau) im DGM und im Gelände erkennbar; 3 Graben (blau) im Grabungsausschnitt; 4 Graben (blau) im Grabungsausschnitt; 5 Graben (hellblau) im Orthofoto erkennbar; 6 möglicher Grabenverlauf (weiß, dick gestrichelt); 7 ursprünglich angenommener Grabenverlauf (weiß, dünn gestrichelt), der durch Sondagen jedoch nicht verifizierbar war. Basisdaten mit Copyright LDBV 2009/2020.*

oben beschriebenen Befund an die Seite gestellt werden. Dass die markante begleitende Doppelpfostenreihe in beiden Fällen fehlt, könnte am Grabungsausschnitt liegen, der beim nordöstlich freigelegten Grabenteilstück durch einen Wirtschaftsweg und dessen Böschung begrenzt war, bzw. beim nordwestlichen Grabenabschnitt der Erosion geschuldet sein. Sollte zwischen diesen drei bis zu 1700 m Luftlinie voneinander entfernten Befunden tatsächlich ein Zusammenhang bestehen und verlängert man die Grabenverläufe gedanklich in Richtung Norden (Abb. 125,6), so ergibt sich eine gewaltige, etwa halbrunde Anlage mit der Donau als natürlicher Barriere im Rücken und einer Innenfläche von nahezu 100 ha. Es sei angemerkt, dass ungefähr im Zentrum der bislang hypothetischen Umwehrung das durch Luftbildbefundung ausgewiesene Bodendenkmal D-2-7142-0126 (eine bisher noch nicht näher spezifizierte Siedlung vor- und frühgeschichtlicher Zeitstellung) liegt.

Ausblick

Zur Bestätigung oder Widerlegung der nach oben dargelegter Befundlage im Raum stehenden Hypothese einer bislang unerkannt gebliebenen, rund 100 ha großen befestigten Siedlung bei Entau sind umfangreiche weiterführende Untersuchungen notwendig, die im Rahmen der durch den linearen Verlauf eingeschränkten archäologischen Untersuchungen entlang der neu zu errichtenden Deiche nicht möglich sein werden.

Vielleicht werden die geplanten Radiokarbondatierungen von Holzkohlen aus den Pfostengruben- und Grabenfüllungen sowie OSL-Datierungen an den Füllsedimenten der drei Grabenabschnitte sowie die Untersuchung archäobotanischer Makroreste zusätzliche Informationen hinsichtlich Zeitstellung und räumlicher Ausdehnung des Befestigungswerks liefern.

Manfred Hilgart und Uta Kirpal

Örtliche Grabungsleitung und Grabungsdokumentation J. Frost und M. Hümmer, Archaios GmbH, Sinzing. – *Geoarchäologie* M. Hilgart, Solum GmbH, Sinzing. – *Paläobotanik* Archäobotaniklabor Zach, Bernbeuren.

Literatur W. Krämer/F. Schubert, Die Ausgrabungen in Manching 1955–1961. Ausgrabungen Manching 1 (Wiesbaden 1970). – K. Peterse, Die Rekonstruktion der Holz-Erde-Mauer des Römerlagers Oberaden. In: Babesch. Annual Papers on Mediterranean Archaeology 85 (Leuven 2010) 141–177. – A. Zeeb-Lanz, Neue Erkenntnisse zu Mauerarchitektur und Bauorganisation des keltischen Oppidums auf dem Donnersberg (Donnersbergkreis, Rheinland-Pfalz), mit Beiträgen zu den Grabungen 2009 und 2010 von Alexander Gramsch. In: M. Schönfelder/S. Sievers (Hrsg.), Die Eisenzeit zwischen Champagne und Rheintal. 34. Internationales Kolloquium der Association Française pour l'Étude de l'âge du Fer vom 13. bis zum 16. Mai 2010 in Aschaffenburg (Mainz 2012) 217–241. – M. Seiler/B. Kopecky-Hermanns, Am *murus gallicus* von Manching – Ein Wallschnitt im Nordwesten des spätkeltischen Oppidums. Arch. Jahr Bayern 2020, 89–92.

Back to the roots – Wiederentdeckung des augusteischen Fundplatzes Augsburg-Oberhausen

Schwaben

Römische Kaiserzeit

Forschungsgeschichte

Schon seit 1911 entdeckten Arbeiter und bald auch private Sammler beim Kiesabbau östlich von Oberhausen größere Mengen frührömischer Metallfunde wie Waffen, Werkzeug und zahlreiche Münzen. Nachdem Friedrich Drexel, Emil Ritterling und Paul Reinecke die augusteische Zeitstellung und damit die Bedeutung des Fundplatzes für das Verständnis der römischen Besetzung des Alpenvorlandes erkannt hatten, führte das Generalkonservatorium im August 1913 eine zehntägige Ausgrabung durch, bei der nicht nur das Fundmaterial deutlich vermehrt, sondern auch Beobachtungen zum Fundkontext gemacht werden konnten. Eine für das folgende Jahr geplante Fortsetzung musste wegen des Kriegsausbruchs unterbleiben. Nach Kriegsende wurde die Kiesgrube verfüllt und mit Fabrikanlagen überbaut. Die Aufzeichnungen zu der Grabung weisen Lücken und Widersprüche auf, sodass später nicht einmal mehr die genaue Lokalisierung möglich war. Erst in den 1960er und 1970er Jahren wurde das Fundmaterial durch Günter Ulbert (Keramik), Konrad Kraft (Münzen) und Wolfgang Hübener (Metallfunde) ediert. Eckhard Deschler-Erb unterzog seit 2009 die Metallfunde einer von der DFG finanzierten Neuaufnahme, sein Katalog befindet sich im Druck.

Aufgrund des großen Umfangs des Komplexes und der kurzen Zeitspanne, der er entstammt, sowie der Seltenheit augusteischer Funde und Fundplätze nördlich der Alpen gilt Augsburg-Oberhausen heute als Referenzspektrum; die Publikationen zählen zu den Standardwerken der provinzialrömischen Forschung. Anhand seiner großen Fundmenge und deren eindeutig militärischer Komponente wird der Platz zumeist als zentraler Stützpunkt im neu eroberten Alpenvorland interpretiert, zu dessen Aufgaben neben der militärischen Sicherung und der Versorgung anderer Truppenteile der Aufbau der Infrastruktur gehörte.

Neue Untersuchungen

Seit 2017 werden die Fabrikanlagen der Zeuna Stärker-Werke zwischen der Weiherstraße und der Äußeren Uferstraße in Augsburg-Oberhausen rückgebaut. Die Überplanung mit Wohngebäuden auf einer Gesamtfläche von über 4 ha im Umfeld der Fundstelle von 1913 erfordert großflächige vorbereitende Erdarbeiten, die von Beginn an engmaschig archäologisch begleitet werden. Die Arbeiten sind noch nicht abgeschlossen. Dennoch soll hier ein Überblick über den aktuellen Stand der Untersuchungen und die vorläufigen Ergebnisse gegeben werden.

Deutlich zeichnete sich die mit Abfall des frühen 20. Jahrhunderts verfüllte Kiesgrube ab, aus der man vor dem Ersten Weltkrieg die Funde geborgen hatte. Außerhalb dieses Eingriffs stellt sich der Regelaufbau des Bodens wie folgt dar: Die obersten 2 m bestehen aus rezenten Auffüllungen, stellenweise reichen diese aber bis auf 4 m Tiefe. Sie überlagern fluviatile Kies- und Sandablagerungen, in denen ab einer Tiefe von ca. 2,50 m römische Funde auftreten. Abschnittsweise lassen sich anhand unterschiedlicher Körnungsgrößen im Geschiebe einzelne Gerinneabschnitte identifizieren. Es erwies sich aber als unmöglich, diese über längere Strecken zu verfolgen bzw. zu korrelieren oder gar großflächig gültige Sequenzen zu definieren. Im Mündungsbereich der beiden ungezähmten Alpenwildflüsse Wertach und Lech hat jahrtausendelange erosive Aktivität die Gerinne und Sedimente zu häufig verlagert.

Dennoch lässt sich eine Zweiteilung der Fläche erkennen: Im Osten findet sich ab rund 3 m nur noch augusteisches Fundmaterial, während der Kies in der westlichen Hälfte bis zur untersuchten Tiefe von ca. 4 m durchwegs mit neuzeitlichen Funden vermischt ist. Vergesellschaftet finden sich hier vereinzelte früh- und mittelkaiserzeitliche Stücke und der verstreute frühseverische Denarhort (siehe Beitrag Brey/Gairhos S. 98 f.). In diesem Bereich verlief in

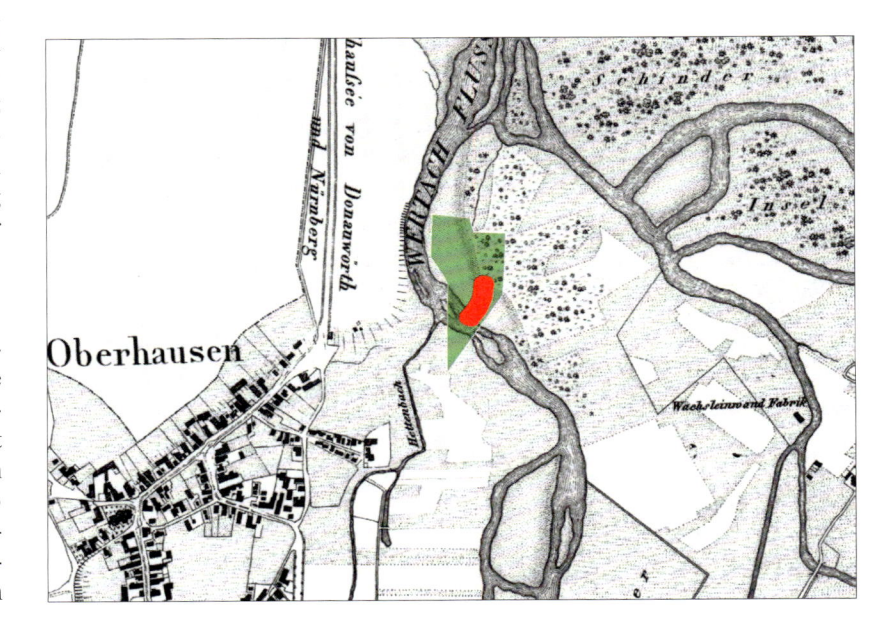

126 *Augsburg-Oberhausen. Karte von 1839 mit Eintragung der untersuchten Fläche (grün) und der augusteischen Fundkonzentrationen (rot).*

der Neuzeit bis zu ihrer Begradigung um 1850 das Hauptbett der Wertach (Abb. 126); selbst wenn hier ursprünglich römerzeitliche Ablagerungen vorhanden waren, hat sie die Wertach mittlerweile verfrachtet und durchmischt.

Im offenbar ungestörten östlichen Teil der Untersuchungsfläche bestätigen die neuen Grabungen grundsätzlich die 1913 beobachteten Fundumstände: Die Metallfunde sind im Kies eingelagert, stellenweise dicht beieinander in hohen Konzentrationen, wobei eine regelrechte „Eisenschicht", wie 1913 beschrieben, bislang nicht nachzuweisen war. Nichtmetallische Objekte finden sich im Kies nur sehr vereinzelt.

An einigen Stellen zeichnen sich – wie ebenfalls schon 1913 beobachtet – Konzentrationen von humosem und organischem Material von bis zu 50 m² Fläche und unterschiedlicher Tiefe ab, in denen sich gehäuft augusteische Keramikfragmente, Tierknochen sowie in geringeren Anteilen auch Metallgegenstände befinden. Sie weisen keine stärkeren Bestoßungen und Abrollungen auf als vergleichbare Siedlungsfunde, sodass ein Transport im Flussgeschiebe über größere Distanzen auszuschließen ist. Im Jahr 2021 durchgeführte ^{14}C-Analysen an organischem Material aus den Humuskonzentrationen datieren deren Ablagerung in die Jahrzehnte um Christi Geburt. Das organische Material und die Funde dürften demnach zeitgleich in den Boden gekommen sein, möglicherweise als Abfalldeponierung?

Wie bereits 1913 konnten in den aktuellen Grabungen mehrere Eichenpfosten festgestellt werden (Abb. 127). Von einer Nord-Süd verlaufenden Reihe aus vier Pfosten in situ konnte Franz Herzig die Kernholzserie auf dem Jahr 31 v. Chr. bei sehr guter Übereinstimmung zu verschiedenen Eichenchronologien zur Deckung bringen. „Mit Sicherheit fehlen mindestens zwischen 11 und 23 Jahrringe bis zur Waldkante. Da es sich um den Spitzenbereich handelt, dürften auch noch Kernholzjahrringe abgebeilt worden sein, sodass die Eiche kaum vor dem Jahr 0 gefällt worden sein kann. Aber sehr viel jünger dürfte dann das Fälldatum auch nicht ausfallen." Somit sind nun Baumaßnahmen in den Jahren um die Zeitenwende in direktem Zusammenhang mit den augusteischen Fundkonzentrationen nachgewiesen. Bei den Bauten muss es sich aufgrund der Nähe zum Grundwasser um Wasserbauten gehandelt haben, möglicherweise einen Steg oder eine Uferbefestigung im Zusammenhang mit einer Anlegestelle. Sicher ausschließen kann man die früher geäußerte Interpretation als Wehranlage eines Lagers.

Das Fundmaterial

Die Untersuchungen werden in den kommenden Jahren fortgesetzt; hier sei nur ein vorläufiger Zwischenstand mitgeteilt, um den deutlichen Zuwachs im Vergleich zu den Altfunden zu veranschaulichen und damit erneut die Bedeutung des Fundplatzes vor Augen zu führen. Die Metallfunde sind teilweise stark korrodiert und bis zur Unkenntlichkeit verkrustet. Alle Eisenobjekte im Gesamtgewicht von ca. 1000 kg (!) werden zuerst konservatorisch entsalzt. Röntgenbilder erlauben jedoch einen ersten Einblick in das Spektrum. Der Einsatz von Metalldetektoren hat den Anteil kleiner Funde, wie z. B. Quinare oder Schuhnägel, im Vergleich zu den Altfunden deutlich erhöht. Die absolute Menge großformatiger Metallobjekte, wie komplette Waffen oder größere Werkzeuge, erscheint momentan eher kleiner als 1913. Eine Ausnahme bilden die in situ aufgefundenen Eisenteile eines Wagenrades, wie der vollständig erhaltene Eisenreifen und die Nabenbeschläge (Abb. 129). Vollständige Gefäße oder Helme, wie man sie aus anderen Flussfunden (z. B. Xanten-Wardt) kennt, fehlen nach wie vor.

Bei den Funktionsgruppen scheint Baumaterial, vor allem Nägel, deutlich zu überwiegen. Teile des Pferdegeschirrs inklusive Amulette und Glöckchen, Elemente von Bronzegefäßen

127 *Augsburg-Oberhausen. Augusteische Eichenpfosten in situ.*

und Werkzeuge sind in großen Stückzahlen vorhanden, die Zahl der Schuhnägel liegt bei mehreren Tausend. Dagegen ist der Anteil persönlicher militärischer Ausrüstung und Bewaffnung, also Teile von Panzer, Helm, Gürtel, Schild, Schwert und Dolch eher gering. Charakteristisch ist neben der Fundmenge vor allem die hohe Qualität zahlreicher Produkte, wie z. B. eine vollständig erhaltene Öllampe aus Bronze, als deren Griff eine mit einer Büste des Sonnengottes bekrönte Mondsichel diente (Abb. 128), oder eine vollständig erhaltene Silberfibel mit aufgesetzten plastischen Zikaden.

Bis 1913 wurden in Oberhausen 370 augusteische und republikanische Münzen geborgen. Die Mehrzahl der neu gefundenen Münzen ist stark verkrustet und kann daher noch nicht näher bestimmt werden. In spätrepublikanische und augusteische Zeit dürften knapp 1000 Stück datieren, darunter zahlreiche halbierte Asse. Aus den lesbaren Stücken willkürlich herausgegriffen sei eine gut erhaltene Silberprägung des numidischen Königs Juba I., die zwischen 48 und 46 v. Chr. in Utica im heutigen Tunesien geprägt wurde.

Die Metallobjekte dominierten das Altfundspektrum so deutlich, dass man später vermutete, größere Mengen Keramik seien bei der Grabung ausgesondert und nicht aufbewahrt worden. Jedoch sind die Anteile beim Material aus den aktuellen Grabungen durchaus vergleichbar: Auf etwa 1000 kg Metallobjekte kommen nur ca. 50 kg Keramik- und Knochenfunde.

Unter der Keramik reichlich vorhanden sind das Tafelgeschirr aus italischer Terra sigillata, teilweise mit Herstellerstempel oder Reliefdekor, und ein breites Spektrum an Amphoren aus den wichtigsten spätrepublikanisch/frühkaiserzeitlichen Produktionsgebieten für Olivenöl, Wein und Fischsauce.

Besondere Erwähnung verdienen die beachtlichen Mengen an Tierknochen, da von der Grabung 1913 keine faunistischen Reste aufbewahrt wurden, obwohl deren Auffindung in den Grabungsberichten durchaus festgehalten ist. So werden nun Aussagen zur Fleischversorgung des Stützpunkts möglich sein, etwa ob man den Bedarf lokal deckte oder ob Fleisch bzw. Schlachtvieh importiert wurde. Der Nachweis von Austernschalen macht deutlich, dass die Versorgung auch mit exquisiten, da nur mit hohem Aufwand zu transportierenden Lebensmitteln bereits in der Frühzeit der römischen Okkupation gelang.

Ausblick

Die wissenschaftliche Auswertung der neuen Funde ist in Form eines Gemeinschaftsprojekts mit mehreren Institutionen vorgesehen. Sie lässt nicht nur zahlreiche neue Aussagen zur Funktion des Platzes, zur Herkunft und Zusammensetzung der Truppe und der Zivilisten, zur Anbindung an die Handelsströme oder zur Nachschublogistik erwarten, sondern vor allem auch zu seiner Datierung.

Der Stützpunkt in Augsburg-Oberhausen wurde nach bisheriger Sachlage in den Jahren um Christi Geburt eingerichtet, die zahlreichen Neufunde – chronologisch aussagekräftig sind vor allem Münzen und Importkeramik – scheinen die Datierung zu bestätigen. Wenige Jahre nach dem Tod des Kaisers Augustus (14 n. Chr.) wurde der Platz aufgegeben. Offenbar in die gleiche Zeit fällt die Gründung eines Militärlagers für ca. 3000 Soldaten in der Augsburger Altstadt beim Stephansgarten. Aus der schnell wachsenden Zivilsiedlung außerhalb dieses Lagers entwickelte sich die Stadt *Augusta Vindelicum*, die immer noch den Namen des Kaisers in ihrem Namen trug, unter dem in Oberhausen der erste Stützpunkt eingerichtet wurde.

Sebastian Gairhos und Andreas Heimerl

Literatur L. Bakker, Der Militärplatz von Oberhausen und die weitere militärische Präsenz im römischen Augsburg. In: W. Schlüter/R. Wiegels (Hrsg.), Rom, Germanien und die Ausgrabungen von Kalkriese (Osnabrück 1999) 451–465. – RGA 21, 479–482 s. v. Oberhausen (L. Bakker). – E. Deschler-Erb, Augsburg-Oberhausen und der „erste römische Landesausbau" in Bayern. In: P. Henrich (Hrsg.), Der Limes in Raetien, Ober- und Niedergermanien vom 1. bis 4. Jahrhundert. Beitr. Welterbe Limes 8 (Darmstadt 2014) 8–19. – E. Deschler-Erb, Die Metallfunde aus den Altgrabungen in Augsburg-Oberhausen. Augsburger Beitr. Arch. 9 (im Druck).

Örtliche Grabungsleitung A. Heimerl, Archäologie Heimerl. – *Sedimentologische Untersuchungen* S. Salvermoser, HydroConsult GmbH. – *Dendrochronologie* F. Herzig, BLfD. – *Archäobotanik* M. Peters, LMU München. – ^{14}*C-Analysen* CEZA Mannheim. – *Konservierung und Röntgenuntersuchung Eisen* D. Bach, Winterbach. – *Untersuchungen Buntmetall* RGZM Mainz. – *Dank* an Solidas GmbH (Augsburg) für die konstruktive Zusammenarbeit und die Übereignung des Fundmaterials an die Stadt Augsburg; E. Deschler-Erb mit Studierenden (Universität Köln), F. Kemmers (Universität Frankfurt), F. Schimmer (RGZM Mainz), S. Ortisi, S. Schmid (beide LMU München) für ihre Unterstützung bei der Sichtung der Funde.

128 *Augsburg-Oberhausen. Bronzene Öllampe mit halbmondförmigem Griff und Solbüste. Maßstab 2 : 3.*

129 *Augsburg-Oberhausen. Eisenbeschläge eines Wagenrades in Fundlage.*

Ein Ziegelbrennofen der römischen Kaiserzeit bei Tutting

Gemeinde Kirchham, Landkreis Passau, Niederbayern

Im Rahmen des Neubaus eines Autobahntunnels auf der geplanten A 94 bei Tutting kamen großflächige archäologische Fundstellen verschiedener Zeiten zu Tage. Im Berichtsjahr standen vor allem römische Relikte im Vordergrund. Auf der westlichen Seite des Inn, im Abstand von rund 6 km zum heutigen Flussbett, durchquert die römische Inntalstraße Nordost-Südwest verlaufend den Ort Tutting im Grenzgebiet von Raetien zu Noricum. Die Römerstraße dürfte in etwa mit der heutigen Simbacher Straße übereinstimmen. Die Tunnelbaustelle liegt nur ungefähr 200 m westlich der anzunehmenden römischen Wegführung. Eine Villa rustica der mittleren römischen Kaiserzeit ist ca. 700 m weiter westlich als Bodendenkmal eingetragen.

Die hier vorzustellenden Grabungsareale liegen innerhalb der Autobahntrasse und verteilen sich auf drei Stellen westlich des Dorfes Tutting: Fläche 7 befindet sich nördlich des Kößlarner Bachs und Fläche 11 ca. 200 m weiter südwestlich auf der Südseite des Bachs (Abb. 131). Das Planum 1 auf ca. 339,80 m ü. NN wurde direkt unter einer 50–60 cm dicken Humusschicht angelegt, hier ist ein mittel- bis dunkelbraungrauer sandiger Lehmboden vorhanden.

Fläche 7 nördlich des Kößlarner Bachs: Römische Siedlung; Pferdegräber

Beim Planumputzen im westlichen Bereich der Fläche 7 konnten zahlreiche Keramikscherben und Ziegelbruch aus römischer Zeit erfasst werden. Befunde konzentrieren sich im nördlichen Teil der Fläche in einem Bereich von etwa 50 m². Es handelt sich dabei um Pfostengruben, Gruben, Öfen, Gräben und zwei Pferdebestattungen. Bei den Keramikscherben fiel ein beträchtlicher Anteil an römischen Soldatentellern auf.

Zwei Pferdebestattungen konnten erfasst werden, die jeweils etwa 80 cm eingetieft waren. Im einen Fall handelt es sich um eine Grabgrube mit Körperteilen eines Pferdes, welche nicht mehr im Verband lagen. Im Gegensatz dazu lag im zweiten Fall ein vollständiges Skelett mit angewinkelten Beinen in einer ovalen Grube (Abb. 130). Es handelt sich hier um ein ca. 20-jähriges, mittelgroßes Reitpferd. Die Datierung ist allerdings offen.

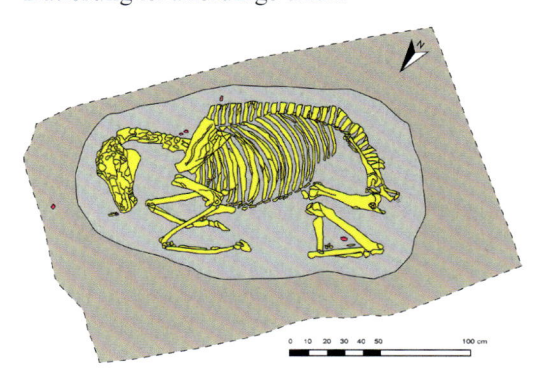

130 Tutting, Befund 113, Pferdebestattung.

Fläche 11 südlich des Kößlarner Bachs: Römischer zweizügiger Ziegelbrennofen

Beim Baggern eines ca. 4 m breiten Sondageschnitts wurde in einer Tiefe von ca. 40–50 cm eine Abfallschicht aus Ziegelbruch erfasst (Abb. 135). Beim Putzen des Planums konnte

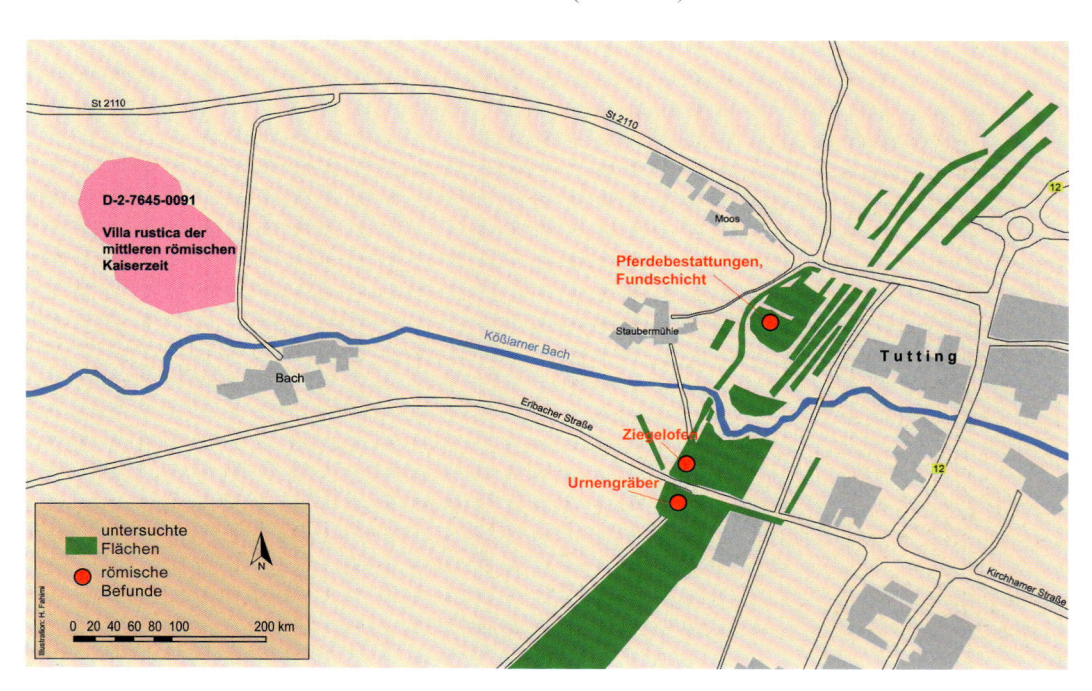

131 Tutting. Die römischen Fundstellen bei Tutting.

zunächst der hintere Teil eines Ziegelbrennofens mit Lochtenne gefunden werden (Befund 391, Abb. 132; 134). Im Weiteren setzte sich der Befund nach Osten fort. Rechtwinklig über Eck konstruiert kam ein zweiter, größerer Ofenkörper zutage (Befund 482). Dieser war rechteckig und mit sechs Gewölbebögen konstruiert; auch hier hatte sich die 2,90 × 2,80 m große Lochtenne erhalten. An der Nordseite schloss sich der Schürkanal (Befund 510) an und davor eine dunkel verfüllte Bedienungsgrube (Befund 509). Es wurden offensichtlich beide Öfen von der gemeinsamen Bedienungsgrube aus befeuert. All diese Bauglieder waren etwa 1 m in den Boden eingetieft. Die Lochtenne Befund 391 des kleineren Ofens wurde weitestgehend vollständig und in ihrer kompletten Ausdehnung von 1,60 × 1,50 m erfasst und dokumentiert (Abb. 132). Bei dieser handelte es sich um eine massive Platte aus einem Verbund von Lehm und Ziegeln. Neun Löcher ermöglichten ein Durchströmen der Heißluft von der Feuerkammer in den Brennraum.

Beim Putzen des Planums auf der o. g. Abfallschicht konnten u. a. eine kräftig profilierte Fibel mit Spiralhülse aus der zweiten Hälfte des 2. bzw. ersten Hälfte des 3. Jahrhunderts (Abb. 137), die vor allem in Noricum verbreitet ist, ferner Münzen und einige verzierte Ziegel sowie Ziegel mit Pfotenabdrücken geborgen werden (Abb. 133). Östlich der Ofenanlage erfasste man einige Erdöfen, Feuerstellen, Gräben, Gruben und Pfostengruben. Wohnarchitektur war nicht nachweisbar.

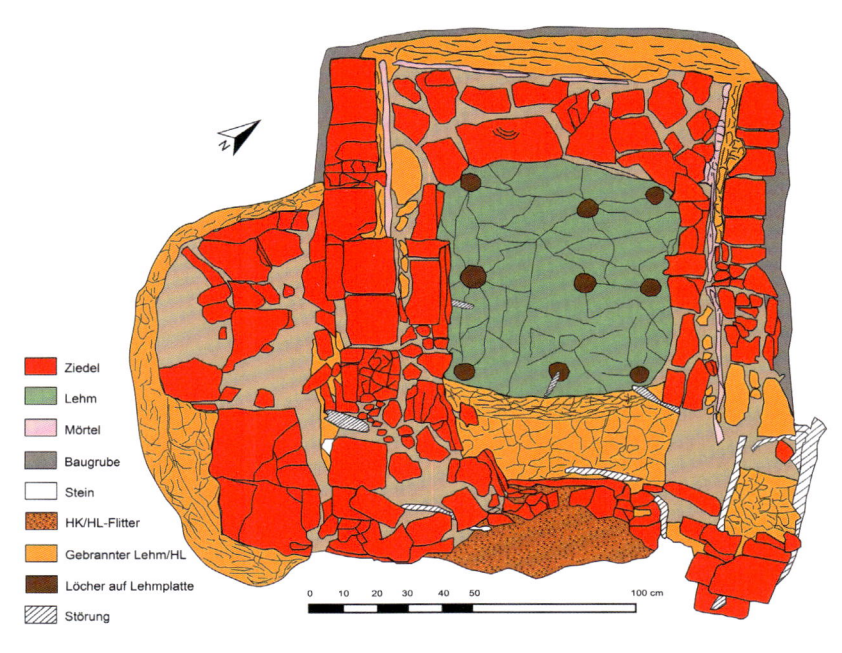

132 *Tutting. Der Ofen Befund 391. Planumszeichnung und Profil.*

133 *Tutting. Ziegel mit Pfotenabdrücken. Maßstab 1 : 5.*

134 *Tutting. Die Ziegelbrennofen-Anlage.*

Vermutlich handelt es sich bei der Ofenanlage um einen Ziegelbrennofen, der möglicherweise im Zusammenhang mit der bekannten Villa rustica zu sehen ist und den Bedarf an Ziegeln für die Gebäude deckte.

Hamid Fahimi und Friedrich Loré

Literatur P. Fasold, Das römisch-norische Gräberfeld von Seebruck-Bedaium. Materialh. Bayer. Vorgesch. A 64 (Kallmünz 1993). – E. Federhofer, Der Ziegelbrennofen von Essenbach, Lkr. Landshut, und römische Ziegelöfen in Raetien und Noricum. Passauer Universitätsschri. Arch. 11 (Rahden/Westf. 2007).

Örtliche Grabungsleitung und Dokumentation H. Fahimi, S. Jäh, M. Klar, F. Loré, F. Melzer, F.-V. Zografou, ADILO GmbH, Parsberg. – *Bestimmung Tierknochen/Menschenknochen* C. Diedrich und A. Kostrzewa, ADILO GmbH, Parsberg.

135 *Tutting. Planum mit Abfallschicht voller Ziegelbruch in Fläche 11.*

Fläche 11b südlich Erlbacher Straße: Römische Brandgräber

Bei den weiteren Untersuchungen südlich der Erlbacher Straße erfasste man einige Grabgruben mit darin befindlichen Keramikurnen. Neben kalzinierten Knochen wurden daraus auch Metallobjekte wie norisch-pannonische Doppelknopffibeln geborgen. Die als Urnen verwendeten Keramikgefäße, von denen vier komplett erhalten sind, verteilen sich auf verschiedene Topfformen sowie auch sog. norische Dreifußschalen (Abb. 138). Zu den zwei grobgemagerten Urnen Abb. 138,2.3 finden sich Vergleichsstücke etwa im Gräberfeld von Seebruck. Sie können als lokale Produktion betrachtet werden, wobei die Form von Nr. 3 an Lavezgefäße erinnert. Typologisch umfassen die Fibeln von Tutting hauptsächlich zweigliedrige Spiralfibeln. Zwei in Fläche 11 geborgene Stücke stellen eine fortgeschrittene Form der norisch-pannonischen Flügelfibel Typ A 238 aus dem späten 1. bzw. frühen 2. Jahrhundert dar (Abb. 136).

136 *Tutting. Doppelknopffibel. Maßstab 1 : 2.*

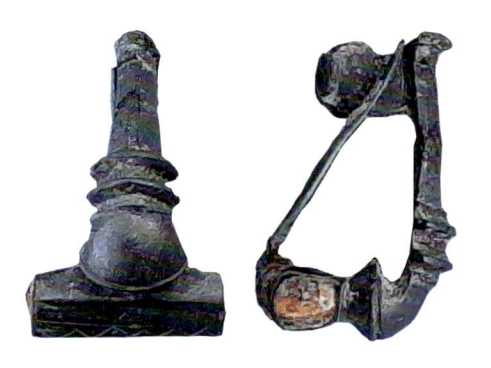

137 *Tutting. Kräftig profilierte Fibel mit Spiralhülse. Maßstab 1 : 1.*

138 *Tutting. Keramikgefäße aus römischen Brandgräbern. Maßstab 1 : 5.*

1   2   3   4

Streifenhäuser, Kellerwände, Fugenstrich: Aus dem Leben der *vicani* von Weißenburg/*Biriciana*

Stadt Weißenburg i. Bay., Landkreis Weißenburg-Gunzenhausen, Mittelfranken

Umstrukturierung von Wohnquartier Steinleinsfurt – 1. Bauabschnitt

Über großen Teilen der römischen Zivilsiedlung (Vicus) von Weißenburg/*Biriciana* wurde nach dem Ersten Weltkrieg das Wohnquartier Steinleinsfurt errichtet. Für einen Teil dieses Areals, das sich in der Pufferzone UNESCO Welterbe Limes befindet, plant der Eigentümer Wohnungsgenossenschaft Eigenheim e. G. nach Abriss der bestehenden Häuser eine bauliche Neugestaltung in mehreren Bauabschnitten. Wegen der zu vermutenden dichten Befundsituation fanden als bauvorgreifende Maßnahme archäologische Ausgrabungen statt. Die Untersuchungsflächen befinden sich im Kernbereich der römischen Zivilsiedlung, südwestlich des Kastells und südöstlich der großen Thermen (Abb. 139).

Ab Mai konnten bis November 2021 innerhalb des ersten Bauabschnitts fünf Flächen von insgesamt 5600 m² untersucht werden. Die Erhaltungssituation ist nicht überall gleich. Im westlichen Bereich zur modernen Straße „Am Römerbad" hin sind die Nutzungshorizonte aufgrund der leichten Hanglage erodiert und nur noch die tiefen Befunde erhalten geblieben (Flächen 1 und 3). Dagegen zeigte sich die Stratigrafie nach Osten zum Kastell hin als sehr befundreich (Fläche 4). Auch in Fläche 2 fanden sich in unmittelbarer Nähe des äußeren Kastellgrabens archäologische Strukturen. In Fläche 5 konnten in den Profilen der modernen Kellergruben, sofern sie nicht durch rezent angelegte Hausanschlüsse und Leitungen gestört waren, Reste antiker Stratigrafie dokumentiert werden.

Streifenhäuser, Brunnen und Latrinen

Auf dem Grabungsareal kamen vor allem im westlichen Bereich (Flächen 1, 3 und 4) zahlreiche Siedlungsbefunde mit einer komplexen stratigrafischen Abfolge von mehreren Bauphasen zum Vorschein. Es handelt sich um mindestens vier Streifenhausparzellen von langrechteckigen Streifenhäusern mit Installationen wie Kellern, Latrinen und Brunnen (Abb. 140). Teilweise ist sogar noch die Raumeinteilung erkennbar. Die Gebäude der ersten Bauphase bestanden aus Holzfachwerk, das auf Schwellbalken errichtet wurde. Zum Teil wurden diese in der zweiten Bauphase durch Steinfundamente ersetzt. Meist geschah dies an derselben Stelle oder es wurden neue, minimal versetzte Steinfundamente gebaut. Die Streifenbebauung ist Nordost-Südwest orientiert, sodass im nordöstlichen Bereich eine parallel zum Kastell verlaufende Straße zu vermuten ist.

139 *Weißenburg i. Bay. Drohnenfoto vom 4. 8. 2021. Untersuchungsfläche von Südwesten mit eingezeichneten Flächen. Im Hintergrund das Kastell. Drei der vier Mietshäuser wurden inzwischen abgerissen.*

140 Weißenburg i. Bay. Detailplan Flächen 1, 3 und 4.

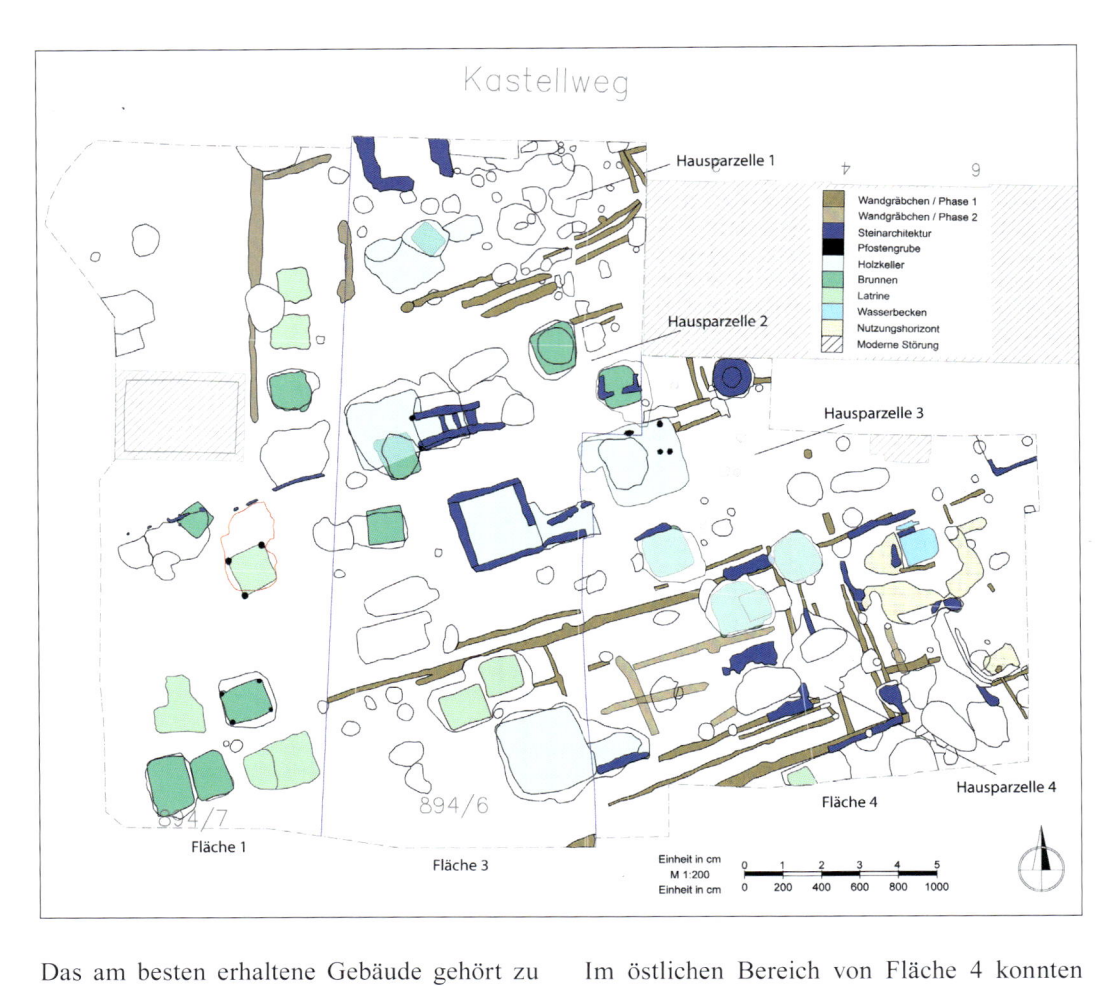

141 Weißenburg i. Bay. Fläche 3, Drohnenfoto mit den Stein- und Erdkellern in den Hausparzellen 2–4. Blick von Westen.

Das am besten erhaltene Gebäude gehört zu der Streifenhausparzelle 4 und hat eine erfasste Länge von 35 m und eine Breite von 10 m. Die Front befand sich im Nordosten und scheint sich nach Osten über die Flächengrenze fortzusetzen. Die abschließende Wand und das Parzellenende im Westen konnten wegen der Erosion nicht festgestellt werden. In einer jüngeren Bauphase wurden die Schwellbalken durch Steinfundamente ersetzt und die Raumteilung weiter mit Schwellbalken ausgebaut.

Im östlichen Bereich von Fläche 4 konnten Nutzungshorizonte aus Lehmstampfböden nachgewiesen werden. Zu den Häusern gehörten auch zahlreiche Brunnen und Latrinen aus mehreren Bauphasen. Diese befanden sich als „Latrinenkomplexe" hauptsächlich im rückwärtigen Bereich der Streifenhäuser bzw. in einem „Außenbereich".

Reste von verstürzten Mauern und Steinfundamenten, aber auch von Brandschutt zeugen von Zerstörungen durch Feuer. Das Schutt-

144) ersetzt wurde, es ist aber auch nicht auszuschließen, dass beide Keller parallel existierten. Vergleichbare Doppelkelleranlagen wurden auch in anderen Vici gefunden.

Eine Besonderheit bietet der Steinkeller in Hausparzelle 3. Die Mauern zeigen an einigen Stellen Reste von beigem bis rosafarbenem, durch Feuereinwirkung verfärbtem Wandverputz. In der Ecke zwischen der Nord- und Westmauer befindet sich auf dem Verputz ein roter Fugenstrich, der, wie am nachgebauten Nordtor des Kastells erkennbar, Steinquader mit roten Fugen nachahmen soll (Abb. 142). Diese Wandgestaltung ist ebenso aus den Kellerbauten in Obergermanien bekannt. Im Eingangsbereich wurden in einer stark holzkohleartigen Schicht Beschläge gefunden, die zu der wohl zweiflügeligen Kellertür gehörten.

142 *Weißenburg i. Bay. Steinkeller in Hausparzelle 3 mit Wandverputz in der Mauerecke. Blick von Südosten.*

und Müllmaterial wurde in der Folge in die Keller, Brunnen oder Latrinen eingefüllt und das Gelände für die nächste Bauphase eingeplaniert.

Bemalte Kellerwände und fundreiche Abfallgruben

Ebenfalls befanden sich im rückwärtigen Bereich der Häuser Holz- oder Steinkeller (Abb. 141). Zu Haus 1 gehörte ein Holzkeller, der von jüngeren Ausrissgruben gestört worden war. In Haus 2 wurde der Holzkeller mit einem Treppenabstieg aus Stein ergänzt. Zwei Pfostengruben unmittelbar vor dem Eingang gehörten zum älteren Holzkeller und könnten als Standspuren einer hölzernen Leiter in den Keller gedeutet werden. Ebenso im Haus 4 wurde der ursprünglich mit Holzbohlen verkleidete Eingang durch einen Treppenabstieg aus Stein ersetzt. Im Haus 3 konnten zwei Keller nachgewiesen werden. Es ist möglich, dass der Holzkeller durch den Steinkeller (Abb.

In unmittelbare Nähe zum Kastellgraben

Der östliche Bereich (Flächen 2 und 5), direkt am äußeren Kastellgraben gelegen, zeigt ein weitgehend anderes Befundbild. Neben wenigen parallel verlaufenden Wandgräbchen konnte eine annähernd rechteckige Steinkonzentration dokumentiert werden, die möglicherweise die Reste der Fundamentierung von Schwellbalken eines aus Fachwerk errichteten Gebäudes darstellt (Abb. 145). Die Orientierung des Gebäudes zielt exakt auf die südwestliche Kastellecke. Seine Funktion ist derzeit noch unklar.

Funde

Das bislang geborgene Fundmaterial ist sehr umfangreich und spiegelt das tägliche Leben der *vicani* wider. Militaria, Gegenstände zur täglichen Hygiene, Schmuck und Handwerksutensilien sowie Keramik- und Glasgefäße gestatten Rückschlüsse zu fast allen Lebensbereichen. Als besonders schöner Einzel-

143 *Weißenburg i. Bay. Gemmenring aus Befund 5 in Fläche 1. Einlage aus Glaspaste. Reif aus Eisen. Bei der dargestellten Frau handelt es sich wahrscheinlich um Fruchtbarkeitsgöttin Ceres. In der erhobenen rechten Hand hält sie eine Schale mit Früchten, in der gesenkten linken Hand wohl zwei Weizenähren mit nach unten gerichteten Köpfen. Vergrößert.*

144 *Weißenburg i. Bay. Freilegung des Steinkellers in Streifenhausparzelle 3.*

145 *Weißenburg i. Bay. Drohnenfoto Fläche 2 von Westen mit fast rechteckigem Steinbefund und parallelen Wandgräbchen.*

146 *Weißenburg i. Bay. Revers eines spätkeltischen Kreuzquinars, Silber (100–50 v. Chr.). Maßstab 2 : 1.*

fund ist ein vollständig erhaltener und bereits restaurierter Gemmenring zu nennen (Abb. 143). Bis jetzt wurden 32 römische Silber- und Bronzemünzen geborgen, die noch nicht alle restauriert sind. Unter den lesbaren Münzen finden sich bislang keine Stücke, die jünger als die Regierungszeit von Antoninus Pius (138–161 n. Chr.) sind. Mit 24 Münzen wurde ein Großteil davon stratifiziert angetroffen. Sie liefern damit wichtige Informationen zur chronologischen Beurteilung einzelner Befunde. (Zum Vergleich: Im Westvicus wurden in der mehrjährigen Grabung insgesamt nur 28 Münzen, vor allem als Lese- oder Flächenfunde, geborgen.) Die meisten Funde stammen aus den Brunnen- und Latrinenverfüllungen und wurden dort im Rahmen der Aufräumarbeiten nach dem Brand der Siedlung, vermutlich Anfang des 3. Jahrhunderts n. Chr., verscharrt. Außergewöhnlich ist ein spätkeltischer Kreuzquinar aus Silber (Abb. 146). Diese Münze liefert nach zwei vergleichbaren Münzfunden 2019 an der Weimersheimerstraße einen weiteren Hinweis auf eine keltische Siedlung. Nach jetzigem Kenntnisstand ist noch nicht bekannt, wann und unter welchen Umständen diese Siedlung aufgegeben wurde, doch kann das weit im Vicus verstreute Fundmaterial zumindest bis zur Mitte des 1. Jahrhunderts v. Chr. datiert werden.

Ausblick

Die Grabung wird in 2022 fortgesetzt. Die neuen Ausgrabungsflächen in Bauabschnitt 2, östlich anschließend an die Fläche 4, könnte wertvolle Erkenntnisse zu dem oben erwähnten Straßenverlauf und einer Bebauung auf der anderen Seite in Richtung Kastellgraben liefern.

Mariola Hepa und Markus Arnolds

Grabungsleitung und Grabungsdokumentation M. Hepa und M. Arnolds, ADA Archäologie GbR, Weißenburg. – *Restaurierung* M. Lisle, Lun & Disl, München.

Literatur M. N. Filgis, Römische Keller mit bemalten Wandnischen in Baden-Württemberg. In: J. Biel (Hrsg.), Landesarchäologie. Festschrift für Dieter Planck zum 65. Geburtstag. Forsch. u. Ber. Vor- u. Frühgesch. Baden-Württemberg 100 (Stuttgart 2009) 327–340. – W. Czysz, Zwischen Stadt und Land – Gestalt und Wesen römischer *Vici* in der Provinz Raetien. In: A. Heising (Hrsg.), Neue Forschungen zu zivilen Kleinsiedlungen *(vici)* in den römischen Nordwest-Provinzen. Akten der Tagung Lahr 21.–23.10.2010 (Bonn 2013) 318–319. – F. S. Kirch, Studien zum Westvicus von Weißenburg (unpubl. Diss. Köln 2018).

Ein Querschnitt des römischen Alltags – Streifenhäuser, Straße und Tempel (?) im Vicus von Obernburg a. Main

Landkreis Miltenberg, Unterfranken

Obernburg a. Main ist bekannt als Standort eines Militärstützpunktes am römischen Mainlimes. Im 2. und 3. Jahrhundert befanden sich hier ein Kohortenkastell mit zugehöriger Zivilsiedlung und mehrere Gräberfelder. Obwohl der Ort fast vollständig überbaut ist, haben sich die römischen Überreste, dank mächtiger Lehmablagerungen, die im Laufe der Jahrhunderte von den Hängen des angrenzenden Pfaffenbergs heruntergespült wurden, gut erhalten. Die dichte Bebauung des heutigen Ortes führt jedoch dazu, dass bei archäologischen Untersuchungen meist nur ein kleiner Einblick in seine römische Geschichte gewährt wird.

In einer der wenigen verbliebenen Grünflächen Obernburgs südlich der Dr.-Zöller-Straße war für 2021 der Bau eines Einfamilienhauses ohne Keller geplant. Dank der denkmalverträglichen Planung waren nur oberflächliche Erdarbeiten notwendig und somit reduzierten sich die Eingriffe; der Großteil des betroffenen Bodendenkmals blieb erhalten. Mit Blick auf das allgegenwärtige, stellenweise weit über 1 m starke Kolluvium bestand sogar die Hoffnung, dass die römischen Schichten mit der geplanten Zieltiefe des Bauvorhabens gar nicht erreicht würden. Der Oberbodenabtrag im Dezember 2020 brachte jedoch eine Überraschung: Im rückwärtigen Bereich des Grundstücks wurden römische Mauerstrukturen in einer Tiefe von nur 20–30 cm unter dem heutigen Laufniveau freigelegt. Spannender ist, dass die Nordwest-Südost-Ausrichtung des

Grabungsareals in etwa mit der Ausrichtung der römischen Siedlung übereinstimmt und einen für die Archäologie in Obernburg bisher einmaligen 52 m langen Schnitt durch die Zivilsiedlung auf der Südseite des römischen Kastells liefert. Die dabei freigelegten Flächen lassen sich in drei Hauptbereiche einteilen: einen zivilen Bereich, einen kultischen Bereich und eine Straße, die die beiden Bereiche trennt (Abb. 147).

Die Militärstraße

Bereits bei früheren archäologischen Untersuchungen im Stadtgebiet sind Abschnitte einer gepflasterten Straße aus der Römerzeit erfasst worden, die vom Kastell aus nach Süden parallel zum Main verlief und eine Verbindung zum nahe gelegenen Numeruskastell in Wörth am Main herstellte. Der vermutete Verlauf dieser Straße führt direkt durch das nun untersuchte Grundstück, sodass ihre Aufdeckung nicht überraschte. Die Straße befand sich hier in einem schlechten Erhaltungszustand. Nur ein kleiner Teil der ursprünglichen Pflasterung war noch vorhanden.

Vicusbebauung westlich der Straße

Westlich der Straße wurden zahlreiche parallele, von Nordwesten nach Südosten verlaufende Mauern von Häusern der Zivilsiedlung erfasst. Weitere Aufschlüsse in Obernburg geben Hinweise, dass sich die Streifenhäuser vermutlich nach Norden hin in Richtung des Kastells weiter fortsetzen: Bei einer Ausgrabung auf einem benachbarten Grundstück Anfang 2020 wurden Ofenreste und Pfostenlöcher freigelegt, die mit sich anschließender Vicusbebauung in Verbindung zu bringen sind.

In der geöffneten Hauptfläche ließen sich die Mauerzüge auf einer Länge von ca. 10 m bis zur nordwestlichen Grabungsgrenze verfolgen (Abb. 148). Die in diesem Bereich erfassten Fundamente der Häuser waren von verstürztem, ehemals aufgehendem Mauerwerk überdeckt. Das Fundament weist eine Zwei-Schalen-Konstruktion auf, bei der behauene rote Sandsteine an der Außenseite in Lehm gesetzt sind und das Innere mit Bruchsteinen aufgefüllt wurde. Hinweise auf Mörtel fanden sich im Fundamentbereich nicht.

Die Interpretation dieses Bereichs als Teil des Vicus stützt sich vor allem auf das geborgene Fundmaterial: Die zahlreichen Terra-sigillata- und anderen Keramikgefäße waren eindeutig für den häuslichen Gebrauch bestimmt. Der Hals einer großen Amphore gallischen Ursprungs (Gauloise 5) (Abb. 151) wurde an der südlichsten Wand eingegraben angetroffen. Aus diesem Bereich stammen auch ein Faltenbecher und ein Fragment einer bronzenen Pfeilspitze.

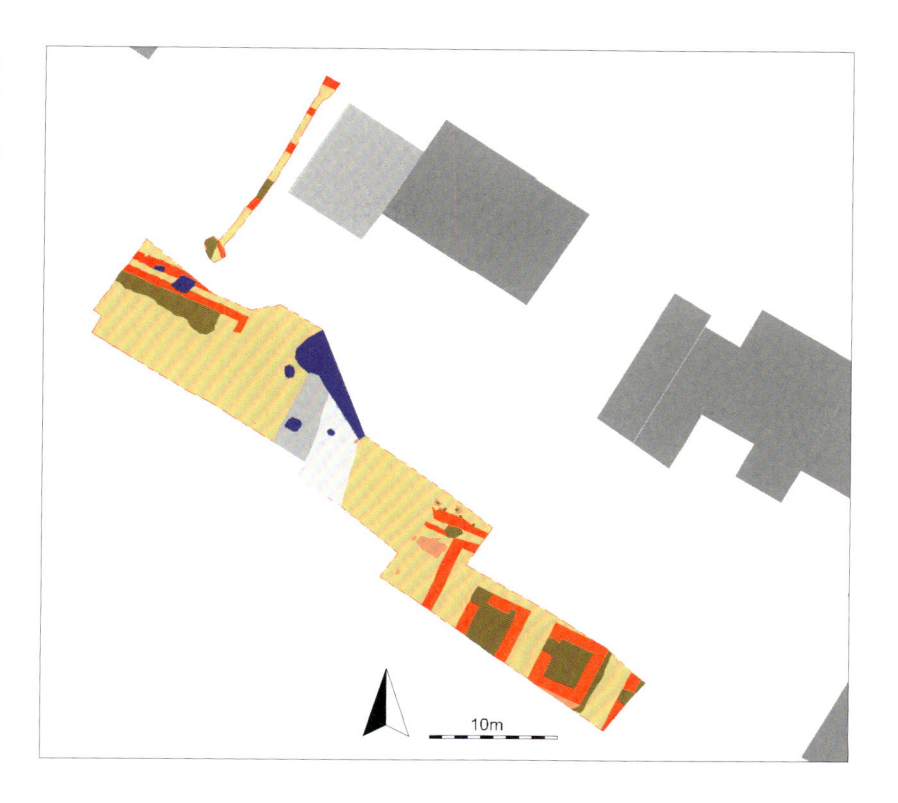

Eine Tempelanlage östlich der Straße?

Der östliche Teil des Grundstücks sollte mit dem Erdmaterial aufgefüllt werden, um hier eine ebene Fläche für den späteren Garten herzustellen. Dazu musste man zunächst den Humus abtragen, um einen stabilen Untergrund für die Auffüllung zu schaffen. Hierbei wurden bei den Baggerarbeiten unmittelbar unterhalb des Humus eine Reihe von Sandsteinmauern aufgedeckt und der weitere Bodenabtrag sofort eingestellt. Die in diesem Bereich freigelegten Befunde wurden im Planum dokumentiert und im Anschluss konservatorisch überdeckt, um die geplante Geländemodellierung vornehmen zu können. Auf der Fläche kamen

147 Obernburg a. Main. Übersichtsplan über die römischen Befunde. Rot: Mauern; hellrot: nicht gemauerte Steinbefunde; braun: Erdbefunde; grau: erhaltene Straße; hellgrau: beschädigte Straße; blau: moderne Störungen.

148 Obernburg a. Main. Zwei parallele Mauerzüge von getrennten Nachbarbauten des Vicus westlich der Römerstraße.

149 *Obernburg a. Main. Wandputz mit rot-weißer Bemalung aus dem Tempelbereich.*

die Reste von zwei kleinen, fast quadratischen Gebäuden und einer Umfassungsmauer zum Vorschein. Die Mauern waren in einer Zwei-Schalen-Bauweise errichtet und durch einen harten, beigen Mörtel zusammengehalten. Die Mauern der beiden Gebäude erreichen eine Stärke von etwa 0,90 m bei einer Seitenlänge von etwa 4 m. Die Umfassungsmauer war ähnlich aufgebaut (Abb. 150).

In diesem Bereich wurde eine Menge Keramik sowie eine Vielzahl an Rinder-, Schweine- und Schaf-/Ziegenknochen gefunden, vor allem zwischen den beiden Gebäuden. Bemerkenswert ist, dass Terra-sigillata-Gefäße weitgehend fehlten, aber Scherben von mindestens fünf Räuchergefäßen vertreten sind. Der in beträchtlichen Mengen geborgene Rotlehm weist auf eine aufgehende Konstruktion aus Fachwerk hin. Einige Wandputzstücke mit roter, linearer Verzierung lassen auf gut ausgeführte Innenwände schließen (Abb. 149). Direkt außerhalb der Umfassungsmauer, zur Straße hin, fanden sich Reste weiterer Strukturen, darunter einfache Mauern, Pfosten und einzelne Steine, die wahrscheinlich als Fundament für Pfosten oder Säulen dienten. Möglicherweise befand sich hier eine Portikus oder ein Eingang zu den ummauerten Gebäuden.

Die geringe Größe der Gebäude schließt mit ziemlicher Sicherheit eine Nutzung als Wohnbauten aus. Die Umfassungsmauer deutet zudem darauf hin, dass diesen Gebäuden anscheinend eine höhere Bedeutung zukam. Da das Ensemble in der Untersuchungsfläche nicht vollständig erfasst und an keiner Stelle der anstehende Boden erreicht wurde, ist derzeit eine abschließende Interpretation desselben und seiner Funktion nicht möglich. Auch der Fund mehrerer Fragmente von Räuchergefäßen und die hohe Anzahl an Tierknochen in der vorliegenden Planierschicht sind keine eindeutigen Belege für eine rituelle Nutzung der Anlage.

Datierung der Fundstelle

Die Keramikfunde aus den Streifenhäusern haben es ermöglicht, eine enge Zeitspanne für die Siedlungsdauer zu bestimmen. Sowohl die Terra-sigillata-Gefäße (Abb. 152), deren Dekor und Töpfersignaturen für die Datierung wichtig sind, als auch Fragmente von Amphoren und Faltenbechern ermöglichen es, einen zeitlichen Rahmen der aufgedeckten römischen Gebäude in den Zeitraum zwischen 160 und 230 n. Chr. abzustecken. Dies ist besonders interessant, weil die Daten zum einen mit größeren Bauarbeiten zum Ersatz des frühen Holzkastells durch eine Steinkonstruktion um das Jahr 160 und zum anderen mit einem vermuteten Angriff der Germanen auf die römische Siedlung um das Jahr 230 zusammenfallen, der zur Aufgabe der Siedlung führte. Diese Ergebnisse sind vorläufig und können nur durch eine wissenschaftliche Auswertung des Fundplatzes verifiziert werden.

Perspektive

Durch die hier beschriebenen Arbeiten wurden neue Informationen über die Struktur der Zivilsiedlung gewonnen. Das Fundareal zeigt eine sehr sorgfältige Planung des Vicus mit einer 6 m breiten Straße, die Häuser und mutmaßliche Sakralbauten trennt, die sich jeweils

150 *Obernburg. Planumsansicht von zwei mutmaßlichen Tempelfundamenten mit der südwestlichen Umfassungsmauer.*

6 m von der Straße entfernt befinden. Dieser beobachtete Abstand der Gebäude zur Straße hin wird für kommende Ausgrabungen in Obernburg von besonderem Nutzen sein. Nachdem die Fundstelle nur oberflächlich im Planum erfasst werden konnte, bleiben die hier dokumentierten Befunde unter dem Neubau fast vollständig erhalten. Für das Jahr 2022 ist eine geophysikalische Untersuchung geplant, um die unmittelbar angrenzenden Bereiche des vorläufig als Tempel/Heiligtum interpretierten Gebäudes weiter zu untersuchen und zu kartieren, was hoffentlich ein vollständigeres Bild der Vicusbebauung und darüber hinaus ergeben wird.

Scott Tucker

Literatur M. Jae, Arch. Jahr Bayern 2004, 97–99. – M. Jae, Arch. Jahr Bayern 2006, 91–94. – B. Steidl, Welterbe Limes. Roms Grenze am Main (Obernburg am Main 2008).

Örtliche Grabungsleitung S. Tucker, BfAD Heyse GmbH & Co. KG.

151 *Obernburg a. Main. Verschiedene Funde aus der Grabung. 1 Hals einer gallischen Amphora Gauloise 5; 2 Fragment einer bronzenen Projektilspitze; 3 Räuchergefäß-Fragmente aus dem Tempelbereich; 4 verschiedene Keramikfunde aus dem Tempelbereich.*

152 *Obernburg. Terra-sigillata-Fragmente aus dem Hausbereich westlich der Römerstraße. 1 Kragenschale Drag. 38; 2 Fragmente einer Reliefschüssel Drag. 37; 3 Fragment einer Schale Drag. 45 mit Löwenkopfausguss; 4, 5 Töpferstempel VERINVS F und BELSVS FE.*

95

Römischer Gutshof mit Darre in Obermedlingen

Gemeinde Medlingen, Landkreis Dillingen a.d. Donau, Schwaben

Nördlich des ehemaligen Dominikanerklosters Obermedlingen wurde ein Neubaugebiet geplant. Die Flurstücke, bis dahin als Ackerland genutzt, liegen an einem leicht abfallenden Südhang gut 3 km westlich der von Faimingen nach Nordwesten ziehenden Römerstraße (Abb. 153). In der Nähe sind einige weitere Bodendenkmäler bekannt, welche insbesondere in die römische Kaiserzeit datieren. Eine Villa rustica befindet sich nur 600 m nordwestlich direkt an der bayerischen Landesgrenze.

Als sich im Frühjahr 2019 wenige Pfostengruben und ein paar Kalksteine in der Sondage zur Erschließungsstraße des geplanten Neubaugebiets zeigten, war noch nicht abzusehen, was im Laufe der folgenden, über zwei Jahre andauernden Grabungsarbeiten zutage kommen würde.

Nachdem die Befunde in der Erschließungsstraße dokumentiert waren, erfolgte ein weiterer Oberbodenabtrag im Norden. Hierbei stieß man neben weiteren Erdbefunden auf zwei große Kalksteinkonzentrationen, die sich als Gebäudereste der römischen Kaiserzeit herausstellten. Dieses Ergebnis führte zu einer Grabung, die sich auf das gesamte Baugebiet erstreckte und sowohl Teile einer Villa rustica als auch zahlreiche vorgeschichtliche Siedlungsbefunde zutage fördern sollte (Abb. 154).

Vorgeschichtliche Siedlungsspuren

Über den gesamten Südhang verteilt wurden Pfostengruben dokumentiert, die mehrere Hausgrundrisse bildeten. Diese lassen sich ins späte Neolithikum bis in die Bronzezeit datieren, doch meist ist eine genauere zeitliche Einordnung schwierig. Des Weiteren zeigte sich eine vorgeschichtliche Einfriedung im Nord-

153 *Obermedlingen. Die Fundstelle im Orthofoto. Unten im Bild die Klosteranlage. Geobasisdaten: Bayerische Vermessungsverwaltung 2022.*

154 *Obermedlingen. Phasenplan der Ausgrabung.*

westen, die später durch römische Baumaßnahmen gestört wurde. Im Südosten konnten Reste eines Kreisgrabens dokumentiert werden, der sich anhand der wenigen Keramikscherben ebenfalls nur grob in das späte Neolithikum bzw. die Bronzezeit einordnen lässt.

Römische Villa rustica
In der Hauptsache wurden größere Teile eines römischen Gutshofs aus dem 2. und 3. Jahrhundert freigelegt. Eine Hofmauer, die insbesondere im Süden der Fläche nachgewiesen werden konnte, biegt dort fast rechtwinklig um (Abb. 154,1). Sie umfasste die meisten der Gebäude, bei denen es sich überwiegend um Wirtschaftsgebäude handelt. Zwei von ihnen wiesen mehrere Um- bzw. Ausbauphasen auf. In einem der Häuser direkt an der Hofmauer wurden Reste einer Hypokaustanlage dokumentiert (Abb. 154,2; 155). Dieses beheizbare Gebäude dürfte zu Wohnzwecken gedient haben. Eine gut erhaltene Darre konnte im Südosten des römischen Gutshofs freigelegt werden (Abb. 154,3; 156).

Im Norden der Grabungsfläche zeigten sich die Fundamente eines größeren Hauses, welches das Hauptgebäude gewesen sein dürfte (Abb. 154,4). Es wurde nur in Teilen erfasst. Da hier innerhalb des Baugebiets Gartenbereiche entstehen sollen, konnte es nach einer Kurzdokumentation durch die Grabungsfirma konservatorisch überdeckt werden.

Einordnung der Siedlungsreste
Die vorgeschichtlichen Befunde deuten auf ein großes, immer wieder besiedeltes Areal hin, dessen Grenzen im Zuge der archäologischen Arbeiten nicht erfasst wurden. Auch der römische Gutshof erstreckte sich über die Grabungsfläche hinaus. Er fügt sich in das römische Siedlungsbild der Gegend ein und dürfte zusammen mit weiteren, bereits bekannten Gutshöfen in der Umgebung das nahe Faimingen versorgt haben.

Anna Kalapáčová und Anja Seidel

Literatur W. Czysz, Die römische Darre von Möttingen im Ries. Eine Studie zur landwirtschaftlichen Funktionsarchitektur in Raetien. Ber. Bayer. Bodendenkmalpfl. 57, 2016, 195–232.

Örtliche Grabungsleitung und Grabungsdokumentation H. Gajda und A. Kalapáčová, Archäologie-Zentrum GmbH, Günzburg. – *Danksagung* Gemeinde Medlingen; Fa. Braml, Gundelfingen.

155 *Obermedlingen. Gebäude 2 an der Hofmauer des römischen Gutshofs. Blick von Nordwesten.*

156 *Obermedlingen. Römische Darre.*

Reichlich Kies:
Der severische Denarhort von Augsburg-Oberhausen

Stadt Augsburg, Schwaben

Auffindung

Die aktuellen großflächigen Ausgrabungen im Augsburger Stadtteil Oberhausen werden hauptsächlich veranlasst durch die Umwandlung des ehemaligen Fabrikgeländes der Zeuna Stärker-Werke in ein künftiges Wohngebiet. 1913 waren an dieser Stelle große Mengen augusteischer Funde in einer Kiesgrube entdeckt worden (vgl. Beitrag Gairhos/Heimerl, S. 83 ff,). Allerdings musste man auf dem ehemaligen Fabrikgelände auch mit jüngeren römischen Funden rechnen, zumal östlich der heutigen Donauwörther Straße und damit unweit des Grabungsgeländes der Verlauf der *Via Claudia Augusta* in Richtung Norden bis an die Donau vermutet wird. 1998 konnten etwa 400 m südlich beim Bau des Bürokomplexes der Rentenversicherung zahlreiche Bestandteile mittelkaiserzeitlicher Grabmäler geborgen werden, darunter alle neun Elemente des 6,88 m hohen Pfeilergrabmals des Rechtsgelehrten M. Aurelius Carus.

Es war dennoch eine große Überraschung, als bei den Erdarbeiten nahe der westlichen Grabungsgrenze in 3–4 m Tiefe unter heutigem Gelände größere Mengen an römischen Silbermünzen *(denarii)* entdeckt wurden. Bei der intensiven Nachsuche über mehrere Plana summierten sich die Denare schließlich auf mehr als 5600 Stück mit einem Gesamtgewicht von über 15 kg, womit dieser Komplex den größten römischen Silberschatz darstellt, der jemals im heutigen Bayern gefunden wurde (Abb. 158). Schnell war klar, dass sich der Münzhort chronologisch deutlich von den augusteischen Fundmengen absetzt, die sich im Osten der Grabungsfläche konzentrieren.

Die Silbermünzen befanden sich zusammen mit neuzeitlicher Keramik in den Kiesschichten eines ehemaligen Flussbetts der Wertach verstreut, das auf historischen Karten noch bis zur Flussbegradigung in der zweiten Hälfte des 19. Jahrhunderts verzeichnet ist (Abb. 157). Die weit überwiegende Mehrzahl der Denare fand sich dabei in einem Nord-Süd verlaufenden Streifen von etwa 50 m Länge, der sich von 2–3 m Breite im Süden auf über 10 m im Norden verbreitete. Im Süden war die höchste Konzentration von über 200 Münzen pro Quadratmeter zu beobachten; in Fließrichtung nahm die Münzdichte tendenziell ab. Nördlich des Streifens fanden sich nur noch vereinzelte Denare. Reste eines ursprünglich sicher vorhandenen Behältnisses konnten nicht mehr festgestellt werden. Hinzuweisen ist auf das Fehlen von anderen mittelkaiserzeitlichen Nominalen (aus Kupfer, Kupferlegierungen oder Gold) sowie von Schmuck und ähnlichen Wertgegenständen in diesem Bereich der Grabungsfläche.

Erste numismatische Aussagen

Die seit dem 1. Januar 2022 von der Gerda-Henkel-Stiftung finanzierte und von Leonard Brey durchgeführte Untersuchung des Hortes steht noch in den Anfängen. Da die Münzen lange Zeit im Wasser bzw. im feuchten Kies lagerten, wurde die Oberfläche der Münzen oftmals in Mitleidenschaft gezogen. Etwa 20 % des Materials ist schwer restaurierungsbedürftig aufgrund von Anhaftungen bzw. starker Korrosion. Der Großteil des Schatzes ist zumindest oberflächlich zu reinigen, um eine numismatische Bestimmung zu ermöglichen. Die Restaurierung wurde im November 2021 in Tübingen begonnen.

Etwa die Hälfte des Materials wurde bisher gesichtet. Mit den daraus resultierenden Ergebnissen sowie den Hinweisen der Ausgräber lässt sich sagen, dass die älteste Münze unter Kaiser Nero kurz nach der Münzreform 64 n. Chr. geprägt wurde. Die jüngste Prägung stammt aus der Zeit des Kaisers Septimius Severus oder eines seiner Söhne im frühen 3. Jahrhundert n. Chr. Die meisten Münzen im Hort wurden aber unter den Antoninen geprägt mit dem Höhepunkt in der Herrschaft des Marcus Aurelius.

Perspektiven

Da die wissenschaftliche Bearbeitung noch am Anfang steht, sollen hier vor allem die

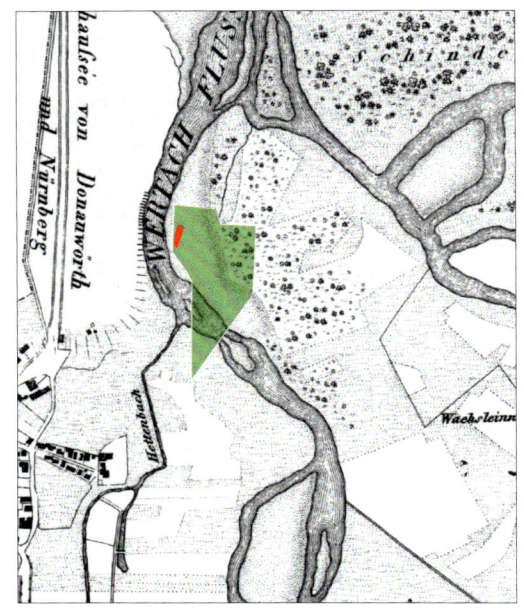

157 Augsburg-Oberhausen. Karte von 1839 mit Eintragung der untersuchten Fläche (grün) und des Fundareals des Denarhorts (rot).

methodischen Schritte vorgestellt und das Potenzial sowie die Bedeutung des Hortes verdeutlicht werden. Die Zusammensetzung des Hortes wird genau geprüft und anschließend mit anderen Münzhorten verglichen, die geografisch, chronologisch und/oder größentechnisch verwandt sind. Darüber soll ermittelt werden, inwiefern der Hort, unabhängig von seiner enormen Größe, heraussticht oder sich in das bestehende Forschungsbild einfügt. Nicht zuletzt durch die genaue Analyse der Abnutzungsgrade der Münzen sind Erkenntnisse zur Genese des Hortes zu erhoffen. Die monetäre Menge allein deutet bereits an, dass es sich bei dem Fund nicht um das Ersparte eines Landwirts oder einfachen Handwerkers handelt. Das lokale Vermögen eines Offiziers, die Kasse eines Vereins oder die Rücklagen eines Händlers sind nur eine kleine Zahl von vielen möglichen Interpretationen.

Beobachtungen zur Fundstelle
Die Fundstelle liegt etwa 1,5 km nördlich der raetischen Provinzhauptstadt *Augusta Vindelicum*. Hier scheint der Schatz vermutlich im frühen 3. Jahrhundert nahe der zur Donau führenden Fernstraße *Via Claudia* vergraben und aus unbekannten Gründen nicht wieder geborgen worden zu sein.
Dem Lagebefund nach riss die Flusserosion – möglicherweise bei einem Hochwasserereignis – den Hort während der frühen Neuzeit weg und verstreute die Münzen damit im Flusskies. Offenbar hat sich durch die Aktivität der Alpenflüsse Lech und Wertach die römerzeitliche Topografie nördlich der antiken Stadt *Augusta Vindelicum* bis in die Neuzeit hinein drastisch verändert. So ging der gesamte Abschnitt der *Via Claudia Augusta* bis zur Flur des heutigen Gersthofen verloren – mitsamt den begleitenden Nekropolen, von denen nur noch die zahlreich in Oberhausen geborgenen Grabdenkmäler in 2–3 m Tiefe auf der ehemaligen Sohle früherer Wertachläufe zeugen, und mitsamt dem ursprünglichen Versteck des Denarhorts.
Die Grundstückseigentümerin, die Augsburger SOLIDAS GmbH, überließ den Schatz großzügig den Kunstsammlungen und Museen Augsburg, wofür Geschäftsführer Anton Kopp herzlich zu danken ist.
Die Münzen werden parallel zur Bestimmung direkt in das IKMK-Portal der Universität Tübingen eingegeben. Am Ende des Projekts werden die Daten inklusive Abbildungen, metrischen Daten und Beschreibungen online gestellt. Dort können sie dann über folgenden Link abgerufen werden: https://www.ikmk.uni-tuebingen.de/home.

Leonard Brey und Sebastian Gairhos

Literatur L. Bakker, Arch. Jahr Bayern 1998, 85–87. – S. Gairhos/D. Narr, Arch. Jahr Bayern 2013, 91–94. – S. Gairhos, Arch. Jahr Bayern 2014, 70–72.

Örtliche Grabungsleitung A. Heimerl, Archäologie Heimerl. – *Sedimentologische Untersuchungen* S. Salvermoser, HydroConsult GmbH. – *Dendrochronologie* F. Herzig, BLfD. – *Restaurierung* S. Alemdar, Eberhard Karls Universität Tübingen. – *Dank* an Prof. Dr. Stefan Krmnicek, der die Freilegung der teilweise stark verkrusteten Münzen und deren Auswertung im Rahmen eines Promotionsvorhabens an der Eberhard Karls Universität Tübingen in die Wege leitete.

158 *Augsburg-Oberhausen. In der Antike ein beachtliches Vermögen: über 5600 Silbermünzen.*

Am Ostrand des Großen Regensburger Gräberfeldes: Spätrömische Gräber an der Fritz-Fend-Straße

Oberpfalz

Unmittelbar nördlich der Bahngleise, zwischen der Fritz-Fend-Straße und dem Sträßlein „Im Güterbahnhof", soll anstelle eines Parkplatzes ein neues Bürogebäude mit Tiefgarage entstehen. Das Areal liegt im östlichen Bereich des bekannten Großen Gräberfeldes. Im Jahr 2021 wurden zwischen Mai und November weitere 42 Körpergräber und zehn unvollständige Bestattungen entdeckt. Nach Sterbealter verteilen sich die Bestattungen auf zehn Infantes, fünf juvenile, 31 adulte, vier mature und zwei nicht bestimmbare.

Die ersten Gräber dieser Nekropole wurden bereits im 19. Jahrhundert aufgedeckt; nach vielen darauf folgenden Grabungskampagnen wie beispielsweise „Dörnberg-Areal" (2015–2017) oder „Im Güterbahnhof" (2011–2013) sind inzwischen mehrere tausend Bestattungen dokumentiert, deren Datierung über einen sehr langen Zeitraum vom 2. bis zum 7. Jahrhundert n. Chr. reicht. Die aktuelle Grabung erstreckte sich über eine Fläche von 3.000 m² und ging zum Teil bis zu 13 Plana tief. Obwohl das Grundstück durch neuzeitliche Gebäude und mehrere alte Bahngleiskörper stark gestört war, konnten im westlichen Bereich der Fläche noch Gräber erfasst werden, die den östlichen Rand des römischen Gräberfeldes markieren.

Etwa mittig durchzieht von Nord nach Süd eine wiederverfüllte Lehmentnahmegrube (Befund 10) das ganze Grabungsareal. 14 Körpergräber liegen innerhalb, 28 außerhalb dieser Lehmentnahmegrube. Zehn Bestattungen wurden in einer ehemaligen tiefen Kiesentnahmegrube am nördlichen Grabungsrand angetroffen. Sie waren wohl durch die Bodeneingriffe bei der Materialentnahme gestört und verlagert worden und nur noch in Resten vorhanden. Teilweise lagen die Skelettreste noch im anatomischen Verband.

Die Beigaben, die aus den Gräbern geborgen werden konnten, sind Keramik- und Glasgefäße, Schmuckstücke wie Ohrringe, Halsketten, Fingerringe, Armreifen und Ketten aus Gagat, Bronze und Gold, Spiegelscheiben, Bronzemünzen, zwei mutmaßliche Fluchtäfelchen aus Silber und zahlreiche Eisengegenstände wie Schuhnägel, Niete und Sargnägel.

Grab 25 – Gagat und Gläser

Aus den 14 dokumentierten Bestattungen innerhalb der Lehmentnahmegrube ragt die einer älteren Frau heraus (Grab 25) (Abb. 159). Beim Abtiefen der Grabgrube kam eine farblose Glasflasche mit Doppelhenkel und rechteckigem Querschnitt zutage. Beim Freilegen des West-Ost orientierten Skelettes wurde eine stark fragmentierte, zylindrische Glasschale mit leicht abgesprengtem Rand und flachem Boden angetroffen, darüber hinaus eine achtkantige Merkurflasche mit kurzem Hals und ein stark zerscherbter Glasbecher. Weitere Beigaben dieses Grabes waren eine vollständige Haarnadel aus Gagat, ein Armband aus sieben zweifach durchbohrten trilobitenartigen Gagatperlen mit gerippter Oberseite und glatter Unterseite. Des Weiteren fanden sich fünf Haarnadelfragmente aus Knochen, eine davon mit Gagatkopf, sowie vereinzelte kleine rundliche und durchbohrte Gagatperlen (Abb. 160). Als ehemals funktionale oder dekorative Bestandteile der Bekleidung können sicherlich die zahlreichen kleinen rundlichen Niete aus Eisen angesehen werden.

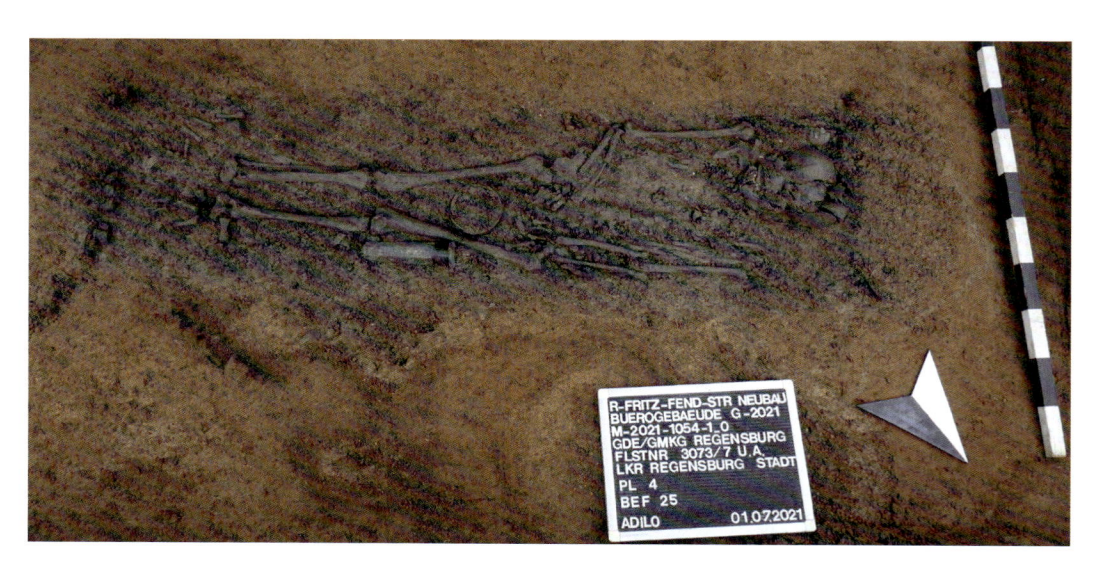

159 *Regensburg. Grab 25 einer älteren Frau.*

Grab 82 – Filigraner Goldschmuck

Insgesamt wurden 28 weitere Körpergräber westlich und östlich außerhalb der Lehmentnahmegrube dokumentiert. Bemerkenswert ist Grab 82, die Ost-West orientierte Bestattung einer erwachsenen Frau (Abb. 162). Auffällig an diesem Grab waren zunächst die großen Sargnägel aus Eisen. An Beigaben liegen vor: eine ca. 16 cm hohe Keramikflasche mit Randlippe, deutlich V-förmigem Hals und kugelförmigem Bauch. Das Gefäß ist grau-schwarz und hat eine nahezu glatte Oberfläche. Ebenfalls aus Keramik ist eine aus sandigem bis grobsandigem Ton relativ hart gebrannte, in der Farbgebung hellbraune bis dunkelgraue Öllampe. Diese entspricht in der Form einem in Regensburg häufiger vorkommenden Typ einer einfachen Henkellampe, die an der Spitze oft glatt abgeschnitten ist. An Bronzefunden wurden eine kalottenförmige Schale mit Henkel, ein Fingerring und ein kleines Bronzeobjekt mit einem Loch in der Mitte gefunden, das zusammen mit weiteren Gagat- und Glasperlen die Reste einer Halskette darstellen dürfte. Außerdem war der Toten ein kleiner Glasspiegel mit Bleifassung beigegeben. Der Spiegel hat einen Durchmesser von ca. 6 cm, die Einfassung ist mit kleinen Kerben dekoriert. Zur weiteren Ausstattung gehörten ein zwölfeckiger Fingerring und ein Paar Ohrringe aus Gold (Abb. 161). Diese Ohrringe bestehen im oberen Teil aus einem filigran gearbeiteten, quadratischen Goldblech mit Rankenmuster. In einem der beiden Ohrringe ist in der Mitte des Goldblechs eine Glasperle befestigt. An der Unterseite befinden sich jeweils zwei bis drei Anhänger aus feinem Golddraht, jeweils einer davon mit einer eingearbeiteten grünen Glasperle. Ähnliche Ohrringe sind 2017 bei Grabungen in der nahe gelegenen Albertstraße 10 gefunden worden. Dort lässt sich der Goldohrring im Befundzusammenhang in das 3.–4. Jahrhundert datieren. Das hohe Maß an Übereinstimmungen könnte auf eine Herkunft aus derselben Werkstatt schließen lassen.

Funeraldepots

Während der Grabung wurden drei Befunde dokumentiert, die ohne erkennbaren direkten Zusammenhang mit einer Bestattung stehen. Es handelt sich in zwei Fällen um gefüllte Gefäße (Befund 20 und 87) und in einem Fall um

160 *Regensburg. Gagatfunde aus Grab 25. Länge der Haarnadel 8,7 cm. Maßstab 1 : 1.*

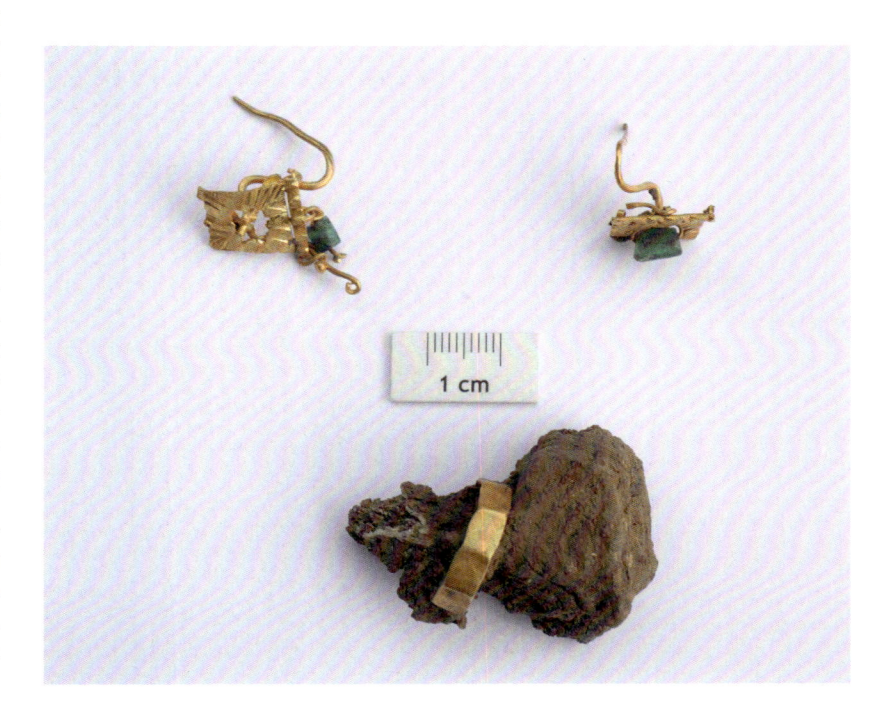

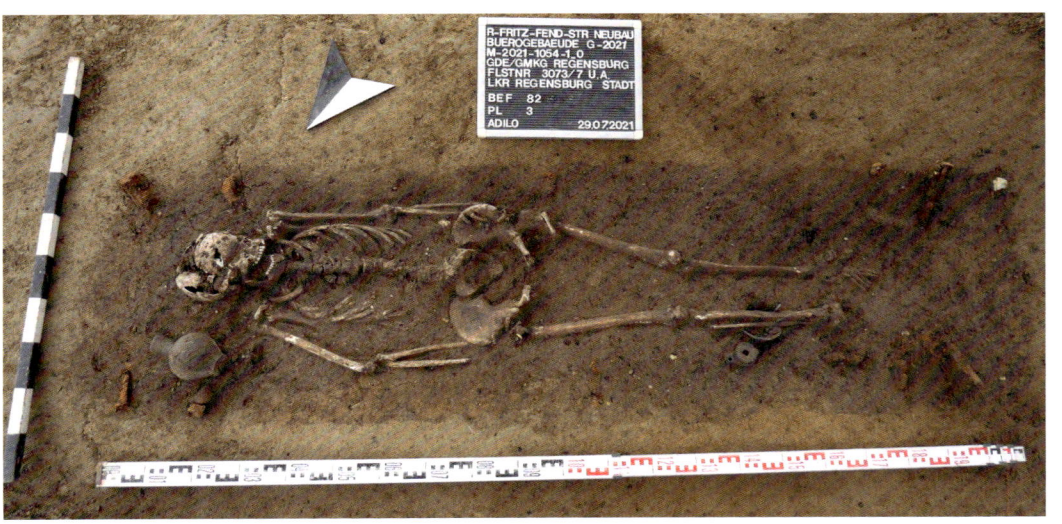

161 *Regensburg. Goldschmuck aus Grab 82. Maßstab 1 : 1.*

162 *Regensburg. Grab 82 einer erwachsenen Frau.*

163 Regensburg. Befund 87 während der restauratorischen Freilegung mit Lage der Funde.

mehrere Gefäße, die im angelegten Planum in einer U-förmigen Anordnung verteilt waren (Befund 21). Diese Deponierungen hängen vermutlich mit einem Ritual zusammen, das von den trauernden Hinterbliebenen auf dem Gräberfeld vollzogen wurde. Die Fundgegenstände lassen sich ebenfalls in das 3.–4. Jahrhundert datieren.

Befund 20 (Abb. 164) wurde zwischen zwei Körpergräbern angetroffen. Die Fundstücke sind drei Glasgefäße: ein stark fragmentierter Glasbecher, der in einer Keramikschale mit roter Engobe deponiert war, ein kleiner vierkantiger Krug ohne Henkel mit kurzem Hals und ein Balsamarium. Außerdem lagen darin ein kleiner kumpfförmiger Keramikbecher und die Reste eines Soldatentellers, der vermutlich als Deckel benutzt wurde.

Befund 87 wurde westlich von Körpergrab 33 deponiert. Innerhalb eines Keramiktopfes befanden sich sechs Glasgefäße, und zwar eine Flasche mit kugeligem Körper und Trichterhals, eine weitere Flasche mit Trichterhals und abgesprengtem Rand, ein spindelförmiges Balsamarium, ein glockenförmiger Becher und zwei weitere kleine, stark beschädigte Flaschen. An Keramikfunden kommen hinzu ein bauchiger Trinkbecher von grauer Farbe und ein fragmentierter Soldatenteller. Letzterer weist Reste einer roten Bemalung auf und diente sicherlich als Abdeckung (Abb. 163).

Befund 21 wurde neben Körpergrab 32 dokumentiert (Abb. 165): Unmittelbar auf dem Planum fand man in einer U-förmigen Anordnung zwei zerbrochene Glasflaschen und drei bauchige Trinkbecher vor, einer davon aus Terra sigillata, einer mit schwarzer Engobe und der dritte in dunkelgrauer Farbgebung.

Marc Gimeno Mariné und Markus Hable

Literatur M. Hümmer, Vom Güterbahnhof westwärts: die nächsten 600 Gräber im Großen Gräberfeld von Regensburg. Arch. Jahr Bayern 2015, 88–91. – M. Hümmer/S. Zäuner, Plus 900: Weitere Gräber auf dem Großen Gräberfeld in Regensburg, Arch. Jahr Bayern 2016, 90–93. – S. Codreanu-Windauer, Regensburg – Deine Toten. Bestattungsplätze rund um Regensburg in der Spätantike und dem frühen Mittelalter. Bayer. Arch. 2, 2017, 28–35.

Örtliche Grabungsleitung und Grabungsdokumentation M. Gimeno Mariné und M. Hable, beide ADILO GmbH. – *Anthrophologische Bestimmung* A. Kostrzewa, ADILO GmbH. – *Restaurierung* J. Stelzner.

164 Regensburg. Funeraldepot Befund 20.

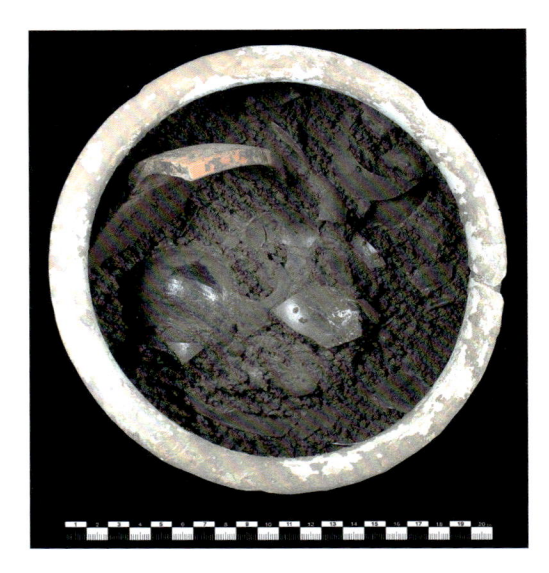

165 Regensburg. Befund 21. Lage der Gefäße im Planum.

Verteilt über drei Jahrhunderte – Ein frühmittelalterliches Gräberfeld in Würding

Gemeinde Bad Füssing, Landkreis Passau, Niederbayern

Frühmittelalter / Mittelalter

Im Bereich der Bäderstadt Bad Füssing wurden in den letzten Jahren bereits einige neue Erkenntnisse zur spätantik-frühmittelalterlichen Besiedlungsgeschichte des unteren Inns gewonnen. Im Jahr 2021 erfolgte nun in Würding die umfangreichste Untersuchung eines Gräberfeldes im Gemeindegebiet. Obwohl das Baugebiet im Westen des Ortes als Vermutungsfläche bekannt war, begannen die Bauarbeiten zunächst ohne archäologische Begleitung. Als die Gräber zutage kamen, wurden diese Arbeiten durch ein beherztes Einschreiten der Gemeindeverwaltung unverzüglich gestoppt. Beim Eintreffen des Kommunalarchäologen müssen jedoch über 30 Bestattungen schon zerstört worden sein.

Die Bestatteten

Von der gesamten Nekropole wurde auf der rund 1.000 m² großen Fläche etwa das südöstliche Viertel erfasst. Die Grabgruben lagen in ca. neun parallelen Südwest-Nordost/Westsüdwest-Ostnordost gerichteten Reihen und verdichteten sich stark nach Nordwesten (Abb. 166). Von den etwa 160 befundeten Strukturen erwiesen sich 34 als Reste zerstörter Grabgruben. Immerhin konnten noch 82 Körperbestattungen in gestreckter Rückenlage mit Kopf im Westen und seitlich am Körper anliegenden Armen ergraben werden. Nur zwei Individuen wichen von diesem Schema ab: eine männliche Bestattung in Bauchlage, deren Grabgrube den Eindruck eines von Zeitdruck geprägten Begräbnisses erweckte, sowie eine um 180° gedrehte Frauenbestattung mit Kopf im Osten. Nach Geschlechtern lassen sich die Verstorbenen in 32 Frauen, 24 Männer und vier unbestimmten Geschlechts unterteilen. Dazu kommen 22 nicht erwachsene Individuen bis zwölf Jahre, davon fünf unter sieben Jahren, drei davon unter vier Jahren.

Das Spektrum an festgestellten Pathologien beschränkt sich auf wenige Hiebverletzungen, zum Teil schlecht verheilte Knochenbrüche, Zahnerkrankungen und Abnutzungserscheinungen. Skeletale Stressmarker kamen hingegen kaum vor. Eine etwa golfballgroße kalzinierte Zyste eines parasitären Echinococcus (möglicherweise ein Fuchsbandwurm) wurde im Bereich der Leber eines adulten, maskulinen Individuums entdeckt, dem im Fußbereich eine Franziska-Wurfaxt beigegeben war. Daneben gab es Hinweise auf mindestens eine intentionelle Schädeldeformation, einen sogenannten Turmschädel.

166 Würding. Drohnenaufnahme eines Teils der Grabungsfläche. Blick von Süden.

167 Würding. Cloisonnierte Gürtelschnalle aus einem Männergrab. Größe 2,8 × 1,9 cm.

168 Würding. Grab 89 Bestattung des Spathaträgers mit Miniaturgefäß im Kopfbereich.

169 Würding. Bügelfibelpaar am Becken in einem Frauengrab des 6. Jahrhunderts.

Horizontalstratigrafie

Eine erste horizontalstratigrafische Einordnung scheint anzudeuten, dass das Gräberfeld grob in vier zeitliche Abschnitte unterteilt werden kann.

Die älteste Belegung des Gräberfeldes setzt schon in der zweiten Hälfte des 5. Jahrhunderts ein. Diese Gräber lassen sich auf den südöstlichen Bereich des Untersuchungsareals eingrenzen. Hinzuweisen ist auf die Bestattung eines Mannes mit letalen Hiebverletzungen am Schädel und am rechten Oberschenkel. Neben einem fragmentierten Spitzbecher mit trichterförmigem Rand und horizontaler Fadenauflage aus bläulichem Glas im Fußbereich besaß der Mann eine ovale Schnalle aus Buntmetall mit verdicktem Rahmen, profiliertem Dorn und einem cloisonnierten, rechteckigen Beschlag mit Almandineinlage (Abb. 167). Die direkt nördlich benachbarte weibliche Bestattung hatte im Beckenbereich eine Armbrustfibel aus Buntmetall, möglicherweise ein Altstück. Neben dem linken Oberschenkel war der Zahn eines Bären abgelegt. Neben diesen Gräbern konnten noch zwei Bestattungen mit Knickwandschalen des Typus Altenerding-Aubing festgestellt werden. Zumindest eine dieser Schalen wurde in einer Nische, die sich ca. 30 cm oberhalb des Kopfes befand, abgelegt.

Aus der Zeit des frühen 6. Jahrhunderts sticht die Bestattung einer älteren Frau mit Vierfibeltracht heraus. Das mit Kerbschnittdekor verzierte Bügelfibelpaar mit halbrunder Kopfplatte (Abb. 169) wurde durch ein Vogelfibelpaar ergänzt. Daneben trug die Dame eine Wadenbindengarnitur und eine leicht konische Rauquarzkugel als Gürtelgehänge.

Weitere weibliche Bestattungen dieser Zeitstellung enthielten Vogelfibeln sowie Schilddornschnallen aus Buntmetall. Daneben können gut ausgestattete, nebeneinander liegende Kleinkindbestattungen im südwestlichen Grabungsareal dieser Belegungsphase des frühen 6. Jahrhunderts zugeordnet werden. Einige Sargeinbauten lassen sich als Baumsärge interpretieren.

Frauengrab 84

Im Bereich vor der westlichen Grabungsgrenze befanden sich mehrere Gräber, deren Beigaben eine gehobene soziale Stellung der Bestatteten zeigen. Grab 84 einer Frau zwischen 20 und 30 Jahren enthielt im Schulter-Brustbereich ein Collier aus fünf mit filigranem Golddraht verzierten Goldscheibenanhängern sowie vier mandelförmige Perlen aus Amethyst (Abb. 170), ca. 130 verschiedene polychrome (Typen Reticella und Millefiori mit enger Schleifenauflage) und monochrome Perlen sowie rötlich-transparente Perlen aus Bernstein. Eine Rosettenfibel mit Almandineinlagen und eine mit einfachem Kerbschnittdekor verzierte S-Fibel aus Buntmetall kommen hinzu. Am und unter dem Schädel lagen Fragmente eines ornamentalen Kappenbesatzes aus Textilresten und Silberblech.

Zwischen den Knien wurden eine Bergkristallkugel in Meridianeinfassung aus gefalteten Silberblechen sowie zwei Riemenzungen geborgen. An der linken Körperseite hatte die Frau ein „Klappergehänge", dessen Abschluss ein an eisernen und buntmetallenen Ösen befestigter, runder Beinring bildete. Die Bestattung der jungen Frau lässt sich in die Zeit zwischen 550 und 580 n. Chr. datieren. Eine annähernd identische Grabausstattung gibt es in Burgweinting; für die dort beerdigte Person wurden Beziehungen zum Herzogshof in Regensburg erwogen.

Spathagrab 89

Direkt südlich von Grab 84 wurde das Grab eines wehrhaften Mannes freigelegt. Schon im oberen Planum, ca. 20 cm über der Skelettlage, kamen zwei Eberzähne, Schmuck einer Kopfbedeckung sowie im unteren Beckenbereich ein Schildbuckel mit abgesetzter konischer Kalotte und Spitzknopf zutage. Eine lanzettförmige Lanzenspitze mit Mittelrippe und ge-

schlitzter Tülle wurde vermutlich bei Zersetzung der Holzabdeckung in die Verfüllung des Bestattungshorizonts verlagert, sie befand sich in Versturzlage unterhalb des linken Fußes.
Der 40–60-jährige Mann besaß eine eiserne Spatha mit pyramidalem Knauf aus Bronze sowie aufliegenden Riemenbeschlägen neben dem rechten Bein, ein Messer neben der linken Hand, ferner ein kugeliges Miniaturfläschchen aus grob quarzgemagertem Ton und einen Kamm im Kopfbereich (Abb. 168). Der Spathaträger mit Schild und Lanze dürfte nicht später als um die Wende vom 6. zum 7. Jahrhundert beigesetzt worden sein.

Jüngste Gräber
Weitere, zum Teil beraubte Gräber lassen sich in das fortgeschrittene 7. Jahrhundert einordnen. Sie enthielten noch geschlechterspezifische Beigaben des Standardrepertoires: Den Männern wurden Hiebwaffen aller Größenordnungen (Spathen, Saxe, Äxte und Messer) und Kleidungsbestandteile wie vielteilige Gürtelgarnituren und -beschläge aus Eisen beigegeben. Die Frauen besaßen im Hals-, Schulter- und Brustbereich Colliers aus Glasperlen und Bernstein, verschiedene Ohrringe und gelegentlich Fibelschmuck. Daneben kommen geschlechterunabhängige Beigabentypen wie Messer oder Kämme vor. Diese Gräber zogen sich bis in den zentralen Bereich der Grabungsfläche, wobei hier eine Abnahme der Überlagerungsdichte zu verzeichnen ist.
Die letzten fassbaren Gräber können chronologisch vielleicht sogar um die Wende vom 7. zum 8. Jahrhundert gesetzt werden. Hierbei handelte es sich um größere Grablegen mit sich überlagernden bzw. störenden Mehrfachbestattungen. Der obere – oder, zieht man den rezenten Bodeneingriff in Betracht, ehemals mittlere – Horizont dieser archäologisch als Familiengrablegen gedeuteten Bestattungsplätze erbrachte bis auf kleinere Messer oder Gürtelschnallen aus Eisen keine oder wenige Beigaben, dafür wurden hier häufig gezimmerte Sargreste oder rechteckige Sargspuren und Unterzüge, seltener Steinsetzungen aus mittelgroßen Flusskieseln registriert.

Alois Spieleder und Hardy Maaß

Literatur S. Codreanu-Windauer, Klein aber fein. Frühmittelalterliche Gräberfelder in Burgweinting. In: A. Boos/M. Ontrup/G. Wolf/J. Zuber (Hrsg.), Die Spuren von Jahrtausenden. Archäologische Funde und Ergebnisse der Großgrabung Regensburg-Burgweinting. Regensburger Stud. u. Quellen Kulturgesch. 24 (Regensburg 2020) 303–357. – R. Hempelmann/Ch. Steinmann, Kriminalfall im Fischteich: Spätantike Gräber in Bad Füssing-Safferstetten. Ber. Bayer. Bodendenkmalpfl. 62, 2021, 369–378.

Örtliche Grabungsleitung S. Neupert und H. Maaß, Büro für Archäologie Neupert, Kozik & Simm GbR. – *Anthropologische Bestimmungen* Ch. Girotto, LMU München.

170 *Würding. Halsschmuck aus Frauengrab 84: Teile eines Colliers mit Goldscheibenanhänger, Amethysten und Millefioriperlen. Weitere Perlen nicht abgebildet. Maßstab 1 : 2.*

Frühmittelalterliche Bestattungen aus einem Gräberfeld in Lenting

Landkreis Eichstätt, Oberbayern

Rund 500 m östlich des historischen Ortskerns von Lenting befindet sich ein Reihengräberfeld, das in den 1980er Jahren schon weitgehend überbaut worden ist. Es liegt unmittelbar nördlich der Römerstraße zwischen den Kastellen Nassenfels und Kösching, die hier auf einem Höhenrücken über dem Lentinger Bach verläuft. Auf dem gesamten Areal waren bereits Funde und Befunde u. a. zu frühmittelalterlichen Gräbern bekannt geworden, sodass eine neue Einzelbaumaßnahme archäologisch begleitet werden musste. Es war keine Überraschung, dass die aktuelle Grabung weitere Gräber erbrachte.

Die Grabung
Das Grabungsareal wurde in drei Abschnitten untersucht, da dies für eine reibungslose Abwicklung am günstigsten erschien. Zunächst wurde der (unterkellerte) Altbestand abgerissen, um neuen Doppelhaushälften Platz zu machen. Bereits in dieser Phase waren drei Reihengräber (Grab 3, 4 und 8) auszumachen, die allerdings durch eine moderne Drainage schwer zu erkennen und teilweise so stark gestört waren, dass in einem Fall nur mehr einige Zähne geborgen werden konnten. Der anstehende Boden erwies sich als geringmächtige Lössüberdeckung über tertiären Sanden.

171 Lenting. Frauengrab 29 mit Glas- und Bernsteinperlen. Links: Perlen im Zwischenplanum; rechts: große Mosaikperlen und zylindrische Perlen.

172 Lenting. Frauengrab 27. Norden ist oben.

In einem zweiten Abschnitt wurde der weniger stark gestörte südliche Teil des Geländes untersucht. Hier kamen einige Siedlungsbefunde zutage, die jedoch mangels charakteristischer Funde nicht zu datieren sind. Ausgenommen hiervon ist ein nur noch 14 cm tiefer Kreisgraben von ca. 3 m Durchmesser, der ehemals einen Grabhügel umgeben haben könnte, von dessen Bestattung sich jedoch keine Reste mehr erhalten haben.

Im Nordosten der Fläche zeigten sich schließlich die weiteren Reihengräber, die jedoch auch größtenteils gestört waren. Mindestens vier Gräber waren bei den früheren Baumaßnahmen fast ganz zerstört worden, vier Gräber (28, 29, 33 und 34) wurden dabei angeschnitten, wobei letztere zwei Gräber 33 und 34 unter der späteren Terrasse des Altbaus noch leidlich erhalten blieben. Aufgrund ihrer Anordnung und Form ist anzunehmen, dass es sich bei Befund 1 und 30 ebenfalls um Gräber handelte, die jedoch fast vollständig zerstört angetroffen wurden. Ganz im Osten der Grabungsfläche fanden sich schließlich noch fünf Gräber, die die Baumaßnahmen unbeschadet überstanden hatten (23–27). Eine von den Gräbern 23 und 24 überlagerte Siedlungsgrube (36) erwies sich als urnenfelderzeitlich.

Gräber

Insgesamt konnten also, rechnet man Befund 1 und 30 mit dazu, 14 West-Ost orientierte Gräber nachgewiesen werden, von denen allerdings nur fünf einigermaßen ungestört waren (Abb. 173). Diese Bestattungen erwiesen sich jedoch allesamt als antik beraubt. Sogenannte Raubschächte waren zwar im Planum nicht erkennbar, doch zeigten einige Profile offensichtlich gestörte Schichtverläufe. Zudem fehlten in den meisten Gräbern manche Knochen oder befanden sich nicht mehr in anatomisch korrekter Lage (Grab 23).

Die Gräber waren noch zwischen ca. 20 und 80 cm in den anstehenden Boden eingetieft. Nicht alle Verstorbenen waren in Särgen bestattet worden. So wies Grab 27 (Abb. 172) Verfärbungen auf, die Rückschlüsse auf ein Holzbrett zur Aufbahrung der Toten zulassen: Bei Grab 29 waren Spuren eines Sarges im Profil erhalten. Die Existenz eines Sargdeckels ist für die Gräber 29 und 28 stark anzunehmen, da ein als Klappmesser identifizierter Gegenstand (Grab 29) bzw. eine Lanzenspitze (Grab 28) 15 cm höher als das Skelett angetroffen wurden. Leider war keine Holzsubstanz mehr für eine dendrochronologische Untersuchung vorhanden, allerdings deuten verschiedenartige Farbe und Konsistenz der Verfüllung ebenfalls auf einen Sargdeckel hin.

Aus anthropologischer Sicht befanden sich alle Skelette in einem sehr schlechten Zustand, da der saure Lösslehmboden die Knochen stark angegriffen hatte.

Hingegen waren die keramischen Beigaben gut erhalten. Aus den Männergräbern (darunter Grab 3 und 28) konnten Funde wie Pfeilspitzen, Saxe, ein Messer, Gürtelschnallen und ein doppelseitiger Kamm mit Eisennieten gefunden werden. Noch reicher ausgestattet stellten sich die Frauengräber mit Schmuck und Kleidungsbestandteilen dar. Ein Keramikgefäß in germanischer Tradition lässt an eine noch frühere Zeitstellung als ursprünglich angenommen denken. Daher wurden vom Skelettmaterial Proben für Radiokarbondatierungen entnommen, für die das Bayerische

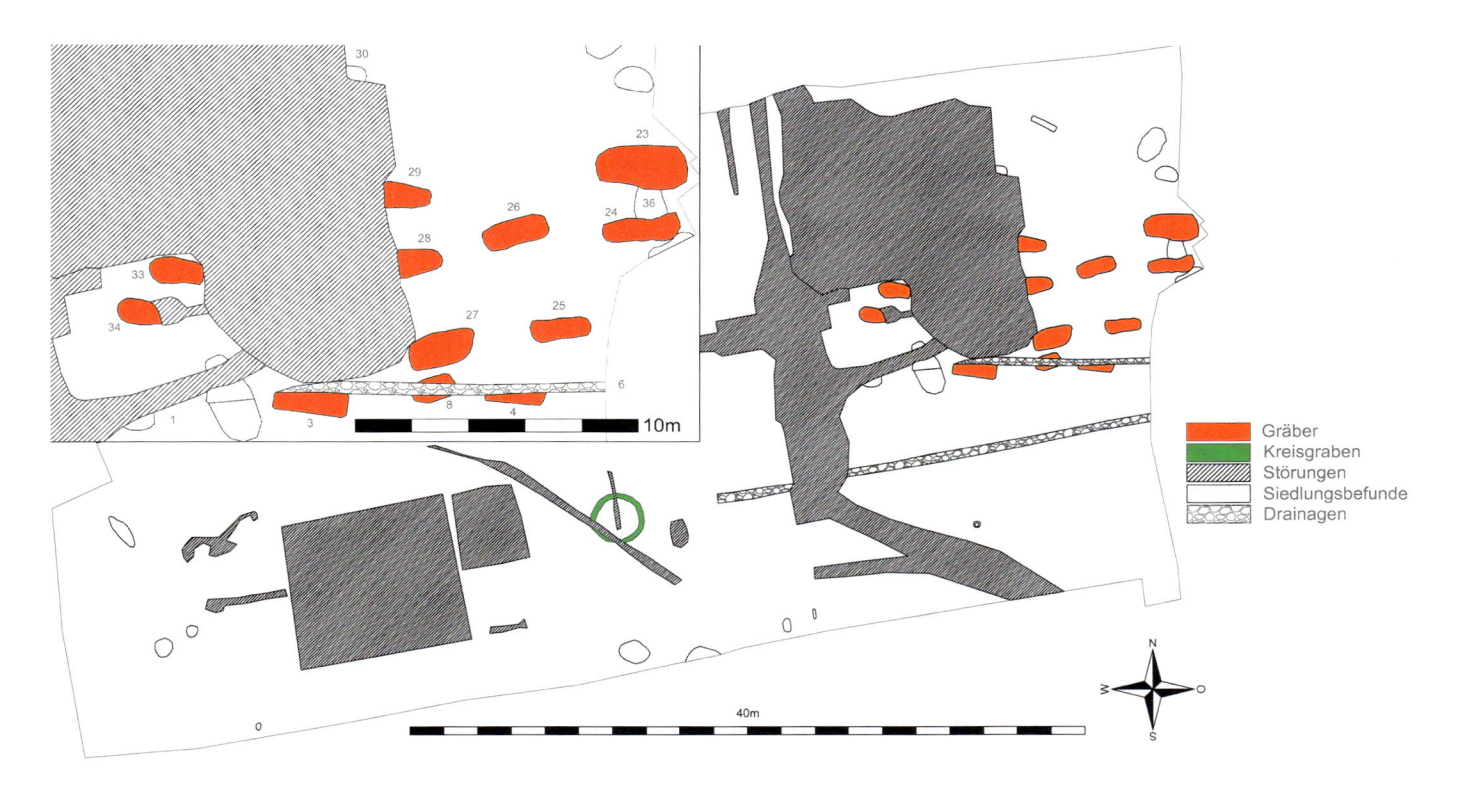

173 Lenting. Schematischer Gesamtplan der Grabung mit Detailplan der Reihengräber.

Landesamt für Denkmalpflege dankenswerterweise die Kosten übernimmt.

Ausweislich der Beigaben und des anthropologischen Befundes wurden insgesamt drei Männer- und sechs Frauengräber festgestellt, wobei die Skelette aus Grab 8, 24 und 25 nicht mehr einem Geschlecht zuzuordnen sind. Das Alter der Toten bewegt sich zwischen 20 und 70 Jahren. Zwei Bestattungen seien im Folgenden kurz vorgestellt:

Frauengrab 27 – Perlenreichtum

Obwohl sich dieses Frauengrab – sowohl durch anthropogene als auch natürliche Faktoren (Baumwurzel) – in einem stark gestörten Zustand befand, ist es eines der reichsten der Grabung (Abb. 172). Insgesamt konnten mehr als 120 Glasperlen geborgen werden, vor allem aber sind mehr als 20 rundliche, nagelkopfgroße Bernsteinperlen im Halsbereich hervorzuheben. Darunter, im Brustbereich, fanden sich zahlreiche monochrom rote und schwarze rundliche Miniaturglasperlen sowie hellgrüne Rundglasperlen. Bei einem rundlichen Stück Bronze, das im Bereich des Schlüsselbeines geborgen wurde, handelt es sich aller Wahrscheinlichkeit nach um eine Scheibenfibel oder eine Zierscheibe, was jedoch erst die weitere Restaurierung klären wird.

Weiter kamen an der linken Körperseite des Skelettes große Millefioriperlen zusammen mit kleinen zylindrischen mono- und polychromen Perlen, gerippten Glaswirtelperlen sowie zwei- bis dreireihig aufgefädelte, mit Gold- oder Silberfolie hinterlegte Glasperlen zum Vorschein. Vermutlich war diese Perlenkette an dem Bronzestück im Schulterbereich befestigt. Der Zustand der Glasgegenstände stellte sich als erstaunlich gut heraus.

Nahe dem Knie lag ein Eisenring, der möglicherweise zu einem Gürtelgehänge gehörte. Unter dem Bein kam ein Kamm mit Klapplade zum Vorschein. Im Fußbereich befand sich ein Gefäß. Das handgemachte und nachgedrehte Rippengefäß könnte noch in spätrömischer Terra-nigra-Tradition stehen.

Frauengrab 29 – Perlen aller Art

In diesem Grab wurden das am reichsten verzierte Gefäß, die meisten Glasperlen und die größte Bernsteinperle entdeckt.

Beim Schädel lag eine verzierte bronzene Haarnadel. Im Brustbereich fanden sich Millefioriperlen verschiedenster Macharten: von

174 Lenting. Frauengrab 29, Keramikgefäß. Höhe 14 cm.

Perlen mit gekreuzten Faden- und Spiralfadenauflagen, zwei bis dreireihig aufgefädelt, über Röhrenperlen bis hin zu Mosaikperlen. Insgesamt konnten aus diesem Grab mehr als 180 Glas- und mehr als 16 Bernsteinperlen geborgen werden (Abb. 171).

Eine bronzene Pinzette im linksseitigen Beckenbereich war wohl Inhalt einer Gürteltasche.

Am linken Knie lagen zwei stark korrodierte Eisengegenstände, einer davon vermutlich eine Schere, die ehemals vom Gürtel hingen.

Bei den Füßen fanden sich schließlich ein noch unbestimmter kleiner Bronzegegenstand sowie ein Becher mit plastisch geformten Rippen und eingeritzten dreireihigen Rillenbündeln, aber auch Gitterstempelverzierungen. Oberhalb der Stempel ist eine Reihe mit Keilstichen zu beobachten, was auf einen völkerwanderungszeitlichen Kontext hinweist (Abb. 174).

Datierung ins 6. Jahrhundert

Die reich ausgestatteten, neu aufgedeckten frühmittelalterlichen Bestattungen ergänzen unser Bild der ältesten Geschichte Lentings auf eindrucksvolle Weise. Sie bilden wohl eine kleine Gräbergruppe innerhalb eines größeren Bestattungsareals. Als zeitlicher Ansatz ist das frühe 6. Jahrhundert in Betracht zu ziehen, lange vor der ersten urkundlichen Erwähnung des Ortes. Weitere Erkenntnisse sind nach der Restaurierung der Funde und der eingehenden anthropologischen Untersuchung zu erwarten. Auch die ^{14}C-Datierungen werden aufschlussreich sein.

Amina Muscalu

Örtliche Grabungsleitung und Dokumentation A. Muscalu, ArchDienst GmbH & Co. KG. – *Restauratorische Betreuung und Erstversorgung* K. Odvody. – *Anthropologische Bestimmung* N. Carlichi-Witjes, K. v. Heyking, und F. Schreil, AnthroArch GbR.

Gräber des 6. und 7. Jahrhunderts im Reihengräberfeld von Segnitz

Landkreis Kitzingen, Unterfranken

In Segnitz hatten im Vorfeld der Erschließung des Neubaugebiets „Schindäcker" an der Sulzfelder Straße bereits im Jahr 2005 Ausgrabungen stattgefunden. Die Erweiterung des Baugebiets in nördliche Richtung erforderte 2021 weitere Grabungen in dem dortigen Reihengräberfeld. Es konnten in der Hauptsache weitere 38 Gräber des Friedhofs aufgedeckt werden, daneben verschiedene nicht genauer datierbare vor- und frühgeschichtliche Nutzungsspuren und eine Grube mit typischen Funden der schnurkeramischen Kultur.

Struktur des Gräberfeldteils

Verteilung und Struktur der Befunde sind sehr gut vergleichbar mit den Ergebnissen der Untersuchung von 2005. Es dominieren West-Ost orientierte Körpergräber mit ovalen bis rechteckigen Grabgruben (Abb. 176; 179). Im Norden schließen drei Grabanlagen mit Kreisgraben den Friedhof ab. Im Süden befindet sich eine Doppelkreisgrabenanlage mit einem einschiffigen Pfostenbau in der Mitte (Befunde 49 und 62).

Im nördlichen Bereich der untersuchten Fläche liegen, wie bei Reihengräberfeldern dieser Zeitstellung üblich, die Bestattungen aufgereiht. Nach Süden hin scheinen sich die Reihen aufzulösen. Nördlich der Kreisgräben fanden sich keine Gräber mehr, somit ist die nördliche Grenze des Gräberfeldes erreicht. Auch im Osten und Westen der untersuchten Fläche gibt es keine Gräber mehr. Offensichtlich wurden hier die Grenzen des Friedhofs erfasst, der sich auf einem kleinen, heute fast nicht mehr sichtbaren Höhenrücken konzentriert. Ungeklärt ist bislang noch die Lage der zugehörigen Siedlung.

175 *Segnitz. Beraubtes Grab 3 mit Holzstrukturen der Grabkammer.*

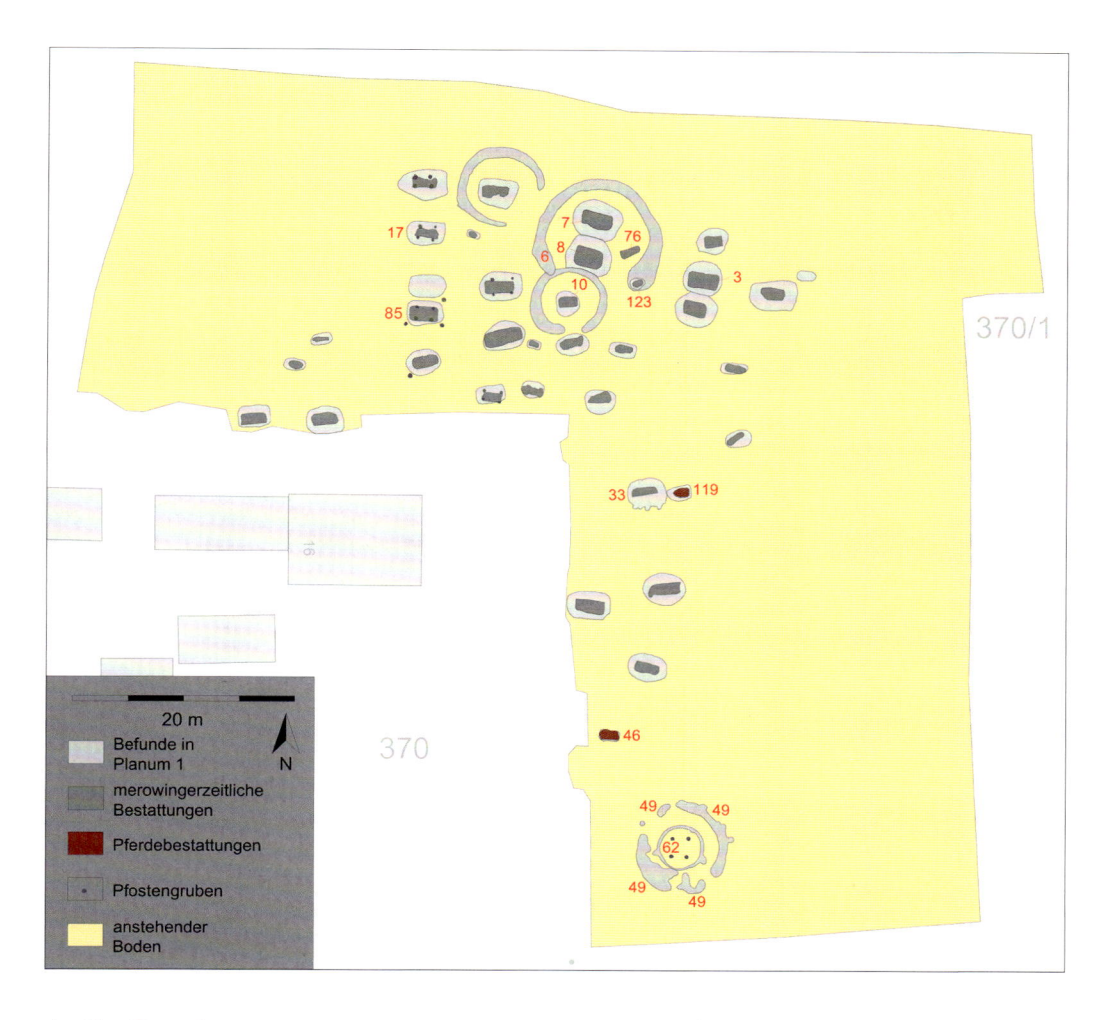

176 *Segnitz. Übersichtsplan des Gräberfelds mit Nummern der im Text erwähnten Gräber.*

Antike Beraubung

Die Gräber sind unterschiedlich weit eingetieft. Bei den Bestattungen in den Kreisgräben wurden Tiefen von fast 3 m unter Niveau von Planum 1 erreicht. Abgesehen von zwei Gräbern, deren Grabgruben vergleichsweise gering eingetieft waren, war bei allen eine antike Beraubung festzustellen. Für eine antike Beraubung spricht die Beobachtung, dass in die Grabgruben systematisch ein Raubschacht getrieben wurde, ohne dabei umgebendes Sediment zu stören. Diese Gräber müssen also zu diesem Zeitpunkt obertägig noch gut erkennbar gewesen sein. Obwohl die Gräber beraubt und damit größtenteils völlig gestört waren, konnten noch zahlreiche Kleidungsbestandteile und Gefäße geborgen werden. In wenigen Fällen blieben sogar Strukturen von Holzeinbauten erhalten (Abb. 175).

Gräber mit Kreisgraben

Am Nordrand der Nekropole wurden drei Grabanlagen aufgedeckt, die sich durch einen umgebenden Kreisgraben von den anderen Bestattungen unterscheiden. Diese Kreisgräben (Befund 6, 9 und 13) haben Durchmesser von 11,6 m, 7,5 m und 7,2 m. Die im Profil muldenförmigen Gräben sind zwischen 0,8 m und 1,2 m breit und noch ca. 0,3 m tief erhalten. In der Kreisgrabenanlage 6 fanden sich insgesamt vier Bestattungen. Hier handelt es sich um Gräber eines Mannes (Grab 7) und einer Frau (Grab 8) in der Mitte. In der östlichen Wange des Grabens konnte eine weitere Bestattung einer – nach einer ersten In-situ-Befundung – jungen Frau festgestellt werden (Grab 123). Im östlichen Teil der Grabanlage lag direkt an der Oberfläche eine ungestörte Bestattung einer Frau (Grab 76). Entsprechend ihrem hohen sozialen Rang hatten die Toten hochwertige Beigaben erhalten. Neben Perlen wurden weitere Kleidungsbestandteile wie eine Bügelschere, ein Messer und eine Almandinscheibenfibel beigegeben (Abb. 177). Von besonderer Bedeutung ist ein silberner Siegelring im Frauengrab 8. Die Tote trug den Ring an der linken Hand (Abb. 178).

Unmittelbar südlich angrenzend befand sich innerhalb von Kreisgraben 9 die Kinderbestattung 10. Bei diesem Befundensemble liegt die Vermutung nahe, dass die Bestatteten in einem verwandtschaftlichen Verhältnis zueinander standen. Zur Klärung dieser Frage könnten entsprechende DNA-Analysen am Skelettmaterial im Zuge einer wissenschaftlichen Auswertung der Grabung beitragen.

Pferdebestattungen

In zwei Fällen konnten Pferdebestattungen festgestellt werden (Befund 46 und 119). Von

177 *Segnitz. Almandinscheibenfibel aus Grab 76.*

178 *Segnitz. Silberner Siegelring aus Frauengrab 8. Maßstab 1 : 1.*

179 *Segnitz. Kreisgrabenanlagen mit zentralen Bestattungen am Nordrand des Gräberfelds. Drohnenfoto. Norden ist oben.*

besonderem Interesse ist Befund 119. In diesem unmittelbar neben dem Grab 33 liegenden Pferdegrab lagen zusätzlich zwei Hunde (Abb. 180). Das Pferd liegt auf der Seite und der Kopf ist nach hinten überstreckt. In seinem Maul steckte noch eine eiserne Knebeltrense. Weiter im Süden im Randbereich der Grabungsfläche konnte mit Befund 46 eine weitere Pferdebestattung ohne Beigaben aufgedeckt werden. Das Pferd liegt auf dem Rücken und der Schädel fehlt. Pferdebestattungen sind für diese Zeit äußerst selten.

Doppelkreisgrabenanlage und Gräber mit Pfosten

Ein weiterer Befund besonderer Art fand sich im Süden der Grabungsfläche. Hier wurde eine Doppelkreisgrabenanlage aufgedeckt. Der äußere Graben (49) hat einen Durchmesser von 8,4 m und besitzt ein muldenförmiges Profil mit einer erhaltenen Tiefe von ca. 0,2 m. Der innere Graben (62) hat einen Durchmesser von 4,3 m und ist deutlich schmaler. Hier handelt es sich offensichtlich um die Standspur einer Palisade. Im Zentrum der Anlage zeigten sich Gruben eines quadratischen Vier-Pfostenbaus. Die Anlage ist nach Süden geöffnet und enthielt keine Bestattung. Ähnliche Grabenanlagen wurden bereits bei der Grabung 2005 aufgedeckt. Sie können als Kenotaphe interpretiert werden.

An weiteren Besonderheiten beim Grabbau sind Gräber zu erwähnen, bei denen sich im unteren Bereich offensichtlich Pfostenstandspuren zeigten. Der zentrale Bereich der Bestattung 17 ist gestört. Es fanden sich Reste eines Totenbrettes. An vier Ecken sind Spuren von Pfostengruben zu erkennen. Am linken Fuß fand sich ein Dreilagenkamm und ein bislang nicht genau bestimmbarer, stark korrodierter, länglicher Eisenfund. Am rechten Oberarm lag eine Lanzenspitze und am rechten Fußende ein Gefäß.

Bei Grab 85 zeigten sich bereits in Planum 1 Pfostenstellungen, die auf einen Grabüberbau, möglicherweise eine Totenmemoria, schließen lassen.

Gut erhaltene Holzstrukturen eines Totenbretts ließen sich bei Grab 3 nachweisen. Das Grab war bis auf einen Knickwandtopf, einzelne Perlen und kleinere Bronzefragmente fast vollständig beraubt (Abb. 175).

Datierung und Bedeutung

Mit der Grabungsfläche von 2021 konnte nun die vollständige Ausdehnung des merowingerzeitlichen Gräberfeldes erfasst werden, dessen zugehörige Siedlung im näheren Umfeld bislang archäologisch nicht lokalisiert ist. Weitergehende chronologische Aussagen zum Belegungszeitraum der Nekropole sind indessen möglich. Der 2005 untersuchte südliche Bereich des Gräberfeldes ist vornehmlich in das 7. bis Anfang des 8. Jahrhunderts zu datieren. Eine erste chronologische Einordnung des noch nicht restaurierten Fundmaterials dieser Grabungskampagne kann in das 6./7. Jahrhundert erfolgen. Somit hat die aktuelle Kampagne offenbar den älteren Friedhofsteil erfasst und wichtige neue Erkenntnisse zur Belegungszeit des Friedhofs und damit auch Rückschlüsse auf die Besiedlung von Segnitz erbracht. Die Radiokarbondatierung einer Bestattung auf dem ehemaligen Friedhof an der Kirche St. Martin in Segnitz deutet an, dass dieser im 8. Jahrhundert angelegt wurde (671–860 n. Chr. cal 2sigma). Dieser Umstand ist bemerkenswert, da damit eine Siedlungskontinuität vom Ende der Nutzung der merowingerzeitlichen Nekropole bis in die frühchristliche Periode belegt wäre.

Von besonderer kulturhistorischer Bedeutung ist auch die nachgewiesene antike Beraubung bzw. Wiederöffnung der Gräber, wie sie überregional bei Gräberfeldern dieser Zeitstellung zu beobachten ist. Der starke Grad der Beraubung, der nachweisbare hohe Aufwand des Raubschachtes und die Konse-

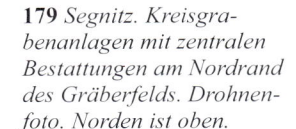

180 *Segnitz. Pferdebestattung 119 mit zwei Hunden.*

quenz, nahezu alle Gräber treffsicher zu plündern, sprechen nicht nur von Kenntnissen der „Grabräuber" über die hier bestatteten Personen, die aufgrund ihrer reichen Beigaben als hochrangige Mitglieder der Gesellschaft mit vermutlich höherem politischem Einfluss gelten können, sondern auch von einem planmäßigen Vorgehen. Die trotz Beraubung heute noch erhaltenen Beigaben lassen ahnen, welch reiche Ausstattung ursprünglich in den Gräbern lag.

Hans-Ulrich Glaser

Literatur M. Hoppe, Arch. Jahr Bayern 2005, 101 ff. – A. Pütz, Merowingerzeitliche Gräberfelder am unteren Maindreieck. Materialh. Bayer. Arch. 111 (Kallmünz 2019).

^{14}C-Daten Curt-Engelhorn-Zentrum Archäometrie gGmbH; Labornummer: MAMS 43632, Standardabweichung: 1259 ± 25 BP = 671–860 n. Chr. cal 2sigma.

Hand- und Hauswerk am Zettelbach – Eine merowingerzeitliche Siedlung im Dornheimer Grund

Stadt Iphofen, Landkreis Kitzingen, Unterfranken

Die sanfte, manchmal etwas vergessene Hügellandschaft südöstlich von Iphofen birgt nicht nur für die Frühmittelalterarchäologie ein höchst spannendes Untersuchungsfeld. Während die Gegend der Hellmitzheimer Bucht bereits seit Längerem für ihre Häufung von Grabfunden und zahlreichen auf „-heim" endenden Ortsnamen bekannt ist, führten die vereinzelt erwähnten, doch unscheinbaren Siedlungsfunde im Gegensatz dazu meist ein Schattendasein. Die Unmengen an lokaler und importierter Keramik des 6.–8. Jahrhunderts, die durch den verstorbenen Sammler Karl Alt im Dornheimer Grund – zwischen Dornheim und Hellmitzheim an der Quelle des Zettelbachs gelegen – geborgen wurden, regten daher zu einer näheren Betrachtung dieses Platzes an (Abb. 183). Da sich die Siedlung auf freiem Feld befindet und nicht modern überbaut ist, bietet sie ideale Voraussetzungen für siedlungsarchäologische Untersuchungen.

Grubenhäuser mit ergiebigem Fundgut

Ein Forscherteam der Friedrich-Schiller-Universität Jena und Kräfte vor Ort begannen 2012–2014 mit ersten Untersuchungen in Form von geomagnetischen Sondierungen und Feldbegehungen. Daran schlossen sich bodenkundliche Untersuchungen und eine erste kleine, ebenfalls bodenkundliche Sondierungsgrabung an. Archäologische Grabungskampagnen, die auf diesen Ergebnissen aufbauten, folgten in den Jahren 2018, 2020 und 2021. Diese förderten insgesamt drei Grubenhäuser und insbesondere im letzten Jahr weitere, kleinteiligere Siedlungsstrukturen zutage. Bereits beim ersten Grubenhaus – einem klassischen Sechs-Pfosten-Bau – fielen insbesondere das Vorkommen importierter scheibengedrehter Ware aus dem Mayener Raum, Fragmente von Trinkgläsern und mehrere Stücke, die auf Beinverarbeitung hinweisen, auf (Abb. 181). Dieses Fundbild entspricht keines-

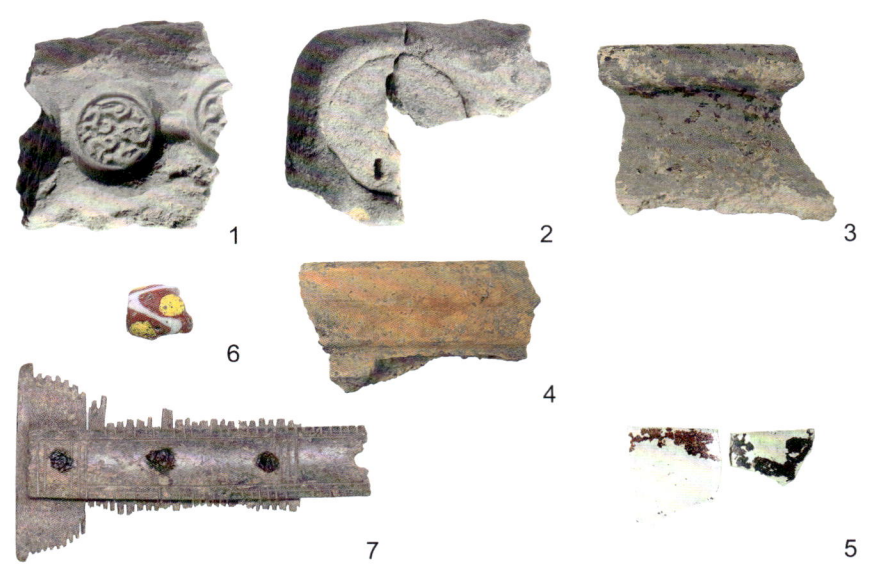

181 *Dornheim. Kleinfunde des 6./7. Jahrhunderts aus Grubenhäusern, Werkplatz und Ofen: 1 Gussmodel für Saxscheidenniete, Ton; 2 Gussmodel für eine Scheibenfibelgrundplatte, Ton; 3 Randscherbe, rauwandige Drehscheibenware; 4 Randscherbe, Mayener Ware; 5 zwei Randscherben, Glas; 6 Glasperle mit weißer Fadenauflage; 7 Kammfragment, Bein. Maßstab 2 : 3.*

182 *Dornheim. Luftbild des Grabungsschnitts zum Ende der Kampagne 2021. Links das komplett gegrabene Grubenhaus mit teilweise wiederverfüllten Pfostengruben, rechts die Gräbchenstrukturen und Pfostengruben im Negativ, rechts oben der Werkplatz im Planum und mittig Ofen und latènezeitliches Grubenhaus, die nur zur Hälfte bzw. einem Viertel geöffnet sind.*

wegs den üblicherweise bekannten frühmittelalterlichen ländlichen Siedlungen und setzte sich auch in den beiden unweit nordwestlich liegenden Grubenhäusern fort. Letztere boten ein spannendes Befundbild: Ein größerer und besser erhaltener Grundriss eines Acht-Pfosten-Baus mit Abmessungen von 5,6 × 4,0 m wurde im östlichen Drittel von einem kleineren und weniger gut erhaltenen Grubenhaus (3,6 × 3,3 m) des Sechs-Pfosten-Typs überlagert. Die Schichten des älteren Befundes verlaufen im Profil auffallend parallel zueinander. Der anstehende Boden (Grenzdolomit) war in allen erfassten Sektoren förmlich abrasiert, sodass ein annähernd planer Untergrund entstand. Das Fundmaterial aus beiden Bauten ist mehrheitlich dem 7. Jahrhundert zuzurechnen, wobei es nicht über die zweite Hälfte hinaus datiert. Von einem engen zeitlichen Bezug der beiden Grubenhäuser muss daher ausgegangen werden.

Ein Guss- und Schmiedeplatz?

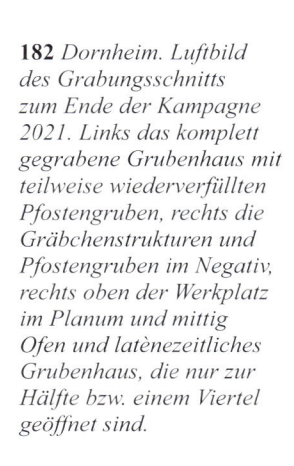

Im westlich an die Grubenhäuser anschließenden Areal konnte im Rahmen der Kampagne 2021 entlang der westlichen Schnittkante neben einigen Pfostengruben vermutlich ebenerdiger Gebäude auch ein größerer Befund beobachtet werden, bei dem es sich aufgrund des geborgenen keramischen Fundmaterials um ein latènezeitliches Grubenhaus handeln dürfte (Abb. 182). In dieses war ein frühmittelalterlicher Ofen (Abb. 184) eingetieft. Der Ofen stellte sich im Planum als ovale bis kreisrunde Verfärbung dar und war mit zahlreichen Fragmenten verziegelten Lehms, die mitunter deutliche Rutenabdrücke aufwiesen, verfüllt. Im unteren Teil lag ein etwa 5 cm dickes Holzkohleband auf einer Bodenplatte aus ursprünglich ungebranntem Lehm auf. Im Profil zeigten sich verschiedene bänderartig verlaufende Ascheschichten, die von stärker holzkohlehaltigen Schichten getrennt waren und auf einen mehrmaligen Gebrauch des Ofens schließen lassen. Sowohl auf als auch unter der Ofenbodenplatte konnten zahlreiche Buntmetallfragmente geborgen werden, die auf eine Nutzung als Schmiedeofen hinweisen. Zwei Gussformfragmente einer Scheibenfibel-Grundplatte (Abb. 181,2) belegen die frühmittelalterliche Datierung. Ein weiterer Befund in der südwestlichen Ecke des Schnitts konnte im Rahmen der letztjährigen Kampagne nicht mehr vollständig erfasst werden, stellte sich aber bei Grabungsabschluss als annähernd rechteckige Verfärbung mit zahlreichen Einschlüssen aus Holzkohle und verziegeltem Lehm dar und wurde vorläufig als frühmittelalterliches Grubenhaus gedeutet. Bereits aus der obersten Schicht dieser Verfärbung, die zur besseren Erkennbarkeit der Form und Ausmaße händisch abgetragen wurde, stammen nicht nur weitere Gussformfragmente, die in ihrer Machart mit demjenigen aus dem Ofen übereinstimmen, sondern auch Werkzeuge, die sich mit Feinschmiedearbeiten in Zusammenhang bringen lassen. Darunter befindet sich auch ein hervorragend erhaltenes Gussformfragment für Saxscheideniete im Tierstil II (Abb. 181,1), das zu den Glanzstücken unter den Funden der letztjährigen Grabung gehört. Ein funktionaler Zusammenhang dieses vorläufig als Grubenhaus interpretierten Befundes mit dem Schmiedeofen erscheint daher naheliegend, kann jedoch erst im Zuge der nächsten Kampagne abschließend geklärt werden. Im Areal dieses Werkplatzbereichs wurden außerdem zwei in Nord-Süd-Richtung verlaufende lineare Strukturen beobachtet, deren Funktion fraglich ist; aufgrund ihrer stark unregelmäßigen Form und Tiefe wurde zunächst vermutet, dass es sich um Tiergänge handle. Ein weiteres West-Ost verlaufendes Gräbchen, das in Sektor H des älteren Grubenhauses auf Planum 3 erfasst wurde und dort annähernd rechtwinklig nach Norden abknickte, könnte jedoch mit Schwellrahmenhäusern, wie sie etwa im mittelfränkischen Markt Berolzheim vorkamen, in Zusammenhang gebracht werden. Diese These lässt sich zum jetzigen Zeitpunkt jedoch nicht erhärten.

Dieser Frage und der Klärung des möglichen Grubenhauses mit Guss- und Schmiedeabfällen soll in den nächsten Kampagnen nachgegangen werden. Insgesamt zeigt sich im Dornheimer Grund bereits jetzt ein hochspannender Ausschnitt des Handwerksbereichs einer Siedlung, der weitere aufschlussreiche Erkenntnisse über deren Charakter verspricht.

Michael Marchert und Anja Pütz

Literatur M. Nadler, Aus der Frühzeit von Markt Berolzheim. Arch. Jahr Bayern 2017, 62–64. – A. Pütz/M. Klein-Pfeuffer, Leben am Zettelbach – Spurensuche in einer merowingerzeitlichen Siedlung auf der Flur „Dornheimer Grund", Iphofen-Dornheim, Lkr. Kitzingen. Beitr. Arch. Ober- u. Unterfranken 11, 2019, 325–394. – A. Pütz/R. Obst, Merowingerzeit in Mainfranken. In: M. Mergenthaler/M. Klein-Pfeuffer, Als Franken fränkisch wurde. Archäologische Funde der Merowingerzeit (Berlin 2021) 29–61.

*Projektbeteiligt*e P. Ettel, A. Pütz und M. Marchert, FSU Jena; M. Klein-Pfeuffer; Knauf-Museum Iphofen; Museum für Franken Würzburg. – *Archäobotanik* M. Dinies, FU Berlin. – *Archäozoologie* A. Dohr, LMU München. – *Bodenkunde* M. Hein, EVA Leipzig. – *Geophysik* S. Linzen, IPHT Jena; S. Dunkel, Supracon AG Jena. – *Spurenelementanalyse* D. Merten, FSU Jena. – *Danksagung* Ein besonderer Dank geht an die Stadt Iphofen und die Bürger von Dornheim für die finanzielle Unterstützung sowie die stets freundliche Aufnahme vor Ort und das Bereitstellen aller benötigten Infrastruktur.

183 *Dornheim. Luftbild des Grabungsschnitts 2021 im Dornheimer Grund. Im Hintergrund liegt Hellmitzheim, im Vordergrund, schilfumstanden, die Zettelbachquelle. Blick von Südosten.*

184 *Dornheim. Ofen, eingetieft in ein latènezeitliches Grubenhaus. Die Brandschichten sind in der vorderen Hälfte bis auf die Grundplatte abgebaut; rechts sind verkohlte Reste des Ofenaufbaus zu erkennen.*

Hof und Hofgrablege in Riekofen

Landkreis Regensburg, Oberpfalz

Die Fundumstände

Vor der Erschließung des Neubaugebiets „Bodenwiese" in Riekofen führte das Bayerische Landesamt für Denkmalpflege (BLfD) Mitte April 2021 im Rahmen der „Denkmalfeststellung im Vermutungsfall" archäologische Sondierungen durch. Nur ein Teil der überplanten Fläche lag innerhalb eines bekannten Bodendenkmals, laut Luftbild ein Grabenwerk. Allerdings waren durch die Nähe zu zahlreichen vor- und frühgeschichtlichen Fundstellen im gesamten Neubaugebiet archäologische Befunde zu vermuten. Tatsächlich kamen – neben Resten von urkatasterzeitlich bekannten abgegangenen Hofstätten – diverse vor- und frühgeschichtliche Siedlungsbefunde vor allem außerhalb der ausgewiesenen Denkmalfläche zum Vorschein.

Nach der Untersuchung der ersten Befunde, darunter ein eisenzeitlicher Brunnen mit Holzerhaltung, wurden im Bereich der Bauparzellen mehrere Erweiterungsflächen ausgewiesen. Insgesamt konnten bei der von Juni bis September 2021 durchgeführten Maßnahme auf 7.600 m² 260 Befunde dokumentiert werden. Sie belegen eine Nutzung des Areals im Endneolithikum, in der ausgehenden Eisenzeit, im Frühmittelalter und darüber hinaus bis in die Neuzeit.

Drei spätmerowingerzeitliche Gräber

An dieser Stelle soll eine kleine spätmerowingerzeitliche Gräbergruppe im Fokus stehen, die möglicherweise mit einem angrenzenden Gehöft in Verbindung gebracht werden kann (Abb. 185).

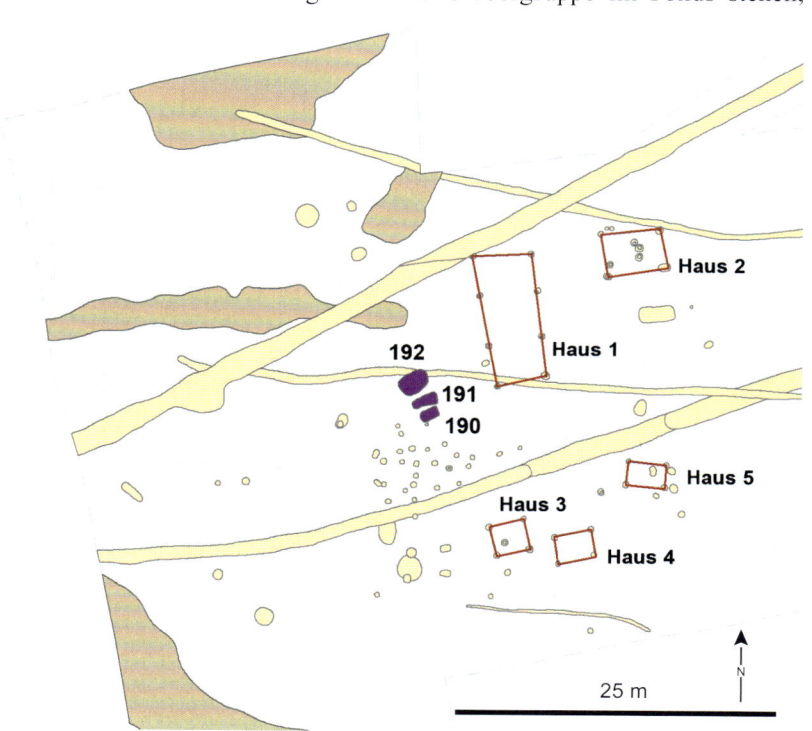

Die drei Südwest-Nordost orientierten Gräber lagen parallel zueinander in einer Reihe. In ihnen waren laut anthropologischem Gutachten ein etwa elfjähriges Mädchen (Grab 190), eine zwischen 20 und 40 Jahre alte Frau (Grab 191) sowie, gemeinsam in einem Doppelgrab (Grab 192), zwei Männer im Alter von 40–55 bzw. 50–65 Jahren beerdigt. Die Körperbestattungen waren einheitlich in gestreckter Rückenlage mit dem Kopf im Südwesten ausgeführt worden, zeigten jedoch Unterschiede beim Grabbau. So kann aufgrund der auffallend körpernahen Lage der Arme und Beine des Kindes sowohl eine Einschnürung des Leichnams als auch die Verwendung eines sehr engen Sarges angenommen werden. Beim Frauengrab ließen sich, neben dem längsrechteckigen Sargschatten selbst, noch mindestens drei Unterlegbretter nachweisen.

Eine deutlich aufwendigere Konstruktion in Form einer 2,0 × 1,5 m großen hölzernen Grabkammer belegten bei Grab 192 rechteckige Verfärbungen im Planum 2, etwa 20 cm oberhalb des eigentlichen Bestattungsniveaus. Von dieser Konstruktion konnten tiefer unten keine weiteren Überreste beobachtet werden, dafür lag zwischen den beiden Toten ein ca. 1,90 × 0,20 m großes und bis zu 2,5 cm starkes Eichenbrett. Dieses dürfte wohl – ehemals hochkant aufgestellt – als Trennbrett zwischen den beiden Toten gedient haben, was individuelle Särge eher ausschließt und die gemeinsame Deponierung in einer großen Holzkammer am wahrscheinlichsten macht. Die Untersuchung des Holzbretts im Dendrolabor des BLfD ergab als frühestmögliches Fälljahr 664 n. Chr., tendenziell eher etwas später.

In den beiden tiefer liegenden Erwachsenengräbern sind die Skelettknochen deutlich aus dem natürlichen anatomischen Verband verlagert. Da nachträgliche Störungen fehlen, ist bei dem festgestellten hohen Grundwasserstand ein Aufschwimmen der Knochen innerhalb der noch intakten Sargkiste bzw. Kammer anzunehmen. Das Fehlen von Eisennägeln deutet darauf hin, dass die Ausführung von Sarg und Kammer in reinem Holzverband erfolgte.

Die drei unberaubten Gräber belegen in ihrer Ausstattung einen gewissen Wohlstand, auch wenn wertvolle Metallgegenstände fehlen. Das Kindergrab enthielt an der rechten Beckenschaufel ein – ohne Restaurierung nicht näher zu klassifizierendes – eisernes Objekt,

185 Riekofen. Ausschnitt aus dem Übersichtsplan der 2021 untersuchten Fläche „Bodenwiese" mit frühmittelalterlichen Gräbern und Häusern. Violett: Gräber; rotbraun: rekonstruierte Hausgrundrisse; hellbraun: geologische Strukturen.

bei dem sich aufgrund der Lage an eine Gürtelschnalle denken lässt.

Bei Grab 192 mit dem aufwendigen Grabbau (Abb. 187) waren die anfänglichen Erwartungen hoch, auf ein gut ausgestattetes Kriegergrab zu stoßen. Mit dem Freilegen eines dritten Oberschenkelknochens wurde klar, dass hier eine der seltenen Mehrfachbestattungen vorliegen muss. Von den zwei Männern besaß letztlich der jüngere, südlich liegende einen Sax, der sich neben dem Oberkörper teils unter den rechten Armknochen befand. Der Sax hatte eine etwa 60 cm lange Klinge und gehört damit zu den Langsaxen, die dem späten 7. Jahrhundert zuzurechnen sind. Teile der zugehörigen Scheide in Form von Nieten oder Beschlägen fanden sich ebenso wenig wie weitere Waffenbeigaben oder Kleidungsbestandteile.

Am umfangreichsten war die Ausstattung des Frauengrabes. Neben einer kleinen unspezifischen eisernen Schnalle an der linken Hand, die als Verschluss einer Tasche oder des Leibgürtels gedient haben mag, fand sich ein zweireihiger Dreilagenkamm aus Bein, der am linken Fuß abgelegt war. Die Verstorbene besaß zudem eine Halskette aus 112 Glasperlen, die sich verstreut im Schulter- und oberen Brustbereich fanden (Abb. 186). Zumeist handelt es sich dabei um schlichte, kugelige bis walzen- oder tonnenförmige Perlen aus oranger Glasfritte, wie sie ab dem fortgeschrittenen 7. Jahrhundert generell die Perlenensembles dominieren. Das verbleibende Fünftel der Exemplare, in weißen, blauen, grünen und schwarzen Farbtönen gehalten, weist meist ebenso einfache Formen auf. Diese Uniformität prägt Perlenensembles gegen Ende des 7. Jahrhunderts.

Die typenchronologische Datierung der Gräber über ihre Beigaben bestätigt zusammen mit der naturwissenschaftlich-dendrochronologischen Datierung, dass die Gräber im letzten Drittel des 7. Jahrhunderts angelegt worden sind.

Siedlungsbefund – eine Hofstätte

Direkt östlich und südöstlich an die Gräber angrenzend konnten fünf sichere Hausgrundrisse (Haus 1–5) mit durchweg einfachen rechteckigen Gebäudeformen festgestellt werden (Abb. 185). Die kleineren Bauten bestanden ehemals aus vier, der größte aus acht Pfosten, bei einer Grundfläche von etwa 10,5 × 4,1–4,5 m (Haus 1). Innerhalb der Pfostengruben zeichneten sich in vielen Fällen noch die Standspuren vergangener Holzpfosten ab. Aufgrund der gleichartigen Ausrichtung und der geschlossenen Anordnung der Gebäudestrukturen wie um eine zentrale Freifläche erscheint die Deutung einer in sich geschlossenen und zeitgleich existierenden Hofstätte sehr plausibel. Eine vorerst unberücksichtigte Anhäufung weiterer Pfostengruben im Westen legt weitere, sich teils eventuell auch überlagernde Grundrisse nahe.

Die drei Gräber liegen mitten innerhalb des Hofareals und einiges spricht dafür, hier die letzte Ruhestätte der einstigen Bewohner zu sehen. Ein eindeutiger Beweis steht mangels

186 Riekofen. Frauengrab 191 mit Halskette aus Glasperlen. Blick von Osten.

187 Riekofen. Grab 192. Doppelbestattung mit Langsax und Eichenbrett.

datierbaren Fundmaterials aus den Pfostengruben leider aus. Mit der hier vorliegenden Befundlage ließe sich bestätigen, dass gegen Ende der späten Merowingerzeit die großen Reihenfeldgräber aufgegeben und zahlreiche Hofgrablegen angelegt wurden. Noch wichtiger ist jedoch, dass die neu entdeckte Befundlage ziemlich genau 200 Jahre älter ist als die erste urkundliche Erwähnung von Riekofen im Jahr 878.

Die vorgestellte Befundsituation zeigt beispielhaft, wie wichtig die gezielte Untersuchung von Vermutungsbereichen außerhalb bekannter Denkmalflächen ist, wenn diese überbaut werden sollen. In diesem Fall war es ein Ergebnis mit dem Prädikat „klein, aber fein"!

Michael Hümmer

Literatur J. Wernhard, „Hic scramasaxi loquuntur". Typologisch-chronologische Studie zum einschneidigen Schwert der Merowingerzeit in Süddeutschland. Germania 76, 1998, 747–787. – N. Lohwasser, Das frühmittelalterliche Reihengräberfeld von Pfakofen. Materialh. Bayer. Arch. 98 (Kallmünz 2013). – Ch. Lobinger, Hofgrablegen und Separatfriedhöfe des frühen Mittelalters aus dem Isarmündungsgebiet. Grabgruppen der Jüngeren und Späten Merowingerzeit aus dem Landkreis Deggendorf. Beitr. Arch. Niederbayern 5 (Büchenbach 2015).

Oberbodenabtrag P. Lutz, BLfD. – *Ausgrabung* M. Hümmer, Archaios GmbH. – *Anthropologische Untersuchung* St. Zäuner, Fa. Anthropol. – *Dendrochronologie* J. Weidemüller, BLfD.

Die Rosslehen des Klosters Tegernsee in Reitham – Frühmittelalterliche Gräber bei der Pestkapelle

Gemeinde Warngau, Landkreis Miesbach, Oberbayern

Regionalgeografie

Reitham befindet sich auf einer würmeiszeitlichen Endmoräne unweit des ca. 900 m hohen Taubenbergs (Abb. 189). Um diesen während der letzten Eiszeit aus der geschlossenen Decke des Inngletschers herausragenden Gipfel ranken sich zahlreiche Überlieferungen, so z. B. die zwischen 1631 und 1634 belegte Wolfsplage oder der Fund eines Dolches und anderer Bronzegegenstände auf einem vermeintlichen spätbronzezeitlichen Opferplatz durch den bayerischen König Ludwig I. im Jahr 1895.

An den Flanken des Taubenbergs entspringen zahlreiche Quellen, die nach Osten ins Mangfalltal entwässern. Die Wasserversorgung auf dem Hügel von Reitham stellte die Bevölkerung, deren Existenzgrundlage auf Ackerbau und Viehzucht beruhte, seit Beginn der Siedlungsaktivität vor schwierige Aufgaben.

Archäologische Ausgrabung

Die Ausgrabung wurde wegen des Abrisses eines Bauernhauses und eines geplanten Neubaus auf dem Grundstück erforderlich. Bereits in den 1930er Jahren waren bei der Anlage einer Rampe zur Silobefüllung zwei Reihen mit neun beigabenlosen Bestattungen in West-Ost-Ausrichtung entdeckt worden. Da das Grundstück unmittelbar südlich der 1634 errichteten Pestkapelle Mariä Heimsuchung liegt, wurden sie als Pestgräber des 17. Jahrhunderts betrachtet. Diese Annahme muss nun, wie die Resultate der Grabung zeigen, neu bewertet bzw. korrigiert werden.

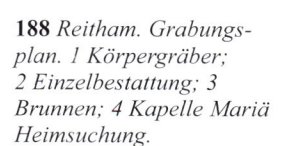

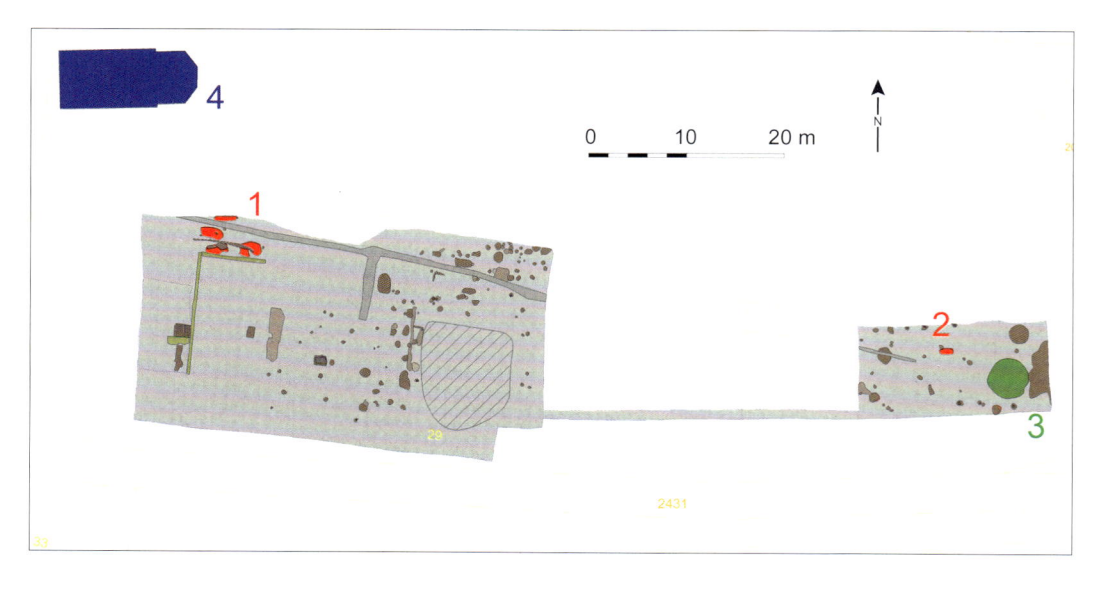

188 *Reitham. Grabungsplan. 1 Körpergräber; 2 Einzelbestattung; 3 Brunnen; 4 Kapelle Mariä Heimsuchung.*

Historische Überlieferung

Belege für eine Siedlung namens Ruitham südlich von Warngau existieren seit etwa 1017. Aus der Reklamationsurkunde des Klosters Tegernsee aus dem Jahr 804 geht hervor, dass zu diesem Zeitpunkt bereits 16 Kirchen (darunter die Taufkirche Warngau) und zahlreiche kleinere Klostergüter (Zehentstadel) zum Dotationsgut des Klosters gehört haben. 1009 wurde Warngau endgültig im Besitz des Klosters verankert, nachdem es zuvor durch einen Grafen Pilgrim (von Warngau) um 978 beansprucht wurde.

Aus dem Tegernseer Urbar des 12. Jahrhunderts erfahren wir, dass in Ruitham ein Menlehen (Produktion und Transport von Agrarprodukten) und elf Roslehen (Transport-/Frondienstleistungen per Pferd/Ross) bestanden.

Fünf weitere Gräber

Bereits in den ersten Grabungstagen wurden etwa 12 m südlich der Kapelle die West-Ostausgerichteten Grabgruben erfasst (Abb. 188; 191). Von den fünf Bestattungen waren drei durch die neuzeitlichen Überbauungen gestört, die Gräber lagen zudem unter dem verdichteten Material einer um 1935 errichteten Rampe. Alle erwiesen sich als beigabenlose Körperbestattungen in gestreckter Rückenlage.

Die wohl ausnahmslos männlichen Individuen spätjuvenilen bis frühsenilen Sterbealters waren von äußerst robuster Statur mit durchschnittlich 184 cm (!) Größe. Die Skelette wiesen die typischen, von schwerer Arbeit herrührenden Beanspruchungsdeformationen auf. Anatomische Eigenheiten zeigen Gelenkverschleiß, Zahnabrasion, Karies und Knochenläsionen der Augenhöhlen (Cribra orbitalia), welche auf eine körperliche Stressphase hindeuten.

Ausweislich der ^{14}C-Datierung verteilen sich die ausgegrabenen Bestattungen über einen Zeitraum von knapp 200 Jahren (zwischen ~613–781 n. Chr. bei einer 2-Sigma-Wahrscheinlichkeit).

Es ist reizvoll, angesichts der nördlich des Gräberfeldes auf exponiertem Platz befindlichen Kapelle an eine Kontinuität des Bestattungsortes seit dem Frühmittelalter zu denken – konkrete Hinweise darauf fehlen bislang.

Siedlungsbefunde

Auf der westlichen Fläche konnten neben den baulichen Überresten des rezenten Bauernhauses etwa drei weitere Zeithorizonte nachgewiesen werden (Abb. 188): Es handelt sich um neuzeitliche Holzbohlenauflagen von Erdkellern und Wasserbecken sowie Pfostenstellungen und Wandgräbchen kleinerer Wohn- oder Wirtschaftsgebäude. Das quantitativ geringe Keramikvorkommen in den Verfüllungen zeigt hier das Bestehen eines

189 *Reitham. Luftbild von Nordnordwesten mit dem bewaldeten Taubenberg (links) und Reitham in der Bildmitte. Bayerisches Landesamt für Denkmalpflege – Luftbilddokumentation, Aufnahmedatum 13.01.2015, Klaus Leidorf, Archiv-Nr. 8136/135, Bildnr. 5D387892.*

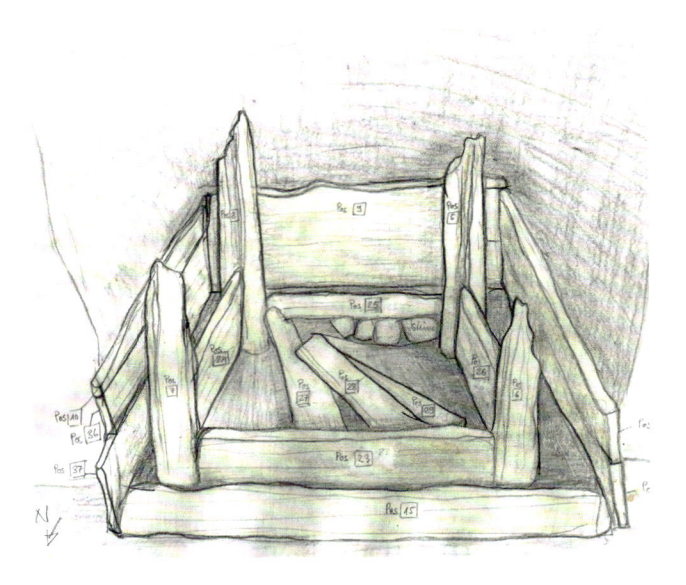

190 *Reitham. Frühmittelalterlicher Brunnen (nach 869 n. Chr.). Isometrische Zeichnung.*

191 *Reitham. Vier der fünf Bestattungen während der Ausgrabung.*

Gehöfts seit dem späten Mittelalter. Die Bodenbefunde verdichteten sich zur Nordostecke der westlichen Grabungsfläche, hier wurde neben einem verstärkten Auftreten früh- bis hochmittelalterlicher Keramikformen auch ein erhöhter Anteil von größeren, erzhaltigen Kieseln (Moränenschotter) und mit Holzkohle vergesellschafteter Eisenschlacke beobachtet. Die Verhüttung von Raseneisenerz in unmittelbarer Nähe ist zu vermuten. Einige Keramikfragmente deuten Siedlungsaktivitäten seit karolingischer Zeit an.

Anzeichen für metallurgische Aktivitäten wurden auch auf der östlichen Grabungsfläche verzeichnet; in mehreren Öfen am südlichen Rand eines größeren Gebäudes fanden sich Reste von Buntmetall- und Eisenschlacken.

Außer den Öfen wurde auf der östlichen Grabungsfläche überraschenderweise eine weitere, einzelne Bestattung entdeckt. Die anthropologische Befundung wies diesem vermutlich männlichen Individuum ein Sterbealter zwischen 8 und 11 Jahren (infans 2) zu, die ^{14}C-Auswertung errechnete für das Begräbnis einen Zeitraum um ~728 (± 28) n. Chr. Zeitlich passt es damit gut zu den etwa 70 m entfernten Gräbern bei der Kapelle.

Frühmittelalterlicher Brunnen

Am östlichen Rand der Grabung und an deren topografisch tiefstem Punkt wurde eine kreisrunde Struktur mit einem Durchmesser von 4,20 m entdeckt, die sich als ein knapp 4 m tiefer Brunnen erwies (Abb. 190). Darin steckte noch ein hervorragend konservierter, fast quadratischer Brunnenkasten (120 × 130 cm), bestehend aus einer inneren und äußeren Schale. Die Holzbohlen beider Schalen des Schlitzpfosten-Brunnenkastens waren in die an den Innenseiten abgebeilten, mit schlitzförmigen Nuten versehenen Eckständer eingelassen bzw. verzapft, der Zwischenraum der einphasigen Konstruktion mit sterilem Kies aufgefüllt. Die Südwand der äußeren Schale ruhte auf einer Substruktion aus größeren, nebeneinander gesetzten Kalksteinen.

Im oberen Drittel der Brunnenverfüllung wurden jüngere Keramikfragmente geborgen, aus den tieferen Schichten stammt Keramik, die gut in das Frühmittelalter passt (silber- und goldglimmerhaltige, kalkgemagerte und handaufgebaute Waren mit einfach ausziehenden Rändern), in der Verfüllung des Brunnenkastens befanden sich Fragmente der verstürzten östlichen Innenschale sowie Reste von Daubenhölzern. Ein aus der Verfüllung geborgener, verkohlter Kienspan diente vermutlich als Leuchtmittel während der Schachtarbeiten, zusammen mit mehreren Holzabschlägen kann er als Indikator für den Bauhorizont gelten.

Die Untersuchung der Hölzer ergab für eine der ausnahmslos aus Tannenholz bestehenden Brunnenbohlen ein Fälldatum nach 869 n. Chr. Die als Nutzungshorizont zu verstehende untere Kulturschicht erbrachte im paläobotanischen Befund die widerstandsfähigen Getreidesorten Gerste und Hafer; Weizenkörner fehlten weitgehend. Neben Samen und Fruchtkörpern des Schwarzen Holunders fanden sich (nicht weiter überraschend) zahlreiche Ackerunkräuter wie Gänsefuß, Knöterich und vor allem Ampfer. Diese Indikatoren für eine umfangreiche Grünlandwirtschaft belegen indirekt die Haltung von Nutzvieh (eine paläoanatomische Untersuchung der geborgenen Tierknochen liegt nicht vor). Diese Form der Landbewirtschaftung des Alpenvorlandes der auf ca. 770 m ü. NN gelegenen Siedlung scheint den heutigen Verhältnissen grundsätzlich vergleichbar gewesen zu sein.

Hardy Maaß

Literatur F. Ebert, Geschichte und Chronik der Gemeinde Warngau (Warngau 1995).

Örtliche Grabungsleitung H. Maaß, Büro für Archäologie Neupert, Kozik & Simm. – ^{14}C-*Daten* Z. Ezererinskis, Mass Spectometry Laboratory Vilnius. – *Anthropologische Untersuchung* F. Schreil, AnthroARCH. – *Dendrochronologie* J. Weidemüller, BLfD. – *Paläobotanik* C. Sakardy, Paläobotanisches Labor.

Eine karolingische Körperbestattung aus Farchant gibt Rätsel auf

Gemeinde Farchant, Landkreis Garmisch-Partenkirchen, Oberbayern

Am 24. März 2021 wurde in der Ortsmitte von Farchant eine Körperbestattung in einer gut erhaltenen hölzernen Grabkammer entdeckt. Dies geschah bei Bauarbeiten zur Sanierung der Ortsdurchfahrt im Bereich zwischen Rathaus und evangelischer Kirche (Abb. 192). Sofort nach Bekanntwerden meldete die Gemeinde den Fund gemäß Art. 8 BayDSchG der Denkmalfachbehörde und der Unteren Denkmalschutzbehörde des Landkreises Garmisch-Partenkirchen, woraufhin das Bayerische Landesamt für Denkmalpflege (BLfD) eine Grabungsfirma mit der fachgerechten Bergung und Dokumentation des Zufallsfundes beauftragte. Für die Gemeinde entstanden keine zusätzlichen Kosten und die Bergung erfolgte zeitnah, sodass eine Verzögerung der Bauarbeiten vermieden werden konnte.

Auffindungssituation

Im Zuge der Straßensanierung wurden der Asphalt und der darunterliegende Kieskoffer entfernt. Beim maschinellen Abzug erfasste der Bagger in etwa 60–80 cm Tiefe eine Holzplanke, mehrere Holzfragmente und Knochenteile (Abb. 193). Das Grab war Nordwest-Südost ausgerichtet. Der gewachsene Untergrund an der Nordseite bestand aus Kies, der Holzkasten selbst lag zum Teil in einer dunkelbraunschwarzen Lehmschicht. Während die Ost- und Nordostseite des Holzkastens unterhalb dieser etwa 10 cm starken Lehmschicht auf dem anstehenden Kies ruhte, lag seine westliche und nordwestliche Seite in dieser Lehmschicht. Unterhalb folgte torfartiger Boden – wahrscheinlich der Grund für den guten Erhaltungszustand der Hölzer.

Die hölzernen Bestandteile

Bei Grabungsbeginn befanden sich die südwestliche Längsseite und die Stirnseiten sowie der Boden der Grabkammer noch in situ. Die nordöstliche Seitenwand der Grabkammer war durch den Bagger verzogen und lag neben dem Grab; der Deckel war herausgerissen und lag in einzelnen Fragmenten (und wahrscheinlich nicht komplett) verstreut herum. Ursprünglich bestand der Holzkasten aus sechs Einzelteilen: Auf der Grabsohle war ein Holzbrett als Boden der Grabkammer deponiert worden, auf dem die bestattete Person ruhte. Das Brett aus Fichtenholz war etwa 120 cm lang und etwa 32 cm breit bei einer Stärke von ca. 4 cm. Die Bodenplatte war nicht breit genug für die errichtete Kammer, weswegen ein nicht mehr in situ gefundenes Tannenbrett von 120 × 8 × 4,5 cm als Ergänzung diente. Die vordere und hintere Schmalseite wurden mit den beiden Längsseiten festgeklemmt, sie fixierten so auch gleichzeitig die Bodenbretter. Sowohl die Längsseiten als auch die Schmalseiten wurden aus Tannenholz gearbeitet. Der obere Rand der Seitenwände definiert die Tiefe der Kammer (ohne Deckel) mit ca. 28 cm. Der leicht gewölbte Deckel aus Fichtenholz war auf die Seitenwände aufgesetzt und die Längsseiten wurden mit einem an drei Enden sorgsam abgefasten Querbrett (Abb. 195) in Position gehalten.

In der nordöstlichen Seitenwand fanden sich zwei runde Durchbohrungen, die mit je einem Holzstopfen aus Eschenholz verschlossen worden waren. Ob es sich um ein wiederverwendetes Brett oder um ein Seelenloch handelt, muss offen bleiben. Auf letzteres mag die Verwendung von Eschenholz hinweisen. Der Esche kommt in der germanischen Mytholo-

192 Farchant. Lage der Körperbestattung. Geobasisdaten: Bayerische Vermessungsverwaltung 2022.

193 Farchant. Befundsituation bei Grabungsbeginn. Blick von Südosten.

194 *Farchant. Die freigelegte Bestattung mit Kopf im Nordwesten (rechts). Blick von Nordosten.*

195 *Farchant. Deckelquerbrett aus Tannenholz mit Ritzungen. Maßstab 1 : 5.*

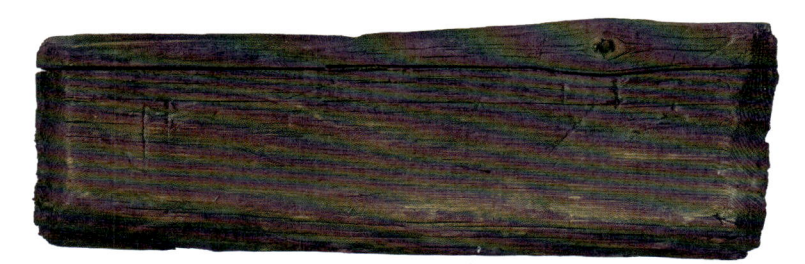

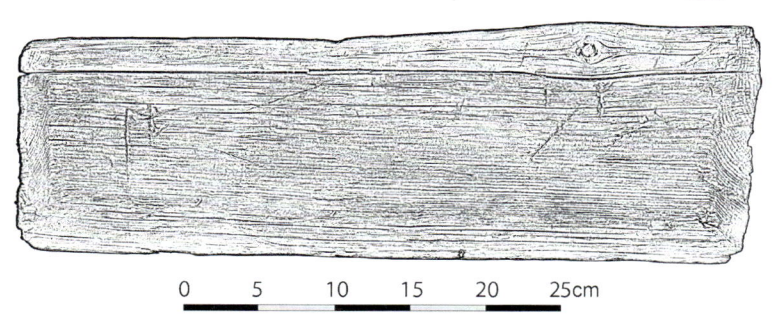

gie eine besondere Bedeutung zu und ihr wird apotropäische Wirkung zugeschrieben. Die tangential aus einem Stamm herausgespaltene und an den Enden leicht zugebeilte Bohle war mit einer Stärke von fast 8 cm und einem erheblichen Gewicht das am massivsten ausgeführte Bauteil. Insgesamt hat die hölzerne Konstruktion Außenabmessungen von ca. 130 cm auf etwa 45–50 cm, abzüglich der Wandungsstärke ergibt sich somit eine Innenabmessung von 120 cm auf 35–40 cm.

Eher Grabkammer als Sarg

Bei dem Befund handelt es sich eher um eine Kammer als um einen Sarg. Ein Sarg würde voraussetzen, dass dieser mit der Leiche als Ganzes in die Erde gelangt sein muss. Da aber die einzelnen Bestandteile nicht durch Zapfen oder Nägel etc. verbunden waren, muss die Konstruktion wohl eher als Kammer bezeichnet werden. Nach Ausheben der Grabgrube wurde das Bodenbrett eingebracht und dann die vier Wandungsbretter ohne Verbindung hineingestellt. Die Längsseiten wurden durch ein Querbrett auseinandergespreizt und der ganzen Konstruktion der Deckel aufgelegt.

Die Bestattung

Die Körperbestattung fand sich auf dem Boden der Kammer (Abb. 194). Während die Beinknochen von Anfang an sichtbar waren, war der größte Teil des Oberkörpers von dem gräulich-blauen Lehm bedeckt, der im Nordwesten der Kammer hineingelaufen war. Bereits beim Freilegen der Knochen fiel auf, dass die Skelettteile nur in ungefährer Lage zu lokalisieren waren. Die Schädelknochen befanden sich im Nordwesten der hölzernen Kammer, die Armknochen, Rippen, Wirbel und das Becken etwa in der Mitte und die Knochen der unteren Extremitäten kamen im südöstlichen Bereich der Kammer zu liegen. Trotz dieser annähernd richtigen Position waren die Knochen innerhalb der Bereiche verlagert. Beispielsweise befand sich der rechte Oberarm und Teile der rechten Rippen über dem Unterkiefer, was nicht einer anatomisch korrekten Lage entspricht. Weiterhin kam ein Lendenwirbel am Fußende zu liegen und Fingerknochen im westlichen Bereich der Kammer.

Das Skelett

Bis auf wenige Knochen, die gänzlich fehlen, sind alle Skelettelemente repräsentiert. Diese sind allerdings unvollständig erhalten, beispielsweise fehlen die Gelenkregionen der Langknochen. Die Knochenoberfläche ist angegriffen und die Knochen selbst sind fragmentiert. Der Erhaltungszustand kann zusammenfassend als (mittel)mäßig bezeichnet werden. Aufgrund der inneren Länge der Kammer von gerade nur 1,20 m wurde zunächst von einer Kinder- oder Jugendlichenbestattung ausgegangen, was die anthropologische Untersuchung jedoch nicht bestätigte. Nach anthropologischer Auswertung handelt es sich um eine kleine, sehr grazile Frau, deren Sterbealter auf mindestens 40 Jahre (mindestens matur) geschätzt werden kann. Fraglich ist aber dennoch, ob sie in diese enge Kammer gepasst hätte – selbst wenn der Kopf an der Nordwestwand hochgelegt und der Körper leicht gehockt niedergelegt worden wäre.

Am ehesten möglich erscheint daher die Annahme, dass es sich um eine Sekundärbestattung handelt, also die Knochen bereits im skelettierten Zustand deponiert und ungefähr anatomisch angeordnet worden sind. Schwerwiegende pathologische Veränderungen oder eine direkte Todesursache konnten nicht festgestellt werden. Lediglich am linken Oberkiefer lag eine stark ausgeprägte Karies mit begleitendem Wurzelspitzenabszess vor.

Dendrochronologische Datierung

Die dendrochronologische Untersuchung der meisten Kammerhölzer ergab als Fälldatum das Frühjahr/Sommer 809. Das Grab kann somit ins Frühmittelalter bzw. in karolingische Zeit datiert werden und fällt in die Zeit der ersten urkundlichen Erwähnung des Ortes (791/802). Fast identische Stücke aus karolingischer Zeit wurden 1997 in der Glockengasse 4 in Regensburg ausgegraben. Es scheint weder einen räumlichen noch einen zeitlichen Bezug zu dem etwa 300 m östlich an der Bahnlinie gelegenen Farchanter Reihengräberfeld zu geben. Die Datierung der 20 beigabenlosen Gräber, die bereits 1906 aufgefunden wurden, ins frühe Mittelalter ist nicht gesichert; es könnte sich auch um neuzeitliche Gräber handeln. Auszugehen ist wohl von einer christlichen Bestattung. Interessant ist, warum die Frau dann nicht im Bereich der St.-Andreas-Kirche – für die nach der oben genannten Erwähnung in dieser Zeit eine Vorgängerkirche zu vermuten ist – bestattet wurde, sondern etwa 130 m südöstlich davon. Da im abgetragenen Bereich der Straße keine weiteren Befunde wie etwaige Siedlungsreste erkennbar waren, kann es sich nicht um eine sogenannte Hofgrablege handeln. Vielmehr muss wohl von einer Einzelbestattung ausgegangen werden.

Fragen bleiben

Insgesamt wirft das Ergebnis der Untersuchungen mehrere Fragen auf, nicht zuletzt die nach einer möglichen Sekundärbestattung. Die ^{14}C-Datierung des Skeletts könnte mit einem kalibrierten Alter von 707–883 im 2-Sigma-Bereich auf eine Umbettung hinweisen. Von besonderem Interesse sind die Ritzungen in dem Querbrett aus Tannenholz (Abb. 195). Sollte sich bestätigen, dass diese intentionell eingeritzt wurden, könnten sie möglicherweise wichtige Hinweise auf die bestattete Person liefern.

Martina Pauli, Jürgen Schreiber, Kristin von Heyking und Julia Weidemüller

Örtliche Grabungsleitung und Grabungsdokumentation J. Schreiber, Dig it! Company. – *Anthropologische Bestimmungen* K. von Heyking, AnthroArch GbR. – *Dendrotechnik* J. Weidemüller, BLfD. – ^{14}*C-Daten* S. Lindauer, Curt-Engelhorn-Zentrum Archäometrie GmbH.

Eine karolingische Wassermühle im Paartal bei Oberbernbach

Stadt Aichach, Landkreis Aichach-Friedberg, Schwaben

Beim Aushub einer 46 × 38 m großen Fläche für eine Tiefgarage stieß der Baggerfahrer in 2,90 m Tiefe auf Holzbefunde und meldete diese dem Bayerischen Landesamt für Denkmalpflege (BLfD). Der herbeigezogene Grabungstechniker sichtete mehrere Pfähle, Pfahlreihen und Astbündel, darunter auch ein Mühlrad-Schaufelblatt, welches im Dendrolabor des BLfD in das späte 9. Jahrhundert datiert werden konnte. Es verdichtete sich die Vermutung, dass es sich hier um den Standort einer Wassermühle aus dem frühen Mittelalter handeln könnte. Das Baugrundstück liegt ausweislich der Uraufnahme inmitten des mäandrierenden ehemaligen Paarlaufs von 1864. Seit der Fluss 1936 begradigt wurde, verläuft er etwa 270 m östlich der Fundstelle. Ab den 1960er Jahren fand die Bebauung des Areals statt.

Als stark mäandrierender Fluss war die Paar für den Mühlenbetrieb besonders geeignet. Eine Vielzahl von Mühlen gab es um Aichach, so ca. 500 m weiter südlich die „Untere Mühle nach Bärabach".

Die Mühlenanlage

Im Juli startete die Grabungsfirma mit der Dokumentation des ersten Planums im Norden der Fläche (Abb. 198; Titelbild). Mächtige Eichenpfahlreihen aus dem nördlichen Grabungsbereich weisen auf ein **Mühlengebäude** hin (Abb. 196). Diese Eichenpfähle sind bis zu 3 m lang und 20 cm dick.

Der Mühlenstuhl und das Mahlwerk, welche sich meistens im Kern des Gebäudes befinden, waren nicht mehr vorhanden oder sind

196 Oberbernbach. Mühlkanal; im Hintergrund der Standort des Mühlengebäudes.

197 Oberbernbach. Mühlteich und im Hintergrund das Stauwehr.

198 Oberbernbach. Mühlteich; in der mittleren Fläche unten das Stauwehr. Norden ist rechts. Drohnenaufnahme.

weiter nördlich jenseits der Grabungsgrenze zu suchen. 130–163 cm lange und 17–30 cm breite Bretter gehören möglicherweise zur Wandschale oder zum Fußboden des Gebäudes. An einigen Brettern waren Verzapfungen und Holznägel zu erkennen. Von dem Mühlengebäude zweigte Richtung Süden eine künstlich angelegte, vermutlich oberirdisch verlegte Rinne ab. Das sogenannte **Mühlengerinne** war etwa 18 m lang und 1 m breit. Mit einer beweglichen Sperre, der sogenannten Schütze, konnte man die Wassermenge in der Rinne regulieren. Die trapezförmige Rinne wurde von einer parallel verlaufenden Pfahlreihe eingefasst und an der Westwand des Mühlengebäudes vorbeigeführt. Die Wände der Rinne sind mit Brettern verkleidet. Der südlich gelegene **Mühlteich** speiste die Rinne mit Wasser (Abb. 197). An der Ostseite wurde der etwa 15 m lange und 10 m breite Mühlteich mit einem Flechtzaun befestigt. Die zugespitzten Holzpfähle reichten teilweise bis in den Untergrund des Teichs hinein. Beim Abtrag der Mühlteichverfüllung wurden Reste eines bis zu 13 m langen, umgekippten **Zauns** auf unterschiedlichen Niveaus dokumentiert. Die Holzpfähle und das Flechtwerk des Zauns bestanden aus Erlenholz. Durch die geowissenschaftliche Dokumentation der Profile konnten mehrere Entstehungsphasen des Mühlteichs ermittelt werden. Wiederkehrende Flussumlagerungen haben in der Frühphase der Mühlenanlage immer wieder zu Erosionsprozessen geführt, was sich durch die verschiedenen Niveaus der Flechtwerkzäune innerhalb des Weihers widerspiegelt. Später wurde dann der Mühlteich durch die Pfahlreihe im östlichen Bereich „in Form" gehalten und befestigt.

Das Wasser wurde vom Fluss über eine nicht eindeutig erkennbare Flussrinne in den Mühlteich geleitet und dort durch ein **Wehr** gestaut (Abb. 199). Das Wasser im Mühlteich wurde daraufhin durch ein Filtersystem aus Erlenholz geführt (Abb. 200), sodass organisches Material im Teich verbleiben konnte und sich dort zu einer dunkelbraunen muddenartigen Schicht absetzte. Das gefilterte Wasser wurde schließlich durch das Stauwehr in die Mühlenrinne auf das unter- oder mittelschlächtig betriebene Mühlrad geleitet. Der Mühlteich diente dazu, die unterschiedlichen Wasserstände der Paar auszugleichen und die Mühle ganzjährig mit Wasserkraft betreiben zu können. Ob der Teich auch anderweitig genutzt wurde, zum Beispiel für die Aufbereitung von Lein oder Flachs, werden botanische Untersuchungen und weiterführende geowissenschaftliche Analysen zeigen.

Funde

Neben der hervorragenden Befundsituation haben sich auch einige Funde erhalten. Hervorzuheben sind zwei frühmittelalterliche Metalläxte mit Holzschaft. Bei diesen handelt es sich um karolingische Bartäxte mit einer typischen langgezogenen Schneide (Bart). Beide Holzschäfte waren ungefähr 45 cm lang und bestanden aus Haselnussholz. Solche Äxte wurden hauptsächlich als Werkzeuge zur Holzbearbeitung verwendet, beispielsweise zum Glätten von Brettern. Des Weiteren wurde im Bereich des Gerinnes ein gedrechseltes Holzgefäß aus Ahorn entdeckt. Im frühen Mittelalter verwendete man – neben Keramikgefäßen – gern auch schneller und einfacher herzustellendes Geschirr aus Holz.

Außerdem kam westlich des Gerinnes und 9 m südwestlich des Mühlengebäudes ein Mühlstein zutage. Der rund zugearbeitete Stein hat einen Durchmesser von 73 cm und ist 14 cm mächtig. Da dieser Stein keine weiteren Bearbeitungsspuren – wie eine Aussparung für das Mühleisen in der Mitte – aufweist, könnte es sich hierbei um einen Rohling handeln. Die vergleichbaren Mühlsteine aus Dasing bestanden hauptsächlich aus Molasse- und Konglomeratsandsteinen wohl aus Lechbruck und aus Reiselsberger Quarz-Glimmersandsteinen. Eine mineralogische Untersuchung des Mühlsteins und der 35 weiteren Mühlsteinfragmente aus Oberbernbach könnte nicht nur Informationen über die Herkunft des Steins, sondern auch interessante Einblicke in den Mühlsteinhandel des frühen Mittelalters geben.

Dendroarchäologie

Im feuchten Milieu der Fundstelle in Oberbernbach haben sich zahlreiche Hölzer erhalten. 525 Holzfunde wurden bisher im Dendrolabor des BLfD untersucht, was ca. zwei Dritteln der Fundmasse entspricht. Diese Belegzahlen bieten eine Grundlage für spätere statistische Untersuchungen beispielsweise zur historischen Klima- oder Waldnutzungsrekonstruktion. Zudem entsteht die Möglichkeit, die bayerischen Regionalchronologien im Frühmittelalter deutlich auszubauen. Der hervorragende Erhaltungszustand des Materials erlaubt neben Altersdatierung und Holzartenanalyse auch technomorphologische Untersuchungen.

Die Holzarten

Das Holzartenspektrum gestaltet sich bisher sehr homogen (Abb. 201). Ein großer Teil des Materials bestand aus Erlenholz (*Alnus* sp.). Verwendung fand selbiges vor allem bei den Pfahlreihen und Bohlenlagen an Teich und Wehr sowie beim Flechtwerk und den Pfählen des Zauns am Teich. Auch vereinzelte große Bohlen des Kanals oder des Gebäudes waren aus Erlenholz gefertigt. Die am zweithäufigs-

199 *Oberbernbach. Das Stauwehr aus Erlenholzpfählen.*

200 *Oberbernbach. Das Stauwehr. Das Flechtwerk aus Erlenholz fungiert als Filter.*

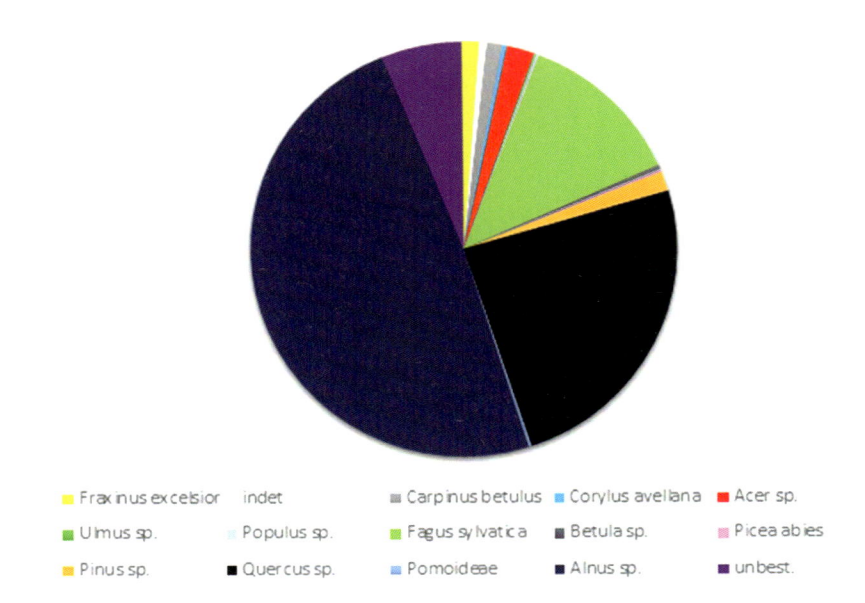

201 *Oberbernbach. Bisher untersuchtes Holzartenspektrum. n = 525.*

ten verbaute Holzart war Eiche (*Quercus* sp.). Sie trat vor allem im Umfeld des vermuteten Mühlgebäudes und des Kanals auf. Einige sehr lange Pfähle aus Eichenholz stammten aus dem Mühlteich. Alle elf geborgenen Mühlradschaufeln waren aus Buchenholz (*Fagus sylvatica*) gefertigt. Buchenholz trat zudem gehäuft bei den schräg stehenden Pfählen und Bohlen der Teichumfassung auf. Etwas heterogener gestaltete sich das Spektrum bei Kleinartefakten wie Holznägeln oder Holzstiften, oftmals aus Hainbuche (*Carpinus betulus*) oder Buche, einem Gefäß aus Ahorn (*Acer* sp.) oder zwei Werkzeugholmen aus Hasel (*Corylus avellana*).

Dendrodaten zur Datierung der Mühle

Dendrochronologisch können Eichen, Buchen und Erlen untersucht werden. Zum Zeitpunkt der Auswertung waren 73 Proben dendrochronologisch gemessen. Zwei massive Pfähle aus Halbholz ließen sich ins Jahr 783 n. Chr. datieren (Abb. 202). Sie besitzen eine sichere Waldkante und können somit das Baudatum des Mühlengebäudes anzeigen. Auch weitere datierte Eichenhölzer weisen in diesen Zeitraum, allerdings ohne erhaltene Waldkante. Eine andere Gruppe Eichenhölzer mit Waldkante datiert ins Jahr 811. Es dürfte sich wahrscheinlich um Reparaturarbeiten handeln.

Datierbare Buchenbretter und -bohlen des vermuteten Mühlgebäudes datieren um 780 ohne Waldkante, was den angenommenen Erbauungszeitraum weiter untermauert. Die gemessenen Mühlradschaufeln hingegen datieren gruppiert ohne Waldkante um 864 und 871. Dies ist nicht weiter verwunderlich. Buchenholz ist im Außenbau nicht von langer Haltbarkeit. Mühlradschaufeln wurden regelmäßig erneuert. Dieses Datum gibt Auskunft über den nachweisbaren ungefähr hundertjährigen Nutzungszeitraum der Mühle am Standort Oberbernbach. Nach bisherigen Erkenntnissen ist nicht von einer Mehrphasigkeit auszugehen Fundierte Aussagen lassen sich dazu allerdings erst treffen, wenn alle Funde systematisch untersucht sind.

Oberbernbach – ein weiterer frühmittelalterlicher Mühlenstandort

Für die Archäologie des frühen Mittelalters ist die Oberbernbacher Wassermühle von großer Bedeutung, da sie neben Dasing und Großhöbing zu den bis dato einzigen erforschten frühmittelalterlichen Mühlenstandorten in Süddeutschland gehört und nicht nur Fragen zur Nutzung von Fließgewässern in der Region, sondern auch zur frühmittelalterlichen Siedlungsgeschichte um Aichach beantworten kann. Ohne die freiwillige Fundmeldung des Baggerfahrers und des Grundstückseigentümers wäre dieses besondere Fundensemble zerstört worden.

Kristina Markgraf und Julia Weidemüller

Literatur Th. Liebert, Technik des frühen Mittelalters – Frühmittelalterliche Wassermühlen und Wasserbauwerke im Schwarzachtal bei Großhöbing. Materialh. Bayer. Arch. 101 (Kallmünz 2015). – W. Czysz, Römische und frühmittelalterliche Wassermühlen im Paartal bei Dasing. Studien zur Landwirtschaft des 1. Jahrtausends. Materialh. Bayer. Arch. 103 (Kallmünz 2016).

Örtliche Grabungsleitung K. Markgraf, Fa. Archäograph. – *Assistenz der Grabungsleitung* E. Kube, Fa. Archäograph. – *Bodenkunde und Geoarchäologie* B. Kopecky-Hermanns, Aystetten. – *Dendroarchäologie* J. Weidemüller, BLfD.

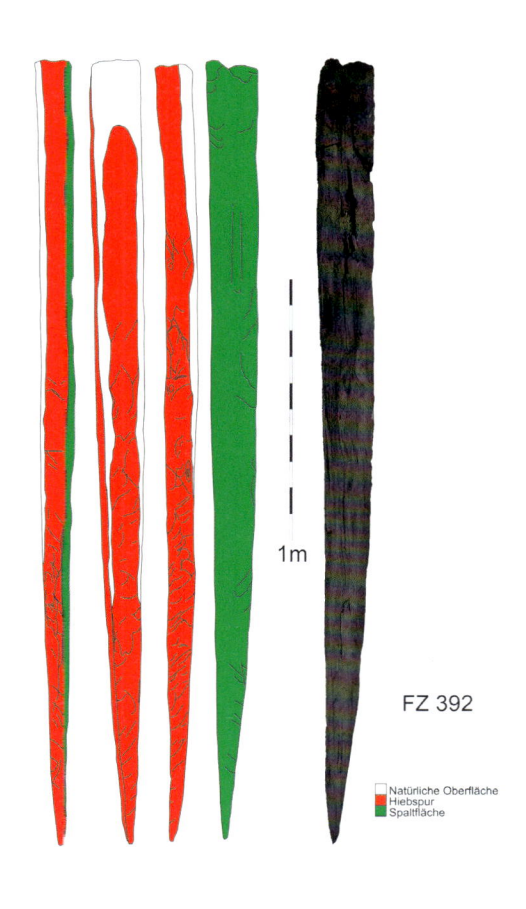

202 *Oberbernbach. Holzfund FZ 392, ein 315 cm langer, in situ geborgener Eichenpfahl am Platz des vermuteten Mühlgebäudes, datiert auf 783 n. Chr. mit Waldkante.*

Im Umfeld einer Landkirche: der früh- bis spätmittelalterliche Kirchhof bei St. Laurentius in Zeholfing

Stadt Landau a.d. Isar, Landkreis Dingolfing-Landau, Niederbayern

Am südlichen Isarhochufer, etwa 5 km östlich von Landau a.d. Isar, liegt das Kirchdorf Zeholfing. Vereinzelte Funde aus dem Neolithikum und der Latènezeit belegen eine Besiedlung des Ortskerns bereits ab der Vorgeschichte. Während der römischen Kaiserzeit befand sich hier vermutlich ein Flussübergang. Die verkehrstopografisch günstige Lage dürfte ein wesentlicher Faktor für die Gründung und die positive wirtschaftliche Entwicklung des echten „-ing"-Ortes im frühen und hohen Mittelalter gewesen sein. Urkundlich erwähnt wird Zeholfing erstmals 1148. Zu dieser Zeit sind mit den *domini de Ceholfingen* auch Vertreter einer edelfreien Familie belegt, die gegen Ende des 13. Jahrhunderts ausstarb.

St. Laurentius

Seit dem Jahr 1991 wurden mehrere Baumaßnahmen im Kirchhofbereich archäologisch begleitet (Abb. 203). Die steigende Bedeutung des Ortes während des frühen und hohen Mittelalters ist dabei vor allem an den Ergebnissen der Ausgrabungen im Jahr 1999 in der Pfarrkirche St. Laurentius ablesbar. Hier wurde eine kleine hölzerne Saalkirche mit zugehörigem Friedhof aus der ersten Hälfte des 8. Jahrhunderts in den folgenden Jahrhunderten durch mehrere hölzerne, später dann steinerne Nachfolgebauten von zunehmender Größe ersetzt. Diese Entwicklung erreichte ihren Höhepunkt in der zweiten Hälfte des 13. Jahrhunderts mit der Errichtung einer zweischiffigen Kirche mit polygonalem Chorabschluss und seitlich daran angefügtem Turm. In die gleiche Phase fällt auch die Verleihung der Pfarrrechte im Jahr 1261.

Der alte Friedhof im Süden

Durch die geplante Dorferneuerung rückte der Zeholfinger Kirchberg im Winter 2020/2021 erneut in den Fokus der Bodendenkmalpflege. Das betreffende Areal liegt südlich außerhalb des heutigen Friedhofs, gehörte aber laut Urpositionsblatt im Jahr 1827 zu dem mit einer Mauer umgrenzten Kirchhofbereich. Allerdings ist nicht eindeutig ersichtlich, ob diese Fläche damals noch für Bestattungen genutzt wurde, denn bereits 1838 wurde der Bereich vom übrigen Kirchhof abgetrennt, um ein Schulhaus mit Mesnerwohnung und Remisenanbau zu errichten.

Mit dem Oberbodenabtrag zeigte sich, dass die Fundamente und der Keller des bereits 2001 abgerissenen Schulhauses in einem dicht mit Bestattungen belegten, aufgelassenen Teil des ehemaligen Kirchhofs angelegt worden waren (Abb. 207). Bei den Gräbern handelt es sich mit einer Ausnahme um geostete Körperbestattungen in gestreckter Rückenlage (Abb. 204). Insgesamt konnten 124 abgrenzbare Grabgruben freigelegt und dokumentiert werden. Berücksichtigt man die durch Nachbestattungen sowie den Schulhausbau innerhalb des Areals verlagerten Skelettteile, so ist von einer Mindestzahl von etwa 150 Individuen auszugehen. Keramik und Kleinfunde liegen aus dem untersuchten Areal nur in geringer Zahl vor und sind noch nicht ausgewertet. Naturwissenschaftliche Daten stehen noch aus, doch ist über die unterschiedlichen Armhaltungstypen bereits jetzt eine ungefähre zeitliche Einordnung der Gräber möglich. Von den insgesamt 70 auswertbaren Bestattungen haben über 50 % die Arme parallel neben dem Körper ausgestreckt liegen. Diese Haltung ist typisch

203 Zeholfing. Gesamtplan der archäologisch begleiteten Bodeneingriffe bei St. Laurentius. 1991: Trockenlegung bei Außenrenovierung; 1999: Kircheninnenrenovierung; 2020: Sanierung Friedhofswege; 2021: Neugestaltung im Zuge der Dorferneuerung. Geobasisdaten: Bayerische Vermessungsverwaltung 2022.

204 *Zeholfing. Früh- bis hochmittelalterliche geostete Bestattungen.*

205 *Zeholfing. Karolingisch-ottonischer Lunula-Ohrring aus Buntmetall. Länge 2,57 cm.*

206 *Zeholfing. Bestattung 156. Verheilter Bruch des rechten Unterschenkels.*

207 *Zeholfing. Übersichtsplan (Planum 1) der in den Jahren 2020–2021 im Rahmen der Dorferneuerung durchgeführten Rettungsgrabungen.*

für früh- bis hochmittelalterliche Friedhöfe. Von den übrigen Bestattungen zeigen etwa 25 % leicht angewinkelte Arme mit auf dem Becken liegenden Händen, was in der Region für eine Datierung in das Hoch- oder Spätmittelalter spricht. Die übrigen 25 % zeigen über dem Bauch oder der Brust verschränkte Arme. Diese zum Teil als Gebetshaltungen interpretierbaren Armlagen sind erst ab dem späten Mittelalter nachweisbar.

Wie der hohe Anteil tendenziell früher Armhaltungen weist auch ein aus dem Kirchhofhorizont stammender, halbmondförmiger Ohrring aus karolingisch-ottonischer Zeit auf den Beginn der Bestattungstätigkeit im frühen Mittelalter hin (Abb. 205). Ob die Belegung dieses Friedhofsteils ebenso wie an der ersten Holzkirche von Zeholfing bereits in der ersten Hälfte des 8. Jahrhunderts beginnt, wäre durch naturwissenschaftliche Datierungen zu klären. Hinsichtlich der Auflassung dieses Kirchhofteils fällt auf, dass religiöse Belassungen und Kleidungsbestandteile des 16.–18. Jahrhunderts weder in den Gräbern noch in Auffüllschichten festgestellt werden konnten. Hierzu passt, dass in diesem Friedhofsteil keine Bestattungen in eisengenagelten Holzsärgen vorgenommen wurden, wie sie in der frühen Neuzeit auch für Zeholfing archäologisch nachgewiesen sind. In diesem Zusammenhang ist die Bestattung 93 zu nennen. Hier fand sich im Beckenbereich eine eiserne Ringschnalle (Abb. 208). Körperbestattungen mit Ringschnallen sind typisch für das späte Mittelalter und kommen häufig im 14. Jahrhundert vor. Grab 93 gehört vertikalstratigrafisch zu den jüngsten Bestattungen der untersuchten Fläche. Damit scheint nicht ausgeschlossen, dass der südliche Kirchhofteil bereits über 300 Jahre vor Errichtung des neuzeitlichen Schulhauses – obgleich noch von einer Mauer umfasst – nicht mehr als Friedhof genutzt wurde.

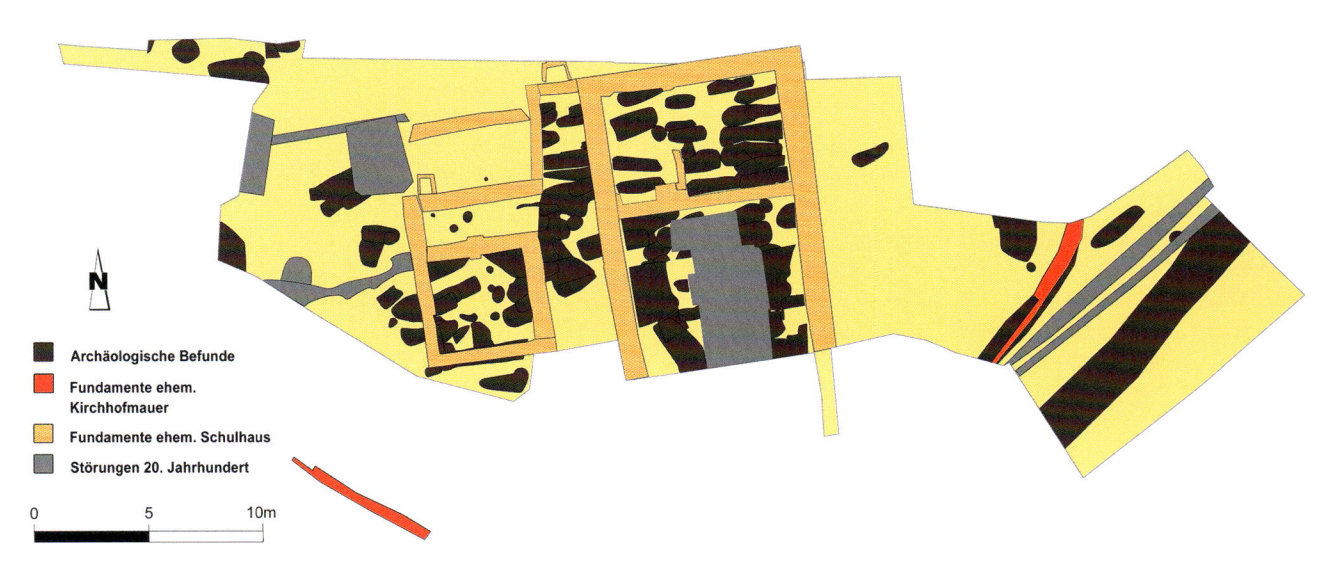

Aussagen zur Altersstruktur und sozialen Verortung im aktuell erfassten Bestattungsbereich können erst nach stratigrafischer Auswertung in Kombination mit naturwissenschaftlichen Daten und der anthropologischen Analyse getroffen werden. Dabei sind vor allem zu einigen pathologisch auffälligen Befunden interessante Ergebnisse zu erwarten (Abb. 206). Hinsichtlich der inneren Gliederung des Kirchhofs fällt auf, dass am Westrand der 2021 untersuchten Fläche keine Gräber vorhanden waren. Stattdessen konnten im nordwestlichen Randbereich mindestens vier anhand der starken Brandrötung eindeutig als von Öfen stammende Überreste festgestellt werden. Obwohl klare Hinweise auf den Zweck der offenbar jeweils nur kurz genutzten Anlagen fehlen, wäre es naheliegend, eine Verwendung der offenbar mittelalterlichen Öfen im Kontext von kirchlichen Festtagen anzunehmen.

Große Skelettserie ermöglicht fundierte Auswertung

Die archäologischen Untersuchungen im ehemaligen südlichen Kirchhofbereich in Zeholfing ergänzen in willkommener Weise die seit dem Jahr 1991 in und um die Pfarrkirche St. Laurentius gewonnenen Beobachtungen und Grabungsergebnisse. Zusammen mit den Skeletten aus den neuen Untersuchungen liegen nun Reste von insgesamt über 300 Individuen aus der Zeit des frühen bis späten Mittelalters vor. Dies dürfte zumindest in Niederbayern aktuell die größte Skelettserie dieses Zeitfensters aus dem Umfeld einer Landkirche sein. Es ist davon auszugehen, dass die naturwissenschaftliche Auswertung dieser Individuen tiefe Einblicke in den Gesundheitszustand und die Ernährungsgewohnheiten der ländlichen Bevölkerung gewähren wird.

Von kaum einer anderen Dorfkirche in Altbayern liegen so viele archäologische Daten zur Kirchen- und Friedhofsentwicklung aus der Zeit des 8.–15. Jahrhunderts vor. Damit bietet eine zusammenfassende Auswertung aller aus Zeholfing zur Verfügung stehenden Befunde und Funde die Möglichkeit, die Entwicklung einer Dorfbevölkerung und ihrer Kirche seit dem frühen Mittelalter für Altbayern exemplarisch fassbar zu machen.

Florian Eibl, Simon Lorenz und
Christian Konrad Piller

Literatur F. Eibl, Holzkirchen und Baugerüste: Beobachtungen in der Pfarrkirche von Niederhöcking, Stadt Landau a. d. Isar. In: K. Schmotz (Hrsg.), Vorträge des 17. Niederbayerischen Archäologentages (Rahden/Westf. 1999) 235–266. – F. Eibl, Eine Grabung in der Pfarrkirche St. Laurentius in Zeholfing, Stadt Landau a. d. Isar. Ein Vorbericht. In: K. Schmotz (Hrsg.), Vorträge des 19. Niederbayerischen Archäologentages (Rahden/Westf. 2001) 219–241. – F. Eibl, Zur Kenntnis altbayerischer älter- bis spätmittelalterlicher Bestattungen in und um Kirchen. In: M. Chytráček/J. Michálek/M. M. Rind/K. Schmotz (Hrsg.), Archäologische Arbeitsgemeinschaft Ostbayern/West- und Südböhmen. 14. Treffen 23. bis 26. Juni 2004 in Heřmaň bei Písek (Rahden/Westf. 2005) 223–245.

Voruntersuchung, Planerstellung und Grabungsleitung November bis Dezember 2020 S. Lorenz, Kreisarchäologie Dingolfing-Landau. – *Grabungsleitung und -dokumentation Dezember 2020 bis Juni 2021* Ch. K. Piller und A. Forster, Fa. A und C Archäologie GbR, Landau a.d. Isar. – *Restaurierung* F. Thalhammer, Kreisarchäologie Dingolfing-Landau.

208 *Zeholfing. Bestattungen 92, 93 und 94 (von oben nach unten). Im Beckenbereich der mittleren Bestattung 93 befand sich eine eiserne Ringschnalle des späten Mittelalters.*

Eine Kirchengemeinde entdeckt sich neu – Ergebnisse der Kirchengrabung „St. Johannes der Täufer" in Ludwag

Stadt Scheßlitz, Landkreis Bamberg, Oberfranken

Das kleine Dorf Ludwag befindet sich 18 km nordwestlich von Bamberg, oberhalb des Steilabhanges der Fränkischen Alb zur Mainebene. Wie der Name vermuten lässt, handelt es sich bei dem Ort um eine slawische Gründung (Lud = Leute, Wag = Wacht). Das Ortsbild ist wie bei vielen Dörfern der Region durch die Kirche, das repräsentative Pfarrhaus und die alte Dorfschule geprägt. Der Schriftzug im Giebelfeld der kath. Kirche St. Johannes der Täufer offenbart, dass es sich bei der Kirche um einen Neubau aus dem Jahr 1923 handelt. Von ihrem Vorgängerbau ist nur noch der untere Teil des wehrhaft wirkenden Chorturms mit seinen vier Scharwachtürmchen erhalten.

Wegen aufsteigender Feuchtigkeit in den Mauerwerken waren umfangreiche Sanierungsarbeiten an den Fundamenten notwendig, um den Erhalt des Gebäudes zu gewährleisten. Diese Bodeneingriffe sollten gleichzeitig von einer archäologischen Untersuchung begleitet werden. Anfangs bestanden, in Anbetracht des Neubaus aus dem frühen 20. Jahrhundert, eher Zweifel, ob man ältere Baustrukturen würde freilegen können. Doch nach Rückbau des Fußbodens zeigte sich ein flächendeckender Befund in bemerkenswertem Erhaltungszustand.

Mitgraben heißt verstehen

Schon im Vorfeld machte die Grabungsleitung der Pfarrgemeinde das Angebot, sich bei den

209 *Ludwag. Gürtelschnalle.*

210 *Ludwag. Blick von Westen auf die Fundamente der beiden Vorgängerkirchen.*

211 *Ludwag. Mittelalterliche Wandputzfragmente. Breite des Stücks links unten 5,5 cm.*

212 *(Seite 129 linke Spalte) Ludwag. Säulenbasis mit Farbresten der romanischen Kirche, verbaut.*

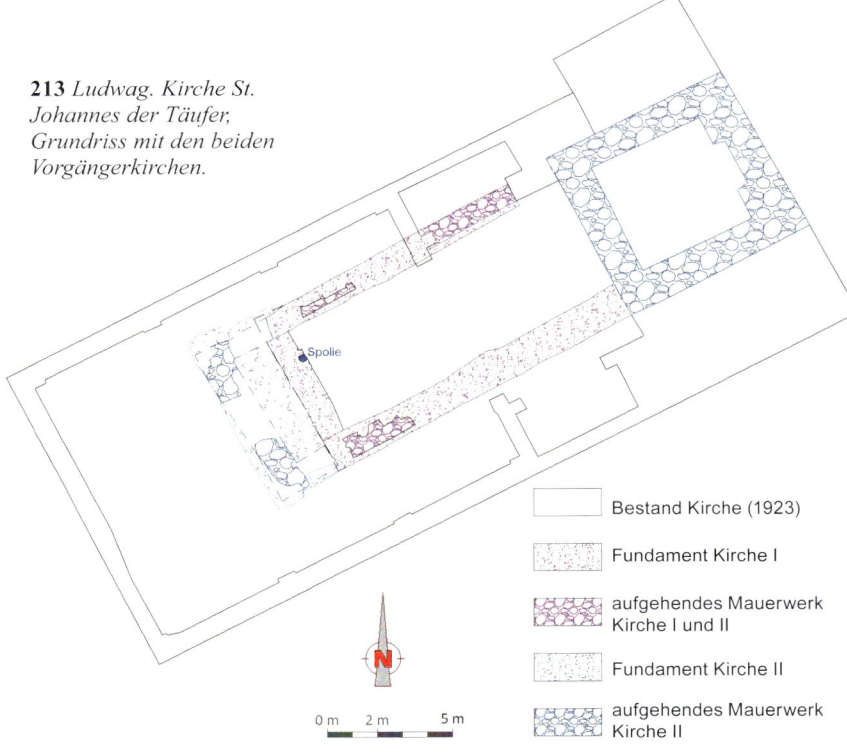

213 *Ludwag. Kirche St. Johannes der Täufer, Grundriss mit den beiden Vorgängerkirchen.*

Grabungsarbeiten zu beteiligen. Dieses wurde von zahlreichen Gemeindemitgliedern mit großem Eifer angenommen, und was bei den folgenden Arbeiten zu Tage trat, erstaunte sowohl Laien als auch Fachleute.

Die romanische Vorgängerkirche

Nach zwei Wochen intensiver Freilegungsarbeiten konnten die vollständigen Grundrisse zweier Vorgängerkirchen dokumentiert werden (Abb. 210; 213). Vorläufig lassen sich folgende Ergebnisse festhalten:

Anhand der angetroffenen Mauerzüge ist als ältester Vorgängerbau eine einfache Saalkirche mit den lichten Innenmaßen von 12,45 m Länge und 5,10 m Breite zu rekonstruieren. Im historischen Kontext lässt sich diese Kirche mit der ersten urkundlichen Erwähnung Ludwags aus der zweiten Hälfte des 11. Jahrhunderts verbinden. Jedoch wurde die Kirche nicht durch das Bistum Bamberg gegründet, sondern 1061 vom Würzburger Bischof an das Hochstift Bamberg übergeben.

Die Fundamentmauerzüge des Kirchenschiffes sind vollständig erhalten, von dem aufgehenden zweischaligen Mauerwerk jedoch nur noch Teile der untersten Steinlage. Als Baumaterial wurde der ortsanstehende Kalkstein, in seltenen Fällen auch Dolomit oder Quelltuff verwendet. Aufgrund der Materialbeschaffenheit sind die Steine nur an den Schauseiten orthogonal hammergerecht bearbeitet. Die Mauerstärke variiert leicht und liegt zwischen 80 und 90 cm. Um eine glatte Wandoberfläche zu schaffen, wurden die Innenflächen stark verputzt. Ein in der Region einmaliger Befund ist der fast flächig erhaltene Stampflehmboden mit einer Stärke von 10 cm bis zu 17 cm. In den angelegten Profilen zeigt sich, dass der Fußboden aus einzelnen Lagen von stark verdichtetem Lehm besteht und an einigen Stellen eine geglühte Oberfläche aufweist. Die Fußbodenoberfläche ist trotz ihres Alters extrem hart und bildet einen ebenen Laufhorizont, der über das Fundament an das aufgehende Mauerwerk anzieht (Abb. 214).

Die gotische Erweiterung

In der zweiten Bauphase wurde im Westen die Giebelwand der ersten Kirche niedergelegt und das Kirchenschiff um 2,60 m erweitert (Abb. 215). Die Breite des Kirchenschiffes bleibt unverändert. Teile der abgebrochenen Giebelwand dienten als Zwischenlage zwischen abgetragener Mauer und neu errichtetem Westabschluss. Dadurch erhielt die

Kirche eine größere Innenfläche von 14,70 m Länge, wohingegen die Breite unverändert blieb. Von dem gotischen Fußboden sind keine Reste erhalten. Lediglich ein dünnes Band aus Setzmörtel über dem alten Stampflehmboden zeigt, dass das Laufniveau angehoben und der Fußboden erneuert wurde. Daher liegt die Vermutung nahe, dass der gotische Fußboden nun in Stein ausgeführt war. Zugleich erfolgte in dieser Bauphase die Errichtung des Chorturms, dessen Erdgeschossgewölbe aus dem 13. Jahrhundert noch heute steht.

Funde

Neben einigen während der Kollekte verlorengegangenen Münzen fanden sich in der modernen Planierschicht zahlreiche Wandputzfragmente, die Einblicke in die Innengestaltung der Vorgängerkirche gewähren (Abb. 211). Aus dem gotischen Setzmörtel konnte außerdem eine kleine Gürtelschließe geborgen werden (Abb. 209). Eine besondere Pretiose stellt jedoch eine Spolie der ersten Steinkirche dar. Bei dieser handelt es sich um eine sorgfältig aus Sandstein gearbeitete, mehrfach profilierte Säulenbasis mit oktogonalem Umriss. An ihr sind noch die originalen Reste der Farbfassung erhalten (Abb. 212).

Durch die Einbeziehung und Beteiligung der Kirchengemeinde gelang es, ein starkes Interesse bei der Bevölkerung für die Archäologie und die Geschichte zu wecken. Dies spiegelte sich nicht nur in der regen Mitarbeit, sondern auch in den hohen Besucherzahlen wider.

Andreas Pross und Phil Burgdorf

214 *Ludwag. Profil mit Stampflehmboden.*

215 *Ludwag. Detailansicht, Erweiterung der romanischen Kirche, Südwestecke. Blick von Süden.*

Zusammenfassung – Eine Slawenkirche?

Während seiner Reise von Regensburg nach Würzburg ordnete Karl der Große 793 an, dass im Regnitzgebiet Kirchen zur Bekehrung der Slawen errichtet werden sollten. Ludwag gilt daher als ein wahrscheinlicher Standort einer dieser 14 Slawenkirchen. Im Zuge der Grabungskampagne konnten allerdings keine Hinweise auf die vermutete Slawenkirche zutage gefördert werden, da die Arbeiten auf das Freilegen der jüngeren Steinfundamente beschränkt waren. Außerdem erlaubte der schützenswerte und gut erhaltene Stampflehmboden keinen flächigen Bodeneingriff. Somit bleibt offen, ob unter dem Fußboden der Kirche noch eine weitere Sensation harrt.

„Alt Holz gibt gut Feuer" – Mittelalterliche Wohnbebauung in Nürnberg-Sebald

Stadt Nürnberg, Mittelfranken

Im Hof des Anwesens Winklerstraße 33 finden seit Februar 2021 umfangreiche Erdarbeiten statt. Die Fläche liegt in der westlichen Sebalder Altstadt im unteren Hangbereich des Nürnberger Burgbergs. In unmittelbarer Nachbarschaft befinden sich der Weinmarkt sowie die Kirche St. Sebald (Abb. 216). Für die Umgestaltung des Innenhofs, insbesondere die Errichtung einer Doppelstockparkanlage, wurde hier eine Fläche von ca. 300 m² geöffnet und teilweise bis in eine Tiefe von 5,5 m unter der rezenten Geländeoberkante archäologisch untersucht. Bereits vor Beginn der Maßnahme wusste man, dass das Areal durch einen Öltank und jüngere Einbauten gestört war. Gleichzeitig war in Anbetracht der geplanten Eingriffstiefe mit Befunden des Hochmittelalters zu rechnen, wie sie beispielsweise in den umliegenden Grabungen Weißgerbergasse 10 (ab 2002), Irrerstraße 1 (ab 2004), Augustinerhof (ab 2008) und Waaggasse (ab 2014) zu Tage gekommen waren.

Holzbauphasen und Brandereignisse

Die Grabung war in erster Linie durch mehrere holzverbaute Schächte geprägt, wie sie auch auf den benachbarten Untersuchungsflächen am Augustinerhof und auf dem IHK-Gelände mehrfach angetroffen worden waren. Der ältesten Nutzungsphase ist dabei lediglich ein bereits weitgehend gestörter Befund an der nördlichen Grabungsgrenze zuzuordnen. Er war im Sohlbereich stark mit organischem Material, darunter zahlreiche wohl menschliche Haarreste, durchsetzt und dürfte als Latrine gedient haben (Abb. 217,1). Die Anlage ist zusammen mit einigen Pfostenstellungen im nordwestlichen Teil der Grabungsfläche der Sebalder Besiedlung des 11. und frühen 12. Jahrhunderts an die Seite zu stellen.

Nach der wohl mit einem ersten Schadfeuer in Verbindung stehenden Verfüllung der Grube findet im fortgeschrittenen Hochmittelalter der Einbau zweier neuer tiefgreifender Holzstrukturen statt, deren Unterkanten

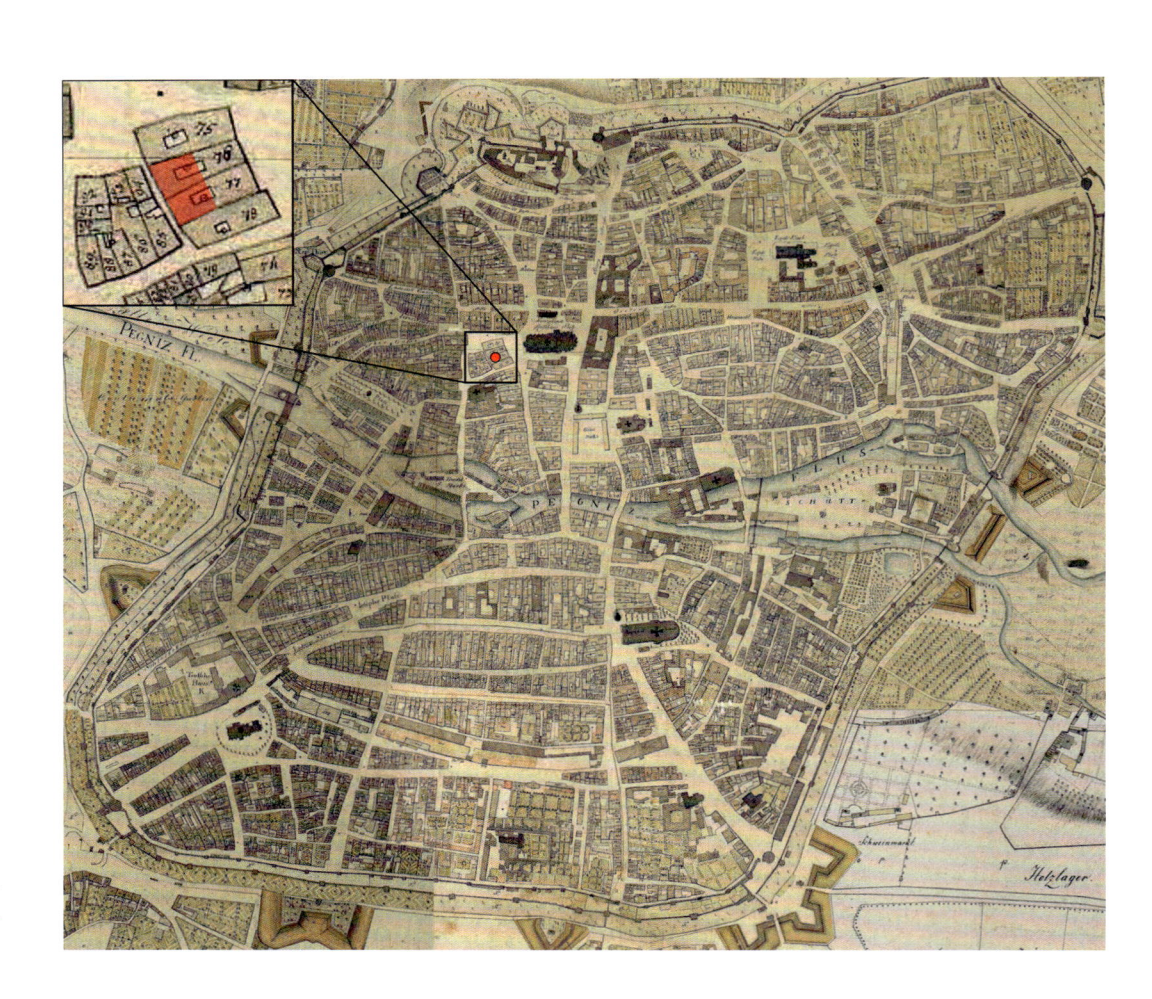

216 *Nürnberg. Lage der Untersuchungsfläche im Urkataster des 19. Jahrhunderts. Geobasisdaten: Bayerische Vermessungsverwaltung 2021.*

bis in heute grundwasserführende Schichten abgeteuft wurden. Die zugehörige Hausbebauung zeichnete sich zudem in Teilbereichen anhand von verkohltem Bauholzversturz eines weiteren Brandereignisses ab. Angesichts des vergleichsweise kleinen Baufensters waren jedoch keine Gebäudefluchten feststellbar. Der im Sohlniveau unverbrannte Einbau von einem der Schachtbefunde im Zentrum der Grabungsfläche ließ trotz des schlechten Erhaltungszustands der Bauhölzer hingegen noch einen zweischaligen oder mehrphasigen Aufbau aus innerem und äußerem Holzkasten (Abb. 217,2) sowie stabilisierenden Eckpfosten erkennen. Rätsel gibt ferner ein im unmittelbaren südwestlichen Vorfeld befindlicher kleinerer Holzanbau auf, in dessen Verfüllung ein reichhaltiges Fundmaterial vornehmlich des 13. Jahrhunderts eingetragen wurde (Abb. 217,3; 220). Die ursprünglichen Funktionshintergründe der Konstruktionen dürften schlussendlich im Bereich der Ver- oder Entsorgung anzusiedeln sein.

Neubebauung im frühen Spätmittelalter

Nachdem die in den oberen Bereichen vollständig ausgebrannten Holzkästen weitgehend verfüllt wurden, zeigten sich insbesondere auf der Westseite der Grabungsfläche Spuren einer weiteren, noch im 13. Jahrhundert einsetzenden Bauphase. Den bis dahin ausschließlich hölzernen Schachtbefunden schließt sich nun eine rechteckige Latrine aus Sandsteinquadern mit einer Baugrubenverfüllung aus grob geschichteten Bruchsteinlagen an. In den Randbereich der Baugrube schneidet ferner eine größere Abfallgrube mit umfangreichem Fundinventar ein (Abb. 218; 219,2). Die Verfüllung der Abfallgrube barg neben einem Brakteaten Rudolf von Habsburgs insbesondere im lehmig-kompakten Sohlbereich einen reichhaltigen Bestand kleinteilig zerscherbter Glasgefäße. Gebäudereste dieser Zeit beschränken sich nun in Form eines stark modern überprägten Sandsteinkellers auf den südlichen Rand der Untersuchungsfläche. Zusammen mit dem deutlichen Rückgang baulicher Strukturen im nördlichen Teil des Grabungsareals ist daher davon auszugehen, dass der erfasste Ausschnitt fortan bis weit in das Spätmittelalter hinein vornehmlich als unbebauter Hofbereich genutzt wurde.

Kontinuität und Wandel ab der Spätgotik

Im Rahmen einer erneuten Zunahme baulicher Aktivität sind ab dem fortgeschrittenen Spätmittelalter auf der gesamten Fläche um-

217 Nürnberg. Blick auf den ältesten Latrinenschacht (1), den zweischaligen Holzkasten (2) mit Anbau (3) und den spätgotischen Sandsteinpfeiler (4).

218 Nürnberg. Die südliche Wandung der Abfallgrube schneidet im Längsprofil in die Baugrube des gemauerten Latrinenschachts. Süden ist links.

219 *Nürnberg. Profilschnitt durch die gesamte Untersuchungsfläche von Südwest nach Nordost. 1 Hochmittelalterlicher Holzschacht; 2 Abfallgrube des frühen Spätmittelalters; 3 spätgotischer Pfeiler (= Abb. 217,4); 4 Brunnenschacht; 5 Seitenflügelfundamente.*

fassende Reste jener Bauphase greifbar, die im Kern bis zur Zerstörung im Zweiten Weltkrieg bestand. Sowohl der steinerne Latrinenschacht als auch der nachträglich eingewölbte Keller der früheren Bautätigkeiten werden in die neu entstandene Bebauung integriert und ebenfalls erst im 20. Jahrhundert abgebrochen. Von den jüngeren Steinbauphasen wurden im Laufe der Ausgrabung Teile der Hinterhausfundamente und Reste der Seitenflügel sowie eines hofständigen Sandsteinbrunnens erfasst. Ein tiefreichender Pfeiler inmitten des Untersuchungsareals diente zudem als Fundamentblock im Bereich einer der Hofecken und wurde in einen der hochmittelalterlichen Holzschächte eingebracht (Abb. 217,4; 219,3). Er dürfte in Abgleich mit ähnlichen bautechnischen Befunden aus dem Stadtgebiet die punktuelle Basis eines Systems aus Entlastungsbögen gebildet haben, von denen sich jedoch keine Reste erhalten haben.

Ein Schnitt durch die Stadtgeschichte

Insbesondere mit den Befunden des Hochmittelalters reiht sich die Grabung nahtlos in die bisher zur frühen Stadtentwicklung gewonnenen Erkenntnisse ein. Während sonst bei Untersuchungen jeweils nur ein klar fassbares Brandereignis im ausgehenden Hochmittelalter das Ende der bis dahin bestehenden Holzbebauung einläutete, verdichten sich nun die Hinweise, dass in dieser Zeit mehrere Brände in der primär aus Holzbauten bestehenden Stadt wüteten. Ähnlich wie bei der Wohnbebauung folgt im Verlauf des 13. Jahrhunderts auch bei Einrichtungen zur Ver- und Entsorgung eine erste Stein- oder Ziegelbauphase, wobei sich die Parzellierung, soweit sie im vorliegenden Fall rein anhand der Hinterhofnutzung fassbar ist, bis in die Moderne kaum verändert. Von besonderem Interesse werden im Laufe der Auswertung die ungewöhnlich große Menge an keramischem und organischem Fundmaterial des Hochmittelalters ebenso wie die Gläser des frühen Spätmittelalters sein.

Ragnhildur Arnadottir, Arne Kluge und Melanie Langbein

Literatur J. P. Zeitler/F. Feuerhahn, Arch. Jahr Bayern 2009, 122–125. – Dem alten Nürnberg auf der Spur. Archäologische Grabungen in der Sebalder Altstadt. Nürnberger Altstadtberichte S1/2009 (Nürnberg 2009).

Örtliche Grabungsleitung R. Arnadottir. – *Grabungstechnik* R. Elliott; alle Fa. exTerra Archäologie Happe & Glaß GbR, Fürth.

220 *Nürnberg. Funde des 13. Jahrhunderts aus den Füllschichten des kleinen Holzanbaus. Links Daubengefäß; rechts vollständig erhaltener Topf mit Kerbstichverzierung.*

Erben der Bilhildis – Annäherung an einen frühmittelalterlichen Adelssitz mit Hofgrablegen in Veitshöchheim

Landkreis Würzburg, Unterfranken

Grabungsbeginn in der Kirchstraße

Im März 2021 kamen bei Leitungsverlegungen in der Kirchstraße in Veitshöchheim, in unmittelbarer Nähe zur St.-Vitus-Kirche, Menschenknochen zum Vorschein. Die erste Bestattung wurde vom Baggerfahrer erst bemerkt, als sie sich bereits in der Baggerschaufel befand. Doch von da an erfolgten alle weiteren Erdeingriffe unter archäologischer Aufsicht. Bereits knapp unter der Straßenbettung kamen auch erste Mauerfundamente unterschiedlicher Bauweise zutage. Während der Freilegungsarbeiten bis zur Unterkante der Fundamente konnten weitere Bestattungen festgestellt werden. Diese lagen zum Teil direkt unter den offensichtlich später datierenden Mauerfundamenten.

Auf dem Kirchplatz

Als die Leitungsarbeiten in der Straße beendet waren, wurde der Kirchplatz flächig abgeschoben, denn auch hier sollten Versorgungsleitungen verlegt und die gesamte Oberfläche neu gestaltet werden (Abb. 221). Im Planum zeigten sich neben zahlreichen Störungen auch etliche Mauerbefunde, welche aufgrund von Ausrichtung, Maßen und verwendetem Mörtel aus unterschiedlichen zeitlichen Phasen stammen müssen und unterschiedliche Funktion hatten.

Eine, dem orangefarbenen und lehmhaltigen Mörtel nach zu urteilen, vermutlich hochmittelalterliche Mauer lief quer von Nordwest nach Südost über den Kirchplatz. Offensichtlich gehörte sie zu einer größeren Struktur, war aber durch rezente Leitungen mehrfach gestört. Ihr Verlauf ist daher unsicher.

Einige kleinere Mauern waren durch eher helleren und härteren Mörtel gekennzeichnet und schmaler. Ihrer Lage nach kann man davon ausgehen, dass hier die Bebauung entlang der Kirchstraße zu gewissen Zeiten weiter lief als heute.

Westlich der heutigen Rathaushofmauer – und exakt parallel zu derselben orientiert – erstreckt sich ein Mauerbefund, der etwa auf der Höhe des heutigen Hoftores eine Lücke aufweist (Abb. 223,24.46). Er läuft auf die

221 *Veitshöchheim. Drohnenfoto vom Kirchplatz während der Grabungen. Blick von Nordwesten.*

Nordostecke der Kirche zu, der Bereich direkt an der Kirche ist stark gestört und kann wohl als ältere Begrenzung des Friedhofs gedeutet werden, welche im Zuge des barocken Ausbaus die profanen von den kirchlichen Arealen abgrenzte. Die heutige Mauer, welche bereits seit dem späten 19. Jahrhundert besteht, wurde möglicherweise zurückgesetzt, um der profanen Nutzung des Kirchplatzes nach Aufgabe und/oder Verkleinerung dieses Bereichs mehr Raum zu geben. Hinweise darauf, dass es sich bei der heutigen Mauer nicht um das ursprüngliche Bauwerk handelt, finden sich am Rathaus: Besagte Mauer stößt stumpf gegen eines der bauzeitlichen, barocken Fenster, das nachträglich zugesetzt wurde. Im ursprünglichen barocken Platzkonzept von Rathausbau (damals Adelshof), Kirche und Kirchmauer wird diese Lösung nicht vorgesehen gewesen sein.

Vor dem Tor des Rathausplatzes

Nachdem ein Großteil der Fläche des Kirchplatzes untersucht war, wurde zur Verlegung von Leerrohren ein Versorgungsgraben vom

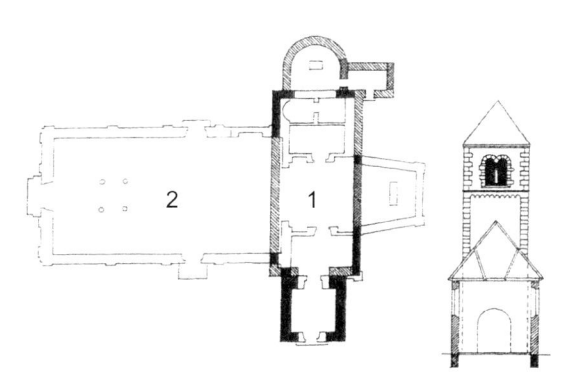

222 *Veitshöchheim. Übereinandergelagerte Grundrisse der romanischen (1) und barocken (2) Vituskirche (nach H. Hohmann). Norden ist links.*

Tor des Rathausplatzes bis zur Kirchstraße gebaggert. Dies führte dazu, dass weitere Bestattungen zutage kamen. Zudem bot sich die Möglichkeit, einige Mauern bis zu ihrer Fundamentunterkante zu dokumentieren. Es stellte sich heraus, dass einige Bestattungen durch bauliche Strukturen des Spätmittelalters und der frühen Neuzeit gestört waren.

Aufgrund einer sehr undeutlichen Stratigrafie – der sandige Boden, welcher oberflächennah eine dunkelbraune Färbung aufwies, wurde in der Tiefe stufenlos heller, einzelne Schichtgrenzen waren nicht auszumachen – konnte eine Datierung nur sehr grob vorgenommen werden. Auch die Funddichte war gering, sodass zwar vom Hochmittelalter bis ins späte 19. Jahrhundert datierende Keramik geborgen werden konnte, diese oftmals aber keinen bestimmten Befunden zuzuordnen war, sondern bestenfalls aus schwer abgrenzbaren Kulturschichten stammte.

Somit blieben als Hinweise zur Datierung meist nur die relative Abfolge zwischen den Gräbern und Mauern und eine grobe zeitliche Einordnung der Mauern über den jeweils verwendeten Mörtel ins Hochmittelalter bis in die frühe Neuzeit.

Dankenswerterweise erklärte sich das Bayerische Landesamt für Denkmalpflege bereit, an den Knochen zweier Bestattungen ^{14}C-Analysen durchführen zu lassen. Die Ergebnisse ermöglichten eine erste zeitliche Einordnung der erfassten Befunde: Die Bestattung eines, dem anthropologischen Gutachten nach, über 60-jährigen Mannes (Grab 17), welcher relativchronologisch älter sein musste als ein vermutlich hochmittelalterliches Mauerfundament, konnte frühmittelalterlich datiert werden (Sigmakurve: 688–877 n. Chr. [95 %] bzw. 707–824 n. Chr. [68 %]).

Das zweite Grab, das beprobt wurde (Grab 58), lag weiter östlich und bezeichnet die momentan größtmöglich nachweisbare Ausdehnung des ehemaligen Friedhofs nach Osten. Dieses ebenfalls männliche Individuum maturen Alters konnte spätmittelalterlich datiert werden (Sigmakurve: 1305–1401 n. Chr. [95 %] bzw. 1321–1396 n. Chr. [68 %]).

Somit ergeben sich aus den jüngsten Untersuchungen am Kirchplatz in Veitshöchheim einige neue Aspekte zur Entwicklung des Platzes.

Entwicklung des Kirchplatzes/Kirchstraße

Der noch heute erhaltene Kirchturm gehört einer Bauphase der ersten Hälfte des 13. Jahrhunderts an, deren zugehöriger Friedhof – wie der jüngere Grabbefund zeigt – sich im 14. Jahrhundert anscheinend bereits bis zur Mitte des heutigen Platzes erstreckte. Mit dem Ausbau der Kirche gegen Ende des 17. Jahrhunderts ging eine grundlegende Neugestaltung ihres Umfelds einher: Das ursprüngliche Hauptschiff des Kirchenbaus wurde zum Querschiff, sodass sich die Ausrichtung der Kirche von Ost-West auf Nord-Süd änderte (Abb. 222). Daraufhin errichtete man auch eine neue Begrenzungsmauer (Abb. 223,23.24.46), ferner wurden einige Gebäude, welche das Areal einengten, abgebrochen, sodass eine Situation entstand, die der heutigen Gestaltung bereits weitgehend entspricht. Man kann davon ausgehen, dass ab diesem Zeitpunkt auch nicht mehr vor der Kirche bestattet wurde, sondern wie in späteren Plänen im hinteren Bereich um den Turm und die Apsis herum, da dort keine typisch barocken Bestattungen angetroffen wurden und das neue Kirchenfundament einige Gräber gestört hat.

Besonders aufschlussreich erscheint die Bestattung des 8. Jahrhunderts, denn Veitshöchheim ist nicht erst seit dem 13. Jahrhundert kontinuierlich als Adelssitz belegt: Bereits durch die Legende der heiligen Bilhildis, die am Ort geboren und Gattin des in Würzburg residierenden Merowingerherzogs Hetan gewesen sein soll, scheint ein Adelshof des 7./8. Jahrhunderts fassbar, mit welchem die im Bereich der heutigen Kirchstraße gefundenen Gräber in Zusammenhang gebracht werden dürfen. Sie stellen entweder dessen Hofgrablege dar oder belegen, dass die romanische Vituskirche einen karolingerzeitlichen Vorgänger hatte.

Die Wahrscheinlichkeit einer Hofgrablege liegt hierbei zudem nahe, da Veitshöchheim einen weiteren Friedhof mit Martinskirche besitzt. Zwar existieren hierzu keine archäologischen Evidenzen und die ältesten erhaltenen Bauglieder datieren in das 12. Jahrhundert, doch kann mit einiger Wahrscheinlichkeit vermutet werden, dass das Patrozinium des heiligen Martin an dieser Stelle ebenfalls auf das frühe Mittelalter zurück geht. Somit wäre für das frühe Mittelalter der Gemeindefriedhof an der Martinskirche zu vermuten, während der frühe Adel in unmittelbarer Nähe zum eigenen Hof beigesetzt wurde.

Erst 1288 erhält das ehemalige Hochheim den Beinamen seines Ortspatrons Vitus. Möglicherweise wurde ab diesem Zeitpunkt der Hauptfriedhof von St. Martin nach St. Vitus verlegt. Dies würde auch den weit nach Norden ausgreifenden Friedhofsbereich des Spätmittelalters erklären.

Zusammenfassung

Durch die Ausgrabungen des letzten Jahres konnten entscheidende Einblicke in die Ortsgenese Veitshöchheims gewonnen werden: Frühmittelalterliche Gräber sind einem aus der örtlichen Tradition überlieferten Adelssitz zuzurechnen und erhärten den Verdacht, dass die Veitskirche des 13. Jahrhunderts einen älteren Vorgänger besessen hat – sofern man nicht sogar davon ausgehen möchte, dass das als hochmittelalterlich angesehene Mauerwerk des Bestandsgebäudes nicht selbst karolingerzeitlich ist. Der Friedhof des 13./14. Jahrhunderts ist schließlich ebenso zu fassen wie die barocke Neugestaltung des Platzes durch den Abriss alter Bauwerke und Anbau des Nord-Süd ausgerichteten neuen Hauptschiffs der Vituskirche, was den Beginn der Barockisierung Veitshöchheims anzeigt.

Thomas Kozik

Literatur H. Hohmann, Die Veitshöchheimer Pfarrei- und Kirchengeschichte in Auszügen. Unveröffentlichte Zulassungsarbeit 2000. – I. Adam, Die hl. Bilhildis – eine bedeutende Frau der Merowingerzeit aus Veitshöchheim. In: 900 Jahre Veitshöchheim (Veitshöchheim 1997) 23–28. – U. Bausewein, Die Urkunde aus dem Jahr 1097. In: Ebd. 29–40.

Örtliche Grabungsleitung Th. Kozik, Büro für Archäologie Neupert, Kozik & Simm GbR. – *Anthropologische Bestimmungen* F. Schreil, AnthroArch GbR. – *^{14}C-Daten* Curt-Engelhorn-Zentrum Archäometrie gGmbH. Labornummer: MAMS 51785 und 51786; Kalibrierung: OxACal; Standardabweichung: MAMS 51785: 1236 BP, MAMS 51786: 601 BP (je ± 18).

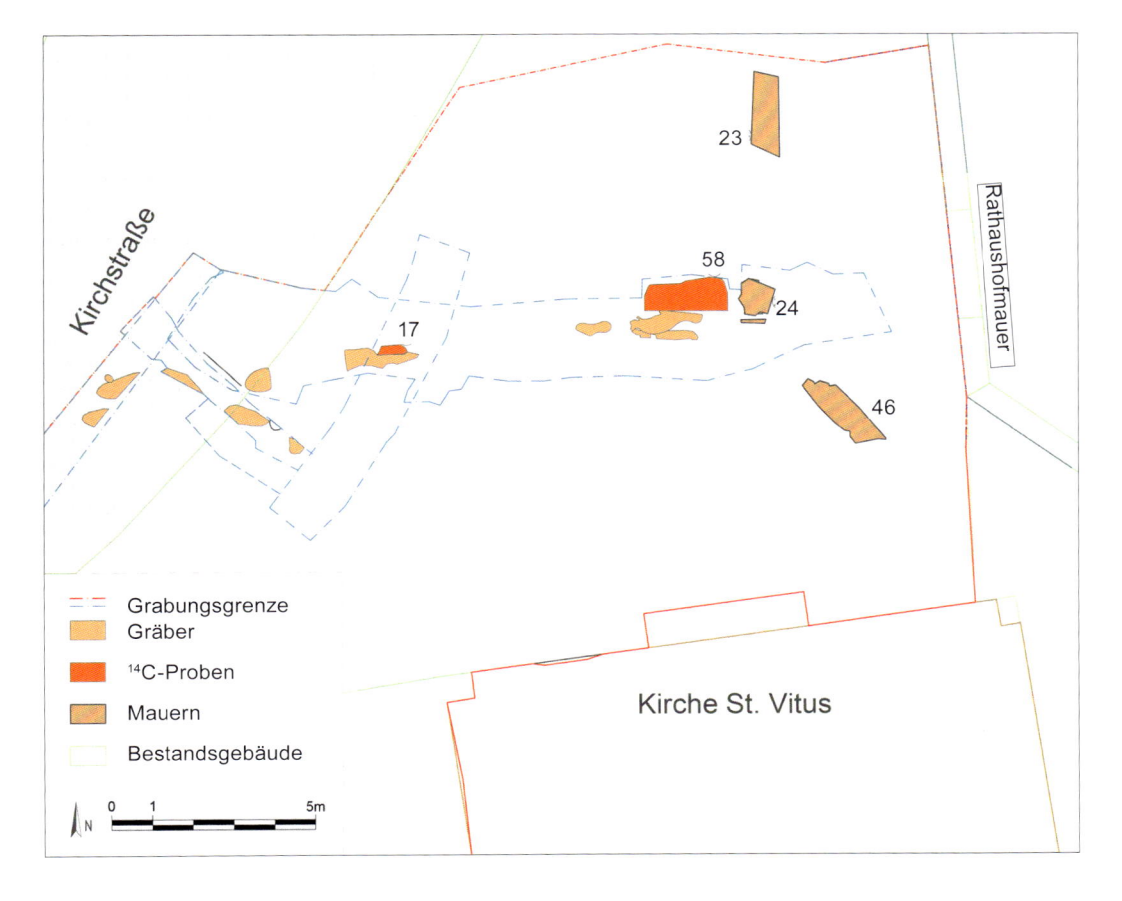

223 *Veitshöchheim. Plan mit Gräbern und Resten der barocken Hofmauer.*

Spätmittelalter / Neuzeit

Eine mittelalterliche Vorburgsiedlung mit Handwerkerareal in Falkenberg

Gemeinde Moosach, Landkreis Ebersberg, Oberbayern

Im Umfeld des Burgstalls

Die Erschließung eines neuen Wohngebietes in Falkenberg machte eine archäologische Begleitung des Bauvorhabens notwendig. Dort ist mitten im Ort ein hochmittelalterlicher Burgstall kartiert. Etwas weiter nordwestlich befindet sich das heutige Schloss Falkenberg, dessen Kern in das Jahr 1578 datiert und das 1693 sowie in der zweiten Hälfte des 19. Jahrhunderts diverse Umbauten und Veränderungen erfuhr. Es stellte sich folglich die Frage, ob sich im Umfeld der Burg-/Schlossanlagen noch untertägige Spuren des Vorburgareals würden finden lassen bzw. ob es einstmals überhaupt ein solches gab. In den Erschließungsstraßen und den einzelnen Grundstücksparzellen des Baugebietes wurden schließlich zwischen Februar 2021 und Frühjahr 2022 diverse Abzüge archäologisch begleitet. Dabei zeigten sich auf der unbebauten, weitgehend ebenen Grünfläche östlich der Burg archäologische Strukturen. Aktuell sind die Maßnahmen vor Ort noch nicht zur Gänze abgeschlossen, die bisherigen Beobachtungen lassen jedoch bereits zahlreiche Aussagen zu.

Oberbodenabtrag – erste Befunde

Unter geringer humoser Überdeckung folgte eine dünne Rotlageschicht und anschließend der anstehende Kiesschotter nach wenigen Dezimetern Tiefe unter dem Urgelände – ein üblicher Bodenaufbau in den voralpinen Landschaften östlich von München. Bereits in den rotlehmigen Sedimenten und später auch im Schotter zeigten sich die Befunde als dunkle Bodenverfärbungen mit reichlich anthropogenen Anzeigern wie verziegeltem Lehm oder Holzkohlepartikeln, die sich vom umgebenden Sediment meist deutlich absetzten. Dabei handelte es sich ausschließlich um Überreste von Siedlungsbefunden in Holz-Erde-Bauweise und handwerklichen Einrichtungen. Meist hatten sich nur die mulden- oder wannenförmigen Sohlenreste erhalten. Sie reichten im Schnitt nicht mehr als 0,2–0,3 m unter das Baggerplanum.

224 *Falkenberg. Vereinfachter Grabungsplan der Ausgrabungen.*

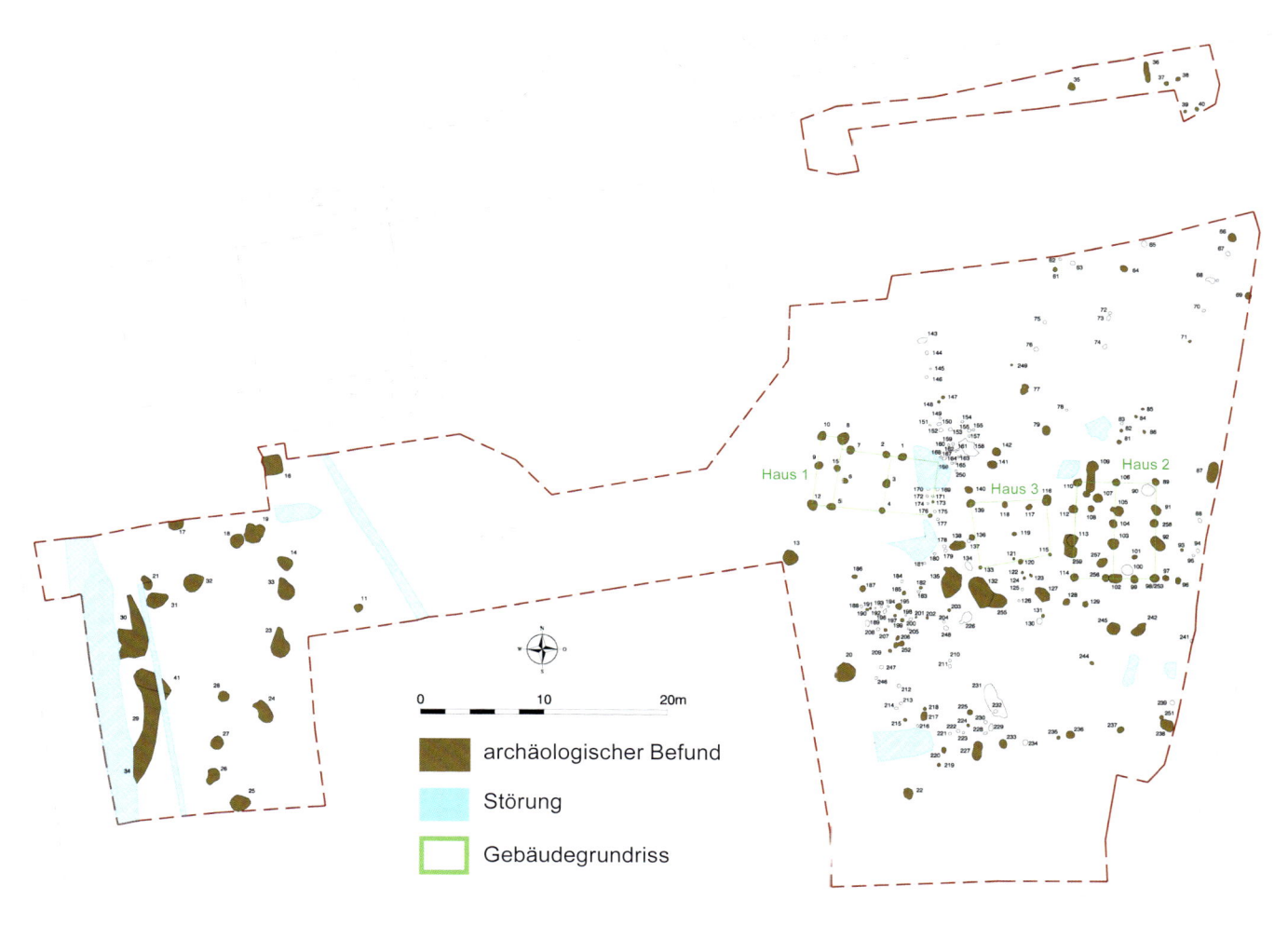

Beim Oberbodenabzug zeigte sich bereits zu Anfang der Untersuchungen eine Befundaufteilung, die im weiteren Verlauf verifiziert werden konnte (Abb. 224): Im Westen der ehemaligen Grünfläche auf FlstNr. 451 gruppierten sich Handwerksbefunde – konkret diverse Brennöfen –, während sich weiter östlich Pfostenstellungen und Hausgrundrisse als Reste von Wohn-/Siedlungsbebauung erschließen ließen. Dazwischen lag ein ca. 35–40 m breiter, unbebauter Streifen ohne Hinweis auf Bodendenkmäler.

Brennöfen und Burggraben (?)

Die Brennöfen waren Überreste eines Handwerkerareals und in einer regelrechten Ofenbatterie dicht an dicht gruppiert, ohne jedoch eine einheitliche Ausrichtung erkennen zu lassen. Diese Handwerkszone lag direkt östlich des kartierten Bodendenkmals und damit im unmittelbaren Vorfeld der Burg Falkenberg. Somit befand sie sich einerseits möglichst nah am Burgstall – was die Bedeutung für Produktion und Gewerbe unterstreicht –, andererseits hatte man die hitzeintensiven und feuergefährlichen Arbeiten rund um die Brennöfen außerhalb der Umwehrung und gleichzeitig getrennt von der feuergefährdeten Siedlungszone weiter östlich gruppiert. Insgesamt wurden 13 Brennöfen auf der Fläche erkannt. Sie besaßen zumeist jene typische Schlüssellochform mit vorgelagerter Schürgrube, einem Schürloch und anschließender Brennkammer (Abb. 226). Von der großen Hitzeentwicklung in den Brennkammern zeugte oftmals noch die verziegelte Ofenwandung aus Lehm.

Westlich der Öfen wurde ein Grabenabschnitt erschlossen, der gleichzeitig den äußersten Westrand des Grabungsareals markierte. Durch einen modernen Leitungsgraben wurde er erheblich gestört (Abb. 225). Dieser leicht bogenförmige, ca. 1,5–2,5 m breite und noch bis zu 0,5 m tiefe Grabenabschnitt könnte die äußersten Reste der Umwehrung des Burgstalls Falkenberg markieren. Funde ließen sich aus dem Graben leider nicht bergen. Eventuell wurde sogar eine nur rund 1 m breite Durchgangssituation beobachtet. Eine ringförmige Fortsetzung des Grabens nach Westen ist zu erwarten.

Wohnbebauung

Im Siedlungsareal der Vorburg wurden bislang drei sichere oder zumindest wahrscheinliche, rechteckige Hausgrundrisse identifiziert. Da sich viele der Pfostenstellungen bereits in der Rotlage zeigten, mussten diese sorgfältig von geologischen Strukturen unterschieden werden. Häufig gelang dies über die vergesellschafteten anthropogenen Anzeiger und die architektonischen Zusammenhänge. Haus 2 war sicherlich der eindrücklichste Hausgrundriss. Er bestand aus drei parallelen, Nord-Süd ausgerichteten Pfostenreihen mit jeweils vier Hauptpfosten und besaß eine Größe von 8,5 × 7 m, was etwa 60 m² Grundfläche entspricht. Aus den Pfostengruben wurde neben Holzkohle oftmals Hüttenlehm mit Flechtwerk-, in einem Fall auch mit Fingerabdrücken geborgen. Diese Funde zeugen nicht nur von Schadfeuern vor Ort, sondern sie sind auch Hinweise auf die Ausführung der Hütten in Holz-Erde-Bauweise. Zwischen den aufgehenden Holzpfosten müssen sich Flechtwerkwände mit Lehmverputz befunden haben. Bemerkenswert war der Fund (verbrannter) kleiner, ortsfremder Tuffsteinbrocken in drei Pfostengruben (89, 102 und 103) des Hauses, deren architektonische Funktion aufgrund der Fundlage jedoch nicht abschließend geklärt werden konnte.

Funde und Datierung

Das geborgene Fundmaterial war weder besonders reichhaltig noch exzeptionell in der Quali-

225 Falkenberg. Mutmaßlicher Graben des Burgstalls Falkenberg am Westrand der Untersuchungsfläche unmittelbar nach dem Oberbodenabzug.

226 Falkenberg. Brennofen 32 mit verziegelter Ofenwandung der Brennkammer.

tät. Es handelte sich um klassisches Siedlungsmaterial, also insbesondere um Gebrauchskeramik sowie wenige Tierknochen – d. h. Reste von Schlachtabfällen domestizierter Nutztiere wie Schwein und Rind. Interessanterweise erbrachten die Öfen keine Schlackenfunde, also weder Glas- noch Metallschlacken. Indizien für Verhüttungsprozesse sind damit nicht vorhanden, was eine Interpretation als Töpferöfen für die Keramikherstellung oder Backöfen, z. B. für die Lebensmittelherstellung, wahrscheinlicher macht. Anhand der Keramik konnte eine Datierung in das hohe bis späte Mittelalter erfolgen. Sowohl die Öfen als auch die Pfostenstellungen des Siedlungsareals erbrachten zumeist kleinteilig zerscherbtes Material mit einer größeren chronologischen Unschärfe. Aus Ofen 23 konnte eine Leistenrandscherbe geborgen werden, die in die Zeit zwischen dem späten Hoch- und dem frühen Spätmittelalter verweist. Ein Bodenkreuzfragment aus einem Pfosten von Haus 2 deckt einen Zeitraum zwischen dem 11. und 13./14. Jahrhundert ab (Abb. 227). Ebenso wie nicht näher eingrenzbare Glimmerware des 9.–14. Jahrhunderts aus dem gleichen Hausgrundriss verweisen auch diese Funde in das Hoch- bis Spätmittelalter. Nachdem anders datierende Funde bislang fehlen, ist von einer weitgehenden zeitlichen Parallelität der Befunde auszugehen, auch wenn konkrete Hinweise zur Belegungsdauer des Vorburggeländes fehlen. Auch die räumliche Bezugnahme der Befunde untereinander und das Freilassen einer unbebauten Feuerschneise zwischen der Handwerks- und Siedlungszone sprechen diesbezüglich eine eindeutige Sprache.

227 Falkenberg. Hoch- bis spätmittelalterliche Keramikscherbe mit Bodenkreuz aus dem Bereich der Vorburgsiedlung. Maßstab 1 : 1.

Perspektivische Befunderhaltung und Fazit
Die aktuellen Bodeneingriffe haben deutlich gezeigt, dass in den unbebauten bzw. nicht tiefgründig gestörten Flächen östlich des Burgstalls Falkenberg mit zahlreichen Überresten einer hoch- bis spätmittelalterlichen Vorburgsiedlung gerechnet werden muss. Dort sind zwei deutlich abgrenzbare Areale auszumachen: Ein handwerklicher Bezirk mit zahlreichen Brennöfen im direkten Vorfeld der Burg und – etwas weiter östlich entfernt – ein Siedlungsgelände mit Hausgrundrissen ehemaliger Wohn- und vielleicht auch Wirtschaftsgebäude. Getrennt sind sie durch den befundfreien, unbebauten Bereich einer Brand- bzw. Feuerschneise. Unmittelbar westlich des ergrabenen Areals scheint der eigentliche Burgstall anzufangen, dessen Peripherie hier wohl über den Graben der Umwehrung erfasst wurde. Wie weit sich die Vorburgsiedlung nach Norden, Süden und Osten erstreckt, kann derzeit nicht geklärt werden, allerdings markierte das aktuelle Untersuchungsgelände die letzte größere unbebaute Grünfläche im direkten Umfeld des kartierten Bodendenkmals. Zukünftige, selbst kleinräumige Bodeneingriffe werden diesem komplexen Siedlungsbild gerecht werden müssen – nicht nur aus wissenschaftlicher, sondern besonders aus bodendenkmalpflegerischer Sicht.

Ulrich Schlitzer, Philipp Zander und Ippokratis Angeletopoulos

Ausgrabung Planateam Archäologie. – Tierknochenbestimmung Planateam Archäologie.

Archäologie und Bauforschung ergänzen sich: Untersuchungen auf der mittelalterlichen Burg Tittmoning

Landkreis Traunstein, Oberbayern

Burggeschichte
Konkurrenz ist gut fürs Geschäft – oder, in diesem Fall, für den Burgenbau: Die nicht immer friedliche Nachbarschaft des Erzbistums Salzburg und des Herzogtums Baiern führte im 13. und 14. Jahrhundert zur Errichtung einer Reihe bedeutender Befestigungsanlagen. Dazu zählt auch die Burganlage von Tittmoning, heute eine der besterhaltenen Höhenburgen Südostbayerns (Abb. 228).
Der Höhensporn aus Tuffstein, auf dem sich die Burg 46 m über dem Niveau des heutigen Stadtplatzes und 63 m über dem Pegel der Salzach erhebt, wurde schon in vorgeschichtlicher Zeit besiedelt. Der Ort Tittmoning wird erstmals in einem Salzburger Güterverzeichnis von 790 schriftlich erwähnt, ein *castrum* wurde jedoch wohl erst Anfang des 12. Jahrhunderts errichtet.
Nach Aussterben der Grafen von Lebenau fiel Tittmoning 1229 an den Salzburger Erzbischof Eberhard II., der den Ort 1234 als Gegenpol zu den wittelsbachischen Städten Burghausen, Neuötting und Braunau zur Stadt erhob und befestigen ließ. Vor allem im Laufe des 14. Jahrhunderts, als die Erzbischöfe immer wieder in Konflikt mit den Wittelsbachern gerieten, wurde die Burg Tittmoning dann sukzessive weiter ausgebaut und verstärkt. 1338 erhielt sie die wehrhafte Mantelmauer, die bis heute das Gesamtbild der Anlage entscheidend prägt. Der mit seiner Firsthöhe von fast 30 m

die Fernsicht beherrschende massive Getreidekasten entstand 1427/28. Bis ins 20. Jahrhundert hinein erlebte die Burg zahlreiche weitere bauliche Veränderungen, sodass die heute bestehende Anlage eine dichte, aber nicht ohne Weiteres zu deutende Ansammlung gut erhaltener Bauteile unterschiedlicher Zeitstellung ab dem 13. Jahrhundert bildet.

Ein Forschungsdesiderat

Trotz des beeindruckenden Bestandes erfolgte jedoch bisher keine befundbasierte Untersuchung des Komplexes. Im Rahmen der von der Stadt Tittmoning beabsichtigten Instandsetzung und Revitalisierung der Anlage bot sich nun die Gelegenheit, dieses Desiderat der Burgenforschung zu bearbeiten: Als Grundlage für die weitere Planung wurde in Zusammenarbeit mit dem Bayerischen Landesamt für Denkmalpflege (BLfD) ein umfangreiches Vorprojekt zur Burg durchgeführt. Neben einer statisch-konstruktiven Bewertung der Substanz wurden ein Raumbuch und ein formgetreues Aufmaß der Burg angelegt. Unter archäologischer Begleitung wurden drei Sondageschnitte ausgehoben, um die Gründungsverhältnisse der Burg zu ermitteln. Die gewonnenen Erkenntnisse der Bauforschung und der Archäologie ergänzen sich komplementär, sodass nun erstmals ein Umriss der mittelalterlichen und frühneuzeitlichen Baugeschichte auf dem Tittmoninger Burgberg vorgestellt werden kann.

Erkenntnisse der Bauforschung

Tatsächlich ermöglichten die Untersuchungen, den erhaltenen Bestand der ursprünglichen Anlage zu identifizieren und damit eine erste schematische Rekonstruktion der hochmittelalterlichen Burg vorzunehmen (Abb. 230). Überraschenderweise war der Standort der Anlage nicht mit dem der überlieferten Burg des Spätmittelalters identisch. Nach den Befunden erhob sich die ältere Kernburg im Südosten des Plateaus; ihr war im Bereich des heutigen Burghofes möglicherweise eine Vorburg bzw. ein Wirtschaftshof vorgelagert. Von der Grafenburg blieb die mächtige südliche Außenmauer, vermutlich die Palasmauer, erhalten. Sie bildet im heutigen Bestand ein dekontextualisiertes, stadtmauerartiges Fragment, das sich über den Umgriff der späteren Mantelmauer hinaus nach Osten bis zur Hangkante über der Altstadt zieht. In dem Mauerfragment kündet unter anderem noch das zugesetzte Rundbogenportal eines Austrittes auf Höhe eines zweiten Obergeschosses vom älteren Bestand. Das Portal zeigt deutliche formale Analogien zu vergleichbaren hochmittelalterlichen Austritten an den Burgen Haag oder Megling („Stampflschloss" bei Au am Inn). Zu diesem Baufragment gehören wohl auch die

228 *Tittmoning. Luftbild der Burg, Blick von Süden.*

229 *Tittmoning. Bestattung im Bereich des Zwingers.*

230 *Tittmoning. Übersichtsplan der Burganlage.*

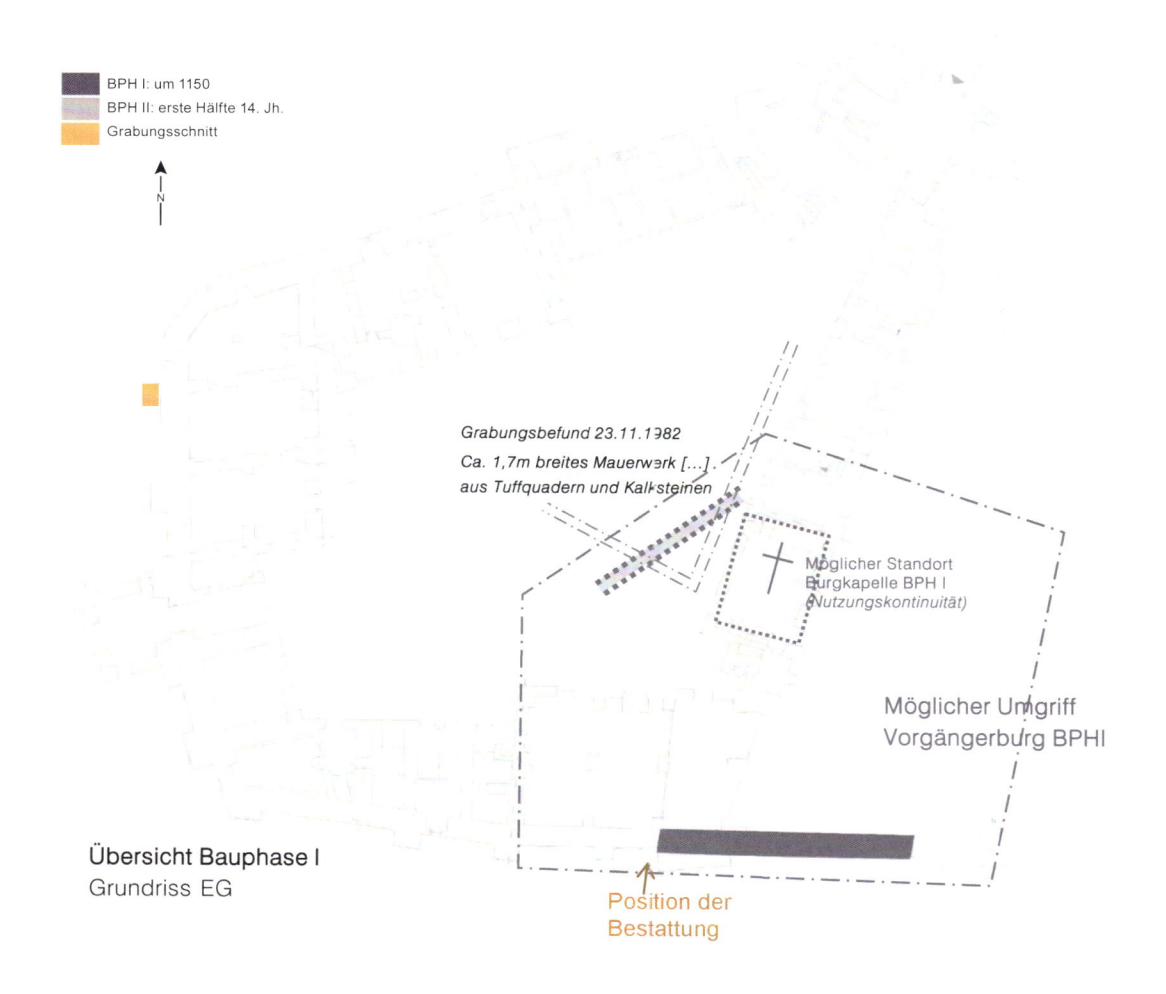

bei Kanalarbeiten im Burghof um 1980 entdeckten Fundamente eines mächtigen Mauerzuges, sodass sich die ursprüngliche Kernburg zumindest umrisshaft greifen lässt.

Zu der Burg gehörte wohl bereits eine dem Erzengel Michael geweihte Kapelle, für die eine Orts- und Kultkontinuität bis zu der bestehenden barocken Burgkirche anzunehmen ist: Die heutige, formal recht aufwendige und geräumige Kapelle sitzt an einem eigentlich irritierenden Ort, zwischen dem spätgotischen Getreidekasten und den anschließenden Ökonomiebauten, nicht aber in der zu erwartenden Nähe des spätmittelalterlichen „Kavaliersstockes" oder des ehemaligen fürstbischöflichen Wohntraktes im Norden – der Standort der Kapelle blieb wohl über die einschneidenden späteren Modifikationen an der Burg konstant. Noch vor der grundlegenden Neufassung der Burganlage erfolgte eine vorbereitende Befestigung des westlichen Burgplateaus. Zu dieser gehörte namentlich die Errichtung eines mächtigen, rechteckigen Schalenturmes über dem westlichen Halsgraben. Dieser Turm wie auch die ihn nach Norden ergänzende Schildmauer über dem Graben wurden in die folgende neue Burganlage einbezogen und sind heute an markanten Baufugen im Bestand nach wie vor gut identifizierbar.

Warum die zentralen Burgbauten im Südosten schließlich aufgegeben und nach Nordwesten verlagert wurden, ist nicht mehr sicher nachvollziehbar; möglicherweise erfolgte der Umbau als Folge einer der an dem Tittmoninger Burghügel recht häufigen Hangrutschungen. In jedem Fall entschloss man sich im ausgehenden 14. Jahrhundert, die Bauten im Osten aufzugeben und die Burg neu mit einer monumentalen, die bisherigen Bestände zusammenfassenden Mantelmauer einheitlicher Höhe zu umschreiben. Diese Mauer ist in wesentlichen Teilen bis heute gut erhalten. Ihre neu errichteten Partien sind gut an einem charakteristischen, umlaufenden Sockelprofil ablesbar.

Die älteren und bestehenden Befestigungen oberhalb des westlichen Halsgrabens wurden in die neue Umfassungsmauer integriert und als neuer Herrschafts- und Verwaltungssitz entstand der „Kavaliersstock" im Nordwesten.

Erkenntnisse der Archäologie
Um die für die weitere Planung der Sanierungsarbeiten nötige Kenntnis über die Tiefe der Fundamente zu erlangen, wurden im Bereich des Zwingers an den Außenmauern der Burggebäude unter archäologischer Begleitung drei Sondageschnitte angelegt. In einem der Schnitte wurde in einer Tiefe von 1 m zunächst ein Ziegelpflaster aufgedeckt, unter dem weitere 25 cm tiefer unerwartet eine Bestattung zum Vorschein kam (Abb. 229).
Das Skelett war fast vollständig erhalten und befand sich insgesamt in gutem Zustand, lediglich die Tibiae waren abgebrochen und endeten direkt am Pfeilerfundament des Burggebäudes. Der frühadult verstorbene Mann war in gestreckter Rückenlage in West-Ost-Ausrichtung mit dem Kopf im Westen beerdigt worden, die Grabgrube zeichnete sich oval ab und war durch das Burgfundament gestört. Das Fehlen jeglicher Beigaben, Sargreste oder sonstiger Funde wie etwa Gewandhaken ließ darauf schließen, dass der Tote nur in ein Leichentuch gewickelt bestattet worden war.
Es handelt sich nicht um den ersten Fund einer Bestattung im Bereich der Burg – schon mehrfach, namentlich 1931, 1938, 1943, 1982 und zuletzt 1999, hatte man im Zuge von Bauarbeiten menschliche Knochen bzw. Bestattungen entdeckt. Keiner dieser Funde ist allerdings fachgerecht dokumentiert worden.
Die 2021 ausgegrabene Bestattung ist vor allem auch wegen ihrer Position im Bereich des Zwingers bemerkenswert. Auch wenn sie sich in der Nähe der Burgkapelle St. Michael befand, hatte niemand mit Gräbern außerhalb des Mauerrings gerechnet: Die bisherigen Grabfunde waren alle innerhalb des Burghofes gemacht worden, weshalb man davon ausging, dass der zur Kapelle gehörende Friedhof sich ebendort befunden habe. Die Lage der Bestattung im Bereich des Zwingers führte zunächst zu der Annahme, dass es sich hier um eine Beisetzung während einer Belagerung handeln könnte. In dieser Situation wäre unter Umständen der zu dieser Zeit übliche Bestattungsplatz nicht erreichbar gewesen. In Verbindung mit den Ergebnissen der Bauforschung wurde aber schnell deutlich, dass sich die Bestattung innerhalb des ursprünglichen Kirchhofs befindet, der sich also einst weiter nach Südosten erstreckte als bisher angenommen. Zur Untermauerung dieser Theorie wurde eine ^{14}C-Datierung des Skelettes in Auftrag gegeben, deren Ergebnis aber leider noch nicht vorliegt.

Verlagerung der Burggebäude
Die Entdeckung einer Bestattung im Bereich des Zwingers bestätigt die Erkenntnisse der Bauforschung, dass die heutige Burganlage gegenüber der ursprünglichen Kernburg nach Nordwesten verlagert ist. Ohne diese Erkenntnisse wäre wiederum die Interpretation des Befundes durch die Archäologie schwierig gewesen. Die Untersuchungen auf der Burg Tittmoning sind daher ein gutes Beispiel dafür, wie sich Archäologie und Bauforschung gegenseitig ergänzen und unterstützen können.
Ramona Baumgartner, Harald Richter und Christian Kayser

Literatur D. Goerge, Tittmoning, Castrum – Schloss – Burg. 900 Jahre Geschichte (Tittmoning 2004).

Anthropologische Bestimmung N. Carlichi-Witjes, Anthro-Arch GbR.

Im Schatten der Stadtmauer – Töpfer und Hafner in Lichtenfels

Landkreis Lichtenfels, Oberfranken

Im nördlichen Altstadtbereich von Lichtenfels mussten zwischen der Kirch- und Mauergasse, archäologische Untersuchungen durchgeführt werden. Bereits beim Abtrag auf die befundführenden Schichten kam eine ungewöhnlich große Anzahl an Hafnerwaren zutage. Bald zeichneten sich auch Ofenstandorte ab. Ein beträchtlicher Teil der Befunde ist in Form von Feuerungskammern bzw. deren Zügen zur Brennkammer in situ erhalten. Insgesamt konnten zwölf verschiedene Öfen in unterschiedlichem Erhaltungszustand dokumentiert werden (Abb. 231).

Die Brennöfen
Etwa in der Mitte des Grabungsareals lagen die Öfen besonders dicht beisammen, sodass sich eine sichere chronologische Abfolge feststellen ließ (Abb. 232). Aufgrund des guten Erhaltungszustandes der Feuerungskammern bei den Öfen 6, 8 und 9 kann von liegenden Öfen mit Mittelrippe ausgegangen werden. Bei dieser Bauweise wird der Luftstrom über zwei Züge in die dahinter liegende Brennkammer geführt.
Ofen 9 kann stratigrafisch durch die anliegenden Fundschichten in das ausgehende 17.

231 *Lichtenfels. Darstellung der dokumentierten Keramiköfen im Grabungsbereich.*

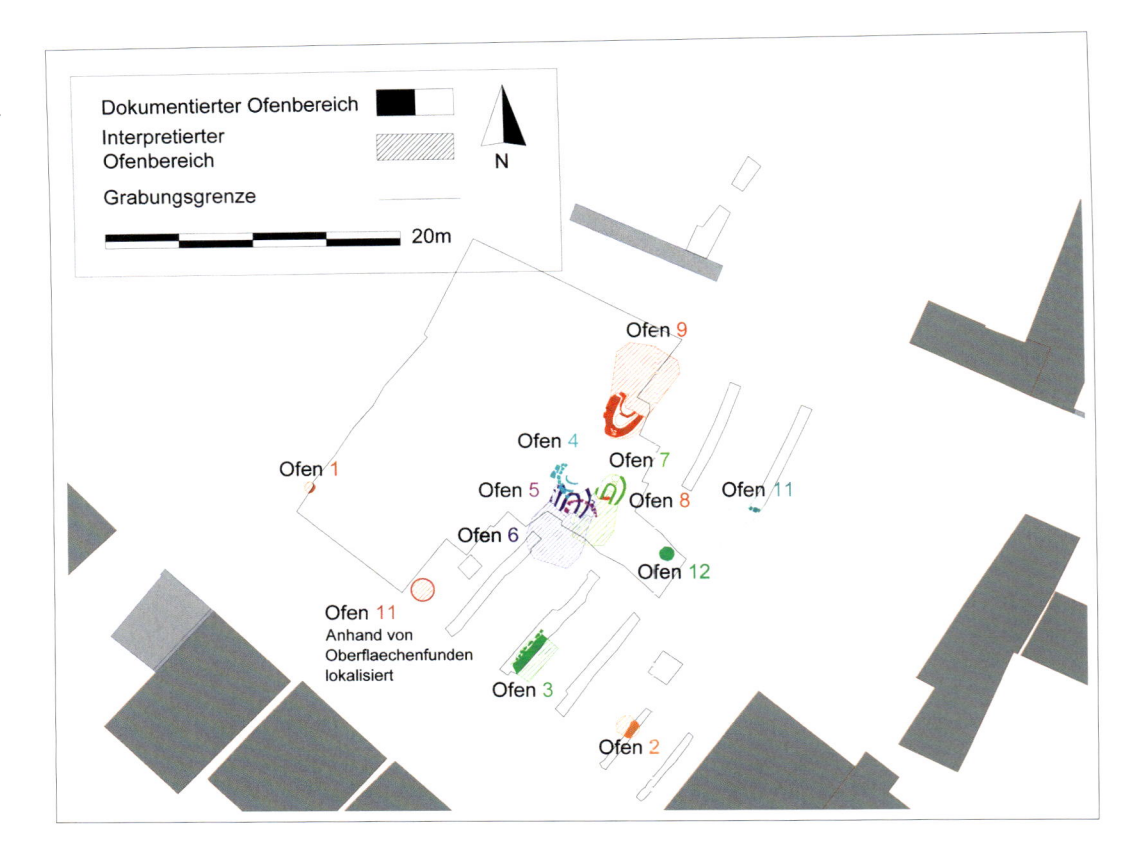

Jahrhundert datiert werden und repräsentiert die mutmaßlich jüngste Phase. Im Unterschied zu den anderen Öfen ist dieser überwiegend in Ziegeln ausgeführt. Das außergewöhnliche Format und die unroutinierte Herstellungsweise der Ziegel mit diagonal gegenüberliegenden Fingerdruckmulden lassen vermuten, dass sie vor Ort hergestellt wurden. Diese fanden sich im gesamten Grabungsareal, wo sie in verschiedenen Befunden sekundär verwendet wurden. Aufgrund dessen lässt sich auch eine Ziegelbauweise für die nicht erhaltenen Teile von Ofen 9 vermuten.

Die Öfen 4 und 5, die nur sehr fragmentarisch dokumentiert werden konnten, bilden die nächst ältere Phase. Das geborgene Fundmaterial datiert beide ins ausgehende 16. bis 17. Jahrhundert. Stratigrafisch scheint Ofen 4 jünger als Ofen 5 zu sein. Beide sind aus Sandbruchstein halbkreisförmig angelegt und wurden mit Lehm ausgekleidet. Von Ofen 4 blieben Teile des Zuges zwischen Feuerungs- und Brennkammer erhalten. Der Boden dieses Bereiches besteht aus Dachziegeln, die später mit Lehm verkleidet wurden.

Die Öfen 6, 7 und 8 waren ähnlich wie 4 und 5 aufgebaut und können in das 16. Jahrhundert datiert werden. Stratigrafisch ist Ofen 6 der jüngste dieser Phase. Man kann davon ausgehen, dass die Öfen aufeinander folgend errichtet wurden, da Ausrichtung und Größe der Brennkammern eine Gleichzeitigkeit ausschließen. Bei diesen besteht die Wandung der erhaltenen Züge bzw. deren Unterkonstruktion aus übereinander gelegten Flachziegeln mit einer Lehmverkleidung. Die Züge der Öfen 6 und 7 sind in einer Höhe und Breite von bis zu 40 cm erhalten. Anhand dieser Maße kann

232 *Lichtenfels. Structure-from-Motion-Aufnahme von Planum 5 mit den Öfen 6 (links), 7 (rechts) und 8 (in der Sohle von Ofen 7). Blick von Süden.*

für den anschließenden Brennraum eine Länge von 3–5 m angenommen werden. Die Öfen dürften einige Jahre lang in Betrieb gewesen sein. Dies zeigt sich in den mehrfachen Ausbesserungen bei Ofen 6. Dort wurde die Breite des Zuges von 60 cm auf 40 cm reduziert und der Neigungswinkel in Richtung der Brennkammer mindestens zweimal vergrößert. Eventuell haben Umbaumaßnahmen an der Brennkammer zur Notwendigkeit der Anpassung des Luftstroms geführt, woran sich vermutlich ein Entwicklungs- bzw. Lernprozess des Töpfers ableiten lässt.

Der für diesen Bereich älteste Ofen 8 war ebenfalls in Flachziegeln ausgeführt. Er ist nahezu gänzlich mit Ofen 7 überbaut und dadurch nur sehr rudimentär erhalten.

Im mittleren Bereich der Grabungsfläche wurden somit sechs stratigrafisch trennbare Öfen dokumentiert. Deren Vorhandensein ist möglicherweise dem Umstand zu verdanken, dass auch auf alten Katasterplänen dieses Areal als Freifläche zwischen den an den Straßen gelegenen Bebauungen erscheint. Es ist nicht auszuschließen, dass sich ehemals eine ähnliche Dichte an Ofenbefunden in anderen Bereichen dieser Parzelle befand, welche durch die Bautätigkeiten zerstört wurden. Verlagerte und planierte Abraumhalden mit Ausschuss der Keramikproduktion fanden sich über den gesamten Grabungsbereich verteilt. Man kann davon ausgehen, dass in dem gesamten Quartier zwischen Kirch- und Mauergasse Hafner und artverwande Handwerker ansässig waren.

Das Sortiment

Neben Alltagsgeschirr konnten verschiedene Fragmente von Kacheltypen, Halbfabrikate, Model und plastische Figuren geborgen werden. Auffallend an den vorgestellten Stücken ist die Verwendung von zwei Tonsorten: Zur Herstellung der Plastiken wurde ein sehr feiner, weiß brennender Pfeifenton genommen, während die Kachel- und Modelfunde aus einem hellen, feinen, sandgemagerten Ton mit einem hohen Anteil an Eisenpartikeln gefertigt sind. Der Scherben ist überwiegend klingend hart gebrannt. Anhand der Modelfragmente lässt sich nachvollziehen, dass diese aus einem dünnen Modelblatt mit einer zweiten Lage des gleichen Tons rückseitig verstärkt wurden. An einigen Stücken sind Gewebeabdrücke noch deutlich sichtbar.

Es wurden auch Devotionalien hergestellt. Der einzige Model aus Pfeifenton zeigt auf einem Medaillon die Dreifaltigkeit (Abb. 236). Gut erhalten ist Christus als Salvator Mundi mit erhobener rechter Hand zum Segnungsgestus. In der Mitte sind nur noch Gewandreste erhalten. Die fragmentarisch erhaltene Inschrift des Stückes ist zu ergänzen als: „BENEDICTA SE[MPER SANCTA SIT TRINITAS]".

Eine Durchbohrung weist auf die Herstellung von Gussformen, sei es für Metall oder Wachs. Vergleichbare Motive finden sich auf Medaillen süddeutscher bzw. Nürnberger Gold- und Silberschmiede im frühen 16. Jahrhundert.

Ein polychrom ausgeführtes Wappen von Georg III. Erbschenk von Limpurg (1505–1522) ist seitlich durchbrochen gearbeitet und gehörte wahrscheinlich zu einer Ofenbekrönung (Abb. 233). Eine vergleichbare Darstellung findet sich an der südlichen Ringmauer der Burg Altenburg in Bamberg. Auffallend ist die fehlerhafte Glasur der Kachel, da der originale schwarze, rotgezungte Löwe mit silberner Schrägleiste eher dunkelgrün ist und keine rote Zunge besitzt; auch die Schrägleiste ist in Gelb gehalten. Die sonst silbernen Heerkolben erscheinen eher in einem hellen Blau.

Eine der vollplastischen Figuren ist eine stehende Mariendarstellung mit dem Christuskind im linken Arm (Abb. 234). Gewand, Haar und Krone zeigen detaillierte Ausarbeitungen und die Gesichter sind im Dreiviertel-Profil abgebildet, sodass eine Aufstellung auf einem Hausaltar anzunehmen ist. Neben diesen Details lässt die innen hohl gearbeitete Statuette vermuten, dass mit einem Stock der Ton in die jeweiligen Modelseiten gepresst wurde und die Grate im letzten Arbeitsschritt verstrichen wurden. Es existiert ein zweites Fragment mit modelgleicher Darstellung

Bedeutend massiver als die Marienfiguren ist eine frei modellierte, männliche, innen hohl gearbeitete Vollplastik, deren unterer Körper nicht erhalten ist (Abb. 235). Während die Haare sehr detailliert gearbeitet sind, wurden die Augen, Nase und der Mund mit Hilfe eines (Modellier-)Holzes in den Ton gedrückt. Das Gewand ist mittels einer roten Bemalung angedeutet. Die abgebrochenen Arme waren separat gearbeitet und angarniert. Möglicherweise fungierte diese Plastik als Gefäßapplikation oder als Kopf einer Figurenplastik in einer Bekrönungskachel.

233 *Lichtenfels. Wappen von Georg III. Erbschenk von Limpurg (1505–1522). Breite 12 cm; Höhe 11,8 cm. Maßstab 1 : 2.*

234 *Lichtenfels. Stehende Maria mit Kind. Höhe 10,5 cm. 16. Jahrhundert.*

235 *Lichtenfels. Männliche Plastik. Höhe 7 cm. Zweite Hälfte 15. bis 16. Jahrhundert.*

236 *Lichtenfels. Model und Abdruck Dreifaltigkeit. Breite 4 cm. Zweite Hälfte 15. bis 16. Jahrhundert.*

Ofenkacheln: Patrize – Model – Halbfabrikat – Kachel. Aufgrund der Motivvielfalt der Funde und der mutmaßlichen Fertigung von Devotionalien dürfte die Werkstatt Auftragsarbeiten für Adel, Klerus und Bürgertum ausgeführt haben. Die Marienfiguren und Dreifaltigkeitsmedaillons bedienten wahrscheinlich die steigende Nachfrage nach Andachtsbildern um 1500. Die teilweise sehr qualitätvollen Stücke zeigen den hohen Anspruch der Kunden, zu welchen wohl das Erzbistum Bamberg oder Landgrafen gehörten.

Sebastian und Susanne Gierschke

Fazit

Im beginnenden 16. Jahrhundert scheint ein Schwerpunkt auf der Herstellung von Ofenkacheln gelegen zu haben. Quantität und Qualität der Waren sowie die Befundlage der Brennöfen belegen eine Hochzeit des Handwerkerviertels zwischen 1500 und 1600. Während die Herkunft des Rohtons unklar ist, spiegelt das Fundmaterial einen wesentlichen Teil des keramischen Fertigungsprozesses bis zum verkaufsfertigen Produkt wider. Dieses wird besonders deutlich bei der Produktion von

Literatur B. Nagel, Heilige in Serie – Eine technologisch-kunstwissenschaftliche Untersuchung. In: Glaube, Kunst und Spiel. ALManach 1 (Stuttgart 1996) 59–132. – E. Roth Heege, Ofenkeramik und Kachelofen – Typologie, Terminologie und Rekonstruktion im deutschsprachigen Raum (CH, D, A, FL) mit einem Glossar in siebzehn Sprachen Schweizer Beitr. Kulturgesch. u. Arch. Mittelalter 39 (Basel 2012).

Örtliche Grabungsleitung Seb. Gierschke, ReVe Büro für Archäologie Bamberg und München.

Blick auf die alte Stadtmauer in Hof

Landkreis Hof, Oberfranken

Hofer Neustadt und Unteres Tor

Die Stadt Hof im nördlichen Oberfranken hat ob ihrer Lage als Wegpunkt auf der Via Imperii zwischen Ostsee und Italien viele geschichtliche Ereignisse mitgetragen. Mit der Errichtung der Neustadt im 13. Jahrhundert ist sie auch umwehrt worden. Die Süd-Nord verlaufende Hauptachse bildet die Ludwigstraße, die das Obere Tor der Altstadt mit dem Unteren Tor am nördlichen Ende der Neustadt verband. Dieser nördliche Teil der Hofer Neustadt liegt auf einem Bergsporn in einer Flussschleife oberhalb der Saale. Im Bereich der Torsituation steht heute das Püttnersche Palais genau am Straßeneck zwischen Ludwigstraße und Graben. Dort fand auf dem Hinterhofgelände des Palais, Ludwigstraße 1, 2021 baubegleitend eine Grabung statt. Grund war die Errichtung eines modernen Parkhauses für die benachbarte Volkshochschule Hofer Land.

Das Baustellengelände liegt also im Bereich der ehemaligen Stadtmauer und ggf. des Unteren Tores. Das Gelände der Parzelle fällt merklich von Süden nach Norden ab.

Über die Jahrhunderte litt die Stadtmauer in diversen Kriegen. Bei der erfolgreichen Belagerung im 2. Markgrafenkrieg wurde sie stark beschädigt. Festgehalten ist der Zustand auf einem Holzschnitt Hans Glasers von 1553. Ob die Mauer danach wieder zur vollen Stärke aufgebaut wurde, ist nicht bekannt.

Weiterhin wüteten viele große Stadtbrände in den Gassen. 1823 wurde auf diese Weise die komplette Neustadt zerstört. Ihr Wiederaufbau erfolgte zeitgenössisch im Biedermeierstil, jedoch konnte die Parzellierung und Straßenordnung größtenteils beibehalten werden. Die Stadttore und -mauern wurden aber nicht mehr aufgebaut. Reste der Stadtmauer sind obertägig z. B. am Sigmundsgraben erkennbar. Das Püttnersche Palais wurde 1802 erbaut, der rückwärtige östliche Flügel nach dem großen Brand angefügt.

237 *Hof. Nördliche Geländemauer mit Kanalwange.*

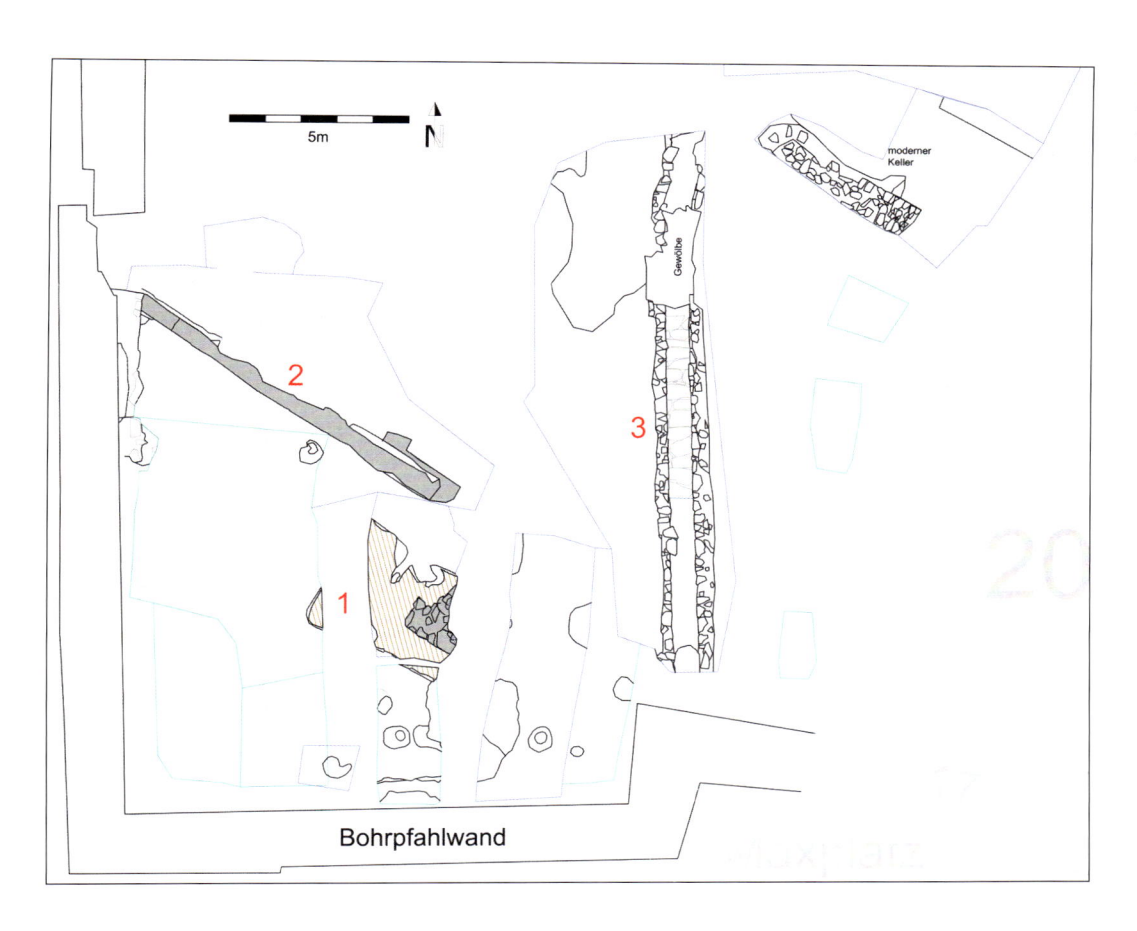

238 *Hof. Ausschnitt aus dem Grabungsplan, Südfläche. 1 Stadtmauer; 2 Zwingermauer; 3 Kanal.*

Grabungsbefunde

Für die Baustelle wurden einige Lagerhallen aus den 1970er Jahren abgerissen, welche nicht unterkellert waren. Das Palais selbst bleibt samt rückwärtigem Anbau erhalten. Untersucht werden konnte eine Fläche von knapp 1.000 qm², wobei für das Parkhaus in dem abschüssigen Gelände eine horizontale Fläche ausgebaggert werden musste, d. h. der höher gelegene südliche Teil sollte dem Niveau des nördlichen Bereichs angeglichen werden (Abb. 238). Im Südteil wurden daher Eingriffe bis 3,7 m Tiefe notwendig. Nach dem Einbringen einer Bohrpfahlwand an den Parzellengrenzen konnte Schutt und Erdreich abgetragen werden. Im ersten relevanten Planum des Südteils, ab ca. 130 cm Tiefe, zeigten sich einige Pfostengruben, Südost-Nordwest verlaufend, die aber in unterschiedlichen Abständen zwischen 1 m und 4 m zueinander noch keinen rechten Sinn ergaben. Auf demselben Niveau traten weiter moderne großflächige Einfüllungen und Betonreste auf.

Knapp tiefer gelegen zeigte sich in der Mitte der Südfläche ein singulärer massiver Mauerbefund, der in einer breiten kesselförmigen Schneise im anstehenden ockerfarbenen Lehm eingetieft war (Abb. 238,1; 239). Die Schneise bzw. die Baugrube der Mauer war mit einer dünnen Schicht aus reinweißem Kalkmörtel ausgekleidet. Die Mauer selbst war nur noch als abgebrochener, getreppter Rest mit 1,6 m Länge vorhanden. Die Stärke beträgt insgesamt 1,8 m, womit der Wehrcharakter einer Stadtmauer definitiv gegeben ist. Der Querschnitt zeigt zwei Bauphasen des Mauerkörpers: Südlich ist eine regelhafte Zweischalenmauer von ca. 85 cm Stärke mit reichlich Mörtel gesetzt. Sie scheint nach Norden zu verkippen. Dagegengesetzt wurde ein unregelmäßiger Mauerkörper aus größeren Hausteinformaten. Entweder handelt es sich um eine nachträgliche Verstärkung in derselben Baugrube oder einfach um eine breitere Fundamentausführung, die obertägig nicht mehr sichtbar sein sollte. Zu beiden Seiten der Mauer bleibt in der Baugrube noch reichlich Platz,

239 *Hof. Querschnitt durch die Stadtmauer.*

145

keine der Seiten ist direkt gegen das anstehende Material gebaut worden. Die Baugrube hat eine Breite bis 2,9 m. Mauer und Baugrube verlaufen von Südost nach Nordwest. In der Verlängerung nach Südosten wäre die Mauer direkt auf den Maxplatz zugelaufen, doch hat sich vom Mauerkörper in beide Richtungen nichts weiter erhalten. Es wirkt, als wäre der Mauerrest als Punktfundament für moderne Bauten genutzt worden. Die Baugrube hingegen ist nach Nordwest etwas mehr erhalten und auf einer Länge von 4,5 m nachweisbar. Nun machten die oben genannten Pfostengruben als Substruktion eines hölzernen Wehrgangs mehr Sinn.

Nördlich zum Stadtmauerbefund ist in Teilstücken eine weitere schmale Mauer in paralleler Ausrichtung mit einer Entfernung von etwa 1,4 m dokumentiert worden. Diese war trotz Unterbrechungen in größerer Ausdehnung bis zu 10 m Länge erhalten (Abb. 238,2). Mit einer Mauerstärke bis 70 cm kann sie als Zwingermauer gesehen werden. Die Mauer läuft bis zur nordwestlichen Parzellengrenze durch. Der Grund für den Abbruch in der anderen Richtung ist nicht ersichtlich. Als Zwingermauer ist sie nicht so tief in den Untergrund eingebracht wie die Stadtmauer, sie endet 55 cm weiter oben.

Wasserentsorgung der Neuzeit

Neben diesen stadtgeschichtlich wichtigen Befunden wurde an der Ostseite der Grabungsfläche ein Nord-Süd laufender Steinkanal der Neuzeit auf 15 m Länge freigelegt (Abb. 238,3; 240). Vom Niveau her liegt er knapp unter der Unterkante der Stadtmauer, den Funden nach ist er aber deutlich jünger zu datieren, sodass beide Baukörper nichts miteinander zu tun haben können. Funde bis in die 1960er Jahre in der Kanalrinne zeigen, dass er lange in Funktion war. In Teilstrecken war noch eine steinbogenförmige Überdachung vorhanden. Die Mauerung war jeweils trocken ausgeführt und dichtete sich selbst durch umgebenden Schluff ab.

Im Nordteil der Fläche (nicht im Grabungsausschnitt dargestellt) konnten bei geringerer Aushubtiefe weitere Teilstücke von Steinkanälen mit quadratischem Querschnitt und flacher Steinabdeckung freigelegt werden. Der Nordbereich der Parzelle wurde also mehrfach zur Entwässerung genutzt und die Flüssigkeiten somit Richtung Norden in den Graben bzw. die Saale befördert.

Eine schmale Mauer nimmt Rücksicht auf einen Kanal und ist darüber hinweg gebaut (Abb. 237). Entsprechend kann man hier eine Gleich- oder Nachzeitigkeit mit dem Kanal sehen. Beide Bauten sind nördlich von fast fundfreien Erdanschüttungen überdeckt. An der Südseite der Mauer schließen die bekannten Verfüllschichten mit spätneuzeitlichem Keramikmaterial an. Mauer und Kanäle scheinen trocken gesetzt oder die Fugen sind ausgespült. Auf einer Länge von 9,5 m ließ sich die Mauer im Baustellenausschnitt verfolgen. Mit einer Stärke von ca. 60 cm ist sie als Stadtmauer jedoch ungeeignet, da sie auf den Geländegrat aufgebaut ist und beidseitig unterschiedliches Erdmaterial aufweist. Eher handelt es sich um eine neuzeitliche Geländebefestigung als um eine zweite Zwinger- oder innere Grabenmauer. Der Graben selbst müsste unter der Straße liegen.

Zusammenfassung

Im Hinterhof der Ludwigstraße 1 konnte nur noch ein kleiner Rest der Stadtmauer sowie der Zwingermauer aufgedeckt werden. Der Verlauf der Stadtmauer ist dadurch besser kartierbar und die Breite des Zwingers konnte festgestellt werden. Vom Unteren Tor selber sind keine Reste erfasst worden. Das Gelände war bereits stark von neuzeitlicher Bautätigkeit überprägt, wie die angetroffenen Steinkanäle zeigen. Zuvor vorhandene Befunde sind ohne Dokumentation zerstört worden.

Inzwischen ist das Parkhaus fertig gebaut. Anhand der Grabungserkenntnisse wurde die Lage des Stadtmauerfragmentes als Bodengestaltung im Parkhaus nachempfunden. Somit sind diese Ergebnisse der archäologischen Untersuchung heute für jeden sichtbar.

Jessica Gebauer

Örtliche Grabungsleitung J. Gebauer. – *Dokumentation* J. Aas.

240 *Hof. Der neuzeitliche Steinkanal.*

Unter den Füßen des Löwen – Ausgrabungen im Gasthof Gelber Löwe in Großhabersdorf

Landkreis Fürth, Mittelfranken

Das „Untere Wirtshaus" und seine Besitzer

1544 lieh sich Martin Schmidt, Richter und Wirt des „Unteren Wirtshaus" aus Habersdorf, bei seiner markgräflichen Herrschaft 60 Gulden Kapital. Dies ist die erste Erwähnung einer Wirtschaft auf dem Grundstück des heutigen Gasthofs Gelber Löwe. Die Ortsforschung konnte eine geschlossene Kette aus Besitzern erschließen, die auf diesen ersten Wirt Martin Schmidt folgten. 1666 kaufte Hans Zolles das verwüstete „Untere Wirtsgut". Es hatte nach den Zerstörungen des Dreißigjährigen Krieges, bei dem Großhabersdorf 1632 zu einem Großteil abbrannte, brach gelegen. Der stattliche Fachwerkbau, seit dem Sommer 2021 frisch saniert und neu eröffnet, wurde 1666 (d) errichtet (Abb. 241). 2011 kaufte die Gemeinde das leerstehende Gebäude, ließ es seit 2018 sanieren und zu einem Landgasthof mit Beherbergung ausbauen. Diese Baumaßnahmen erforderten auch umfangreiche Bodeneingriffe innerhalb und außerhalb des Gebäudes, die archäologisch begleitet wurden.

Hofbebauung

Die meisten Befunde stammen aus dem Zeitraum 14. bis 16. Jahrhundert und geben Einblicke in dörfliche Bebauungsstrukturen. So haben sich im Gebäudeinneren umfangreiche Befunde der Vorgängernutzung und -bebauung erhalten. Um den Gasthof herum, auf der südlichen Straßenseite und im nördlichen Hofbereich konnten neben den Gebäudefundamenten spätmittelalterliche und neuzeitliche Steinpflasterungen auf verschiedenen Niveaus dokumentiert werden. Zwischen zahlreichen rezenten Sickergruben fanden sich im Hof Fundamentreste von Verschlägen und Ställen, eine spätmittelalterliche steinerne Wasserzuleitung sowie Reste eines im späten Mittelalter verfüllten Halbkellers. Ein angeschnittener Werkofen und hochmittelalterliche Keramik aus seinem Umfeld stellen die ältesten Befunde und Funde der Ausgrabung dar. Als frühe Zeugnisse der Ortsgeschichte knüpfen sie an die urkundliche Ersterwähnung Großhabersdorfs als „Hadewardesdorf" von 1169 an.

241 *Großhabersdorf. Gasthof Gelber Löwe, fotogrammetrische Aufnahme der Ostfassade mit Fundament.*

Entwicklung und Kontinuität

Unter der heutigen östlichen Haushälfte verlief im 14. Jahrhundert offensichtlich ein Bach. Das legen an zwei Stellen gefundene, kleinteilige Sandsteinpflasterungen unter von Auesedimenten gebildeten Schwemmschichten nahe. In diesen Schichten fand sich viel organisches Material wie bearbeitete Hölzer und Lederstücke, da der Untergrund des „Gelben Löwen" bis heute sehr feucht ist. Auch außerhalb, vor dem Ostgiebel, wurden überwiegend Schwemmschichten angetroffen. Für das späte Mittelalter lässt sich in den Grabungsschnitten des Hausinneren eine Zweiteilung der Befundschichten erkennen, die darauf deuten, dass sich das Gebäude über zwei ältere Parzellen erstreckt. Sie grenzten im Bereich der heutigen Diele aneinander. Das Anwesen auf der westlichen Parzelle scheint mindestens einmal öfter abgebrannt zu sein als das östlich benachbarte. Verschiedene Brandschuttniveaus legen dies nahe. Westlich fanden sich Spuren verkohlter Schwellen und Pfostenlöcher sowie Reste verziegelten Hüttenlehms, die auf Fachwerkbauten hinweisen. Demgegenüber kamen in der östlichen Parzelle verschiedene steinerne Fundamente zutage. Auf einigen von ihnen ruhen noch heute Innenwände des historischen Baubestands.

Auch die Reste einer Küche mit ziegelgemauertem Herd, umgeben von einer Pflasterung aus Sandsteinplatten, liegen an derselben Stelle, an der nach 1666 weiter gekocht wurde (Abb. 242). Anhand der gefundenen Keramik lässt sich dieser Herd in das 14./15. Jahrhundert datieren. Ein Wechsel in der bauzeitlichen Deckenbalkenlage des heutigen Raumes sowie eine starke Verrußung der Decke belegen eine ehemalige Kaminhaube, unter der sich eine abgegangene jüngere Herdstelle des 17. Jahrhunderts befunden haben muss. Darauf deutet auch eine Wandöffnung hin, die zur Beschickung des Kachelofens im angrenzenden Gastraum diente. Bis zum Rückbau im Zuge der aktuellen Sanierung wurde der Raum – mit einer Durchreiche in die Gaststube sowie zeittypischen Fliesen auf dem Boden und an den Wänden – weiter als Küche genutzt.

In der frühen Neuzeit erfolgte die Wasserzuleitung in den Gasthof mittels einer Deichelleitung von Süden (Abb. 243). Gespeist wurde sie aus einem Brunnen auf der gegenüberliegenden Straßenseite. Die Deicheln steckten in den West-Ost orientierten Fundamenten der westlichen Haushälfte, der Leitungsgraben durchschnitt sämtliche mittelalterlichen Befunde und im nördlichsten Raum endete die Leitung in einem gemauerten Becken.

Einblicke in die Entwicklung von Dorf und Region

Die archäologischen Begleituntersuchungen an diesem im Ortskern gelegenen großen Anwesen zogen sich mit Unterbrechungen über drei Jahre hin. Durch die umfassenden bauseitigen Bodeneingriffe war bis zum Abschluss der Sanierungsarbeiten fast das gesamte Flurstück betroffen. Die Maßnahme ermöglichte einen ebenso seltenen wie tiefgreifenden Einblick in die Veränderungen eines Anwesens mit öffentlichem Charakter im ländlichen Siedlungskontext sowie Veränderungen der dörflichen Topografie. Regionalgeschichtlich bedeutsam sind zudem die unterschiedlichen Brandhorizonte. Kriegerische Ereignisse, von denen die Region betroffen war, spiegeln sich hier wider. Letztendlich zeigt sich anhand der umfangreichen Befundlage, wie wichtig es ist, die Bodendenkmalpflege frühzeitig in anstehende Sanierungsmaßnahmen einzubeziehen.

Thomas Liebert und Klara Rüdiger

242 Großhabersdorf. Küche mit spätmittelalterlicher Herdstelle.

243 Großhabersdorf. Neuzeitliche Deichelleitung im Gebäudeinneren.

Literatur W. Wiesner, Stadt- und Landkreis Fürth. Historisches Ortsnamenbuch von Bayern, Mittelfranken 1 (München 1963). – M. Kroner, Großhabersdorf. Eine Gemeinde im Wandel der Geschichte (Großhabersdorf 1986). – Th. Eißing, Dendrochronologischer Bericht Großhabersdorf, Nürnberger Straße, Gelber Löwe (unpubl. 2.12.2013).

Örtliche Grabungsleitung und Grabungsdokumentation Th. Liebert und K. Rüdiger, archkonzept liebert, Roßtal.

Das Tor nach Neuböhmen – Bärnaus mittelalterliches Stadttor im Osten

Landkreis Tirschenreuth, Oberpfalz

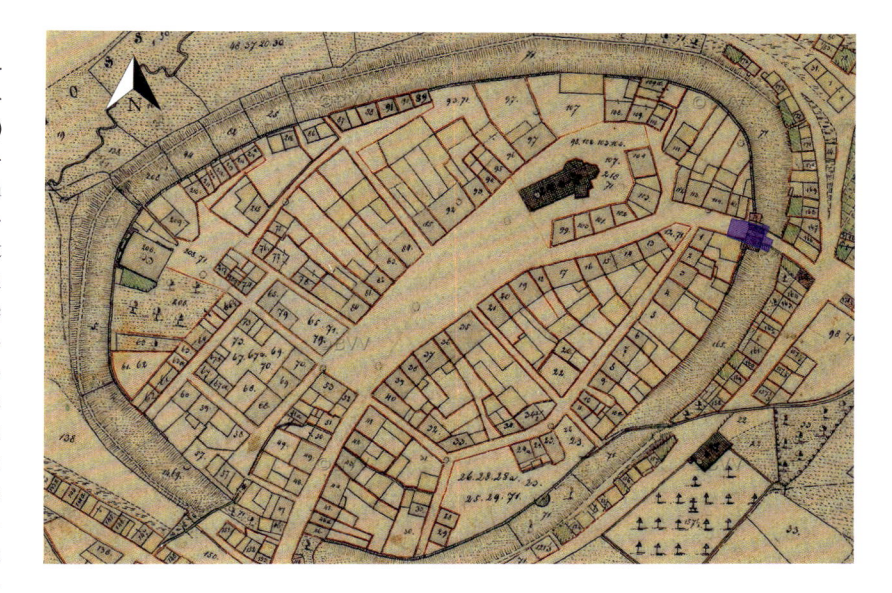

Auffindungssituation der Toranlage

Im Zuge der Erneuerung der Bischof-Senestrey-Straße in der Bärnauer Innenstadt kamen auf Höhe der Anwesen 14/15 (Abb. 244) verschiedene Bruchstein-Kalkmörtelfundamente, ein gedeckter Granitsteinkanal, ein Gewölbekeller sowie eine Reihe von Erdbefunden zu Tage. In diesem Straßenabschnitt überdauerten, wie Schrift- und Bildquellen belegen, bis ins 19. Jahrhundert hinein Reste einer Toranlage, deren Entstehungszeit vermutlich im Spätmittelalter liegt. Die untertägigen Überbleibsel dieses Bauwerks, das bereits in vielen Bereichen durch Baumaßnahmen der Moderne stark in Mitleidenschaft gezogen war, konnten im Verlauf der von August bis Oktober 2021 durchgeführten Straßenbauarbeiten auf einer Fläche von annähernd 19 m Länge und 13 m Breite freigelegt und im Anschluss nahezu vollständig konservatorisch überdeckt werden. Anhand verschiedener bautechnischer Charakteristika, der Lagebeziehung der einzelnen Bauteile der Toranlage zueinander sowie unter Zuhilfenahme von Bild- und Schriftquellen ließ sich die Chronologie der einzelnen Bauphasen in Grundzügen rekonstruieren.

Bärnau im Hoch- und Spätmittelalter

Die Landschaft um Bärnau, die Teil der *regio egere* war, gehörte ab dem ausgehenden 11. Jahrhundert (1077/1078) zum Herrschaftsgebiet der Diepoldinger, deren Ministeriale im Bärnauer Umland auch verschiedene Burgen und andere Besitzungen unterhielten. Um das Jahr 1133 erfolgte durch den Markgrafen des Nordgaus, Diepold III. von Vohburg, die Gründung des Zisterzienserklosters Waldsassen, das in der Folgezeit sukzessive große Teile des vormals ministerialen Besitzes im Osten des heutigen Landkreises Tirschenreuth unter seine Kontrolle brachte. So darf man davon ausgehen, dass das Gebiet um Bärnau irgendwann im Zeitraum von der zweiten Hälfte des 12. Jahrhunderts bis zum ausgehenden 13. Jahrhundert in den Besitz des Klosters Waldsassen überging. Der Ort Bärnau selbst wurde erst am Ende des 13. Jahrhunderts, genauer gesagt im Jahr 1297, erstmals schrifthistorisch erwähnt, als er an das Kloster verpfändet wurde. Kaiser Ludwig IV. räumte den Waldsassener Zisterziensern 1343 das Recht ein, Bärnau als Stadt auszubauen, und stattete es mit dem Egerer Stadtrecht aus. Bereits kurze Zeit später ging die Stadt in den Besitz Kaiser Karls IV. über, der ihr im Zuge einer Stadtfreiheitserneuerung im Jahr 1351 das Stadtrecht nach Tachauer Vorbild garantierte. Bärnau war unter Karl IV. die östlichste Stadt Neuböhmens – eines Territoriums, das hauptsächlich auf dem Gebiet der heutigen nördlichen Oberpfalz und in Teilen Oberfrankens lag –, das er ab 1349 schrittweise für seine Hausmacht erwarb. Fer-

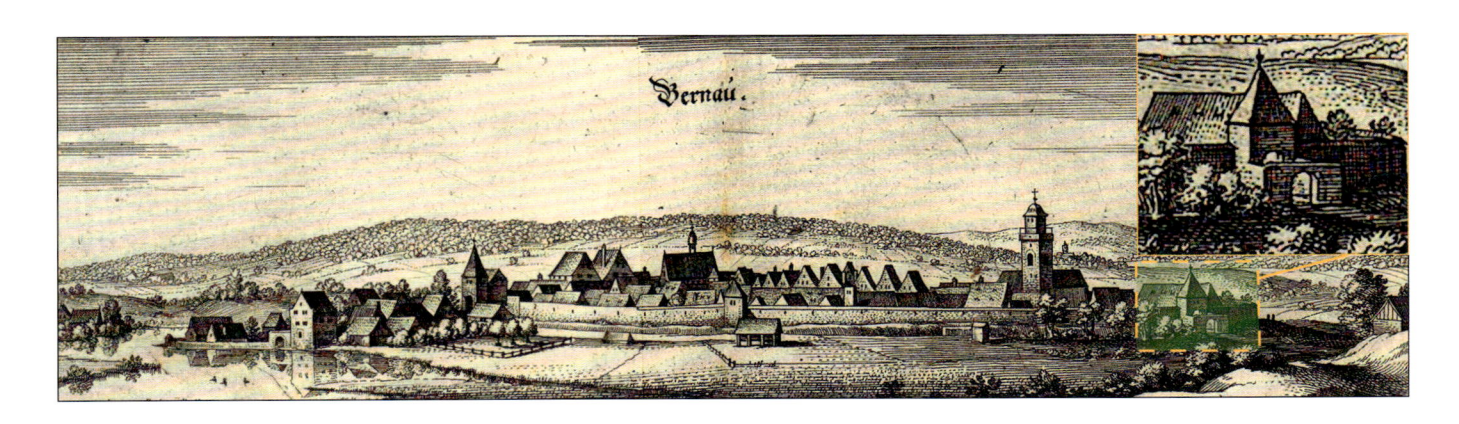

244 *Bärnau. Lage der Grabungsfläche (blau) im historischen Stadtkern von Bärnau. Geobasisdaten: Bayerische Vermessungsverwaltung 2021.*

245 *Bärnau. Die Toranlage an der Bischof-Senestrey-Straße auf einem Kupferstich des 17. Jahrhunderts von Matthäus Merian. Mit Genehmigung der Staats- und Stadtbibliothek Augsburg 4 K-K 116,2.*

246 Bärnau. Bruchsteinfundamentierung der spätmittelalterlichen Stadtmauer. Blick von Norden.

247 Bärnau. Östlicher Teil der Grabungsfläche mit gut erhaltenen Bruchsteinfundamenten der Toranlage. Blick von Süden.

248 Bärnau. Freigelegte Teile des Gewölbekellers (Gewölbekappe und Außenmauern). Blick von Nordosten.

ner verlieh er Bärnau durch die Verlegung der „Goldenen Straße" (Nürnberg–Prag), die seit dieser Zeit direkt durch das Stadtgebiet führte, verkehrspolitisch eine hohe Bedeutung. Was die Stadtbefestigung und die damit verbundenen Stadttore betrifft, kann man aufgrund der Stadtrechtsverleihung im Jahr 1343 bzw. 1351 davon ausgehen, dass diese spätestens in der Mitte des 14. Jahrhunderts vorhanden waren. Von dieser ersten Ausbauphase zeugen Bruchsteinfundamente (Abb. 246), die mit einiger Sicherheit der ehemals hier verlaufenden Stadtmauer zugerechnet werden können. Über die bauliche Gestaltung des wohl ebenfalls hier befindlichen Stadttors lässt sich anhand der ergrabenen archäologischen Befunde für diese Phase keine Aussage treffen, vermutlich war es aber als Mauertor oder Torturm ausgeführt.

Entwicklung von der frühen Neuzeit bis zur Moderne

Aufschluss über die Bauform der Toranlage in der frühen Neuzeit gibt ein nicht genauer datierter Kupferstich (Abb. 245) von Matthäus Merian (1593–1650). Darauf ist an dieser Stelle ein Torturm zu sehen, dem, anders als bei seinem westlichen Pendant, ein Vortor (Torzwinger) vorgelagert ist. Große Teile der Fundamentierung dieser Ausbaustufe haben sich im östlichen Teil der Grabungsfläche erhalten, die in unmittelbarer Nachbarschaft zum Anwesen Nr. 15 lag (Abb. 247). Wann dieser Ausbauzustand der Toranlage erreicht wurde, bleibt jedoch fraglich und ließ sich anhand der archäologischen Funde und Befunde auch nicht weiter eingrenzen. So erscheint es durchaus denkbar, dass an den spätmittelalterlichen Torturm möglicherweise bereits zur Zeit der Hussitenkriege (1419–1436), die in dieser Region besonders stark wüteten, ein Torzwinger angebaut wurde. Ebenfalls in diesen Zeitabschnitt fällt wohl die Anlage des

Granitsteinkanals (Abb. 249), für dessen Bau Teile der Fundamentierung der spätmittelalterlichen Stadtmauer entfernt wurden. Dieser Kanal sollte wohl zum Zweck des Abtransports von Regen- und Abwasser aus der Stadt dienen; seine Führung durch die Stadtmauer legt darüber hinaus eine Entwässerung in den Stadtgraben nahe. Der fehlende bastionäre Ausbau der Stadtbefestigung lässt vermuten, dass der Verteidigungsaspekt der Anlage spätestens ab dem 17. Jahrhundert keine wesentliche Rolle mehr spielte. Immerhin blieben große Teile der Stadtmauer sowie Elemente der Toranlage in der Bischof-Senestrey-Straße bis weit ins 19. Jahrhundert hinein erhalten, wohingegen der westliche Torturm der wachsenden südwestlichen Vorstadt weichen musste. Die Toranlage in der Bischof-Senestry-Straße wurde bis zur Mitte des 19. Jahrhunderts noch als solche benutzt und Teile, wie das zugehörige Torwächterhaus, waren möglicherweise auch dauerhaft bewohnt. Davon zeugen der ergrabene Gewölbekeller (Abb. 248) wie auch die kleinteiligen Fundamentreste im Südosten der Grabungsfläche, in deren Umfeld auch eine Reihe von Erdbefunden mit größeren Mengen an zeittypischem Fundmaterial bewahrt blieben. Unmittelbar nach dem großen Stadtbrand am 21. September 1839, als sich das noch verbliebene Stadttor als hinderliches Nadelöhr bei der Flucht aus der Stadt entpuppte, wurden die verbliebenen Reste dieser Anlage präventiv abgebrochen. Spuren des verheerenden Brandes, der ursächlich auf die Brandstiftung einer Bärnauer Bürgerin zurückging, konnten in Form von Brandschutt und Aschebändern auch in einigen Befunden nachgewiesen werden. Damit der Standort des ehemaligen Stadttors für die Bärnauer Bürger sichtbar bleibt, wurde der Verlauf der Stadtmauer im erneuerten Straßenpflaster kenntlich gemacht. Nach Renovierung des Anwesens Nr. 14 soll eine Infotafel an der Fassade daran erinnern, dass dieses das Geburtshaus des nachmaligen Regensburger Bischofs Ignaz von Senestrey (1818–1906) ist.

Matthias Hoffmann

Literatur A. Busl, Bärnau: Stadt und Land – Geschichte bis zum Ende des Alten Reichs (Pressath 2004). – U. Kinder, Der Befestigungsbau im Landkreis Tirschenreuth. Arbeiten Arch. Süddeutschland 28 (Büchenbach 2013). – T. Biller, Die mittelalterliche Stadtbefestigung im deutschsprachigen Raum. Ein Handbuch (Darmstadt 2016).

Örtliche Grabungsleitung M. Hoffmann, ITV-Grabungen Weiden.

249 *Bärnau. Gedeckter Granitsteinkanal. Blick von Norden.*

Eine Bootsrampe bei der alten Mainbrücke in Würzburg

Unterfranken

Die Stadt Würzburg wollte das lange brachliegende sog. Maingärtchen am östlichen Flussufer, keine hundert Meter nördlich der Alten Mainbrücke gelegen, neu gestalten. Bei der Anlage neuer Baumgruben zeigte sich aber schnell, dass im Erdreich noch Mauern einer älteren Bebauung erhalten sind. Auf Initiative des Gartenamtsleiters Dr. Grob wurde die ursprüngliche Planung daher zunächst auf Eis gelegt und die Anlage durch eine archäologische Fachfirma zusammen mit dem Gartenamt freigelegt und dokumentiert.

Die Baubefunde
Im Zuge der weiteren Abtragung einer anhand weniger Kleinfunde ins 19. Jahrhundert zu datierenden Aufplanierung wurde eine hervorragend erhaltene Schiffländе freigelegt. Es zeigte sich eine von massiven Mauern aus Kalksteinquadern eingefasste, zum Main hin abfallende Rampe. Die auf einer Länge von ca. 6 m sichtbare Rampe war mit einem dicht gesetzten Kalksteinpflaster befestigt. Die Oberfläche des Belags erschien durch eine längere, intensive Benutzung glattgescheuert (Abb. 251).
An der Südseite bildet ein Mauervollkörper die Begrenzung der Anlage. Bei einem Teil der Quader sind benachbart liegende Steine durch Eisenklammern miteinander verbunden und so gegen Verrutschen gesichert. Die Technik dieser Verklammerung von großen Steinquadern ist insbesondere an Bauwerken am Wasser weit verbreitet, so auch an Mühlenfundamenten oder beim Bau von Brücken-

250 *Würzburg. Ausschnitt aus dem sog. Kilian-Bauer-Plan von 1726. Gedreht, Norden ist oben.*

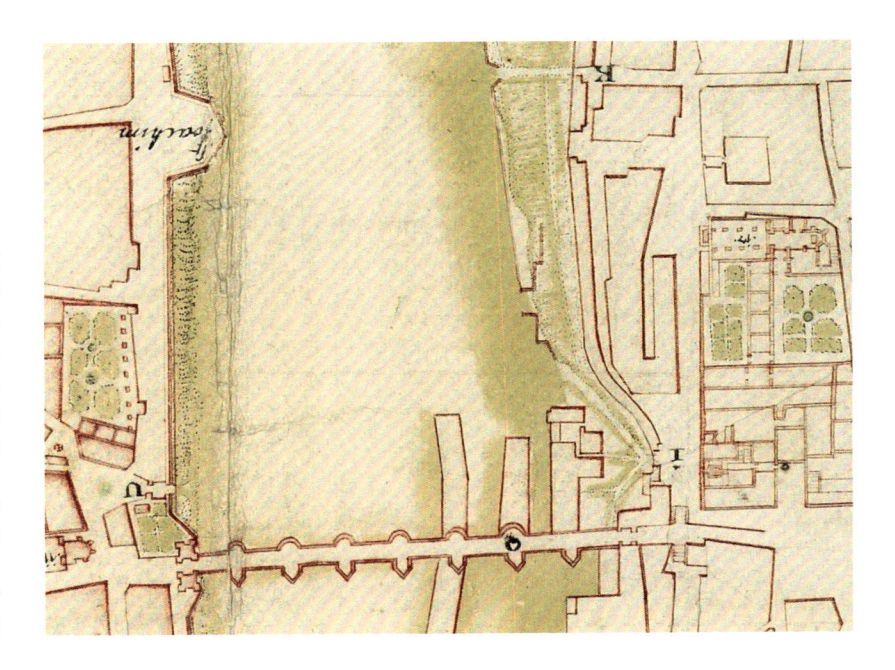

pfeilern. Man kann sie beispielsweise auch an der alten Mainbrücke in Würzburg häufig beobachten. Die Mauer, welche die Rampe nach Norden hin begrenzt, ist nahezu identisch wie die südliche Mauer aufgebaut, allerdings ist sie nicht mehr vollständig erhalten und die obersten zwei Steinreihen fehlen. Besonders auffällig sind an beiden Seitenbegrenzungen Steinmetzzeichen: An der Südmauer findet sich der Großbuchstabe R; an der Nordmauer sichtbar sogar zweimal der Großbuchstabe H sowie zweimal H mit horizontalem Begleitstrich darüber. Im 18. Jahrhundert lösen einfache oder doppelte Großbuchstaben, die sich von Namensinitialen der Steinmetze ableiten, die abstrakten Zeichen des späten Mittelalters ab, was auch einen ersten Ansatzpunkt zur Datierung der Anlage liefert.

Die ebenen Flächen beidseits oberhalb der Rampe dürften als Lauf- bzw. Arbeitsfläche gedient haben. Im Norden war die ursprünglich gepflasterte Lauffläche aber bereits vollständig abgebaut. An schweren, in die Süd- und Nordmauer eingelassenen Eisenringen konnten Schiffe festgemacht werden.

Im Osten – zur Altstadt hin – ziehen beide Seitenbegrenzungen unter eine moderne Gartenmauer. Es ist somit höchst wahrscheinlich, dass die Rampe und somit die gesamte Anlage größer war und möglicherweise weitere Teile unter dem heutigen Gehweg und Straßenkörper noch erhalten sind.

Das Aufsichtsgebäude

In der Nordostecke der Untersuchungsfläche steht ein fast quadratisches, ca. 8 m² großes Häuschen (Abb. 252). Bei diesem Gebäude dürfte es sich um ein Aufsichts- oder Wärterhaus handeln, in dem sich vielleicht ein städtischer Bediensteter aufhielt, der den Verkehr oder das Be- und Entladen von Schiffen überwachte. Die solide Ausführung aus Werkstein-

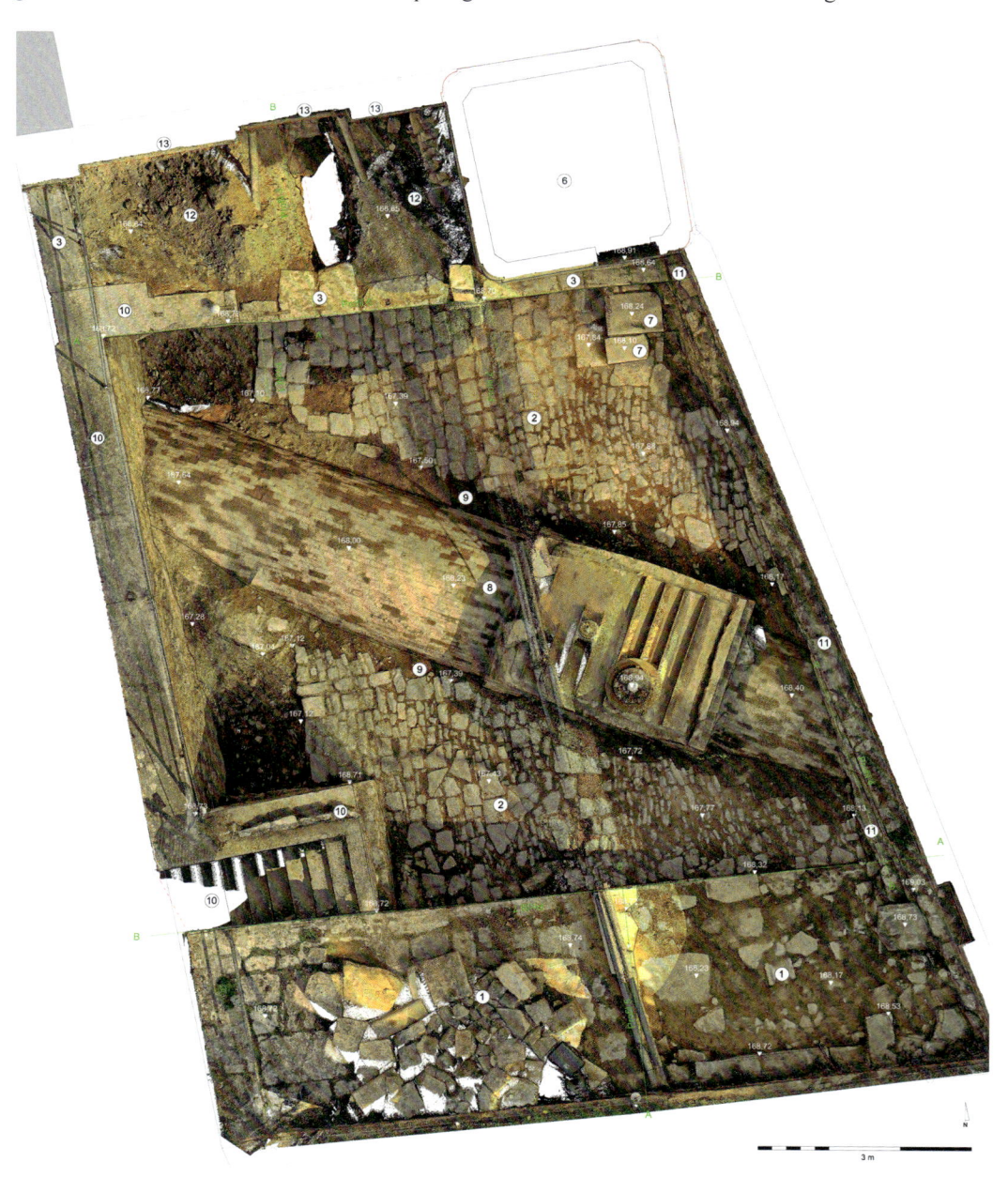

251 *Würzburg. Orthofoto der Befunde 1–13. In der Mitte der diagonal verlaufende jüngere Regenabwasserkanal.*

quadern und die feine Gliederung mit Kranzgesims und abgerundet eingezogenen Gebäudeecken deutet darauf hin, dass das Bauwerk von höherer Stelle veranlasst wurde. Auch am herrschaftlichen Monumentalbau des fränkischen Barock finden sich in der ersten Hälfte des 18. Jahrhunderts häufig abgerundete Gebäudekanten, die den Fassaden mit ihren geschossübergreifenden Pilaster- oder Säulengliederungen einen harmonischen Übergang an den Ecken geben. Beispiele hierfür liefern mehrere gut datierte Gebäude in Würzburg.

Eine Slipanlage am Holzmarkt

Die Lage und die baulichen Charakteristika weisen den Befund als Slipanlage oder Rampe zum Be- und Entladen von Schiffen aus. Bis 1910 befand sich am Uferabschnitt nördlich der Alten Mainbrücke der Holzmarkt. Hier wurden die Kähne, die Brennholz brachten, entladen. Dort lag auch der städtische Holzhof, hinter dem Alten Kranen von der Bastionsmauer der Ochsenschanze geschützt.

Nach Westen verschließt heute ein spätestens um 1900 eingefügtes Kaimauerstück den früheren Zugang der Bootsrampe zum Wasser. Diese neue Kaimauer ist baulich zweifelsfrei mit der Einleitung eines modernen Regenwasserkanals in den Main verknüpft, der die Rampe diagonal schneidet. Mittig im Bereich der Rampe wurde noch ein Revisionsschacht in den Kanalkörper eingebaut. Aufgrund der vorliegenden Fotos und der Verfüllung dürfte das Einfügen der Kaimauer und des Regenwasserkanals in der zweiten Hälfte des 19. Jahrhunderts erfolgt sein. Die Gartenmauern, welche das Areal heute begrenzen, wurden wahrscheinlich in Zusammenhang mit dem Bau des Mainkraftwerks 1921/22 hochgezogen.

Historische Kartierungen

Um die Errichtung der Anlage näher fassen zu können, helfen vor allem historische Bildquellen. Das Urkataster von 1832 belegt im Grundrissplan exakt die Situation der offenen Schiffsrampe mit flankierenden Mauerblöcken und dem mutmaßlichen Aufsichtsgebäude. Die Auswertung älterer Pläne hat gezeigt, dass bereits im frühen 18. Jahrhundert im Bereich der Bootsrampe eine wasserseitige Uferbefestigung des Mains vorhanden war.

Beispielsweise zeigt der sog. Kilian-Bauer-Plan von 1726 eine Situation mit zwei Zungenmauern rechtwinklig zum Wasser, die vielleicht schon die jetzt freigelegte Schiffsrampe meint (Abb. 250); eventuell handelt es sich aber um einen Vorgängerbau bzw. eine ältere Bauphase, die sich mit der Uraufnahme von 1832 und dem heutigen Befund nicht vollständig deckt.

Ergebnis

Bauhistorische Merkmale, die Steinmetzzeichen und die alten Karten sprechen dafür, dass

252 *Würzburg. Blick von Südwesten auf die Bootsrampe nach der Freilegung. Im Westen die moderne Kaimauer, mittig das Kanalbauwerk mit Revisionsschacht und im Nordosten das Aufsichtsgebäude.*

die Anlage wahrscheinlich in der ersten Hälfte des 18. Jahrhunderts entstanden sein dürfte. Sie blieb durch die Errichtung der Kaimauer und die Zuschüttung der Rampe bis zur Wiederentdeckung in gutem Zustand erhalten. Das Gartenamt der Stadt Würzburg strebt nun eine behutsame Restaurierung und Sicherung der Substanz an. Die dauerhafte Sichtbarmachung der Anlegestelle und deren Integration in die heutige moderne Uferpromenade sind geplant. So kann die historische Bedeutung des alten Handelsplatzes am Main an einem lang verschütteten Baudetail wieder deutlich ablesbar werden.

Martin Wortmann und Matthias Merkl

Örtliche Grabungsleitung und Grabungsdokumentation M. Wortmann, BfAD Heyse GmbH & Co. KG.

Literatur K. Friederich, Die Steinbearbeitung (Augsburg 1932). – F. Seberich, Die Stadtbefestigung Würzburgs. 1. Teil: Die mittelalterliche Befestigung mit Mauern und Türmen. Mainfränk. H. 39, 1962, 155–162.

Von der Stauferburg zur frühindustriellen Steingutmanufaktur – Im Hof von Schloss Aschach

Gemeinde Bad Bocklet, Landkreis Bad Kissingen, Unterfranken

Lage und Geschichte

Schloss Aschach liegt malerisch auf einer Anhöhe westlich oberhalb der Fränkischen Saale zwischen Bad Bocklet und Bad Kissingen. Eine staufische Burganlage ist für das Jahr 1165 überliefert. Als Bauherr gilt Graf Poppo VI. von Henneburg und Burggraf von Würzburg. Der auf dem Burgplateau oberflächennah anstehende Fels und die exponierte Lage mag ausschlaggebend für die Wahl des Bauplatzes gewesen sein. Im Laufe des 15. Jahrhunderts ging die Befestigung in den Besitz des Hochstiftes Würzburg über. Zerstörungen im Bauern- und Markgrafenkrieg machten bis zum Jahr 1571 einen kompletten Neubau des Schlosses erforderlich. Diese im Stil der Renaissance gehaltene Anlage verlor als Residenz der Fürstbischöfe von Würzburg, die offenbar lieber in dem von Balthasar Neumann errichteten Schloss in Werneck Hof hielten, in der Barockzeit zunehmend an Bedeutung. 1802 fiel Aschach im Rahmen der Säkularisation an den Kurfürsten von Pfalz-Bayern. Regional betrachtet war die erste Hälfte des 19. Jahrhunderts eine Zeit des wirtschaftlichen Niedergangs, und so fand das Anliegen des Schweinfurter Industriellen Wilhelm Sattler, an Ort und Stelle eine Steingutproduktion nach englischem Vorbild einzurichten, auch bei König Ludwig I. Gehör. Das Raumangebot des Schlosses, die Verfügbarkeit von Arbeitskräften, Brennmaterial und Wasserkraft stellten für den herausragenden Industriellen der Biedermeierzeit sicher ökonomische Anreize dar. Vorbild für die zu produzierende Ware war das englische Wedgewood-Steingut, welches als erfolgreiches Massenprodukt weltweit nachgefragt wurde. Die Herstellung von Steingut war allerdings technisch sehr anspruchsvoll – und die Aschacher Produktion erreichte nach vielen Misserfolgen nicht ganz die Qualität der englischen Vorbilder (Abb. 257). Bereits 1860 wurde die Produktion wieder eingestellt und das Schloss an den Regierungspräsidenten von Unterfranken, Graf Friedrich von Luxburg verkauft. Dessen Sohn Karl vermachte im Jahr 1955 den gesamten Schlossbesitz dem Bezirk Unterfranken als Geschenk – verbunden mit der Auflage, den baulichen Bestand samt Interieur in dem überlieferten Zustand zu erhalten und die Sammlungen der Öffentlichkeit zugänglich zu machen.

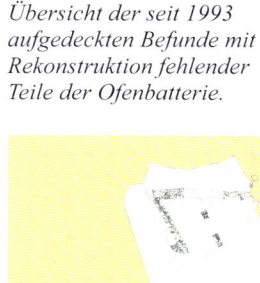

253 *Schloss Aschach. Übersicht der seit 1993 aufgedeckten Befunde mit Rekonstruktion fehlender Teile der Ofenbatterie.*

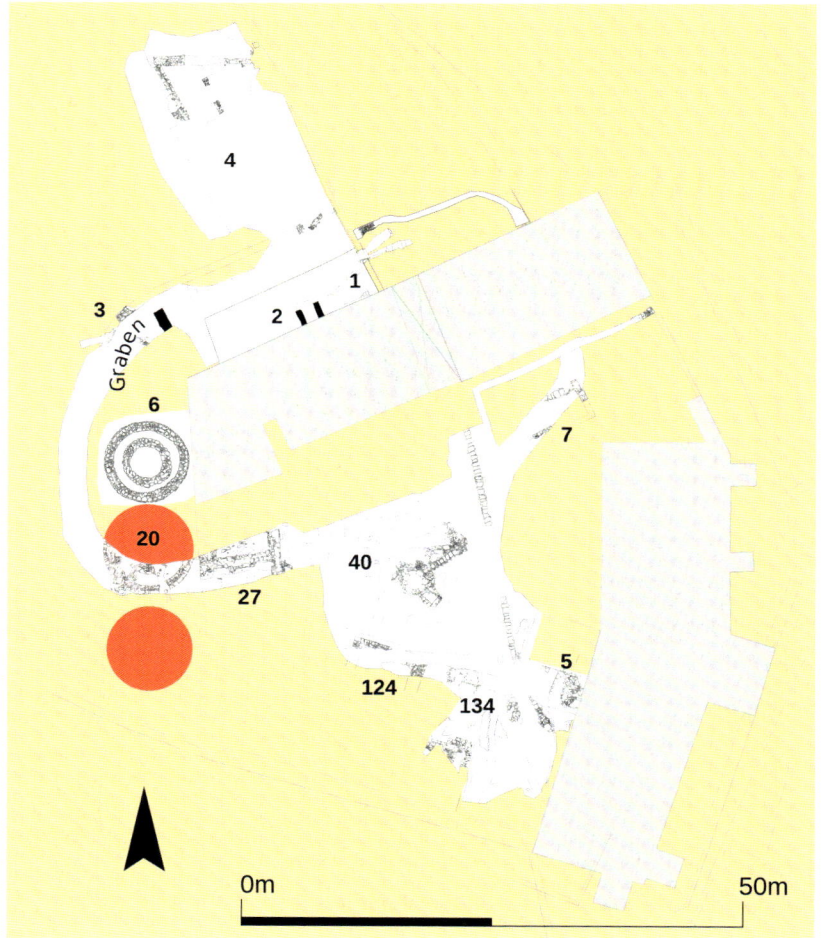

Archäologische Untersuchungen

Auch um letzteres Anliegen zu erfüllen, plante der Bezirk im Herbst 2020 die barrierefreie Erschließung des Schlosshofs. Im eingetragenen Bau- und Bodendenkmal musste dieser geringmächtige Bodeneingriff archäologisch zumindest begleitet werden. Für den erfahrenen Archäologen war das Ausmaß der hierbei aufgedeckten Baubefunde bemerkenswert. Bedingt durch die vorgegebenen Eingriffstiefen und -breiten waren diese oftmals lediglich zu kartieren, eine untersuchende Ausgrabung war nur punktuell möglich. Zusammen mit früheren Ausgrabungen kann nun aber ein facettenreiches Bild der Baugeschichte des Schlosses gezeichnet werden (Abb. 253).

Nordseite: Frühe Neuzeit

So ist im Anschluss an die Durchfahrt in den Schlosshof von Norden ein rechteckiger Brückenkopf oder ein Brückendamm der frühen Neuzeit anzunehmen (1). Weiter westlich treten aus der Wandabwicklung des Jahres 1527 Auslässe für Schmutzwasser und eine Latrine mit Wangenmauern hervor (2), die der Entsorgung in einen ableitenden offenen Graben gedient haben. Dessen Verlauf und Breite ist über zwei an verschiedenen Stellen aufgedeckte Partien der äußeren Kontermauer nachvollziehbar (3). Nördlich des Grabens schloss sich einst ein Wirtschaftshof oder Vorburgbereich an, dem bei der flächigen Baubegleitung weitere Baubefunde zugeordnet werden konnten (4). Neben Stallungen und Werkstätten zeugten hier wie auch im engeren Grabenbereich umfangreiche Planierungen von den weitreichenden Umgestaltungen des 19. Jahrhunderts.

Innenhof: 16.–19. Jahrhundert

In dem schmalen Ausschnitt für die barrierefreie Zuwegung zum Schlosshof konnte ein Ausschnitt des abgebrochenen Westflügels mit einer lichten Raumweite von 5,5 m aufgedeckt werden. Erdbefunde nördlich der raumtrennenden Binnenmauer (27) deuten auf eine fehlende Unterkellerung bzw. auf Verfüllungen im Anschluss an den Bauernkrieg im frühen 16. Jahrhundert hin.

Wohl um das von Dach und Fassade anfallende Oberflächenwasser geordnet abzuführen, war das hofseitige Natursteinpflaster am einstigen Westflügel zunächst als Rinne ausgestaltet (Abb. 256). Das Pflaster zeigte ein recht bewegtes Fugenbild, welches unterschiedliche Wege und Bezüge erkennen ließ. Im Zentrum war radial um den bei Grabungsbeginn noch mit

254 *Schloss Aschach. Blick von Südwesten in den Schlosshof während der archäologischen Baubegleitung.*

255 Aschach. Die Schlossanlage in der Uraufnahme. Ohne Maßstab. Geobasisdaten: Bayerische Vermessungsverwaltung 2022.

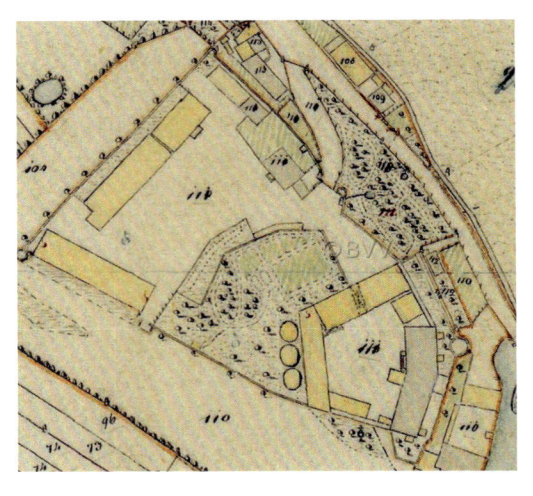

einer Betonplatte versiegelten und mit einem Rosenbeet überdeckten Schlossbrunnen gepflastert. Der Brunnenkranz (40) bestand aus sorgfältig scharrierten, in Zementbindung versetzen Sandsteinquadern und wies eine lichte Innenweite von etwa 1,5 m auf. Im oberen Schachtbereich lässt ein kompliziertes rostiges Gestänge- und Schiebersystem die komplexe Wasserversorgung der Steingutfabrikation erahnen. So waren an den äußeren Brunnenrand mehrere eckige Schächte und Einläufe geführt, die bei dem Schachtbefund auch an die Funktion eines Verteilers mit Schöpfwerk denken lassen. Trotz der offensichtlich modernen Überformung ist an der aufgedeckten Stelle wohl auch der mittelalterliche Burgbrunnen anzunehmen, der das Grundwasser einst etwa 25 m tiefer auf Höhe der unweit östlich fließenden Fränkischen Saale aufschloss.

Offenkundig waren die Abdeckungen der neuzeitlichen Kanäle in das Hofpflaster integriert, wohl um jederzeit eine Revision durchführen zu können. Im Innenhofbereich wurden des Weiteren Relikte eines Kellertraktes (7), eines neuzeitlichen Treppenfundamentes (5) und Grundmauern von Fabrikationsgebäuden der Steingutmanufaktur aufgedeckt. Hier stößt man mit einer reinen Baubegleitung des flachen Bodeneingriffes an die Grenzen der Interpretation. Die im Süden des Innenhofes aufgedeckten, sorgfältig in Kalkmörtel versetzten Fundamentzüge 124 und 134 können aber unter Vorbehalt dem südlichen Bestand der staufischen Burg zugeordnet werden, da sie in den Bestands- und Umbauplänen des 19. Jahrhunderts nicht entsprechend kartiert sind.

Technische Anlagen und Produkte der Steingutmanufaktur
Technikgeschichtlich sind vor allem die freigelegten Fundamente von zwei Steingutöfen direkt vor dem abgebrochenen Westflügel des Schlosses bemerkenswert. So konnte bereits 1993 neben zwei Tonvorratskellern ein runder Etagenbrennofen mit wohl hochsitzendem Feuerungssystem und bienenkorbförmigem Aufbau freigelegt und dokumentiert werden (6). In der Uraufnahme von 1842 ist im verfüllten Graben vor dem Westflügel eine Batterie von drei dieser Anlagen kartiert (Abb. 255), die in der Sattlerschen Bauplanung von 1830 noch andernorts außerhalb des Schlosses projektiert war. Bei der aktuellen Maßnahme kam nun der mittlere Ofen zum Vorschein. Bei

256 Schloss Aschach. Grundmauern des Westflügels mit anlaufendem Pflaster des Innenhofes.

aller Ähnlichkeit fiel auf, dass dieser (20) mit etwa 9 m Außendurchmesser etwas großzügiger dimensioniert war als der nördliche Ofen. Beiden Öfen gemeinsam ist der Aufbau aus einem äußeren aus Buntsandstein in Kalkmörtelbindung aufgeführten Fundament für den Außenmantel und einer inneren Ofenbank. Dabei war der Ofenmantel wohl aus Ziegeln aufgeführt, der Bodenbelag mit Steinplatten verlegt. Das „Porzellan des kleinen Mannes" wurde in England seit 1720 entwickelt und Wilhelm Sattler bereiste dort, aber auch z. B. im Saargebiet bei Villeroy & Boch Produktionsstätten, um die Technologie zu kopieren. Da der Scherben des Steingutes nach dem ersten Brand nicht vollständig durchgesintert ist, muss sich – um Wasserundurchlässigkeit zu erreichen – in einem zweiten Schritt ein Glasurbrand anschließen. In diesem Zusammenhang wurde zur besten Zeit der Aschacher Manufaktur nach 1837 häufig das Verfahren des Umdruckdekors angewendet. Über eine Druckplatte mit spiegelverkehrtem Motiv wird hierbei ein Abziehbild auf den einmal gebrannten Rohling aufgebracht. Später wird dieser bei 700 °C mit einem Glasurüberzug versintert (Abb. 257).

Wieder einmal veranschaulichen die gewonnenen bau-, kultur- und technikgeschichtlichen Details den wissenschaftlichen Mehrwert einer archäologischen Begleitung auch flachgründiger Eingriffe in der spannenden Kontaktzone von Bau- und Bodendenkmal.

Oliver Specht

Literatur E. Schneider/A. Brandl (Hrsg.), Aschacher Steingut. Schweinfurter Museumsschr. 55 (Schweinfurt 1993).

Örtliche Grabungsleitung und Grabungsdokumentation O. Specht, Fa. Ausgrabungen Specht.

257 *Schloss Aschach. Neben einer Unmenge an wohl auch zu Drainagezwecken eingebrachten stark zerscherbten weiß monochromen Steingutfragmenten konnten auch einige Stücke mit Umdruckdekor geborgen werden. Originale Größe.*

Montanarchäologische Begleitung im Bergwerk: Der Maximilian II-Erbstollen der Matthäuszeche in Achthal

Gemeinde Teisendorf, Landkreis Berchtesgadener Land, Oberbayern

In der Region am Teisenberg gibt es zahlreiche Relikte des Bergbaus. So befindet sich am südwestlichen Ortsende von Achthal der Eingang, das sog. Mundloch, zum Maximilian II-Erbstollen der Matthäuszeche (Abb. 258). Als Erbstollen bezeichnet man den tiefsten Stollen einer Grubenanlage. Der Stollen, von dem hier die Rede ist, war im Jahr 1844 begonnen („angeschlagen") worden und wurde im Lauf der Jahre nach Westen Richtung Neukirchen vorangetrieben. Den Namen erhielt er 1854 nach dem bayerischen König Maximilian II. (1848–1864), befand man sich doch seit 1810 auf bayerischem Territorium. Der Stollen erreichte nach 1997 Metern das Ulrichflöz. Er wurde mit dem darüber liegenden Christophstollen verbunden und war seitdem auch als Förderstollen in Betrieb.

Im Zuge der geplanten Sanierung des Maximilian II-Erbstollens, der gesichert werden musste, fand Ende Januar bis Ende Februar 2020 eine archäologische Aufnahme der Befunde des historischen Eisenbergbaus statt. Die Dokumentationsarbeiten wurden vor den

258 *Achthal. Gemauertes Portal, das Mundloch des Stollens.*

259 *Achthal. Vermessungsarbeiten im Bergwerk.*

eigentlichen Sanierungsarbeiten so angelegt, dass gegenseitige Behinderungen der Arbeiten weitestgehend vermieden werden konnten (Abb. 259).

Begleitende Dokumentation

Der von Osten nach Westen verlaufende Stollen diente unter anderem zur Förderung des Erzes aus den höher gelegenen Stollenbereichen direkt zum Verhüttungszentrum in Achthal, wo bereits frühneuzeitlich die Verhüttung der auf der Salzburger Seite gewonnenen Erze stattfand, sowie auch der Entwässerung der nördlichen Abbaubereiche. Oberhalb des Mundloches erinnert eine Gedenktafel an das Anschlagen des Stollens 1844 sowie das Jahr der Einweihung 1855. Der Stollen wurde im Jahr 1871 mit dem Erreichen des Ulrichflözes vollendet.

Auf der untersuchten Strecke von knapp 2 km Länge waren neben dem Hauptstollen, welcher einen Verbau aus Sandstein- oder Eisenschlackequadern erhalten hatte, in Abständen von etwa 500 m auch Querschlagkreuzungen vorhanden. Diese Zonen waren nur in einem geringen Maß begehbar, da entweder der Querschlag nie vollständig ausgeführt oder auch teilweise mit taubem Material verfüllt und abgemauert worden war. Eine Ausnahme stellte der nördliche Querschlag bei Laufmeter 500 dar, welcher zur Lagerung von Bergbauausrüstung gedient hatte. Dieser Bereich, innerhalb dessen auch Gleise verlegt waren, konnte ursprünglich durch eine Eisentür abgeschlossen werden. Allerdings wurde auch dieser Querschlag verstürzt angetroffen.

Das Baumaterial für den Stollenverbau, sowohl der Sandstein als auch die Eisenschlacke, war örtliches Material. Sandstein ist unter anderem geologisch hier anstehend und die Eisenschlacke stammte offensichtlich aus der Eisenverhüttung in Achthal.

Der Vortriebsfortschritt ließ sich im Zuge der Dokumentationsarbeiten an den Jahresinschriften entlang des Stollenverlaufs verfolgen. Diese wurden von der ersten Jahresinschrift „1844" bis zum Jahr 1869 erfasst und dokumentiert. Die Ausführung unterscheidet sich allerdings. So waren die älteren Jahresmarken noch gut ausgeführt und in einen Sandstein eingeritzt (Abb. 260). Die jüngeren Jahreszahlen waren nur noch mit Farbe aufgemalt.

Im Zuge des Vortriebs scheinen auch Ausnehmungen im Bereich der Ausmauerung im Zusammenhang mit Tätigkeiten des Markscheiders, d. h. des im Bergbau tätigen Vermessungsingenieurs, angelegt worden zu sein. Es handelt sich hierbei um jeweils eine Ausnehmung an der südlichen und nördlichen Stollenwand, welche immer eine rechteckige Form, allerdings mit unterschiedlichen Dimensionen, hatte. Bei einer der beiden Seiten zeigte sich ein offener Bereich, offensichtlich damit hier ein quadratischer Balken in der Breite des Stollens eingefügt werden konnte. Die Höhe dieser Befundgruppe innerhalb des Stollens variiert und zeigt die Tendenz, dass diese weiter hinauf an den First des Stollens wandert, je weiter man sich vom Mundloch entfernt. Weitere markscheiderische Zeichen konnten ebenfalls im gesamten Stollenbereich dokumentiert werden, allerdings waren sie vor allem an der nördlichen Stollenwand angebracht. Offenkundig erfolgte der Verbau des Stollens parallel zum Vortrieb.

Durch den gesamten Stollen hatte man auf der Sohle parallel zur nördlichen und südlichen Stollenausmauerung Schwellen für das Wassergerinne angelegt. Diese dienten zugleich als Auflage für die Schwellbalken der Schienen. Zusätzlich konnten auch noch Ausnehmungen in der Stollenausmauerung für Schwellbalken in diesem Bereich festgestellt werden.

Eine Besonderheit stellen die zahlreichen Graffiti dar, die im gesamten Untersuchungsbereich zu beobachten waren: Es sind zumeist mit weißer Farbe aufgemalte mutmaßliche Initialen. Eine Interpretation ist schwierig. Möglicherweise handelte es sich hierbei u. a. um Gedingemarken zum Abrechnen des Vortriebs- bzw. Arbeitsfortschritts. Sie erscheinen in verschiedenen Formen und ändern sich im Verlauf des Stollens. Sämtliche Markierungen konnten aufgenommen werden.

Neben Holz- und Eisenfunden, die in direktem Zusammenhang mit dem Bergbau standen wie etwa die Achse eines Transportwagens (Abb. 261), fanden sich auch einige persönliche Gegenstände: Kleidungsstücke, eine Schutzmaske und nicht zuletzt ein Rosenkranz.

Ältere Bergbauaktivitäten?

Verschiedentlich wurden Vermutungen angestellt, ob in der Gegend bereits seit der römischen Kaiserzeit Eisenerz gewonnen wurde. Diese These erhält neues Gewicht durch die Neuinterpretation der römischen Grabinschrift des Quintus Septueius aus Teisendorf von Günther E. Thüry. Denn bislang gab es Hinweise auf Erzabbau in der Umgebung erst seit dem späten Mittelalter (z. B. Miesbach bei Eisenärzt, Schmelzwerk „Aerz" im 14. Jahrhundert) und – auch nach den jüngsten Erkenntnissen – noch keine Hinweise auf Bergbauaktivität in der Matthäuszeche vor dem 16. Jahrhundert. Eingestellt wurde der Bergbau in Achthal bzw. in der Region 1919 nach dem Ersten Weltkrieg.

Oliver Rachbauer

Literatur G. E. Thüry, Zur Frage einer römischen Eisengewinnung im Rupertiwinkel. Gedanken zur Inschrift CIL 5593 aus Teisendorf (Lkr. Berchtesgadener Land). Bayer. Vorgeschbl. 86, 2021, 131–133.

Grabungsleitung O. Rachbauer, Fa. ARDIG – Archäologischer Dienst GmbH, St. Pölten, Österreich.

260 Achthal. Eingeritzte Jahreszahl im Stollen.

261 Achthal. Achse eines Transportwagens.

Prospektion

Kreisgräben eines Bestattungsplatzes bei Marzling – Magnetik verifiziert und ergänzt Luftbildbefunde

Landkreis Freising, Oberbayern

Entdeckungsgeschichte und Prospektionsanlass

Auf einer mittelholozänen Flussterrasse der Isar bei Marzling sind auf mehreren Luftbildern des BLfD aus unterschiedlichen Jahren und mit unterschiedlichem Bewuchs zwei Kreisgräben zu erkennen. Die Erstentdeckung am 23.06.1979 (Abb. 263) und erste zeitliche Einordnung der Befunde in die Urnenfelderzeit erfolgten durch Otto Braasch. Lesefunde wurden im Bereich der prospektierten Fundstelle bislang nicht geborgen. Als vorgeschichtlicher Bestattungsplatz mit Kreisgräben wird das Areal gegenwärtig mit einer in der Nähe liegenden bronzezeitlichen Grabhügelnekropole in Zusammenhang gebracht.

Auf dem Luftbildausschnitt in Abb. 263 ist zu erkennen, dass die Kreisgräben als positive Bewuchsmerkmale auf einem durch Trockenstress geprägten Getreidefeld sichtbar werden. Dabei taucht der östliche, größere Kreisgraben in eine sich nach Südsüdwesten ausdehnende Fläche ab, die stärker durch vitales Pflanzenwachstum gekennzeichnet ist. Dieses räumliche Muster ist bei allen vorliegenden Luftbildern zu beobachten und wirft die Frage auf, ob sich insbesondere in den feuchteren Bereichen des Areals noch weitere Bodendenkmäler nachweisen lassen. Diese Frage und die Tatsache, dass das – gegenwärtig unter Grünlandnutzung stehende – Flurstück im nächsten Jahr wieder unter Pflug genommen werden soll, veranlasste die Arbeitsgruppe Geo-Erkundung des BLfD dazu, eine archäologische Prospektion mittels hochsensitiver Cäsium-Magnetometrie durchzuführen.

Resultate der Cäsium-Magnetometerprospektion

Wie in Abb. 262 zu sehen, finden sich die beiden aus den Luftbildern bekannten Kreisgräben auch im Magnetogramm wieder. Befund A besteht aus einem äußeren und einem inneren Kreisgraben; der äußere hat einen Außendurchmesser von 13,5 m, der innere ist mit gut 5 m wesentlich kleiner. Anders als auf den meisten Luftbildern sind die Gruben innerhalb des inneren Kreises auf dem Magnetogramm nicht zu erkennen, weshalb deren Umrisse für die Interpretation aus Luftbildern übernommen wurden (Abb. 262 gelb).

Der etwa 22 m weiter östlich liegende, auf den Luftbildern ebenfalls teilweise sichtbare Kreisgraben B ist mit einem Außendurchmesser von etwa 17,5 m der größte Befund im Messbild. Dieser Kreisgraben ist nach Südosten hin offen, wo sich ein kleinerer Kreisgraben mit etwa 11 m Außendurchmesser anschließt. Im rund 5 m weiten Durchlass zwischen beiden Kreisgräben zeichnen sich zwei Prostengruben ab.

Innerhalb dieses kleineren Kreises befindet sich eine rechteckige, etwa 3,5 × 2 m große Struktur. Als schwach positive, linienhafte

262 *Marzling. Magnetogramm, überlagert mit der Interpretation der archäologischen Befunde. Rot gefüllte Flächen mit schwarzem Rand = sichere Interpretation; gestrichelte Linien = unsichere Interpretation; gelb = Befunde aus Luftbildern. Cäsium-Magnetometer Geometrics G858, Duo-Sensor-Anordnung, Empfindlichkeit ±10 pT, Dynamik ±12 nT in 256 Graustufen, Messpunktabstand 25 × 50 cm, interpoliert auf 25 × 25 cm, 40-m-Gitter. Archiv-Nr. 7736/034.*

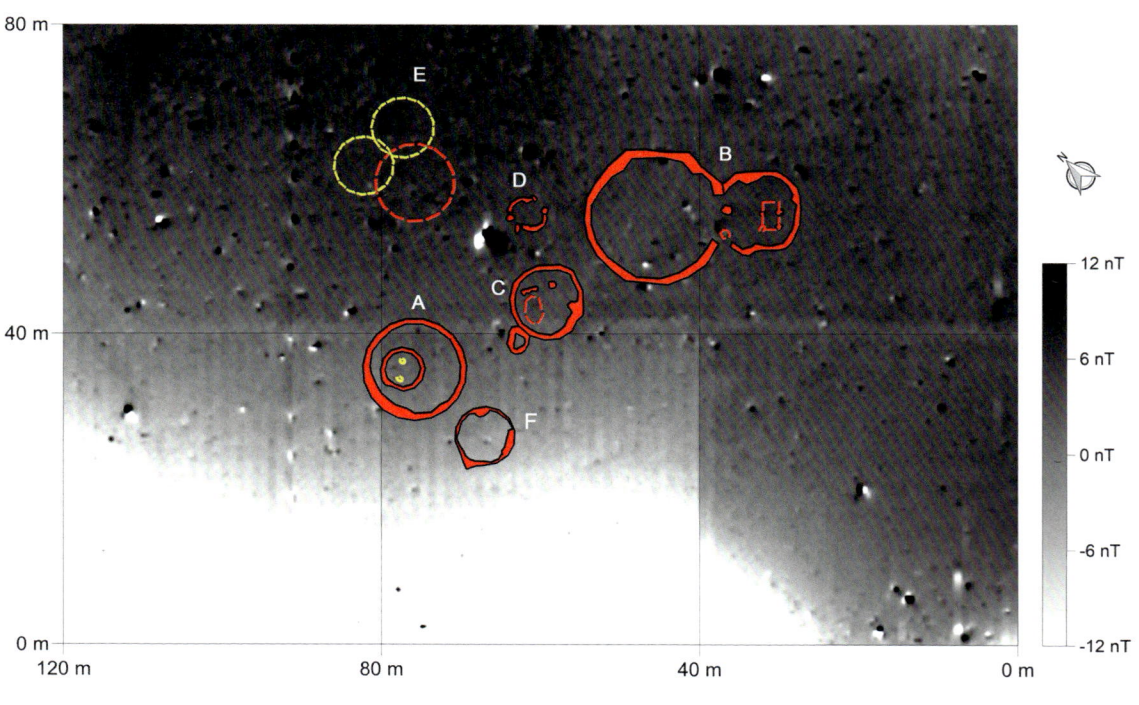

Anomalie umfasst diese eine quadratische Konstruktion aus vier Pfostengruben mit einer Seitenlänge von etwa 2 m (Abb. 262,B).
Zwischen den beiden schon aus dem Luftbild bekannten Kreisgräben sowie in deren unmittelbarer Umgebung sind auf dem Magnetogramm weitere, kleinere Kreisgrabenstrukturen zu erkennen (Abb. 262,C.D.E.F). Die Außendurchmesser dieser bislang unbekannten und teils diffusen Befunde (Abb. 262,E) schwanken zwischen 3 und 10 m. Der größte der neu entdeckten Kreisgräben (Abb. 262,C) mit einem Außendurchmesser von 10 m weist innere Strukturen auf, von denen zwei sicher als Gruben kategorisiert werden können. Die nördliche der beiden Gruben ist längsgezogen; südwestlich davon tritt im Magnetogramm eine vermutlich sehr flache, ovale Grube auf. Der sie umschließende Kreisgraben wird im Westen von einem wesentlich kleineren Kreisgraben mit einem Außendurchmesser von rund 3 m flankiert und teils überlagert.
Ein weiterer bemerkenswerter Befund mit einem Außendurchmesser von gut 5 m befindet sich nordwestlich des größten Kreisgrabens (Abb. 262,D). Dieser – derzeit ebenfalls als Kreisgraben interpretierte – Befund ist im Unterschied zu seinen Nachbarn nach Osten und Westen hin offen. Die Öffnungen bzw. Durchgänge werden jeweils an den Grabenköpfen von Pfostengruben flankiert.

Befundinterpretation

Doppelte, nicht konzentrische Kreisgräben, wie im Fall A vorliegend, sind eher ungewöhnlich. Daher kann dieser Befund zunächst vorsichtig als zweiphasig interpretiert werden. Eine Phase könnte der äußere, größere Kreisgraben darstellen, zur anderen Phase könnte der innere, kleine Kreisgraben mit zwei Gruben gehören. Hierbei kann nicht festgestellt werden, welcher der beiden Kreisgräben älter bzw. jünger ist. Jedoch gleicht der innere Kreisgraben einem bereits bekannten und datierten Befund: Manfred Woidich und Sergiu Tifui berichteten 2017 von der Ausgrabung sehr ähnlicher Kreisgrabenbefunde in Oettingen i.Bay. im Lkr. Donau-Ries. Zwar sind sich die Autoren über deren Funktion nicht ganz im Klaren, jedoch ordnen sie solche kleineren Kreisgräben mit zwei (gegebenenfalls langovalen) inneren Gruben hallstattzeitlichen Siedlungen zu. Dies bekräftigen mindestens zwei weitere ähnliche Grabungsergebnisse aus den Landkreisen München und Pfaffenhofen a.d.Ilm in Oberbayern.
Für den Befund B lassen sich aus dem Messbild und den aus der Literatur bekannten Kreisgrabenformen drei Interpretationsansätze formulieren. Bei der ersten Interpretationsmöglichkeit könnte man annehmen, dass der kleinere, ältere Kreisgraben mit der eckigen Grablage im Inneren von einem wesentlich jüngeren,

263 *Marzling. Zwei Kreisgrabenanlagen sind als positive Bewuchsmerkmale (hellbeiges Getreide) zu erkennen (A, B). Blick nach Nordwesten. Ausschnitt aus BLfD – Luftbilddokumentation, Aufnahmedatum 23.06.1979, Fotograf Otto Braasch, Archiv-Nr. 7736/034, Dia 335-18.*

großen Kreisgraben mit einem pfostenflankierten Ausgang im Südosten überlagert wird. Eine zweite Interpretation könnte für den kleineren Kreisgraben ebenfalls ein älteres Datum annehmen; die rechteckige mutmaßliche Grablege würde man hingegen zeitlich zum großen Kreisgraben in Beziehung setzen. Diesen Interpretationsansatz stützt ein sehr ähnlicher, von Hubert Koch und Sabine Watzlawik vorgelegter, mutmaßlich hallstattzeitlicher Befund in Ergolding (Lkr. Landshut). Demnach könnte es sich bei der quadratischen Struktur mit rechteckiger Einfassung um eine Grabgrube mit Pfostenstellungen handeln, die in einer Achse zum pfostenflankierten Eingang des (zeitgleichen) großen Kreisgrabens liegt. Bei der dritten Interpretationsmöglichkeit könnte der gesamte Befund B als eine Mehrfachbestattung, zum Beispiel von mehreren Familienmitgliedern, angenommen werden.

Die Form eines nach zwei Seiten offenen, kleineren Kreisgrabens mit flankierenden Pfostengruben (Abb. 262,D) ist einem bei Nersingen-Leibi (Landkreis Neu-Ulm) von Bert Wiegel im Jahr 1988 dokumentierten Befund sehr ähnlich. Demnach könnte die Größe, Form sowie das Fehlen von Strukturen (Grablegen) im Inneren für die frühe Urnenfelderzeit sprechen. Laut Wiegel habe diese Art der Einfriedung nur zu einer temporären Aufbahrung der Toten gedient. Auch die – im Vergleich zu den oben genannten Befunden – völlig andere Ausrichtung der Mittelachsen der Pfostengruben des Kreisgrabens D spricht für eine andere Zeitstellung. Dieser Befund bestätigt die Annahme über eine Mehrphasigkeit des Bestattungsplatzes, ohne die zeitliche Einordnung der Fundstelle von Otto Braasch zu revidieren.

Schlussbetrachtung

Mittels der Cäsium-Magnetometrie konnten neben den beiden bekannten Kreisgräben eine Reihe weiterer Kreisgrabenbefunde mit mutmaßlichen Grablegen (Befunde C–F) aufgedeckt und kartiert werden. Die Formen der Befunde deuten auf urnenfelderzeitliche (Befunde D und C [?]) und hallstattzeitliche (Befund B) Bestattungsstrukturen sowie auf hallstattzeitliche Siedlungsspuren (Befund A) hin. Da Kreisgräben aus unterschiedlichen Epochen, wie etwa aus der Bronze- und Urnenfelderzeit, aber auch aus dem Frühmittelalter bekannt sind, birgt eine Datierung ohne Lesefunde und nur anhand der Formen in den Magnetikdaten einige Unsicherheiten. Endgültige Gewissheit bezüglich jeglicher Befunddatierungen können deshalb nur archäologische Grabungen bzw. Funde erbringen. Doch auch mit dem nötigen Abstand zum Versuch einer zeitlichen Einordnung sind unterschiedliche Ausprägungen und mehrfache gegenseitige Überlagerungen der Befunde im Messbild nicht auszuschließen. Sie stellen letzten Endes schwerwiegende Argumente für eine mehrphasige Nutzung des Bestattungsplatzes dar.

Andreas Stele, Roland Linck
und Tatjana Gericke

Literatur B. Wiegel, Weitere Untersuchung des mittelbronzezeitlichen Flachgräberfeldes bei Nersingen-Leibi. Arch. Jahr Bayern 1988, 47–48. – H. Koch/S. Watzlawik, Erste agilolfingerzeitliche Siedlungsbefunde aus Ergolding. Arch. Jahr Bayern 2008, 105–107. – M. Woidich/S. Tifui, Ein Menhir im Lärmschutzwall? Steinfund am Rand der hallstattzeitlichen Siedlung im Oettinger „Kelterfeld". Arch. Jahr Bayern 2017, 47–50.

Hallstattzeitlicher Herrenhof und römische Inntalstraße: Magnetometereinsatz bei Weihmörting

Gemeinde Neuhaus a. Inn, Landkreis Passau, Niederbayern

Forschungsstand und Prospektionsziel

Zwischen dem Neuhauser See und der Mündung der Rott in den Inn, nördlich des Weilers Weihmörting, wurden von Otto Braasch im Jahr 1984 drei als positive Bewuchsmerkmale auftretende Gräben dokumentiert. Diese Luftbildbefunde sind ebenfalls auf den digitalen Orthofotos der Bayerischen Vermessungsverwaltung aus den Jahren 2010 und 2013 deutlich zu erkennen. Topografisch lassen sich die Befunde auf einem leicht exponierten Kamm eines Niederterrassensporns verorten, wobei sie den Kamm in ostwestlicher Richtung schneiden, was gegen eine natürliche Entstehung der Gräben spricht (Abb. 264). Daher werden sie im Bayerischen Denkmal-Atlas und im Fachinformationssystem des BLfD, nicht zuletzt aufgrund fehlender Lesefunde, allgemein einem vor- und frühgeschichtlichen Grabenwerk zugeordnet. Die topografische Lage des Bodendenkmals und die Form der Gräben, vor allem der sich andeutende bogenartige Knick des südlichen Grabens, ließen im Vorfeld der Prospektion die These zu, dass es sich bei dem vorliegenden Luftbildbefund um einen hallstattzeitlichen Herrenhof handeln könnte. Das Ziel der Magnetikprospektion war es, zu überprüfen, ob diese These zu halten ist.

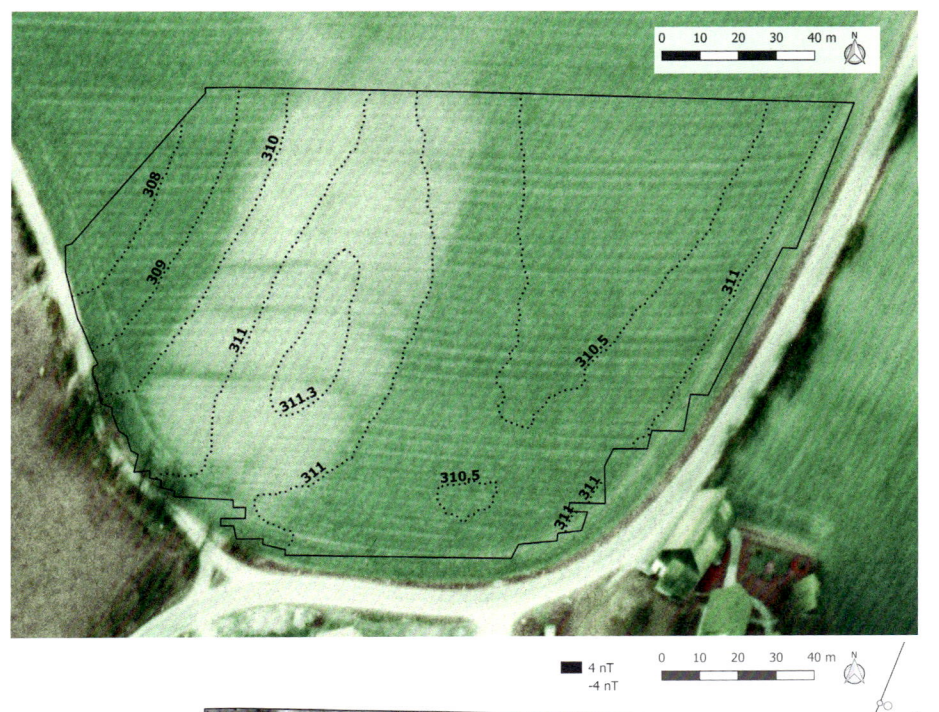

264 Weihmörting. Drei Gräben, die als positive Bewuchsmerkmale (dunkelgrünes Getreide) auf dem entzerrten Infrarotluftbild von 1984 zu erkennen sind, schneiden den Kamm des Niederterrassensporns in ostwestlicher Richtung. Ausgewählte Linien gleicher Höhe (Isohypsen) aus Höhendaten des Sensys MXPDA im GPS-Mode. Archiv-Nr. 7546/031 Wmg21f. Infrarotluftbild: BLfD – Luftbilddokumentation, Aufnahmedatum 16.11.1984, Fotograf Otto Braasch, Archiv-Nr. 7546/031 Dia 3769IR-11.

265 Weihmörting. Ergebnisse der Magnetometerprospektion im Bereich der Luftbildbefunde. Sensys MXPDA Fluxgate-Magnetometer mit 5 CON650 Sonden, GPS-Mode, Messpunktabstand interpoliert auf 0,2 × 0,2 m, Sensitivität ±0,3 nT, Dynamik ±4 nT, 256 Graustufen. Archiv-Nr. 7546/031 Wmg21f.

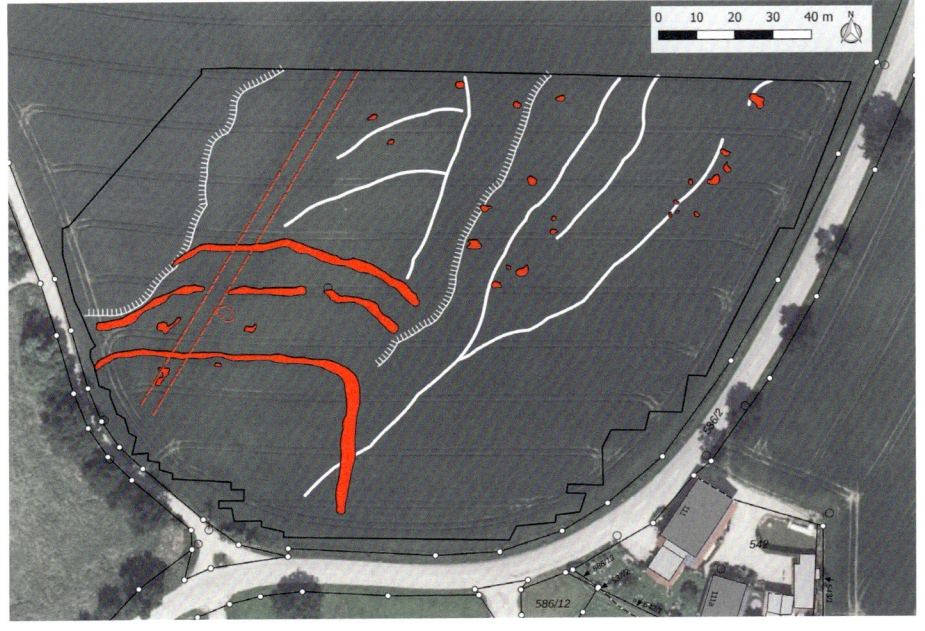

266 Weihmörting. Interpretation der Magnetometerprospektion. Farbcodierung: rote Flächen mit schwarzer Umrandung = archäologischer Befund; rot gestrichelte Linien = mutmaßlich römerzeitlicher archäologischer Befund; weiße Linien = ehemalige Abflussrinnen; weiße Schraffen = ehemalige Terrassenkanten. GIS-Plan Nr. 7546/031.

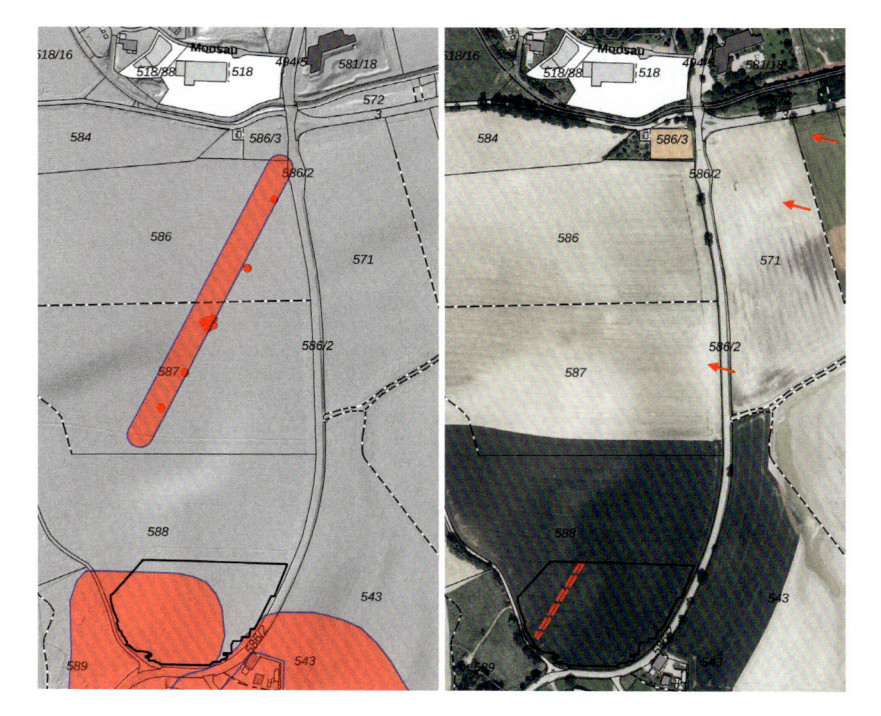

267 *Weihmörting. Links: von Harald Krause rekonstruierter Verlauf der römischen Inntalstraße (rote Kreise = Materialentnahmegruben). – Rechts: Präzisierung des Römerstraßenabschnittes anhand der Magnetik- (rot gestrichelte Linie) und Luftbildbefunde (rote Pfeile).*

Bestätigung eines hallstattzeitlichen Herrenhofes

Wie auf dem Magnetogramm in Abb. 265 und auf dem Interpretationsplan in Abb. 266 zu sehen, ist im südwestlichen Teil des Messbildes ein aus unterschiedlich ausgestalteten Gräben bestehendes Grabenwerk zu erkennen. Die Anlage scheint nicht in ihrer kompletten Ausdehnung erfasst worden zu sein und könnte sich weiter auf die benachbarten südlichen bzw. südwestlichen Flurstücke ausdehnen. Der magnetometrisch erfasste Teil des Grabenwerkes erstreckt sich auf annähernd 75 m in Ostwest-Richtung bzw. auf etwa 78 m in Nordsüd-Richtung. Ein durchgehender, gerade verlaufender und bis zu 4 m breiter Graben mit abgerundeten Ecken stellt den inneren Graben des Erdwerks dar. Zu möglichen Strukturen im Inneren der Anlage lässt sich keine Aussage machen, da die Messung in diesem Bereich durch einen Strommast mit Transformator sowie durch moderne Eisenobjekte im Pflughorizont gestört wurde.

Zwei weitere, eher unregelmäßige und maximal 3 m breite Gräben sind dem inneren Graben im Norden vorgelagert. Beide sind im Osten durch fluviale Landformungsprozesse überprägt worden, erkennbar an den deutlich sichtbaren, begrabenen Abflussrinnen und Terrassenkanten (Abb. 265–266). Die genaue Überprägung der archäologischen Befunde durch Landformungsprozesse kann nicht festgestellt werden. Am wahrscheinlichsten erscheint hier eine Erosion der Gräben durch flächenhafte Abspülung, jedoch wäre auch eine Überdeckung der archäologischen Befunde durch mächtige Auenkolluvien möglich. Letzteres würde zu einer tieferen Lage der Befunde führen, was wiederum die Detektionstiefe des Fluxgate-Magnetometers übersteigen könnte. Aufgrund der oben beschriebenen Merkmale ist das Grabenwerk, wie erwartet, als hallstattzeitlicher Herrenhof zu interpretieren. Eine Anlage mit sehr ähnlich ausgestalteten Gräben wurde von Jörg W. E. Faßbinder und Walter Irlinger bei Buxheim-Reinboldsmühle (Lkr. Eichstätt) dokumentiert. Regelmäßige innere Gräben mit unregelmäßigen äußeren Gräben, die dem vorliegenden Befund ebenfalls sehr ähnlich sind, besitzen weitere bekannte hallstattzeitliche Herrenhöfe in Essenbach-Pettenkofen (Lkr. Landshut) und Nördlingen-Holheim (Lkr. Donau-Ries).

Römische Inntalstraße

Alle drei Gräben des hallstattzeitlichen Herrenhofes zeigen mehr oder weniger deutliche Unterbrechungen. Während die Unterbrechungen der Gräben im Osten auf eine Ausdünnung der Grabenverfüllungen aufgrund der Erosion in Kammlage zurückzuführen sind, werden die westlichen Grabenunterbrechungen von einem stratigrafisch jüngeren Befund verursacht. Dieser Befund schneidet das gesamte westliche Messareal von Nordnordost nach Südsüdwest und schlägt sich als eine mindestens 4,5 m breite, lineare und negative Anomalie im Magnetogramm nieder (Abb. 265). Diese negative Anomalie wird zu beiden Seiten von Streifen mit schwach positiven Messwerten begleitet. Ein sehr ähnliches Muster aus linearen negativen und positiven Bewuchsmerkmalen ist auf dem Orthofoto aus dem Jahr 2013 in demselben Arealabschnitt zu beobachten (Abb. 266). Die lineare, negative Anomalie wird im Magnetogramm von einem durchgehenden, heute begrabenen Streifen aus schwach magnetischem Niederterrassenschotter erzeugt, welcher im Bereich des Dreifachgrabenwerks von Gruben und Grubenkomplexen flankiert erscheint. Insbesondere eine Grube ist im Hinblick auf Lage, Größe und Magnetisierung der Verfüllung auffällig. Sie kann als massive, verfüllte Materialentnahmegrube mit bis zu 4,5 m Durchmesser interpretiert werden. Betrachtet man den 4,5 m breiten Streifen, der von flachen Gräben (schwach positive Anomalien) begleitet wird, die Materialentnahmegrube(n?) sowie die Lage dieser Befundkonstellation östlich einer ehemaligen Terrassenkante (Abb. 266) zusammen, liegt die Interpretation als Römerstraße nahe.

Es könnte sich hierbei um die südliche Fortsetzung eines Abschnittes der römischen Inntalstraße handeln, den Harald Krause im Jahr 2017 auf Basis von Materialentnahmegruben aus Luftbildern zu rekonstruieren versuchte. Der von Krause angenommene Straßenverlauf ist im Vergleich zum magnetometrisch detektierten Befund um etwa 70 m nach Westen versetzt (Abb. 267 links) – was bedeutet, dass die Römerstraße auf der nördlich des hallstattzeitlichen Herrenhofes liegenden Flur „Strassen Feld" (Flurstücke 586 und 587 auf Abb. 267) eine Ostkurve machen müsste, um dann durch das Grabenwerk in Richtung Rottübergang zu ziehen. Wahrscheinlicher ist jedoch, dass die Römerstraße 70 m weiter östlich, parallel zu Krauses Rekonstruktion, an einem verlandeten Altarm der Rott vorbei auf der hochwassergeschützten Terrassenkante verlief (Abb. 267 rechts).

Zusammenfassung
Mit Hilfe der Magnetik konnte die These eines hallstattzeitlichen Herrenhofes bei Weihmörting gestützt werden. Es handelt sich damit um das am weitesten im Osten Bayerns liegende hallstattzeitliche Grabenwerk. Eine endgültige Datierung des Befundes kann jedoch nur über archäologische Funde geschehen. Das siedlungsgünstige Areal des Herrenhofes auf einem hochwassergeschützten Niederterrassensporn nutzten später auch die Römer zur Errichtung der Inntalstraße. Ihr Abschnittsverlauf bei Weihmörting konnte anhand der Kombination der Magnetik mit historischen Orthofotos präzisiert werden.

Andreas Stele, Roland Linck, Tatjana Gericke und Alois Spieleder

Literatur S. Berg-Hobohm, Umfriedete Höfe der Hallstattzeit in Bayern. Aktueller Forschungsstand zu den Herrenhöfen und den zeitgleichen rechteckigen Grabenwerken. Ber. Bayer. Bodendenkmalpfl. 43/44, 2002/03, 161–189. – J. W. E. Faßbinder/W. Irlinger, Geophysikalische Prospektion in einem mehrphasigen Grabenwerk der Hallstattzeit auf dem Sandbuck bei Reinboldsmühle. Arch. Jahr Bayern 1997, 87–90. – M. Geelhaar/J. W. E. Faßbinder/R. Linck, Neue Pläne rechteckiger Grabenwerke an der Altdorfer Hochterrasse. Arch. Jahr Bayern 2011, 54–56. – H. Krause, Die römische Inntalstraße zwischen Marktl und Neuhaus a. Inn – Archäologische Fernerkundung im Landkreis Alötting, Rottal-Inn und Passau. Ber. Bayer. Bodendenkmalpfl. 58, 2017, 103–152.

Nachweis einer Hirsauer Klosterkirche bei der Burgruine Schönrain in Gemünden a. Main mittels Prospektion

Landkreis Main-Spessart, Unterfranken

Lage und historische Überlieferung
Die Burgruine Schönrain liegt auf dem Sporn eines 103 m hohen Bergrückens über dem linken Mainufer zwischen Gemünden und Lohr. Die strategische Lage ermöglicht neben einer Rundumsicht auch eine gute Position zur Überwachung dieses Mainabschnitts (Abb. 268). Die erste überlieferte Besiedelung stammt aus dem Mittelalter und stellt die Errichtung eines Hirsauer Priorats dar, das von Landgraf Ludwig dem Springer von Thüringen und seinem Bruder Berengar von Sangershausen gestiftet wurde. Das Benediktinerkloster wird um 1080 als „Sconenren" erstmals erwähnt, wobei die zugehörige Kirche zwischen 1080 und 1105 erbaut wurde. Im Zuge der Bauernkriege wurde das Kloster um 1525 zerstört und aufgelöst. Im Folgejahr erwarben die Grafen von Rieneck das Areal und Graf Philipp von Rieneck ließ dort einen Witwensitz im Stil der Renaissance für seine Frau Margarethe errichten. Durch Streitigkeiten in der Folgezeit fiel Schloss Schönrain zunächst 1601 an das Bistum Würzburg, welches es als Sitz eines Forstverwalters nutzte, und 1814 an den bayerischen Staat. Im Anschluss verfiel das Renaissanceschloss immer mehr, sodass heute nur noch die Ruine des Palas sowie Bereiche der Wehrmauer und Fundamente einiger Nebengebäude erhalten sind.

Über den Grundriss des Hirsauer Klosters ist heute nichts mehr bekannt; auch fehlen gesicherte Quellen zum Aussehen und Aufbau der Kirche. Für Letzteres gab es zwei Thesen: Einerseits könnte es sich aufgrund der langen Bauzeit um einen dreischiffigen Bau mit dreiapsidialem Chorabschluss wie im Mutterkloster St. Aurelius in Hirsau (Lkr. Calw, Baden-Württemberg) gehandelt haben, andererseits spricht der bescheidene Besitz des Priorats eher für eine einschiffige Kirche ohne Querschiff. Eine Klärung ist für die kunstgeschichtliche Forschung von überörtlicher Bedeutung. Aus diesem Grund wurde im Frühjahr 2021 vom BLfD eine Bodenradarmessung aller zugänglichen Bereiche des Plateaus durchgeführt. Dieses geophysikalische Verfahren versprach bei den zu erwartenden Steinbefunden die besten Resultate. Zusätzlich wurde noch eine Magnetometermessung vorgenommen, um zumindest Hinweise auf etwaige weitere Befunde aus Holz bzw. verfüllte Gräben und Siedlungsgruben zu erhalten. Zudem wurde die renaissancezeitliche Ruine mittels Drohne in 3D dokumentiert, um die geophysikalischen Daten direkt in Bezug zu den Ruinenresten setzen zu können.

Resultate der Radarmessung
Die Daten zeigen mehrere Steinbefunde in einer Tiefe zwischen 30 cm und 100 cm Tiefe, welche dem mittelalterlichen Kloster zugeordnet werden können. Sie liegen damit relativ oberflächennah, was jedoch dadurch bedingt

268 *Gemünden a. Main. Drohnenbasiertes 3D-Modell der Schlossruine Schönrain, lagerichtig eingebunden in das Gelände zur Visualisierung der strategischen Lage hoch über dem Main. Ansicht von Nordosten. DJI Inspire 2 mit Zenmuse X4S-Kamera, Flughöhe 45 m, Aufnahmedatum: 14.04.2021. Archiv-Nr. 5922/018 Scn21uav.*

269 *Gemünden a. Main. Ausschnitt aus den Bodenradartiefenscheiben im Bereich von 40–60 cm und 60–80 cm Tiefe. GSSI SIR-4000 mit 400 MHz-Antenne, Messpunktabstand: 6 × 50 cm, interpoliert auf 25 × 25 cm. Archiv-Nr. 5922/018 Scn21rad.*

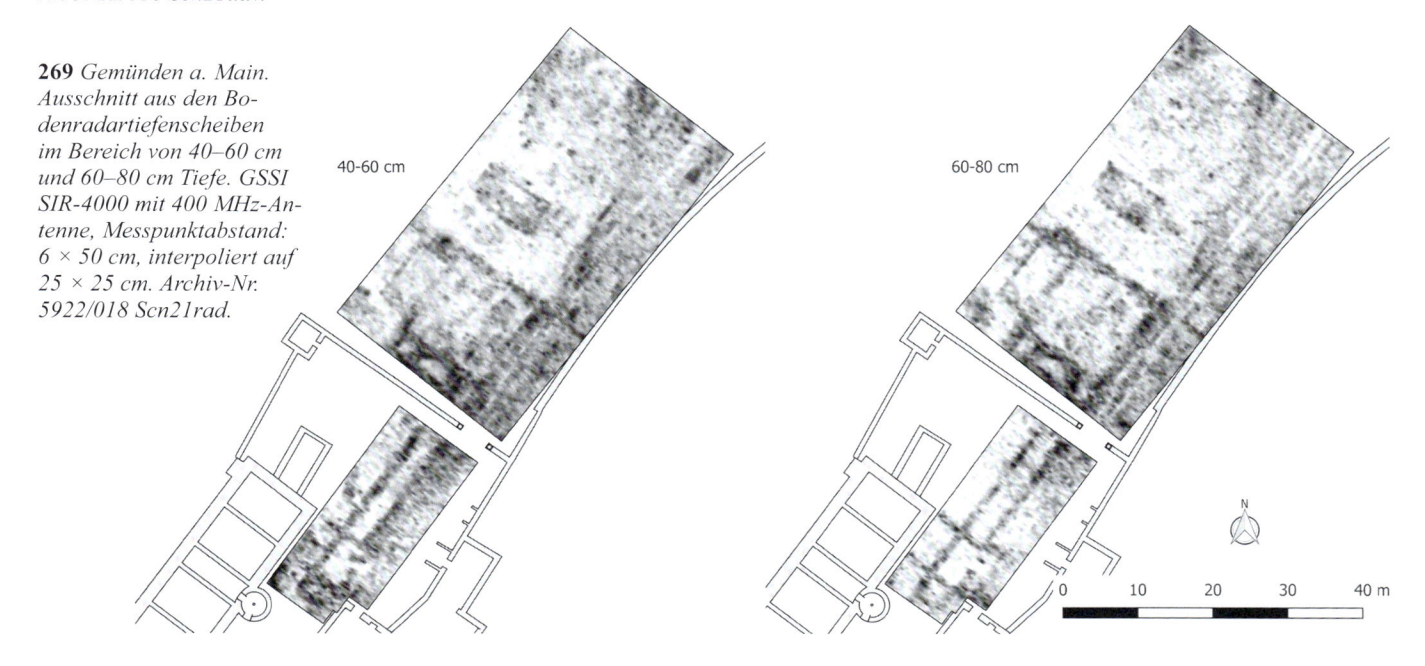

ist, dass wohl 100 cm unter der heutigen Oberfläche der Sandstein ansteht. In der Mitte des Areals ist die romanische Klosterkirche erkennbar (Abb. 269–270). Es handelt sich hierbei tatsächlich um eine dreischiffige Basilika (1) mit einem 7 m breiten Hauptschiff und zwei 3,5 m breiten Seitenschiffen (Abb. 271). Die Maße entsprechen exakt dem für frühmittelalterliche Kirchen typischen Verhältnis der Kirchenschiffbreiten von 2 : 1. Insgesamt besaß die Basilika eine Länge von 34 m, wobei der südwestliche Abschluss des Langhauses durch zwei quadratische Türme mit 5 m Seitenlänge und eine dazwischenliegende Vorhalle gebildet wurde (2). Dieses Bauschema folgt dem Vorbild des Mutterklosters St. Aurelius in Hirsau. Die unübliche Südwest-Nordost-Ausrichtung der Kirche ist durch die Form des Geländesporns bedingt. Im Nordosten ist am Hauptschiff ein 3 m langer Chorbereich erkennbar, der durch eine steinerne Chorschranke vom Rest des Langhauses abgetrennt war (3). Die halbrunde Apsis des Hauptschiffs war nach außen hin rechteckig ummantelt, eine Bauweise, die so auch bei der Hirsauer Klosterkirche in Kleincomburg (Lkr. Schwäbisch-Hall, Baden-Württemberg) nachgewiesen ist. Die beiden Seitenschiffe auf dem Schönrain besaßen einen rechteckigen Chorabschluss. Die Abgrenzung zwischen Haupt- und Seitenschiffen war laut Messdaten als durchgehendes Streifenfundament ausgeführt, auf dem ursprünglich die Pfeiler aufsaßen. Unmittelbar nordöstlich der Apsis ist ein relativ großer, quadratischer Bereich von 12 m Seitenlänge erkennbar (4). Dieser ist ummauert, im Inneren sind jedoch keine unterteilenden Mauern sichtbar. Es könnte sich somit um den ehemaligen Kreuzgang gehandelt haben. Ein vergleichbarer Grundriss ist ebenfalls vom Hirsauer Mutterkloster bekannt.

Die weiteren Klostergebäude waren rund um die Kirche gruppiert und auf diese ausgerichtet (Abb. 269–271). Stellenweise ist in den Radardaten noch heute eine Aufteilung in einzelne Räume identifizierbar. Da jedoch wegen der bestehenden Mauerreste des Schlosses keiner der Klosterflügel komplett prospektiert werden konnte, ist keine Funktionszuordnung der Räume möglich. Auch die exakte Größe des Hirsauer Klosters auf dem Schönrain lässt sich deshalb nur grob abschätzen, da lediglich im Norden die mutmaßliche Außenmauer der Anlage erfasst werden konnte. Unter Annahme eines ursprünglichen Zugangs zum Plateau von Südosten her, der aus fortifikatorischen Gründen am plausibelsten ist, können die Fundamente nördlich der Kirche als Klausurbereich gedeutet werden (5), diejenigen im Süden stellen dann die zugehörigen Wirtschaftsgebäude dar. Ein Grundriss mit annähernd östlich an die Kirchenapsis anschließender Klausur ist auch aus Heiligenberg (bei Heidelberg) und Kastl (Lkr. Amberg-Sulzbach) bekannt. Auch

270 Gemünden a. Main. 3D-Modell des Renaissanceschlosses von Nordosten. Eingeschnitten darin die Bodenradartiefenscheibe von 60–80 cm Tiefe zur Darstellung der Lage des Hirsauer Klosters auf dem Geländesporn. Zur besseren Sichtbarkeit des Messbildes wurden die Bäume im Modell entfernt.

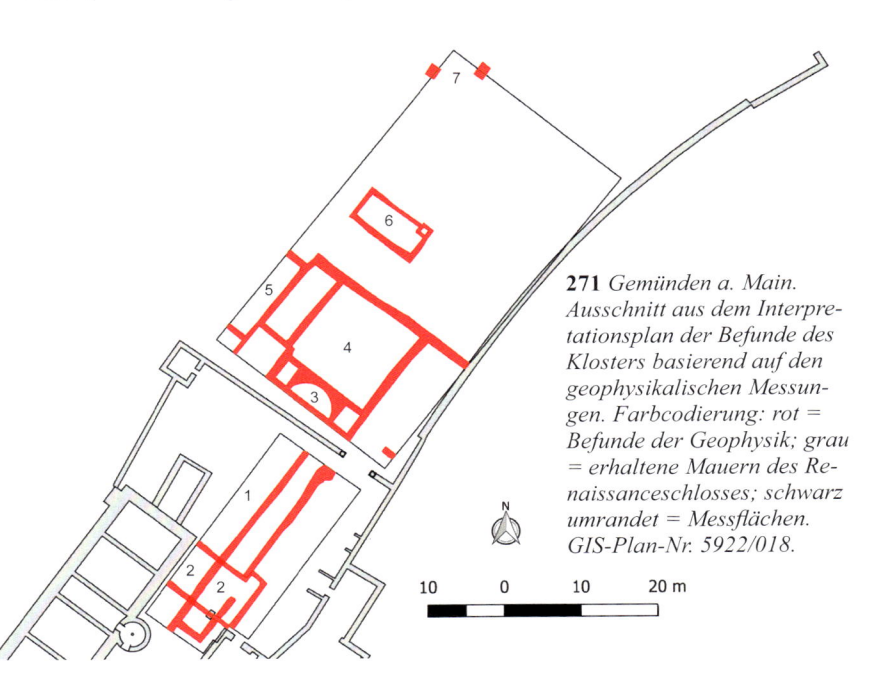

271 Gemünden a. Main. Ausschnitt aus dem Interpretationsplan der Befunde des Klosters basierend auf den geophysikalischen Messungen. Farbcodierung: rot = Befunde der Geophysik; grau = erhaltene Mauern des Renaissanceschlosses; schwarz umrandet = Messflächen. GIS-Plan-Nr. 5922/018.

bei diesen Hirsauer Klöstern lässt die Lage auf einem Bergsporn keine andere Anordnung zu. Nördlich des mutmaßlichen Kreuzgangs ist im Abstand von 7 m eine weitere rechteckige Mauerstruktur im Untergrund erkennbar (6). Es handelt sich dabei um ein Nordwest-Südost ausgerichtetes Steingebäude mit 10 × 5 m Größe. An der Nordostecke besaß es einen kleinen quadratischen Bereich von 2 m Seitenlänge, der extra abgemauert war; ansonsten sind im Inneren keine weiteren, unterteilenden Mauern identifizierbar. Ob dieses Gebäude ehemals zum romanischen Kloster oder zum Renaissanceschloss gehörte, muss unklar bleiben, da eine stratigrafische Unterscheidung nicht möglich ist.

Die zusätzlich erhobenen Magnetikdaten sind angesichts der starken metallischen Störungen auf dem Plateau, wie zu erwarten war, großteils relativ unklar. Jedoch erkennt man neben einigen Mauerresten des Klosters zusätzlich nördlich des kleinen Steingebäudes (6) zwei rechteckige Strukturen von 2 × 1,5 m bzw. 2 × 1,3 m Größe (7), die anhand der erhöhten Magnetisierung als verfüllte Brunnenschächte interpretiert werden können (Abb. 271).

Fazit

Mit Hilfe der Radarmessung ist es gelungen, den Grundriss des Hirsauer Klosters auf dem Schönrain in Ausschnitten nachzuweisen.

Auch das kontrovers diskutierte Aussehen der romanischen Kirche ließ sich klären und die These einer dreischiffigen Basilika wurde untermauert; die Vermutung von drei halbrunden Apsiden an den Kirchenschiffen scheint hingegen nicht zutreffend zu sein. Zudem fehlte der Schönrainer Kirche das eigentlich für Hirsauer Bauten typische Querschiff. Dies könnte entweder dadurch bedingt sein, dass es auf dem engen Plateau schlicht an Platz dafür mangelte oder dass der Grundrisstyp eher dem vorher in Bayern typischen, querschifflosen Bautyp nach italienischem Vorbild folgte. Trotzdem ähnelt der detektierte Grundriss insgesamt sehr stark dem aus vergleichbaren Hirsauer Klöstern St. Aurelius in Hirsau und in Kleincomburg bekannten, die zudem beide eine ähnliche Größe besaßen. Der für ein Hirsauer Reformkloster eher untypische Grundriss, welcher vom Grundschema einer Kirche in Ost-West-Ausrichtung sowie Konventbauten im Süden der Kirche deutlich abweicht, ist ebenfalls der Topografie des Geländesporns geschuldet.

Roland Linck, Andreas Stele
und Tatjana Gericke

Literatur A. Feulner, Die Kunstdenkmäler von Unterfranken & Aschaffenburg, Bd. XX: Bezirksamt Gemünden (München 1920) 138–146. – W. Hoffmann, Hirsau und die „Hirsauer Bauschule" (München 1950). – T. Ruf, Spurensuche auf Schönrain. Der Spessart, August 2008, 3–11.

Geophysikalische Prospektion der ehemaligen Plattmühle bei Langenpreising

Landkreis Erding, Oberbayern

Forschungsstand und historische Überlieferung

Die ehemalige Plattmühle lag ca. 1 km südöstlich der Pfarrkirche von Langenpreising am Ufer des Baches Strogen. Bereits um 1300 wird im Herzogsurbar unter dem Amt Langenpreising eine „Mühle zu Plattach" erwähnt. Weitere schriftliche Erwähnungen gibt es 1830 als sogenannte „Blattmühle mit 1 Haus, 1 Mühle (3 Mahlgänge, 1 Sägegang) an der Strogen" sowie 1867 als Plattmühle mit 13 Einwohnern und sechs Gebäuden. Eine dokumentierte Baumaßnahme erfolgte 1908, als der damalige Müller Andreas Lochner einen Bauantrag für eine Stallung einreichte. Der zugehörige Bauplan liegt noch heute im Hauptstaatsarchiv München und zeigt neben den Bestandsgebäuden, die so schon im Kartenblatt der Renovationsmessung kartiert sind, auch den exakten Grundriss des neu geplanten Stalls mit Inneneinteilung (Abb. 272). Einen letzten Beleg für die Existenz der Plattmühle stellt ein Foto von 1927 dar. Einige Zeit später muss das Gebäudeensemble dann komplett abgetragen worden sein und das Areal wurde der landwirtschaftlichen Nutzung überlassen. Die „Wiederentdeckung" der Wüstung erfolgte 2020 durch Harald Krause, der eindeutige negative Bewuchsmerkmale eines Steingebäudes im Orthofoto des BayernAtlas entdeckte, die nicht mit dem Urkataster übereinstimmten, sodass davon auszugehen ist, dass es sich um die Relikte des Neubaus von 1908 handelt. Zusätzlich sind dort noch die Spuren einiger Altwege sowie der ehemalige Verlauf des Mühlbachs Strogen als Bewuchsmerkmal sichtbar. Von den weiteren Gebäuden der Mühle ist im Orthofoto nichts erkennbar. Aus diesem Grund wurde das Bodendenkmal für eine geophysikalische Untersuchung ausgewählt, um die noch im Untergrund vorhandenen Fundamentreste im Detail zu kartieren. Da im Bereich der ehemaligen Plattmühle neben Steinfundamenten auch noch Reste von Holzbauten sowie Siedlungsgruben zu erwarten waren, wurde neben dem Bodenradar zusätzlich ein Fluxgate-Magnetometer eingesetzt.

Befunde der Geophysik

Die geophysikalischen Untersuchungen deckten eine Fläche von 60 × 80 m für das Bodenradar und 80 × 80 m für die Magnetik ab. Damit wurde der Bereich der eigentlichen Mühle im Südwesten, der Stallung von 1908 im Nordwesten sowie des nördlichen Teils des Wohnhauses erfasst. Ein rechtwinklig angesetzter Anbau des Wohnhauses im Südosten war wegen dichtem Gestrüpp nicht messbar. In den Radardaten zeigen sich die Fundamentreste der drei genannten Gebäude relativ oberflächennah in nur 20–80 cm Tiefe (Abb. 273). Die Befunde sind somit leider nur noch 60 cm hoch erhalten, der Rest wurde beim Abbruch komplett abgetragen.

Im Norden der Messfläche ist die im Jahr 1908 errichtete Stallung erkennbar, deren Grundriss relativ gut zum Bauplan passt (Abb. 274,1). Das Gebäude war 25 × 15 m groß und in fünf Nordwest-Südost ausgerichtete Parzellen eingeteilt. Vergleicht man diesen Grundriss mit dem Bauplan, so zeigt sich, dass die nördlichen drei Parzellen zum Stall gehörten. Sie besaßen laut Messdaten eine Breite von ca. 3,8 m. Abb. 272 stimmt jedoch insofern nicht mit der Realität überein, als sowohl im Grundrissplan als auch in Schnitt a–b die Pfeiler des Stalls auf Punktfundamenten aufsitzen, die Radardaten aber zeigen, dass es sich in Wirklichkeit um Streifenfundamente handelte, die von Nord nach Süd verliefen (Abb. 273). Die südwestlich an den Stall anschließende Parzelle wurde laut Plan als Schweinestall genutzt und war mit 5,8 m etwas breiter ausgeführt. Ganz im Südwesten der Stallung befand sich die Wagenremise mit 3,4 m Breite. Die Deutung als Stallung wird auch durch die stärker magnetische, flächige Anomalie im Magnetogramm entlang der Südostmauer des Stalls gestützt, die auf Reste ehemaliger Jauchegruben hindeutet (Abb. 275), da durch organische Prozesse die Magnetisierung bei entsprechenden Befunden merklich erhöht ist. Das Magnetogramm zeigt an der nordwestlichen Außenmauer der Stallung zudem eine Dipolanomalie, die auf einen Rest eines Eisenpfeilers oder einer Armierung hindeutet. An der Südecke des Gebäudes schließt sich im Radargramm ein kleines Mäuerchen an, das über 4,5 m Länge Richtung Südosten verläuft, bevor es nach Süden zum dort verlaufenden Weg hin abknickt. Dieser Befund kann als Überrest einer Hofmauer interpretiert werden.

Südöstlich der Stallung befand sich das ehemalige Wohnhaus der Plattmühle (Abb. 274,2). Dabei handelte es sich um ein Nordwest-Südost ausgerichtetes, 27 × 12 m großes, langrechteckiges Bauwerk, dessen Lage relativ exakt zur Kartierung im Renovationsblatt passt; selbst der dort eingetragene schmale Annex im Nordwesten mit 2 m Breite ist in den Messdaten erkennbar. Im Inneren lässt sich deutlich die frühere Raumeinteilung iden-

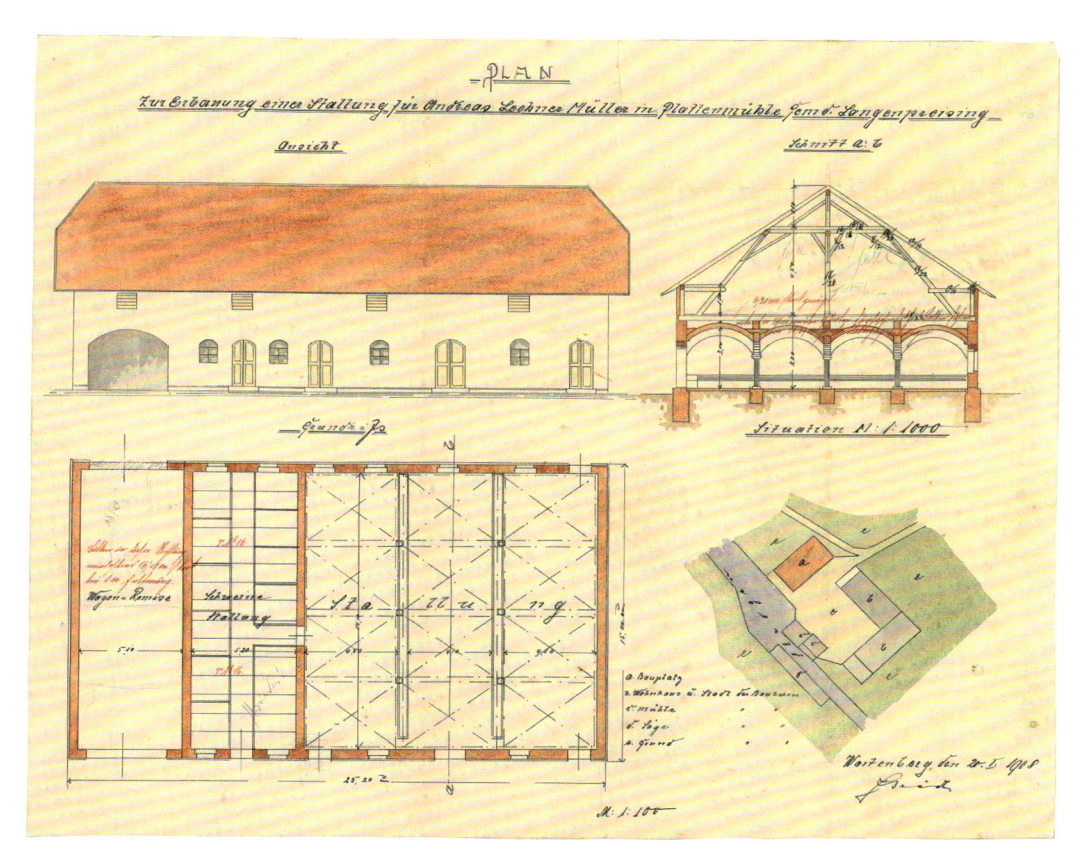

272 Langenpreising. *Bauplan für den Neubau einer Stallung aus dem Jahr 1908.*

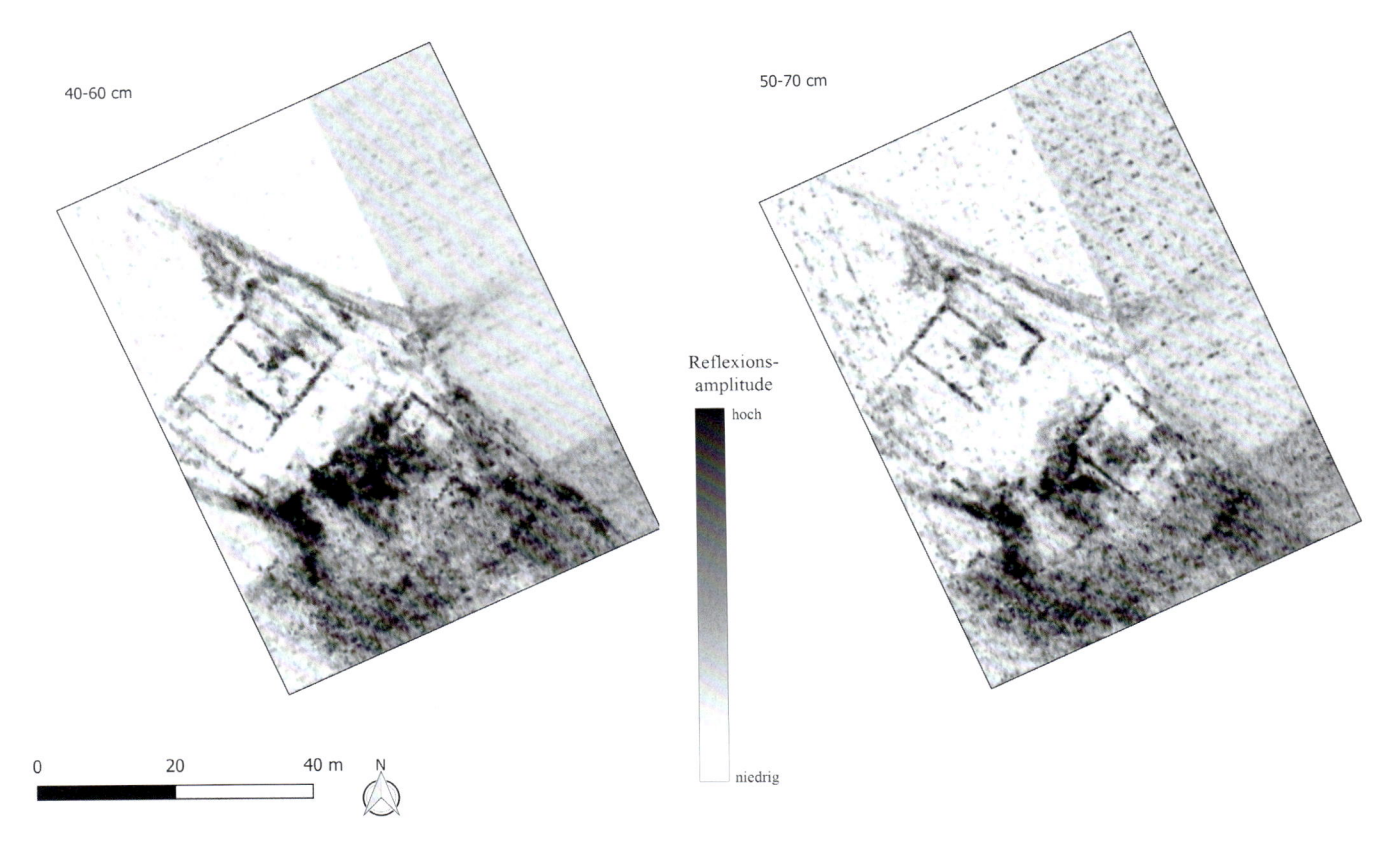

273 *Langenpreising. Bodenradartiefenscheiben von 40–60 cm sowie 50–70 cm Tiefe. GSSI SIR-4000 mit 400 MHz-Antenne, Messpunktabstand: 6 × 50 cm, interpoliert auf 25 × 25 cm. Archiv-Nr. 7536/016-3 Lgp21rad.*

tifizieren, die bisher völlig unbekannt war. Es handelte sich vermutlich um zwei Bereiche zu beiden Seiten eines 3 m breiten Korridors. Der nordwestliche Bereich ist 10 × 8 m groß und in mehrere Räume unterteilt. Im Nordosten befanden sich zwei Räume von 4,5 × 3 m bzw. 4,5 × 4,2 m Größe, im Südwesten ein größerer Raum von 5,5 × 8 m. Die Funktion des sich über die gesamte nordwestliche Hausbreite erstreckenden, schmalen Annexes ist unklar; eventuell handelt es sich dabei um den Befund einer Umbaumaßnahme. Auch der Südostbereich des Wohnhauses ist in drei Räume unterteilt. Direkt an den Korridor schließen sich zwei Räume mit 5,3 × 4,8 m bzw. 4,5 × 4,5 m Größe an. Der südöstlichste Raum ist 10 × 7 m groß und weist im Radargramm einen quadratischen, abgemauerten Bereich von 2,8 m Seitenlänge auf. Anhand der dort im Magnetogramm sichtbaren, sehr starken thermoremanenten Magnetfeldanomalie liegt eine Interpretation der Struktur als Ofen nahe. Somit dürfte es sich hierbei um die Wohnstube gehandelt haben, die durch einen Kachelofen beheizt wurde. Die für das Wohnhaus im Bauplan von 1908 eingetragene Bausituation eines abgewinkelten Gebäudes lässt sich in den Messdaten nicht verifizieren; eventuell liegt hier entweder eine Planungenauigkeit vor oder die restlichen Mauern wurden komplett ausgebrochen.

In der Südecke der Messfläche ist in den Bodenradartiefenscheiben schwach der Umriss der Mühle mit 4,5 × 20 m Größe sichtbar (Abb. 274,3). Das Gebäude zeigt sich insbesondere als Schuttkonzentration, sodass keine etwaig vorhandene Inneneinteilung in einzelne Räume erkennbar ist.

Zudem lassen sich in den Radartiefenscheiben (Abb. 273) noch die Reste der ehemaligen Wege rund um die Plattmühle identifizieren. So ist im Norden ein sich verzweigender Weg als stärker reflektive Anomalie von 2,5 m Breite sichtbar (Abb. 274,4). Die erhöhte Reflektivität deutet auf eine starke Verdichtung des Bodens durch eine anhaltende Befahrung mit schweren Fuhrwerken hin, die aufgrund der Tatsache, dass es sich hierbei um die Hauptzufahrt zur Mühle handelt, auch anzunehmen ist. Entlang den Rändern des Weges sind noch deutlich weitere, schmale lineare Anomalien erkennbar, die Reste von Randsteinen darstellen könnten. Auch im Süden zwischen Stallung und Mühle ist der Überrest eines Weges sichtbar, der von der Strogen kommend Richtung Osten verläuft und innerhalb des Hofs nach Süden zur Mühle hin abknickt (Abb. 274,5).

Über die gesamte Messfläche verteilt lässt sich in den Daten beider Messverfahren eine Vielzahl an weiteren Schuttkonzentrationen identifizieren. Eine besonders hohe Dichte zeigt sich dabei im Bereich des Hofes des Anwesens sowie rund um die Stallung.

Insgesamt zeichnen die geophysikalischen Messdaten ein sehr gutes Bild der Wüstung Plattmühle mit allen noch erhaltenen Fundamentresten, stellenweise gelingt sogar noch die Funktionszuordnung der einzelnen Räume. Hierbei ergänzen sich die beiden eingesetzten

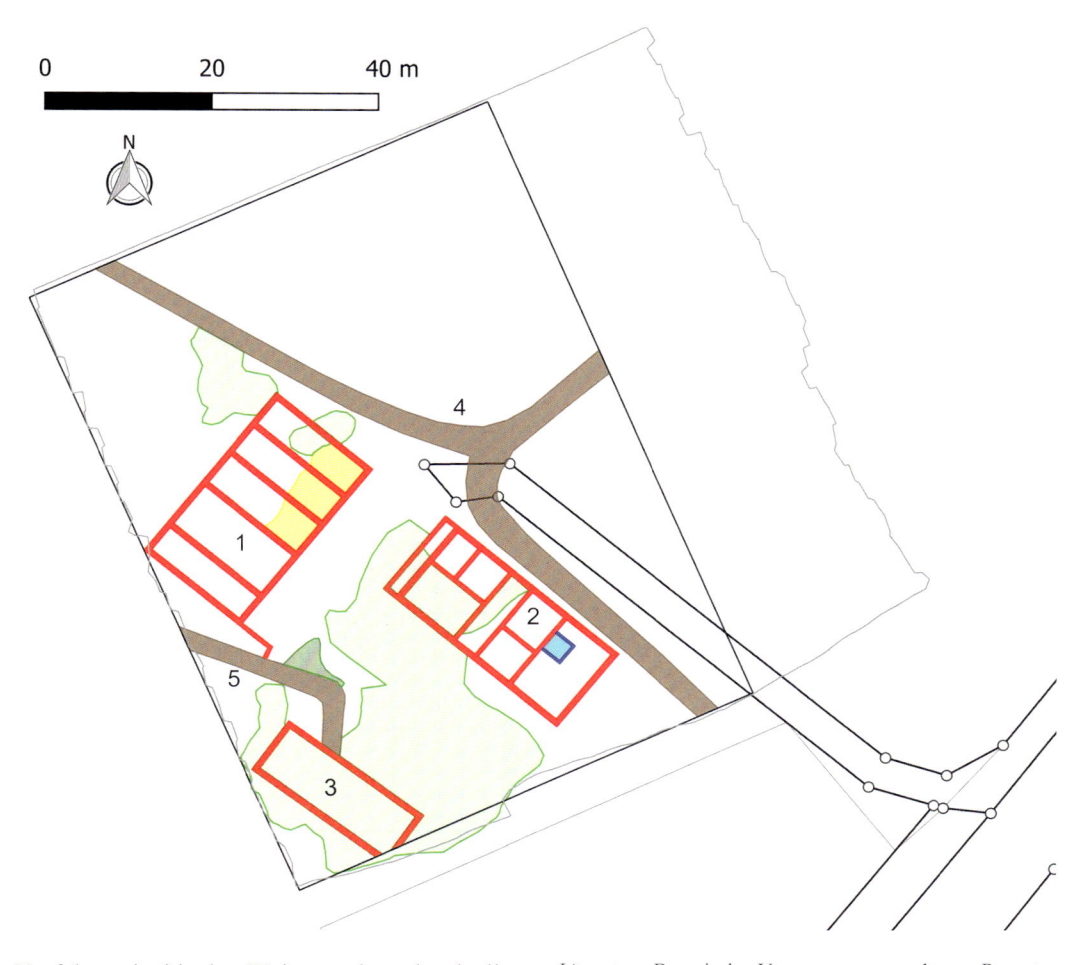

274 *Langenpreising. Digitaler Interpretationsplan der Befunde der geophysikalischen Prospektion. Farbcodierung: rot = Mauerbefunde; blau = Ofen bzw. Herdstelle; grün = Schuttkonzentration; braun = Weg; gelb = Jauchegruben; schwarz umrandet = Messfläche Radar; grau umrandet = Messfläche Magnetik. GIS-Plan-Nr. 7536/016-3.*

Verfahren in idealer Weise, sodass durch die Kombination eine umfassende Kartierung und Inventarisierung der Fundstelle sichergestellt werden kann.

Roland Linck, Andreas Stele und Tatjana Gericke

Literatur Bayerische Vermessungsverwaltung, Repertorium des topographischen Atlasblattes Erding. Topographischer Atlas Bayern 71 (München 1830) 8. – J. Heyberger, Topographisch-Statistisches Handbuch des Königreichs Bayern nebst alphabetischem Orts-Lexikon (München 1867) 101. – S. M. Herleth-Krentz/G. Mayr, Das Landgericht Erding. Historischer Atlas von Bayern 58 (Kallmünz 1997) 101.

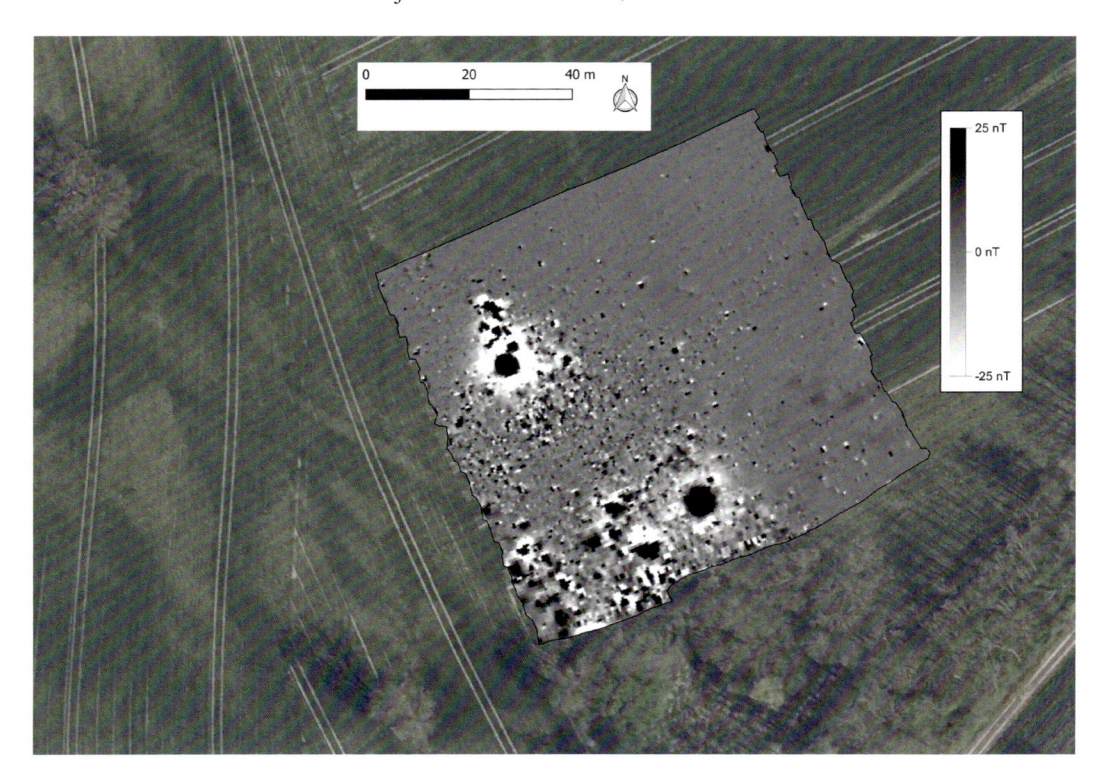

275 *Langenpreising. Georeferenziertes Magnetogramm der Wüstung. Sensys MAGNETO MXPDA Gradiometer mit 5 CON650-Sonden im GPS-Mode, Dynamik: ±25 nT in 256 Graustufen, Messpunktabstand interpoliert auf 20 × 20 cm, Auswertung als Zeilenmittel. Archiv-Nr. 7536/016-3 Lgp21f.*

Konfliktlandschaftsarchäologie im Sportpark Sendling: Geophysik an Schutzgräben des Zweiten Weltkriegs

Stadt München, Oberbayern

Analyse eines Alliiertenluftbilds

Ein am 20.04.1945 aufgenommenes Alliiertenluftbild aus dem Südwesten von München zeigt im heutigen Sportpark Sendling, unmittelbar südlich des Audi-Domes, ein mehrfaches System an Deckungsgräben (Abb. 277). Zur damaligen Zeit war das Areal noch unbebaut und landwirtschaftlich genutzt, im Norden bestand eine Kleingartenanlage. Im Bereich des jetzigen Sportplatzes erkennt man sechs parallele, zickzackförmige Deckungsgräben. Diese waren wohl erst kurz vor Aufnahme des Luftbildes ausgehoben worden und stammen daher aus den letzten Kriegstagen, sodass sie sich trotz der geringen Auflösung des Fotos sehr deutlich abzeichnen. Zudem scheint der westlichste Graben erst im Bau gewesen zu sein, da er nur halb so lang ist wie die anderen und am Südende ein Baugerät identifiziert werden kann. Die Gräben waren anscheinend ungedeckt und somit offen. Sie wurden im typischen Zickzack-Verlauf angelegt, um eine bessere Schutzwirkung vor der Druckwelle sowie vor Splittern bei einem Einschlag zu gewährleisten. Im Nordwesten und Osten der Gräben sind mehrere Flakstellungen mit zugehörigen Kommandostellen zu erkennen. Die Deckungsgräben dienten daher wohl dem Schutz der dortigen Mannschaft. Denn wie diverse Einschlagkrater im Alliiertenluftbild zeigen, sind diese Stellungen bereits bei vorangegangenen Luftangriffen bombardiert worden.

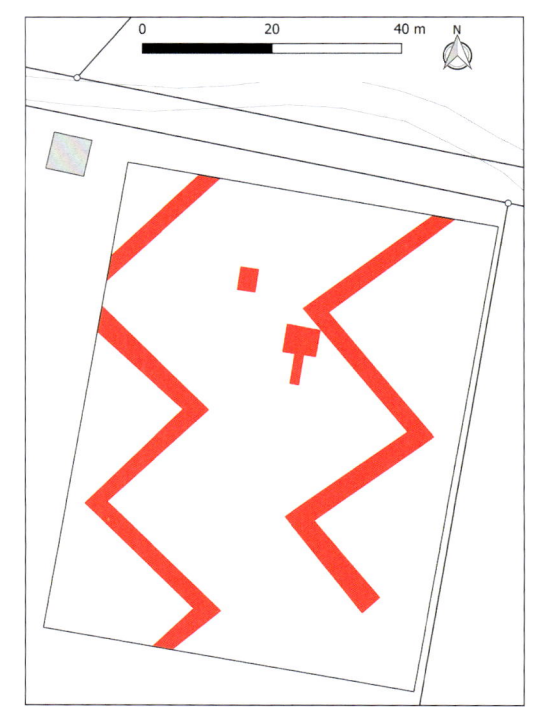

Ziel der geophysikalischen Prospektion der Arbeitsgruppe Geo-Erkundung des BLfD war es, zu untersuchen, inwieweit sich diese modernen Gräben, die in der Nachkriegszeit kom-

276 Sendling. Digital geführter Interpretationsplan der archäologischen Befunde mit Kartierung der Deckungsgräben sowie der Geschützstellung. Farbcodierung: rot = Befunde der Radarprospektion; schwarz umrandet = Messfläche. GIS-Plan-Nr. 7934/188.

277 Sendling. Senkrechtluftbild der Alliierten vom 20.04.1945. Die zickzackförmigen Deckungsgräben befinden sich am unteren Bildrand. Davon wurde der zweite und dritte von links mittels Geophysik untersucht. Zusätzlich erkennbar sind die Flakstellungen nördlich und östlich der Gräben. Flugnr. 451676/1 Bildnr. 2025.

plett verfüllt wurden, noch heute nachweisen lassen. Aufgrund der starken modernen technischen Störungen im Umfeld der Fläche eignet sich hierfür insbesondere das Bodenradar. Um noch weitergehende Informationen zum Material der Verfüllung zu erhalten, wurde zusätzlich eine Fluxgate-Magnetometermessung durchgeführt.

Resultate der Geophysik
Da das Gelände in der Nachkriegszeit nie unterm Pflug stand, zeigen sich die Befunde in den Tiefenscheiben des Bodenradars bereits sehr oberflächennah bei 20–120 cm Tiefe. Am Ostrand der Messfläche ist über den gesamten Tiefenbereich eine massive, hoch reflektive Störung von 7 m Breite sichtbar. Dabei handelt es sich um eine in den 1950er Jahren errichtete, betonierte Zufahrt für LKWs zum Bau des Sportparks. Weitere Nord-Süd verlaufende Störungen durch Drainageleitungen des modernen Sportplatzes treten in den oberen Dezimetern auf. Darunter zeigen die Radargramme die verfüllten ehemaligen Deckungsgräben aus dem Zweiten Weltkrieg (Abb. 278a–b). Es handelt sich dabei um die Überreste von zwei parallelen, zickzackförmigen Gräben, die annähernd Nord-Süd verlaufen; die restlichen vier Gräben liegen außerhalb des heute zugänglichen Areals. Vom westlichen der beiden Gräben konnten zwei komplette Zacken sowie der Ansatz eines weiteren im Süden erfasst werden (Abb. 276). Auch vom östlichen Graben lassen sich zwei Zacken identifizieren, wobei hier der südliche Teil durch die oben erwähnte Betonrampe zerstört wurde. Ein Profilschnitt in Nord-Süd-Richtung durch die Daten zeigt, dass es sich bei den Sendlinger Schutzgräben um sogenannte Sohlgräben von 1 m Tiefe handelte, deren Breite von 2,5 m am oberen Rand auf 1 m am Boden abnahm (Abb. 278c). Da die Signalreichweite des Radargeräts in diesem Fall bei etwa 2,4 m unter der Oberfläche lag, ist davon auszugehen, dass die Deckungsgräben hier tatsächlich nicht viel tiefer angelegt waren; ein Abtrag von wenigen Dezimetern am oberen Rand durch die nachkriegszeitliche Einplanierung ist jedoch wahrscheinlich. Aufgrund der stark positiven Anomalien sowie einigen Dipolen im Magnetogramm, die auf eine brandbeeinflusste, thermoremanente sowie eisenschrotthaltige Grabenverfüllung hindeuten, ist davon auszugehen, dass die Deckungsgräben in der Nachkriegszeit mit Bauschutt aus zerbombten Gebäuden verfüllt wurden. Dies erklärt auch die Tatsache, dass die Grabenverfüllung im Bodenradar wider Erwarten hoch reflektiv erscheint.

278 Sendling. a–b Bodenradartiefenscheiben von 20–40 cm sowie 60–80 cm Tiefe. Die blaue Linie markiert den Profilschnitt. – c Nord-Süd-Schnitt zur Veranschaulichung des Grabenprofils (= rote Linien), überhöht. Deutlich erkennbar als horizontaler Reflektor ist auch das weltkriegszeitliche Laufniveau in ca. 20 cm Tiefe (= orange Linie). GSSI SIR-4000 mit 400 MHz-Antenne, Messpunktabstand: 6 × 50 cm, interpoliert auf 25 × 25 cm. Archiv-Nr. 7934/188 Sng21rad.

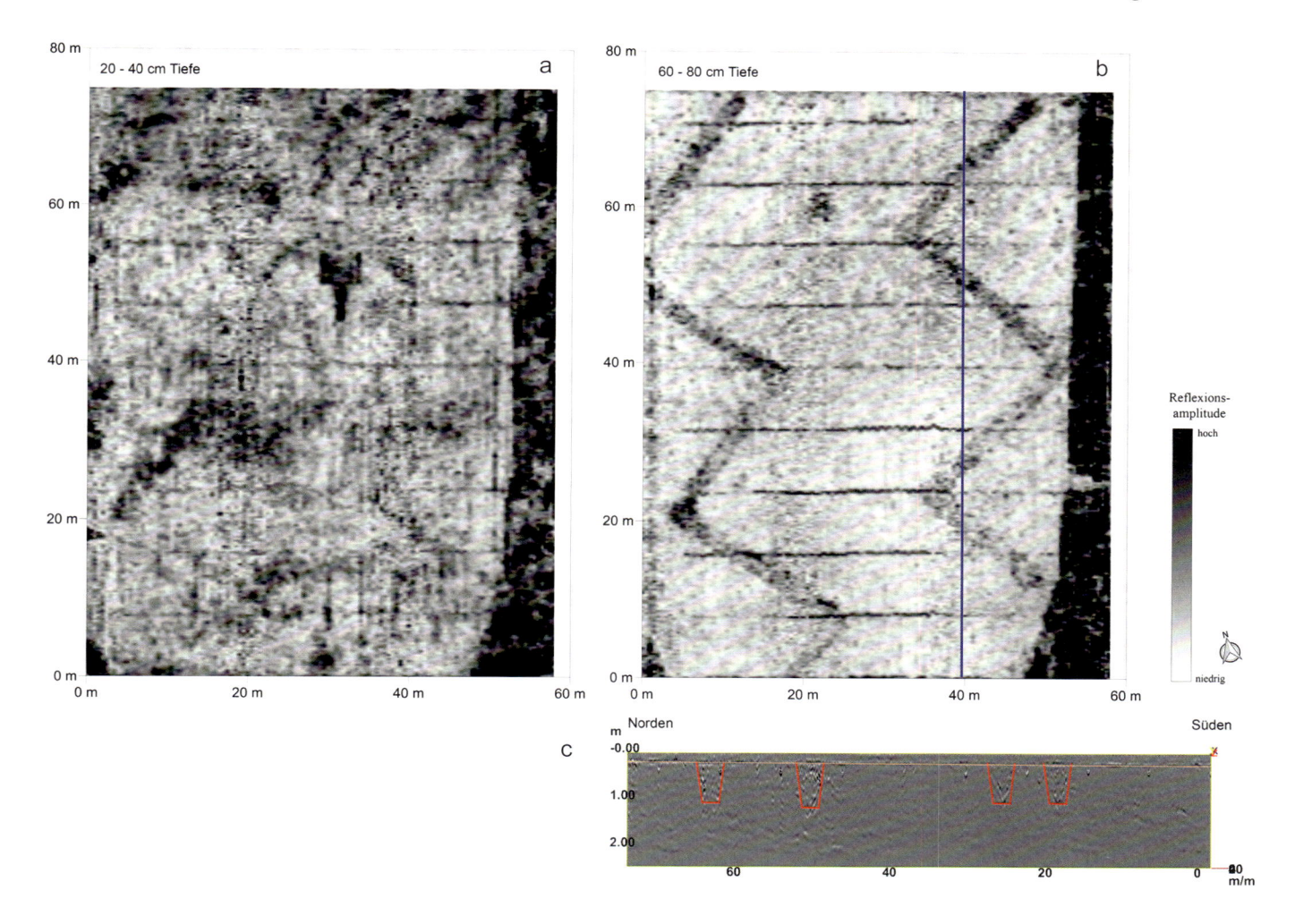

279 *Sendling. Schematischer Schnitt durch eine typische Geschützstellung des Zweiten Weltkriegs, die der in den Radardaten kartierten sehr ähnlich ist.*

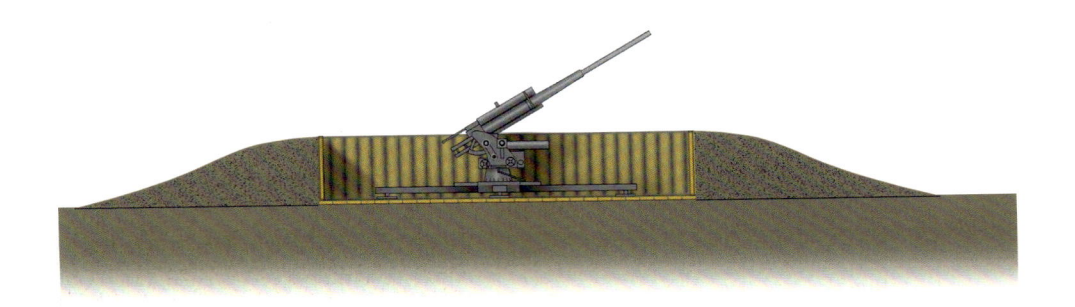

Im Abstand von ca. 8 m zur nördlichen Zackenspitze des östlichen Grabens ist eine weitere, 3,5 × 2,5 m große, rechteckige Anomalie erkennbar (Abb. 276; 278b). Auch diese erscheint im Magnetogramm positiv, sodass hier von einer verfüllten Grube auszugehen ist. Das Alliiertenluftbild zeigt an dieser Stelle einen hellen Fleck unbekannter Funktion.

Eine weitere Anomalie, die weder im Alliiertenluftbild noch im Magnetogramm erscheint, wird in 20–40 cm Tiefe in den Radartiefenscheiben sichtbar. Es handelt sich dabei um eine nach Norden offene, 5 × 4,5 m große, rechteckige Struktur, die im Süden einen 4,8 m langen, schmalen Annex besitzt (Abb. 276; 278a). Aufgrund der hohen Reflektivität in den Radardaten ist von einer Bauweise mit Beton auszugehen. Eine Stahlbewehrung scheidet jedoch aus, da sich die Struktur anderenfalls auch in der Magnetik zeigen müsste. Möglicherweise lässt sich dieser Befund als Geschützstellung zur Verteidigung der Deckungsgräben deuten. Wie Abb. 279 zeigt, bestanden entsprechende Stellungen aus einem von einem Erdwall umgebenen, ummauerten Rechteck, was ziemlich exakt dem Befund entspricht, wobei der Erdwall nicht mehr erhalten bzw. erkennbar ist. Der Annex dürfte dann der betonierte Zugang zur Stellung gewesen sein. Angesichts der etwas oberflächennäheren Lage – verglichen mit den Gräben – ist davon auszugehen, dass die Geschützstellung nicht in den Untergrund eingetieft war.

Zusammenfassung

Wie die vorgestellten Ergebnisse zeigen, eignen sich die geophysikalischen Verfahren auch zur Detektion von sehr „jungen" archäologischen Befunden, die inzwischen abgetragen bzw. verfüllt sind. Somit gelang im Sportpark Sendling die Kartierung der entsprechenden untertägigen Befunde, von denen heute an dieser Stelle niemand mehr Kenntnis hatte. Darüber hinaus konnten mit Hilfe der Untersuchungen noch weitere Strukturen, wie die mutmaßliche Geschützstellung, nachgewiesen werden, die bisher völlig unbekannt waren. Aus diesem Grund muss man die Alliiertenluftbilder immer mit Vorsicht betrachten, da diese nur eine Momentaufnahme darstellen, während sich die Situation mit der militärischen Lage in diesen Zeiten fast täglich änderte. Auf der Basis von unterschiedlichen geophysikalischen Verfahren gelang es zudem, einen besseren Einblick in die ehemalige Bausubstanz bzw. Grabenverfüllung zu erlangen, da jedes Verfahren auf einen anderen physikalischen Parameter sensitiv reagiert.

Roland Linck, Andreas Stele
und Tatjana Gericke

Literatur A. Immekus, Flugabwehr. – Militärische Anlagen in historischen Luftbildern: Ein Leitfaden für die Luftbildauswertung Bd. 1 (2011).

Papier, Leder und Stoffe der frühen Neuzeit aus einer Latrine bei Stift Haug in Würzburg

Unterfranken

Restaurierung

Fundumstände der Grabung 2018

Bereits 2018 war beim Stift Haug in Würzburg ein romanischer Latrinenschacht freigelegt worden. In den tiefer liegenden Bereichen der teilweise gemauerten Latrineneinfassung fanden sich feucht gebliebene Schichten, aus denen nicht nur ein breites Spektrum an frühneuzeitlichen Keramik- und Glasobjekten geborgen werden konnte, sondern auch eine größere Zahl an nass erhaltenen Textil- und Lederfragmenten. Das Fehlen älterer und jüngerer Fundstücke verdeutlichte, dass die Latrine mindestens einmal vollständig geleert worden sein muss und offenbar seit dem Ende des 17. Jahrhunderts keine weitere Nutzung mehr erfuhr.

Einen Überblick über die Keramik- und Glasfunde sowie über die dokumentierten Baubefunde hat Frank Feuerhahn bereits im Archäologischen Jahr in Bayern 2018 gegeben, während die Funde aus organischen Materialien zunächst einer konservatorischen Bearbeitung unterzogen werden mussten. Die dauerhaft feuchte Umgebung sowie ein weitestgehender Ausschluss von Sauerstoff hatten zur Erhaltung der organischen Werkstoffe geführt. Dabei bewahrte das vorwiegend saure Befundmilieu von Latrinenverfüllungsschichten vor allem Werkstoffe auf Proteinbasis wie Wolle, Seide oder Leder vor dem vollständigen Abbau.

Bedrucktes Papier aus einem Buch

Umso erstaunlicher ist daher die Erhaltung zweier bedruckter Papierfragmente. Ihre Zugehörigkeit zu einem Bibelkommentar Johannes Bugenhagens (1485–1558), der seit 1523 in mehreren Auflagen erschienen ist, wurde bereits im erwähnten Bericht dargestellt.

Die Papierfragmente hatten sich unterhalb zweier Gesteinsstücke erhalten und lagen auf einem Sockel aus stark komprimierter und mit zahlreichen Fruchtkernen durchsetzter Fäkalmasse auf. Sie befanden sich in einem verhärteten, äußerst fragilen Erhaltungszustand und waren stellenweise stark verbräunt. Vermutlich trug die über viele Jahrhunderte in der europäischen Papierherstellung vorgenommene Leimung der Papierbögen (z. B. Knochen- oder Hautleim) maßgeblich zur Erhaltung des aus pflanzlichen Fasern (Leinen oder Hanf) hergestellten Hadernpapiers bei. Durch den Leimauftrag wird das stark saugfähige Papier hydrophobiert und damit erst beschreib- und bedruckbar. Eine Freilegung der fragilen Papierfragmente war lediglich durch den vorsichtigen Abtrag der rückwärtig anhaftenden Fäkalmasse möglich. Bis zur Gefriertrocknung, bei der das enthaltene und zuvor tiefgefrorene Wasser durch Sublimation schonend entzogen wird, mussten die Papierfragmente dauerhaft feucht gehalten werden (Abb. 280). Die vielen, mitunter sehr kleinteiligen Bruchstücke konnten anschließend mit Hilfe eines wasserfreien Klebemittels und schmalen Papierstreifen (sog. Japanpapier) wieder zu einer größeren Papierfläche zusammengesetzt werden (Abb. 281). So ließ sich bereits für eines der beiden Papierfragmente eine exakte Lokalisierung in Johannes Bugenhagens Bibelkommentar finden, was darüber hinaus die Platzierung weiterer Einzelstücke ohne Bruchkantenanschluss möglich machte.

Schafleder mit Dekorprägung

Neben Fragmenten eines frühneuzeitlichen Schuhs und weiterer, hinsichtlich ihrer einstmaligen Verwendung bislang nicht genauer eingrenzbarer Lederfragmente blieb auch ein mit Dekorprägung versehenes Stück feinen Schafleders erhalten (Abb. 282). Die heute in der Lederoberfläche heller erscheinenden Musterbereiche bilden dabei die einstmals erhabenen Partien ab, die dunkler erscheinenden hingegen die eingetieften Partien. Der Dekor besteht aus senkrechten, durch einfache Längsstreifen voneinander getrennten Reihen. In diesen stehen abwechselnd zwei unter-

280 Würzburg. Die Papierfragmente wurden zusammen mit den Steinen geborgen, unter denen sie gefunden worden sind. Die Freilegung der Papieroberfläche erfolgte von der Rückseite aus. Originale Größe.

281 Würzburg. Zusammengefügtes Papierfragment nach der Bergung, Gefriertrocknung und vollständigen Oberflächenreinigung. Die Druckschrift ist in weiten Teilen noch gut lesbar und erlaubt die Zuordnung der Textstelle. Links originale Größe.

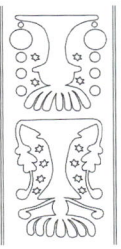

282 *Würzburg. Lederfragment mit Prägedekor und Umzeichnung der Groteskenmalerei. Im Mikroskopbild sind die einstmals erhaben und eingetieften Partien der Musterung noch gut zu erkennen. Rechts originale Größe; Ausschnitt vergrößert.*

283 *Würzburg. Übersicht einiger Gewebearten aus dem Konvolut. a Atlasgewebe aus Wolle; b Seidengewebe in abgewandelter Leinwandbindung (Gros de Tour); c Seidenband in Leinwandbindung; d Köpergewebe in Wolle; e vermutlich schlaufengeflochtene Seidenschnur; f Seidensamt. Originale Größe.*

schiedlich gestaltete Ornamente in Groteskenmalerei, die durch Musterbücher seit der Mitte des 16. Jahrhunderts auch nördlich der Alpen verbreitet war. Ob hier Überreste eines Bucheinbands vorliegen oder das Leder einstmals als Bezugsmaterial für Sitzmöbel, Futterale oder auch als Wandbespannung diente, lässt sich aufgrund fehlender charakteristischer Verarbeitungsspuren nicht genauer klären.

Verschiedene textile Gewebe

Das Gewebespektrum der teilweise stark abgenutzten Textilfragmente aus der Würzburger Latrine umfasst gewalkte Wolltuche, Köper- und Atlasgewebe aus Wolle, Wollfilze, Taftseiden, Seidenbänder und Überreste eines Seidensamts (Abb. 283). Daneben sind Nahtmaterialien aus verschiedenen farbigen Seidenzwirnen sowie ein längeres Stück einer vermutlich schlaufengeflochtenen Seidenschnur erhalten. Gewebe aus pflanzlichen Fasern liegen nur ausnahmsweise in Form kleiner, stark verhärteter Bruchstücke vor. Die an vielen Textilfragmenten dokumentierten Nähte und Säume belegen ihre einstmalige Zugehörigkeit zu Bekleidungsstücken (Abb. 284). Dabei sind konkrete Schnittformen nur noch an einigen trapezförmig gearbeiteten Seidensamtfragmenten aus dem Konvolut zu erkennen (Abb. 285). Der Samtflor, der dem wertvollen Gewebe einst seine charakteristische Oberflächenstruktur verlieh, ist jedoch nur noch an wenigen Stellen erhalten. Erkennbare Schnittkanten an anderen Textilfragmenten deuten darauf hin, dass sie aus Bekleidungsstücken herausgeschnitten worden sind (Abb. 286). Möglicherweise wurden die noch brauchbaren Bereiche umgearbeitet oder anderweitig genutzt, während die mit Nähten durchzogenen oder aus anderen Gründen nicht mehr nutzbaren Partien entsorgt worden sind. Bei einigen Fragmenten könnte es sich auch um Zuschnittreste aus der Herstellung neuer Bekleidungsstücke handeln.

Zeitgenössische Vergleichsbeispiele

Aus der frühen Neuzeit haben sich nur sehr wenige profane Bekleidungsstücke oder Überreste davon in musealen Sammlungen erhalten. Hierbei handelt es sich zumeist um herausragende Spitzenstücke, die aus Adels- oder Patrizierkreisen stammen. Die abgeschnittenen, abgetrennten oder für eine Weiterverwendung zu stark abgenutzten Gewebe aus Latrinenbefunden stellen somit unmittelbarer die in Umlauf befindlichen Gewebe sowie Überreste weniger prätentiöser Kleidung dar. Das Umarbeiten von Bekleidungsstücken ist durch überlieferte Schneiderrechnungen aus der frühen Neuzeit gut belegt. Auch geben Nachlassinventare Kenntnis darüber, dass wertvolle Bekleidung vererbt wurde, was vermutlich weitere Abänderungen oder Umarbeitungen erforderlich machte.

Das vorgestellte Spektrum an Textilfragmenten aus Würzburg entspricht damit weitestgehend den bislang aus Groningen, Nürnberg, Bremen oder Elbing bekannten frühneuzeitlichen Textilkonvoluten, die aus ähnlichen Entsorgungsbefunden überliefert sind. Auffällig ist hierbei, dass sich nicht nur Gewebearten und -qualitäten ähneln, sondern auch gleiche textiltechnologische Merkmale dokumentierbar sind, wie die verwendeten Nahtmaterialien oder auch die Versiegelung von Schnittkanten mit einem Wachsauftrag. Damit spiegeln diese Textilfunde auch den weit verzweigten Warenaustausch innerhalb Europas in der frühen Neuzeit wider. Durch diesen gelangten auch bestimmte Gewebequalitäten in die großen Städte, worauf bereits zahlreich erhaltene

284 *Würzburg. Viele der Gewebefragmente sind von Nähten durchzogen. Originale Größe.*

Tuchplomben hindeuten. Damit bildet das nun in Gänze auswertbare Fundkonvolut aus Keramik-, Glas-, Papier-, Textil- und Lederfragmenten aus der Latrine bei Stift Haug ein wichtiges Stück Würzburger Bürgerkultur des 16. und 17. Jahrhunderts ab.

Tracy Niepold

Literatur F. Feuerhahn, Anrüchige Sache: Frühneuzeitliche Funde aus romanischer Latrine bei Stift Haug in Würzburg. Arch. Jahr Bayern 2018, 150–152. – J. Zander-Seidel (Hrsg.), In Mode. Kleider und Bilder aus Renaissance und Frühbarock. Ausstellungskat. (Nürnberg 2015).

Restaurierung T. Niepold und H. Voß, BLfD. – *Örtliche Grabungsleitung und -dokumentation* F. Feuerhahn, Fa. Heyse, Schwarzach a. Main.

285 *Würzburg. Rückseite eines trapezförmig gearbeiteten Seidensamtfragments. Der Seidensamt ist stark abgenutzt, sodass der charakteristische Flor nur noch an wenigen Stellen erhalten ist, wie hier auf der Rückseite der Nahtzugabe. Doppelte Größe.*

286 *Würzburg. Einige Gewebefragmente weisen eindeutig erkennbare Schnittkanten auf.*

Schutz und Erhalt

Entdeckt, dokumentiert, überdeckt – Eine mehrperiodige Fundstelle bei Lenkersheim

Stadt Bad Windsheim, Landkreis Neustadt a.d. Aisch-Bad Windsheim, Mittelfranken

Im Juni 2021 ging – natürlich am Freitagnachmittag – eine telefonische Fundmeldung gemäß Art. 8 BayDSchG in der Nürnberger Dienststelle des Bayerischen Landesamtes für Denkmalpflege (BLfD) ein. Zufällig hatte ein ehemaliger Mitarbeiter des BLfD auf abgeschobenen Flächen westlich des Ortsausgangs von Lenkersheim an der Bundesstraße 470 zahlreiche vorgeschichtliche Keramikscherben, Tierknochen und Brandlehmbröckchen erkannt. Eine Kenntnis dieser Bauplanung lag den Denkmalschutzbehörden nicht vor, obwohl eine Beteiligung aufgrund der Denkmaldichte im Umfeld sowie der siedlungsgünstigen Lage am Niederungsrand der Aisch hätte erfolgen müssen. Über die Untere Denkmalschutzbehörde wurde schließlich der Veranlasser des Vorhabens, die Stadt Bad Windsheim, ausgemacht, die zusammen mit dem Amt für Ländliche Entwicklung einen ehemaligen Streckenabschnitt der B 470 landschaftlich neu gestalten wollte. Die Stadt Bad Windsheim zeigte sich kooperativ und ließ sofort den Bau einstellen. Nach einer Fundstellenbesichtigung durch das BLfD wurde unverzüglich ein denkmalrechtliches Erlaubnisverfahren eingeleitet und eine Grabungsfirma für eine fachgerechte Dokumentation und Bergung beauftragt.

287 Lenkersheim. Verteilung der Funde. Hervorgehoben sind die ermittelten Fundkonzentrationen 1–6 sowie Terra sigillata und eine Bronzefibel.

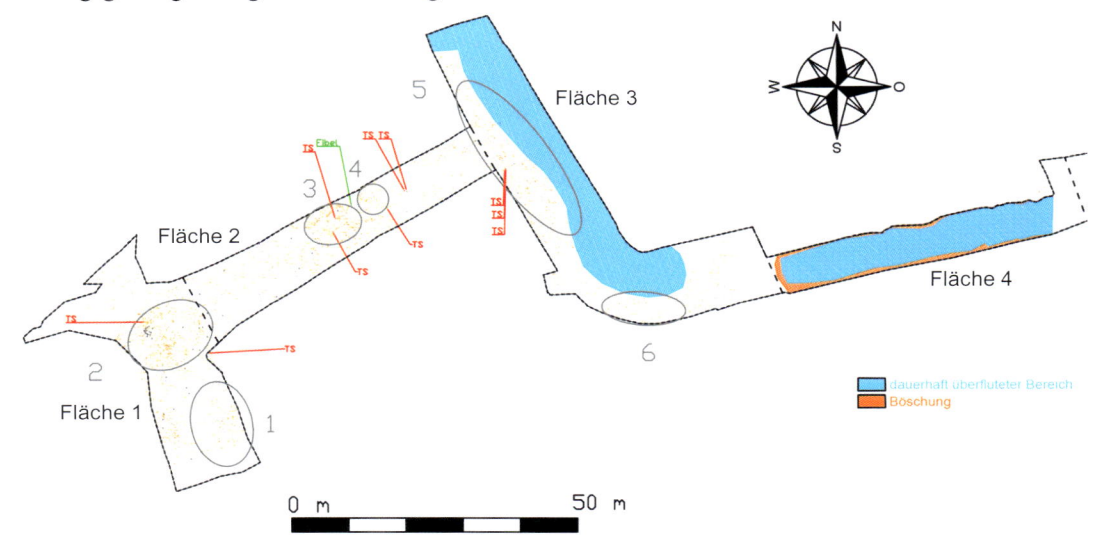

288 Lenkersheim. Blick von Nordwesten auf die unbeobachtet abgeschobene Fläche, farbig ausgesteckt sind die zahlreichen Einzelfunde nach Materialgruppen. Weiß: Keramik; gelb: Knochen; blau: Steine/Silex; rot: Metall.

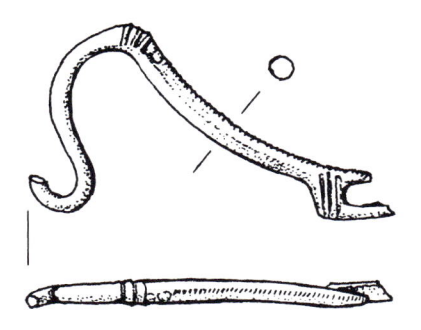

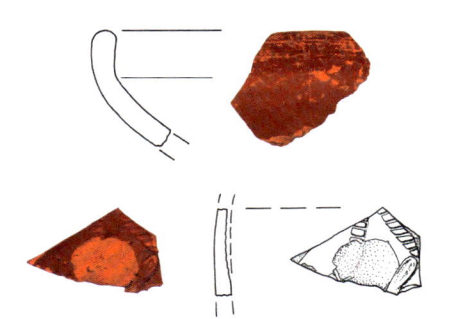

289 *Lenkersheim. Bronzefibel der Variante Kostrzewski M. Länge 7,3 cm.*

290 *Lenkersheim. Ausgewählte Terra-sigillata-Scherben. Maßstab 1 : 2.*

Ausstecken und Einmessen: Tausende von Funden

Die trassenartig abgezogenen Flächen waren durch einen dunklen, nahezu schwarzbraunen Lehm gekennzeichnet, in dem sich anfangs eindeutige Befunde und damit auch der Charakter und Umfang der Fundstelle nicht erkennen ließen. Vor dem Hintergrund eines zeitlich und finanziell beschränkten Projektrahmens griff man daher zu einer praktikablen Methode der Dokumentation: Ausstecken und Einmessen der Einzelfunde im offen liegenden Planum zur Erlangung eines besseren Lagebildes, gefolgt von einem teilweise flächigen Nachputz in Fundkonzentrationsbereichen. Parallel dazu erfolgte die fachliche Begleitung des Rückbaus der alten B 470.

Insgesamt konnten 2900 Einzelfunde (davon 57 % Keramikscherben, 39 % tierische Reste sowie u. a. 60 Metallobjekte und zwölf Silices) eingemessen werden, welche sich über die gesamte Fläche verteilten (Abb. 288). Lediglich im Osten in Richtung Lenkersheim deutet sich ein Ausdünnen der Fundstreuung an. Innerhalb der Fundstreuung konnten durch das Aussecken der Einzelfunde sechs Bereiche ausgemacht werden, die sich als Konzentrationen abgrenzen ließen (Abb. 287). Interessanterweise führten ergiebige Regengüsse sowie ein anschließendes Aischhochwasser zu einem vollständigen Volllaufen der östlichen Untersuchungsflächen, während die westlichen, leicht höher liegenden Bereiche, in denen die meisten Fundkonzentrationen ausgemacht wurden, hiervon weitgehend unberührt blieben. Angesichts einer flachen Hügelkuppe im Norden dürften sowohl die Fundstreuung als auch der Flutungsgrad die eher siedlungsgünstigen, wohl damals genutzten Areale widerspiegeln.

Chronologische Eckpunkte

Chronologisch zeigen die Funde einen Nutzungszeitraum von der Hallstattzeit bis in das Frühmittelalter an. Darauf deuten auch mehrere bekannte Lesefundstellen im Umfeld hin, die in der Zusammenschau eine großflächige, über die Jahrhunderte hinweg andauernde Besiedlung auf einem nordöstlichen Ausläufer des sog. Weinbergs, eines flachen Hügels südlich der B 470, annehmen lassen. Hinsichtlich der horizontalen Verteilung der im Jahr 2021 geborgenen Artefakte fiel ferner auf, dass sich jene der Latènezeit eher im Westen der Fläche konzentrierten, während die Funde der römischen Kaiserzeit und des Frühmittelalters sich über den gesamten Bereich erstreckten. Bemerkenswert ist besonders der Fund einer geschweiften Fibel der Variante Kostrzewski M mit offenem Nadelhalter (Abb. 289). Diese datiert in die Stufe LT D 2b und damit an das bisher noch wenig durch Fundmaterial belegte Ende der Latènezeit in Nordbayern. Unter den keramischen Einzelfunden sind neben lokalen Warenarten vor allem zahlreiche mittelkaiserzeitliche Terra-sigillata-Scherben anzuführen, sowohl glatte als auch reliefverzierte (Abb. 290. Obgleich die Fundstelle mehr als 45 km nördlich des raetischen Limes liegt, stellt das Auftreten von römischer Importkeramik in der Windsheimer Bucht keinen Einzelfall dar. Eine umfassende wissenschaftliche Auswertung des Fundmaterials lässt hier weitere neue Erkenntnisse erwarten, u. a. auch zur Siedlungskontinuität im Aischtal um Christi Geburt und damit zur sonst in Bayern vorhandenen Überlieferungslücke nach dem Ende der Latènezeit.

Sondierungsgrabung und konservatorische Überdeckung

Im Zuge der Nachputzarbeiten deuteten sich teilweise im Osten, im Bereich eines geplanten Kanalbettes, insbesondere aber im Westen der Untersuchungsflächen erste Befundstrukturen an. Da unter der fundführenden schwarzen Schicht entsprechend der Erkenntnisse eines Geoprofils (Abb. 291) mit weiteren Befunden zu rechnen war, die ggf. umfangreiche Aus-

291 *Lenkersheim. Geoprofil in Fläche 1 mit Pfostengrube unter der dunklen Lehmauflage.*

292 *Lenkersheim. Möglicher Hausstandort mit Feuerstelle im Planum. Im dunklen Lehmboden sind die Befundkonturen durch Kreideanriss hervorgehoben, die mutmaßliche Hausfläche hellbraun unterlegt. Breite des Hausplatzes ca. 7 m, Länge ca. 10 m.*

grabungen erfordert hätten, wurde von einer Überplanung bzw. weiteren Bodeneingriffen der meisten Flächen abgesehen, verbunden mit einer denkmalschonenden Wiederverfüllung. Einzig der Bereich einer geplanten Auffahrtrampe (Fläche 1) zur aktuellen B 470 sollte archäologisch untersucht werden. Dort konnten im Bereich der Fundkonzentration 2 einige Befunde erkannt werden, die sich vom umliegenden Boden nur durch Farbe, Brandlehmsprengel oder Holzkohlekonzentrationen abhoben (Abb. 292). Diese bildeten mutmaßlich den Grundriss eines großen zweischiffigen Gebäudes mit einer länglich ovalen Feuerstelle in der Mitte. Zur Datierung des Hauses liegen nur die Funde aus dem Planum vor. Diese datieren innerhalb der Befunde überwiegend in den Großromstedter Horizont (zweite Hälfte des 1. Jahrhunderts v. Chr.), jedoch finden sich natürlich auch ältere Funde innerhalb und im Umfeld des Hauses.

Im Zuge der Befunddokumentation der hier angetroffenen Pfostengruben wurden mit Befund 49 und 50 zwei weitere Pfostengruben im Planum 2 erfasst, die im Planum 1 nicht erkennbar waren. Da sich folglich die im Raum stehende Vermutung einer wesentlich höheren und tiefer reichenden Befundanzahl erneut bestätigte, rückte die Stadt Bad Windsheim angesichts des kalkulierten Zeit- und Kostenaufwandes einer fachgerechten Ausgrabung auch hier von einer Überplanung ab und veranlasste eine konservatorische Überdeckung. Zudem kündigte sie an, die überdeckten Bereiche als Ausgleichsflächen in Betracht zu ziehen. Ein dauerhafter Schutz und Erhalt der Bodendenkmäler wäre damit gewährleistet, wenn auch der Charakter sowie die genauen Strukturen der einzelnen Siedlungsphasen damit vorerst im Unklaren bleiben.

Christoph Lobinger, Matthias Tschuch und Daniela Jäkel

Literatur S. Rieckhoff, Geschichte der Chronologie der Späten Eisenzeit in Mitteleuropa und das Paradigma der Kontinuität. Leipziger online-Beiträge zur Ur- und Frühgeschichtlichen Archäologie 30 (Leipzig 2008). – G. Bund/R. Hannig-Wanninger, Germanische Fundstellen der römischen Kaiserzeit im Landkreis Neustadt a.d. Aisch-Bad Windsheim. Beitr. Arch. Mittelfranken 9, 2019, 165–186.

Örtliche Grabungsleitung M. Tschuch/D. Jäkel, AST – Archäologischer Service Tschuch. – *Danksagung* an Martin Nadler für die Fundmeldung sowie an die Stadt Bad Windsheim, vertreten durch Bürgermeister Jürgen Heckel, für die gute Zusammenarbeit und Bereitschaft denkmalschonender Umplanungen.

Das frühmittelalterliche Fürstinnengrab von Wittislingen – 140 Jahre nach der Entdeckung

Landkreis Dillingen a.d. Donau, Schwaben

Museum / Vermittlung

Neues zu einem alten Fund

In Vorbereitung für die neue Dauerausstellung der Archäologischen Staatssammlung (geplante Eröffnung Herbst 2023) werden aktuell zahlreiche Altfunde einer Nach-Restaurierung sowie einer neuen wissenschaftlichen Begutachtung unterzogen. Auch das reichste frühmittelalterliche Frauengrabinventar aus dem Boden Bayerns durchlief einen solchen „check-up", parallel dazu wurden die alten Fundakten gesichtet. Hier ergaben sich zahlreiche Aspekte, die in der wegweisenden Monografie von Joachim Werner aus dem Jahr 1950 noch nicht gebührend beachtet werden konnten. Da die Auffindung im Jahr 2021 ihr 140-jähriges Jubiläum feierte, wurden die wichtigsten Ergebnisse im Rahmen einer vom Bistum Augsburg ausgerichteten online-Tagung im Februar 2021 bereits der Öffentlichkeit vorgestellt, die Tagungsakten sind 2022 erschienen, weitere Publikationen sind in Vorbereitung.

Eine Fundgeschichte wie im Märchen

Tatsächlich könnte man die Fundgeschichte mit den Worten beginnen „Es war einmal ein Müller in Wittislingen, der Mitleid hatte mit den armen Tagelöhnern. …" Müllermeister Hans Georg Keiss, der Besitzer der Unteren

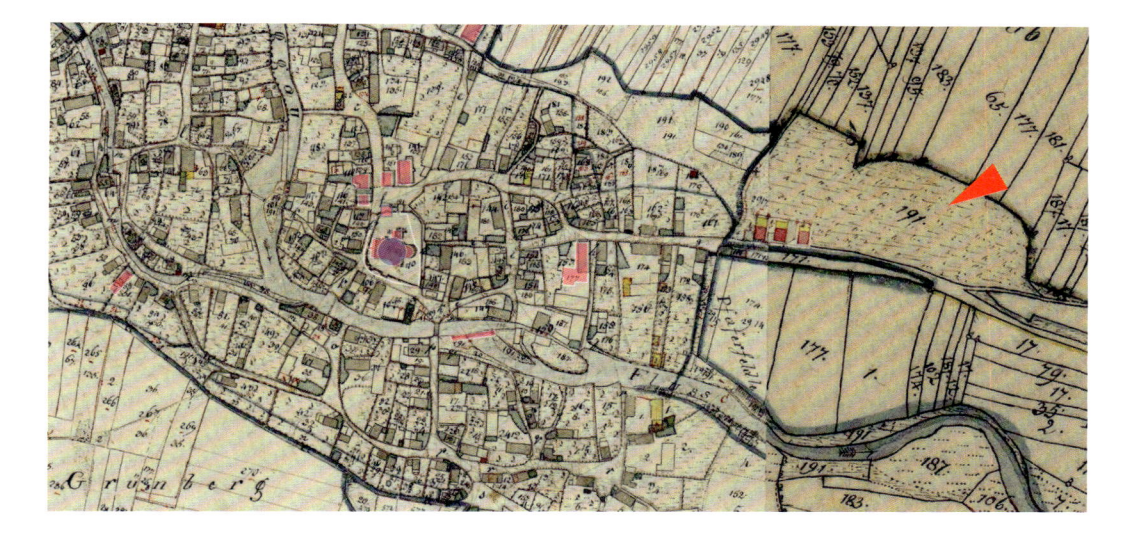

293 *Wittislingen. Der Fundort des Fürstinnengrabes lässt sich heute nur ungefähr im Areal des ehemaligen Steinbruchs in der FlstNr. 191 lokalisieren. Bayerisches Urkataster 1808–1864. Geobasisdaten: Bayerische Vermessungsverwaltung 2022.*

Mühle, war seinerzeit gleichzeitig Eigentümer und Betreiber eines Steinbruchs am östlichen Ortsrand von Wittislingen (Abb. 293–294). Im November des Jahres 1881 erlaubte er den zu dieser Jahreszeit arbeitslosen Maurern Josef Lanzinger und Josef Hochstätter, kleinere Steine aus dem Areal seines Steinbruchs zu brechen, um sich ein Zubrot zu verdienen. Bei diesen Arbeiten stießen die beiden auf eine große, möglicherweise in den anstehenden Tuff eingeschlagene Grabkammer mit den immens reichen Grabbeigaben. Die beiden versuchten natürlich sofort, diese zu Geld zu machen, und wandten sich an einen Altertumssammler in Lauingen, der ihnen die Funde für einen Bruchteil des später gezahlten Kaufpreises sofort abkaufte. Da es in Wittislingen bereits zu einem lebhaften Gerede über den „Schatz" gekommen war, hatte der Müller jedoch von dieser Angelegenheit Wind bekommen. Offenbar war er über die juristische Situation bestens informiert, denn er beharrte

294 *Wittislingen. Der renaturierte Steinbruch am östlichen Ortsrand. Durch umfassende Abbaumaßnahmen in den letzten 140 Jahren hat sich der Fundort des Fürstinnengrabes stark verändert.*

auf seinem hälftigen Eigentumsanspruch. Damals wie heute wird in Bayern der § 984 des BGB so angewendet, dass sich Grundeigentümer und Finder von archäologischen Funden das Eigentum teilen. Der Müller forderte also die Fundstücke von Mösl in Lauingen zurück und verwahrte sie vorerst bei sich zu Hause (Abb. 296).

Museen ringen um die Funde

Durch Berichte in der Augsburger Abendzeitung vom 25. und 29. November 1881 sowie in der Nordwestdeutschen Zeitung vom 15. Dezember 1881 hatte sich die Nachricht von den aufsehenerregenden Funden bereits international verbreitet, in einem Tempo, das angesichts der damaligen Kommunikationsmöglichkeiten nur als rasant bezeichnet werden kann. Zahlreiche Museen und Sammler fanden sich im Dezember 1881 in der Unteren Mühle zu Wittislingen ein, um die Funde zu besichtigen und ein Kaufangebot zu machen. Zu den Interessenten gehörte selbstverständlich auch das damals erst 14 Jahre alte Bayerische Nationalmuseum, das gerade seinen Neubau an der Prinzregentenstraße in München plante. Die Verhandlungen führte zunächst Joseph Alois Mayer, der Bibliothekar des Bayerischen Nationalmuseums, der offenbar gerade zufällig in der Gegend unterwegs war, schließlich aber suchte auch der Generaldirektor des Museums, Jakob Heinrich von Hefner-Alteneck, den Müller auf. Es ging ums Geld. Aus den Akten wird ersichtlich, dass Hefner-Alteneck – zunehmend verzweifelt klingend – versuchte, die Preisvorstellung des Müllers zu drücken und die geforderte Kaufsumme aufzubringen. Unter Friedrich Ohlenschlager hatte sich in München sogar eine private Initiative zusammengefunden, welche versuchte, die Ankaufsmittel aus privaten Spenden aufzutreiben. Das erklärte Ziel war, die Funde in Bayern zu behalten und ihren Verkauf ins Ausland zu verhindern. Doch schließlich bekam Hefner-Alteneck das Geld aus seinem Etat zusammen und am 4. Januar 1882 gingen die Objekte für 3.300 Goldmark – Müller Keiss hatte tatsächlich noch etwas im Preis nachgegeben – an das Bayerische Nationalmuseum. Gezahlt wurde etwa derselbe Preis, zu dem wenige Jahre später in Baden-Württemberg das frühmittelalterliche Fürstengrab von Gammertingen verkauft werden sollte. Die rechtlichen Streitigkeiten zwischen den Findern und dem Grundeigentümer hatten sich im Hintergrund der Ankaufsverhandlungen immer weiter fortgesetzt. Der Ankauf fand genau einen Tag, nachdem sich die beiden Parteien vor dem Königlichen Bayerischen Amtsgericht in Dillingen geeinigt hatten, statt (Abb. 295). 1905 erfuhr die Ankaufsgeschichte noch einmal eine Fortsetzung, da einer der Finder einige Funde aus Gold unterschlagen hatte. Diese Ankaufsverhandlungen verliefen aber dank der Vermittlung des Kommerzienrates Ludwig Reh problemlos. Auch diese Funde gelangten also ins Bayerische Nationalmuseum, an ihrer Zugehörigkeit zu den übrigen Funden besteht aufgrund ihrer Qualität kein Zweifel. Erst mit der Errichtung eines eigenen Gebäudes im Jahr 1974 wurde das gesamte Grabinventar vom Bayerischen Nationalmuseum der Archäologischen (damals: Prähistorischen) Staatssammlung übergeben, wo es immer einen zentralen Platz in der Ausstellung der frühmittelalterlichen Abteilung einnahm.

Ein Mann, eine Frau, ein Pferd

Die Eingangsliste vom 4. Januar 1882 nennt neben den zahlreichen Metallfunden auch ein Kästchen voller Knochen. Dieses wurde im April 1892 Nikolaus Rüdinger zur Bestim-

295 *Protokoll der öffentlichen Sitzung des königlichen Amtsgerichts Dillingen in Sachen Wittislingen vom 3. Januar 1882 (1. Seite).*

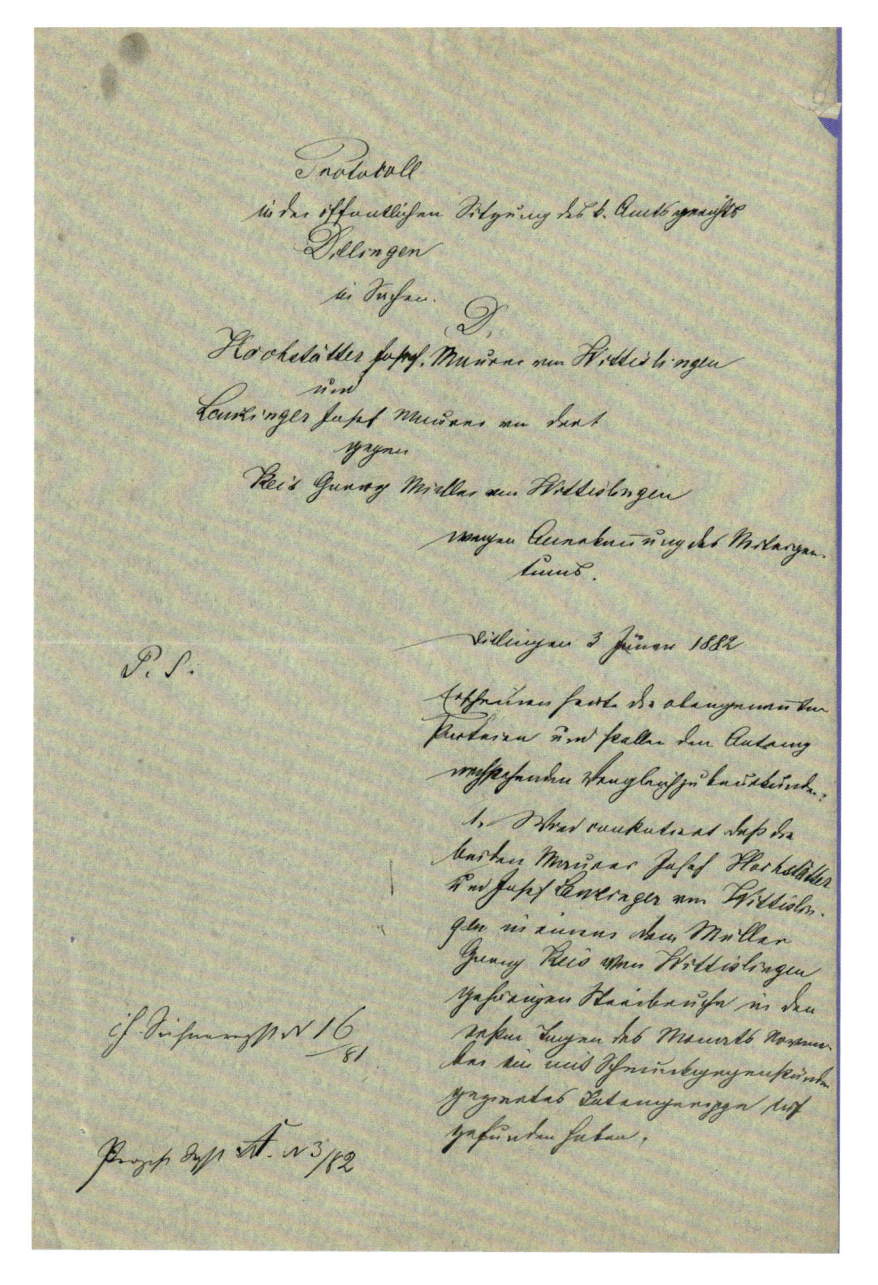

mung übergeben, der zu diesem Zeitpunkt als ordentlicher Professor für Anatomie an der Universität München und zweiter Konservator der anatomischen Anstalt tätig war. Trotz seiner Anfänge als Barbiergehilfe war Rüdinger ein anerkannter Anatom, dem man 1886 sogar die Sektion und Einbalsamierung König Ludwigs II. von Bayern anvertraut hatte. Seine Angaben im anthropologischen Gutachten, das bislang nicht veröffentlicht wurde, können demnach durchaus als vertrauenswürdig gelten. Rüdinger identifizierte unter dem Material eindeutig zwei erwachsene menschliche Individuen, von denen er das eine für männlich, das andere für weiblich hielt. Nach dieser Aktenlage ist auf die Reste von zwei Gräbern und nicht auf ein großes Gräberfeld an der Fundstelle zu schließen. Für eine kleinere Grabgruppe spricht auch die Tatsache, dass in der Folgezeit im engeren Umfeld des Fürstinnengrabes nur wenige Einzelfunde des 7. Jahrhunderts geborgen wurden. Von Bedeutung für die Ansprache der Begräbnisstätte ist die Tatsache, dass sich unter dem Skelettmaterial Pferdeknochen befunden haben. Pferdebestattungen gehören zu dem normalen Erscheinungsbild auf Friedhöfen des 7. Jahrhunderts in der östlichen Alamannia, sie begegnen auf großen Ortsgräberfeldern ebenso wie auf kleineren Separat-Grablegen der Eliten. Mit Bestattungen bei oder in Kirchen können sie nicht in Zusammenhang gebracht werden, auch auf den sogenannten Hof-Grablegen – kleinen, kurzzeitig belegten Friedhöfen in einem Siedlungszusammenhang – wurden sie bislang noch nicht nachgewiesen. Viele Indizien sprechen somit dafür, dass das Frauengrab von Wittislingen auf einem kleinen Separatfriedhof einer Elite des 7. Jahrhunderts angelegt worden war.

In seinem Reichtum ist das „Fürstinnengrab" von Wittislingen nur den beiden Bestattungen von Frauen aus dem Kölner Dom und Saint-Denis (Paris) vergleichbar, die mit dem merowingischen Königshaus in Verbindung gebracht werden. In den Funden spiegelt sich das Selbstbewusstsein einer reichen, international vernetzten Familie, die zu der absoluten Oberschicht des Frankenreichs gezählt haben muss, sowie die Möglichkeiten, die einem weiblichen Mitglied einer solchen Familie an Machtausübung zur Verfügung stand.

Brigitte Haas-Gebhard

296 *Wittislingen. Gesamtbestand aus dem Fürstinnengrab.*

Literatur J. Werner, Das alamannische Fürstengrab von Wittislingen. Münchner Beitr. Vor- u. Frühgesch. 2 (München 1950). – Th. Groll/B. Haas-Gebhard/Ch. Paulus (Hrsg.), Der Grabfund von Wittislingen und die östliche Alamannia im frühen Mittelalter – Zeiten, Räume, Horizonte. Ergebnisse einer interdisziplinären Tagung in Augsburg vom 26. bis 27. Februar 2021. Zeitschr. Hist. Ver. Schwaben 114, 2022.

Rekonstruktion der Landshuter Stadtmauer am Alten Viehmarkt

Niederbayern

Die Mauer fiel 1950. Für den damaligen Neubau einer Turnhalle der erzbischöflichen Ursulinen-Realschule wurde ein Teil der mittelalterlichen Stadtbefestigung geopfert. Genau an dieser Stelle hatte sie einen Knick und dieser Knick war dem Neubau im Weg. Und so wurde an der Westseite der neuen Turnhalle auch die optimierte Mauer neu erschaffen: Ohne Knick, dem Verlauf der Turnhalle folgend mit detailverliebten Ziererkern ohne historische Grundlage (Abb. 299).

70 Jahre später fiel die Turnhalle und mit ihr wiederum ein Großteil des an sie angebauten Mauerstücks. Ein größerer Turnhallenneubau an anderem Ort hatte die alte Halle schon vor Jahren abgelöst. An ihrer Stelle steht derzeit eine Containeranlage als Interimslösung für die Schule.

Der Nordteil der Mauer ragte nun wie ein einzelner Zahn neben der Straße am Alten Viehmarkt empor. Ihr Anschluss war bereits dieser Straße gewichen. Sie wurde statisch mit Stützen gesichert.

Freilegung des Fundaments
Nun gaben sowohl das Sandtnermodell, ein hölzernes Stadtmodell aus dem Jahr 1542, als auch das Urkataster von 1810 bereits den Hinweis auf einen ursprünglich anderen Verlauf der Mauer. Eine Ausgrabung sollte das ursprüngliche Fundament lokalisieren und über Struktur und Umfeld der Mauer Aufschlüsse geben.

Der archäologische Befund entsprach den historischen Darstellungen. Die Mauer ist massiv; die Sohle der Mauer war bei -2,12 m unterhalb der freigelegten Fundamentoberkante. Der Fugenmörtel des Fundamentes war sauber verstrichen, bis zu 0,86 cm unterhalb der erhaltenen Oberkante waren auch noch Putzreste ersichtlich.

Eine Baugrube war im Profil nicht ersichtlich. Dieser Umstand wie auch ein tiefliegender Humushorizont mit mittelalterlicher Keramik könnte auch darauf schließen lassen, dass das Niveau zur Anlage der Mauer deutlich tiefer war. Schließlich ist nachgewiesen, dass die Stadt nach ihrer Gründung 1204 bis in die Neuzeit sukzessive aufgeschüttet wurde – jedoch nicht in allen Bereichen. Das ursprüngliche Relief muss also ein sehr unebenes gewesen sein.

Die zeitliche Einordnung der Mauer ist nicht endgültig geklärt: Folgt man dem Modell Theo Herzogs von 1957, entspricht sie dem ausgeführten Beschluss Herzog Heinrichs des Älteren der „am Palmtage des Jahres 1338" seinen Willen bekundete, ein neues Stadtviertel zu gründen. Doch der bauhistorische Befund wirft Fragen auf: Das nördliche historische Relikt sowie die südliche anschließende Mauer passen in ihrem Aufbau nicht zusammen.

297 *Landshut. Stadtmauer am Alten Viehmarkt. Links Reststück der Rekonstruktion der 1950er Jahre, inklusive verbautem, nicht denkmalkonformem Baumaterial; rechts Baustelle zum Wiederaufbau.*

Der nördliche Teil ist im wilden Verband mit zwei verbliebenen Nischen gemauert, der südliche Teil im gotischen Verband. Es bleibt zu vermuten, dass der Knick im Mauerverlauf ein Hinweis auf eine andere Bauphase ist. Nördlich davon befindet sich der fünfte und letzte Teil der mittelalterlichen Stadterweiterung mit ihren Bräustadeln und Tennen. Doch könnte dieser Befund auch genauso gut für einen rudimentären Rest der dritten Stadterweiterung stehen, in deren Verlauf sie stünde.

Rekonstruktion des Knicks
Die durch den jüngsten Abriss klaffende, rund 16 m lange Lücke zwischen den wohl unterschiedlich datierenden Mauerteilen sollte nun aber geschlossen werden. Diese Auflage seitens der Stadt Landshut, die letztlich die Eigentümerin der Mauer ist, sollte an Ort und Stelle handwerks- und materialgerecht wieder errichtet werden.

Die 16 m lange Mauer hat eine Breite von maximal 1,44 m und wird nun massiv mit handschlagziegeln wiederhergestellt (Abb. 297). An einem guten Arbeitstag mit drei versierten Maurern schafft die Firma nach eigenen Angaben eine Ziegelreihe. Die Maße der Ziegel orientierten sich am mittelalterlichen Original. Es wird mit originalen, noch intakten Ziegeln gearbeitet, aber auch mit eigens dafür nachgebranntem Material. Die neuen Ziegel sind unterschiedlicher Farbgebung, angelehnt an den Originalbestand. Auch ein Abschnitt der in den 1950er Jahren gebauten Rekonstruktion bleibt erhalten, schließlich ist auch sie ein Teil der Geschichte (Abb. 298).

Isabella Denk

Literatur Th. Herzog, Landshuter Häuserchronik. Sonderveröff. Hist. Ver. Niederbayern e.V. 1 (Neustadt an der Aisch 1957). – J. Königseder, Der Bischof-Sailer-Platz mit den umliegenden Straßen, Quartier 17. In: Bauzunfthaus Landshut e.V. (Hrsg.), Historische Bauwerke in Landshut 3 (Landshut 1998). – I. Denk, Landshuts mittelalterliche Stadterweiterungen – Ein Stadtmauerrest in der Neustadt 529. Arch. Jahr Bayern 2019, 127–129.

Örtliche Grabungsleitung J. Leicht, Grabungsbüro Anzenberger & Leicht, Schatzhofen. – *Bauforschung* J. Buba, ProDenkmal, Bamberg.

298 *Landshut. Die Stadtmauer. Blick von Norden.*

299 *Landshut. Die Stadtmauer im Ortholuftbild. Der Pfeil zeigt den Knick bei der Turnhalle. Geobasisdaten Bayerische Vermessungsverwaltung 2022.*

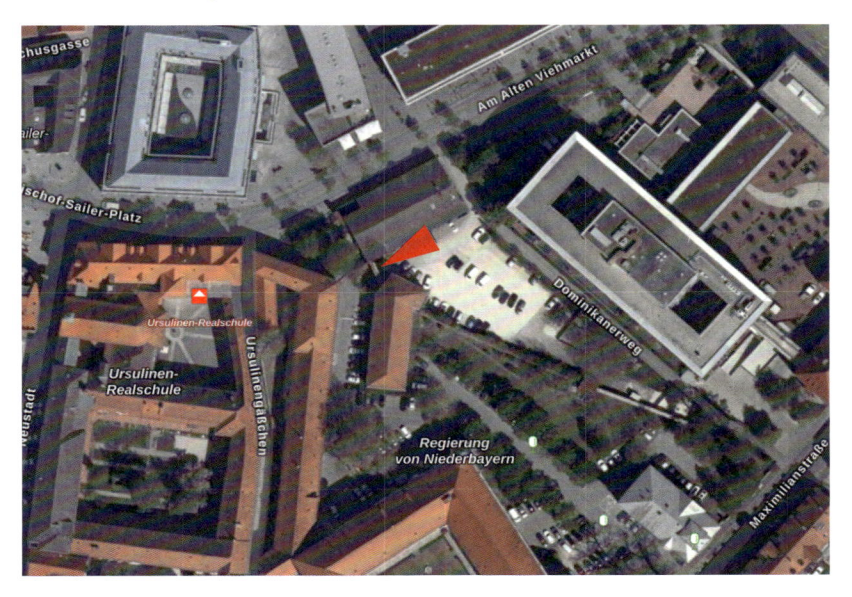

Zwischen Marktbreit und Obernbreit – Interdisziplinäre Steinzeitforschungen an der Spitze des Maindreiecks

Landkreis Kitzingen, Unterfranken

Ehrenamt

Geologie und Topografie

In die triaszeitliche Schichtenfolge der Mainfränkischen Platten hatte sich der Main in der Eiszeit bis zu 180 m tief und bis zu 1 km breit eingegraben. Auch Löss und Flugsand wurden in dieser Epoche abgelagert und bilden Grundlagen fruchtbarer bzw. leichter, aber auch erosionsanfälliger Böden. Nördlich von Marktbreit bildet die Gäufläche im Keuper einen nach Westen zum Main hin orientierten Sporn aus. Im Bereich der Hochfläche finden sich in der Flur „Struth" zwei gegenüberliegende kleinere Kuppen (259 m und 260 m NN), die durch eine schwach ausgeprägte Tiefenlinie (heutiger Feldweg und Gemeindegrenze) voneinander getrennt sind. Nach Norden und Süden fallen die Hangbereiche mittelstark geneigt ab, Richtung Osten setzt sich die Hochfläche Richtung Gäuplatte fort (Abb. 300).

Ausgangspunkt Flurbegehungen

Da sich auf den flussbegleitenden Höhen des Mittelmains, insbesondere auf Kuppen mit guter Aussicht, nicht selten Steinartefakte von Jäger- und Sammlerkulturen finden, wurde diese Hochfläche ehrenamtlich seit 2013 gezielt von Bruno und Daniel Röll begangen und lieferte tatsächlich zahlreiche Lesefunde, hauptsächlich vorneolithische Steinartefakte.

Bislang ist unklar, wie solche Fundensembles im Detail zustande kommen, welche archäologischen, geomorphologischen und taphonomischen Prozesse beteiligt sind und mit welchen Überlieferungsbedingungen zu rechnen ist. Die Beantwortung dieser Fragen ist sowohl für die Siedlungs- und Landschaftsarchäologie von Interesse als auch relevant für die Bodendenkmalpflege. Im Rahmen eines vom Sachgebiet Ehrenamt des Bayerischen Landesamtes für Denkmalpflege (BLfD) und der Unterfränkischen Kulturstiftung geförderten Ehrenamt-Projektes ist man diesen Fragen in Kooperation mit der Universität zu Köln nachgegangen.

Systematisierung und Intensivierung

Nach der Entdeckung des Fundplatzes ging man schnell dazu über, statt der zunächst nur kursorischen Begehungen systematische Begehungen mit selektiver Einzelfundeinmessung durchzuführen. Hierzu wurden – je nach Begehungsbedingungen und Fundanfall – Bahnen in regelmäßigen Abständen von zumeist 1,5 m gegangen und insgesamt rund 1.400 Funde aufgelesen, hiervon wiederum wurden 600 näher bestimmbare Objekte mit einem Hand-GPS-Gerät einzeln eingemessen. Mit der Initiierung des Ehrenamt-Projektes ab 2020 ging man nochmals weitere Fragen konkret an, z. B. Flächen mit Negativbelegen zu kartieren. Angesichts der Ausdehnung des Fundplatzes über etwa 13 ha kamen so einige Dutzend Kilometer Laufleistung sowie rund 20 Tage bzw. 160 Stunden reine Begehungszeit zusammen. An- und Abfahrt, Reinigung und Beschriftung der Funde sowie deren Übertragung in eine Datenbank machten noch einmal rund 100 Stunden ehrenamtliche Arbeit nötig, Organisation usw. nicht mitgerechnet.

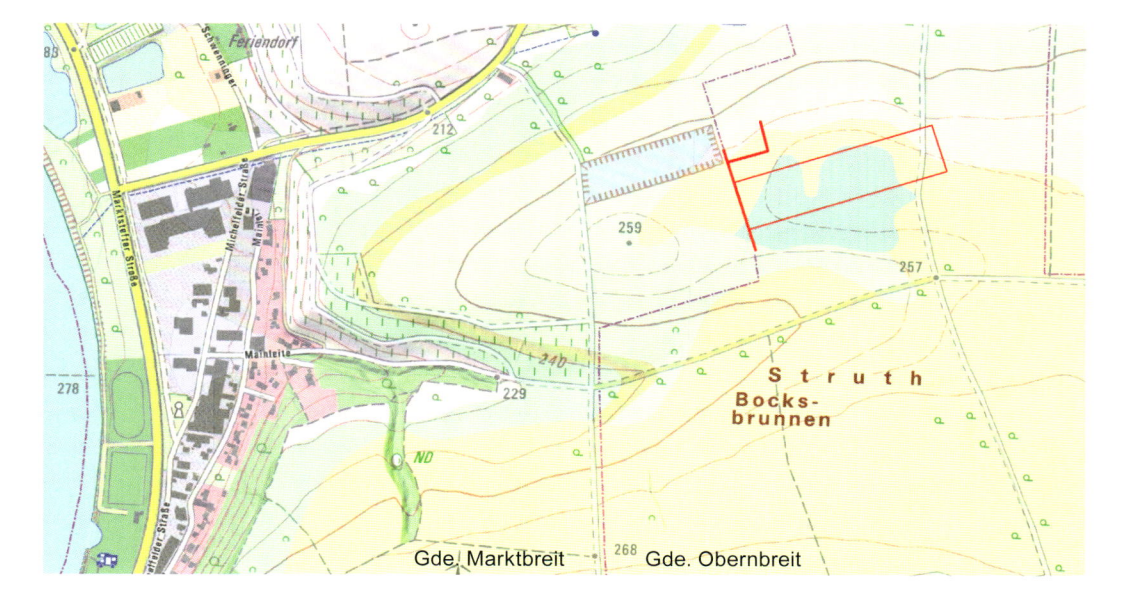

300 *Marktbreit und Obernbreit. Topografie und Geologie der Fundstelle. Grün: Unterer Keuper (obere Tonstein-Gelbkalkschichten); blau: Unterer Keuper (Grenzdolomit); gelb: Löss, Lösslehm; hellgelb, gepunktet: Flugsand; rot umrandet bzw. rote Linien: geophysikalisch prospektierte Bereiche (vgl. Abb. 302). Geobasisdaten: Bayerische Vermessungsverwaltung 2021.*

Datierung und Kartierung

Schon die Entdecker haben die Lesefunde korrekt dem Mittelpaläolithikum, Jungpaläolithikum, Mesolithikum, Neolithikum sowie der frühen römischen Kaiserzeit zugewiesen. Der größte Teil der Funde umfasst dabei solche des Mittelpaläolithikums und des Mesolithikums. Zur mittelpaläolithischen Komponente gehören Levallois-Kerne, flächig überarbeitete Schaber und Keilmesser, die meist aus lokalem Lydit gefertigt sind. Das Mesolithikum ist durch teils getemperte Lamellenkerne und Mikrolithen repräsentiert (Abb. 301). Zusätzlich scheint eine schwach ausgeprägte jungpaläolithische Komponente vorhanden zu sein, die in Form weiß patinierter Hornsteinartefakte eine eigene Gruppe bildet. Ein kleines, geschliffenes Felsgesteingerät ist ins Neolithikum zu stellen.

Die vorbildliche Funddokumentation ermöglichte es, die Fundstreuung auf der Fläche genau zu kartieren, und stellt die Grundlage aller folgenden Forschungs- und Auswertungsschritte dar. Die fundgenaue Kartierung wurde zunächst im Hinblick auf den geologischen Untergrund sowie das Geländerelief analysiert. Es zeigte sich, dass die meisten Funde von einem relativ flachen Abschnitt auf und zwischen den beiden Geländekuppen stammen. Allerdings ist die Fundstreuung nicht homogen. Vielmehr wechseln Stellen höherer Funddichte mit weniger dichten und fundfreien Stellen. Solche Beobachtungen sind wichtig, um die Position von Sondageschnitten und Bohrungen zu planen.

Geophysik und Bohrsondagen

Zur weiteren Klärung des Alters vor allem der mittelpaläolithischen Funde und um der Frage nach möglicherweise erhaltenen Fundschichten nachzugehen, wurde eine kurze Feldkampagne mit Bohrungen und Sondagen vorbereitet. Um im Vorfeld einen möglichst guten Eindruck des Sedimentaufbaus und somit der Lage potenziell fundführender Schichten zu erhalten, nahmen zwei Arbeitsgruppen der Universität zu Köln mehrere geophysikalische Messungen vor. Zum Einsatz kam ein elektromagnetisches Zwei-Spulen-Verfahren, welches sich zur Kartierung der elektrischen Leitfähigkeit des Untergrundes bis ca. 5 m Tiefe eignet. Ergänzend wurden drei Profile mittels einer hochaufgelösten Geoelektrik untersucht. Im Vergleich mit der Fundstreuung und geologischen Kartierung ergab sich hieraus ein stimmiges Bild des Sedimentaufbaus, welches als Grundlage für die weiteren bodenkundlichen und archäologischen Maßnahmen diente (Abb. 302).

Für die bodenkundlichen Aufnahmen kam ein Pürckhauer-Handbohrer zum Einsatz. Es wurden insgesamt 18 Bohrungen niedergebracht, die in zwei Bohrcatenen in Nord-Süd- und West-Ost-Richtung quer zu den Fundstreuungen verliefen (Abb. 302). Im südlichen und südwestlichen Bereich der Fläche traf man auf flachgründige Parabraunerden, die im Liegenden in eine grobblockige pleistozäne Hangschuttdecke übergingen. Im Norden und Nordosten der Fläche lag eine Flugsanddecke über den Sedimenten des Unteren Keupers und bildete eine sandig Braunerde aus. Rohlöss oder auch homogener Lösslehm konnte in den Bohrprofilen nicht kartiert werden.

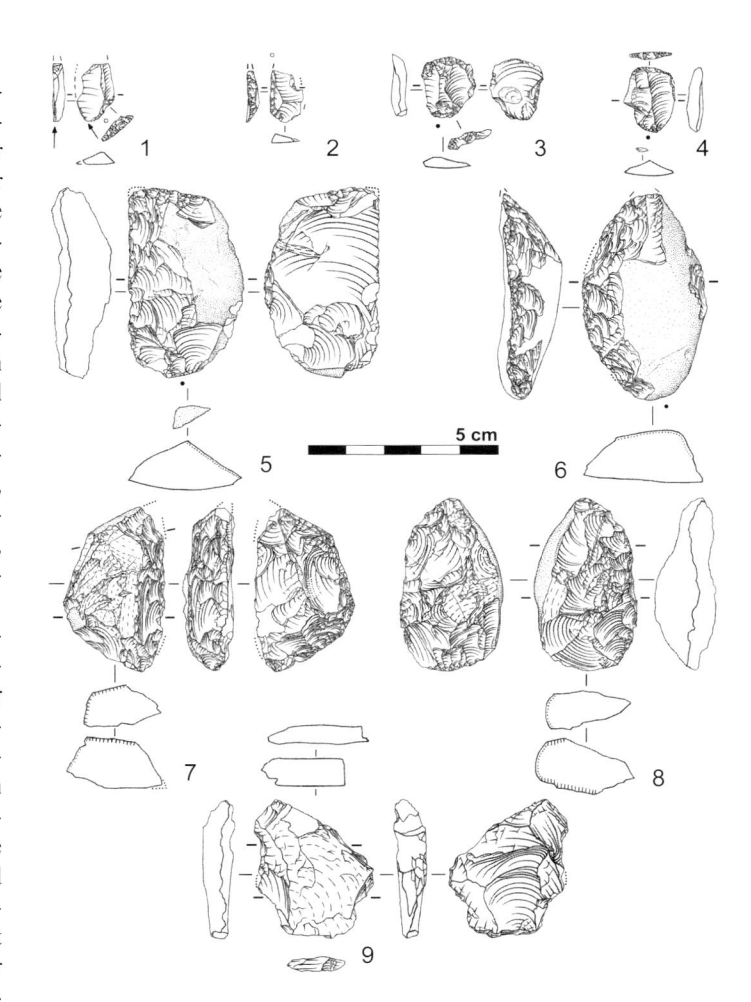

Probennahme zur OSL-Datierung

Die für die Archäologie relevantesten Beobachtungen stammen aus Sondage 1 ganz im Osten der mit Geophysik untersuchten Fläche (Abb. 303). Hier liegen diskordant über dem verwitternden anstehenden Keuper spätglaziale Decksande. Bei der Diskussion der Beobachtungen vor Ort wurde klar, dass mittelpaläolithische Funde, falls vorhanden, im Bereich der Kontaktzone zwischen Keuper und Decksanden zu erwarten wären. Um eine Vorstellung über das Alter der Decksande und, falls möglich, der unterliegenden Sedimente zu erhalten, wurden Proben für OSL-Datierungen entnommen. Während der Probennahme fand sich – wie zur Bestätigung der voran-

301 Marktbreit und Obernbreit. Mesolithische (1–4) und mittelpaläolithische (5–9) Funde. 1–2 Bruchstücke nicht näher bestimmbarer Mikrolithen; 2–3 kleine Kratzer; 5–6 Schaber; 7–8 Keilmesser; 9 Abschlag aus Fundhorizont in Sondage 1. Maßstab 1 : 2.

302 *Marktbreit und Obernbreit. Fundverteilung vor dem Hintergrund der topografischen und geologischen Situation zusammen mit der geophysikalischen Kartierung sowie Lage der Sondagen und Bohrcatenen. Anhand der Ergebnisse der Geoelektrik wurden der westliche niederohmige Bereich (blau) mit dichter Fundverteilung sowie der östliche hochohmige Bereich (gelb) mit geringer Funddichte für die Sondagen 1 und 2 ausgewählt.*

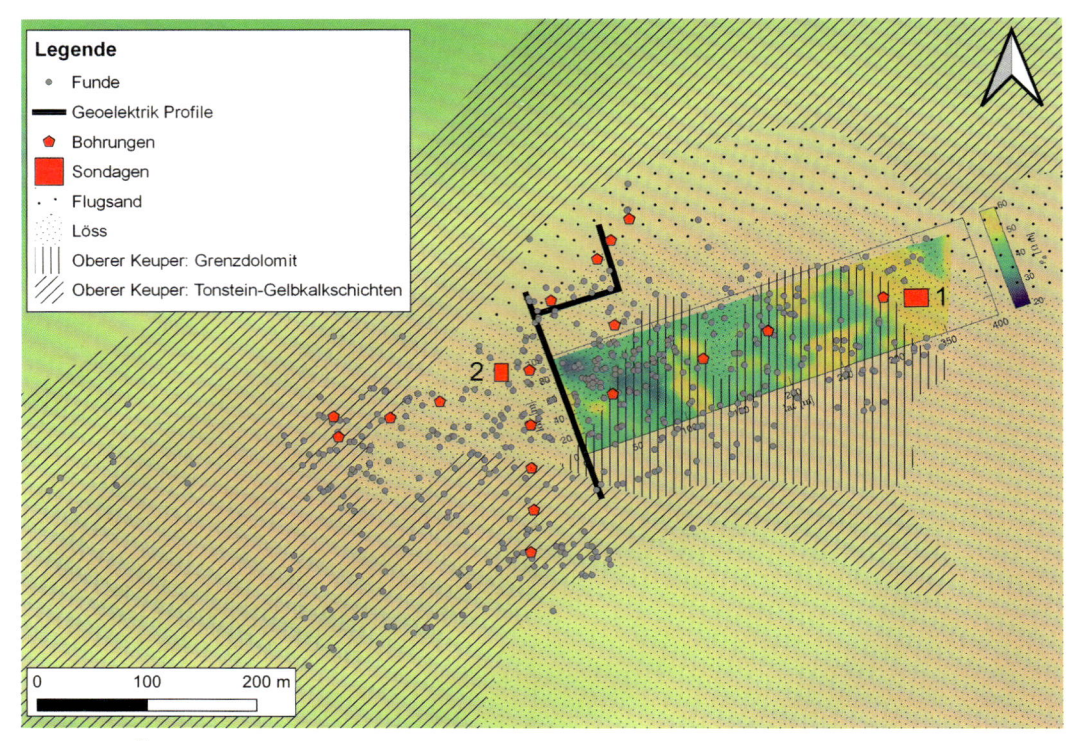

gehenden Überlegungen – genau im Kontaktbereich zwischen Decksanden und Keuper ein wahrscheinlich mittelpaläolithisches Artefakt (Abb. 301,9).

Die genommenen Proben zur Klärung des Alters des in Sondage 1 angetroffenen Sediments werden zurzeit im OSL-Labor der Universität zu Köln gemessen. Gleichzeitig erfolgt eine Analyse der technologischen und typologischen Charakteristika der Steinartefakte im Rahmen einer Masterarbeit (R. John) sowie eine Auswertung der geophysikalischen Daten im Rahmen einer Bachelorarbeit (M. Mammes).

All das wird mehr Klarheit hinsichtlich der eingangs aufgeworfenen Fragen geben und das mainfränkische Paläolithikum tiefer in die wissenschaftliche Diskussion bringen – dank dem großen ehrenamtlichen Engagement und der Kooperation mit Fachinstitutionen.

Ralf Obst, Robin John,
Britta Kopecky-Hermanns, Andreas Maier,
Daniel Röll und Pritam Yogeshwar

Literatur W. Schönweiß, Mainfränkisches Mittelpaläolithikum. Fundlandschaften zwischen Haßberge und Spessart. Bayer. Vorgeschbl. 60, 1995, 15–49. – R. Obst, Paläolithische und mesolithische Fundlandschaften am nordwestlichen Maindreieck. In: B. Berthold et al. (Hrsg.), Zeitenblicke. Ehrengabe für Walter Janssen (Rahden/Westf. 1998) 7–24. – G. Geyer, Geologie von Unterfranken und angrenzenden Regionen. Fränkische Landschaft. Arbeiten Geogr. Franken 2 (Gotha 2002).

Geophysik Ch. Lieber, S. Kraus (Arbeitsgruppe P. Yogeshwar); R. John (Arbeitsgruppe A. Maier), alle Universität zu Köln. – *Bodenkunde* B. Kopecky-Hermanns, Aystetten.

303 *Marktbreit und Obernbreit. Arbeitssituation an Sondage 1. Im Hintergrund der Schwanberg.*

Zurück zu den Wurzeln – und dann fünf Schritte vorwärts. Modernisierung der „Via Zeitreisen" in Gilching

Landkreis Starnberg, Oberbayern

Seit geraumer Zeit bemühen sich Archäologie und Denkmalpflege vermehrt um eine zeitnahe und allgemeinverständliche Vermittlung aktueller Grabungsergebnisse und daraus folgender Erkenntnisse, da dies entscheidend dazu beiträgt, die Akzeptanz für unsere Bodendenkmäler und notwendige denkmalpflegerische Maßnahmen zu verbessern. Häufig sind Ehrenamtliche vor Ort dabei wertvolle Partner. So setzt sich auch der Verein „Zeitreise Gilching e.V." seit fast 20 Jahren neben vielen anderen Tätigkeiten besonders für eine publikumsnahe Vermittlungsarbeit ein, unterstützt bei mehreren Projekten mit Fördermitteln des Sachgebiets Ehrenamt in der Bodendenkmalpflege des BLfD.

Moderne Zeitreisen – 14 Jahre archäologische Rundwege „Via Zeitreisen"

Langjähriger Schwerpunkt sind dabei die bereits 2008 erstellten „Via Zeitreisen". Drei Routen mit Infotafeln, Schaukästen und Wegweisern durch das Gemeindegebiet laden zu einer Beschäftigung mit ausgewählten archäologischen Fundstellen sowie der Ortsgeschichte und der Geologie ein. Ergänzt wird das Angebot seit 2011 durch einen Audio-Guide, der für einige Stationen Hintergrundinformationen über kleine Hörspiele lebendig werden lässt. Hierfür wurde der Verein 2013 mit dem Kulturpreis des Landkreises Starnberg geehrt. Seit 2017 sind diese im Außenbereich frei zugänglichen Angebote eng mit dem ebenfalls durch den Verein ehrenamtlich konzipierten und betriebenen Museum „SchichtWerk – Zeitreisen im Wersonhaus" verknüpft. Mit regelmäßigen Führungsangeboten werden die „Via Zeitreisen" ständig genutzt und sind in der Wahrnehmung der Einwohner fest verankert. Nach nunmehr 14 Jahren des Bestehens war dieses bei Jung und Alt beliebte Vermittlungsinstrument allerdings etwas in die Jahre gekommen und eine Überarbeitung notwendig.

Die Zeitreisen gehen weiter

Seit 2020 konnte das Vorhaben mit Hilfe von Mitteln des „Soforthilfeprogramms Heimatmuseen" als Bestandteil des Förderprogramms „Kultur in ländlichen Räumen" des Deutschen Verbands für Archäologie (DVA) sowie Mitteln des BLfD in die Tat umgesetzt werden. Der Verein erhielt diese Förderung des Bundes als eines von insgesamt 80 Projekten in ganz Deutschland.

Seither sind die bestehenden Routen überarbeitet und mit neuen Inhalten und einigen vollständig neuen Stationen erweitert worden. Hinzu kommt eine zusätzliche innerörtliche vierte Route (Grüne Route), sodass nun fast das gesamte Gemeindegebiet abgedeckt wird (Abb. 304). Verbindungen zu weiteren archäologischen Rundwegen, wie z. B. dem Museumsrundweg des Fördervereins für das Stadtmuseum Germering e. V. oder dem sog. Vier-Schanzen-Weg des BLfD, wurden hergestellt bzw. verbessert und die Angebote damit überörtlich verknüpft. Insgesamt stehen nun

304 *Gilching. Die vier Routen der „Via Zeitreisen" decken fast das gesamte Gemeindegebiet ab.*

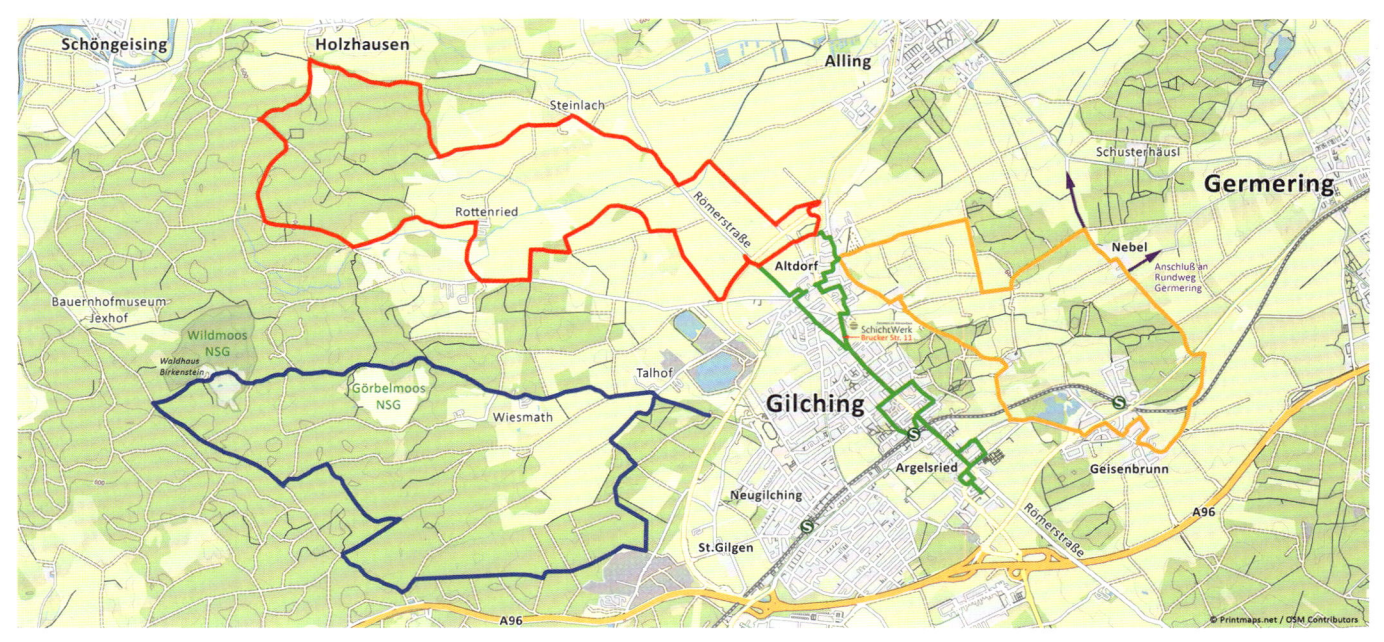

auf 48 km Wegstrecke 58 größere und kleinere Stationen zur Verfügung. Dabei ergänzen Visualisierungen und Repliken ebenso wie 22 Hörgeschichten die klassischen Infotafeln und ermöglichen einen leichten Einstieg in die einzelnen Themenwelten. Weiterführende Angebote sind über die FabulApp der Landesstelle für die nichtstaatlichen Museen in Bayern bereitgestellt. Hier finden sich vertiefende Texte, Abbildungen sowie Audio- und Videosequenzen, die einen abwechslungsreichen Zugang erlauben. Über die virtuellen Figuren zweier Entdecker werden die einzelnen Stationen gleichsam als roter Faden miteinander sowie mit der Dauerausstellung im Museum „SchichtWerk" verbunden und die Besucher von einem Ort zum anderen geleitet. Neue Führungsangebote für die aktualisierten Routen werden derzeit konzipiert.

Zeitgeschichte am Ölberg

Etliche neue Stationen und Themen haben sich die Vereinsmitglieder durch eigene Forschungsbeiträge selbst erarbeitet. So wurden beispielsweise die Inhalte der Station am Parsberg auf der Gelben Route um eine ortsgeschichtlich bedeutsame Episode aus der Zeit des Zweiten Weltkriegs ergänzt: Durch seine Nähe zum Werksflughafen des Flugzeugbauers Dornier war Gilching besonders im Sommer 1944 von etlichen Bombenangriffen betroffen, von denen mehrere Zeitzeugen erzählen. Unter anderem wird vom Absturz eines amerikanischen Bombers auf dem Ölberg berichtet. Die Stelle konnte über Luftbilder und eindeutige Funde sicher in Sichtweite zur genannten Station der „Via Zeitreise" lokalisiert werden. Im Anschluss war über weitere Recherchen – besonders des Gilchinger Historikers Reinhard Frank – eine Rekonstruktion der Ereignisse möglich. Daraus entstand zunächst eine sehr erfolgreiche Sonderausstellung im „SchichtWerk". Nun sind diese Ergebnisse auch direkt am Ort des Geschehens zu finden – Details und einige der Zeitzeugeninterviews sind über die FabulApp verfügbar. Zugleich bot die erweiterte Station des Rundwegs an dieser Stelle die Möglichkeit, ein Mahnmal zum Gedenken an die Opfer von Krieg und Verfolgung zu errichten (Abb. 306).

Römischer Meilenstein in neuem Glanz

Ein besonderer Anlaufpunkt ist auch die neue Station zum römischen Meilenstein von Gilching direkt an der römischen Straßentrasse, die zugleich die heutige Hauptverkehrsader durch den Ort darstellt. Präsentiert wird hier eine originalgetreue Nachbildung des Meilensteins (Abb. 305), welcher in einer Bombennacht 1944 in der damaligen Prähistorischen Staatssammlung München verbrannte. Der Originalstandort ist nicht genau bekannt – auf-

305 *Gilching. Die neue Station an der Grünen Route zum römischen Meilenstein.*

306 Gilching. Erweiterte Station „Parsberg" an der Gelben Route mit Mahnmal für die Opfer von Krieg und Verfolgung.

Durch den „ZeitreiseTunnel" – von der Westumfahrung zur Römerstraße

Ein besonderes Highlight stellt zweifellos der neu erstellte sogenannte „ZeitreiseTunnel" dar. Diese außergewöhnliche Station bezieht die neu gebaute Fußgänger- und Radunterführung zur Unterquerung der Westumfahrung ein (Abb. 307). Das moderne Verkehrsbauwerk überspannt die ehemalige römische Straßentrasse, die in diesem Teilbereich dem Neubau weichen musste. Daher war von Anfang an geplant, dass das Bodendenkmal nicht vollständig verschwinden, sondern für Passanten sichtbar werden sollte. Eine kreative Visualisierung entstand in Kooperation mit zwei Graffiti-Künstlern. Die Wände der Unterführung wurden mit auf realen Befunden und Funden basierenden Szenen, wie sie sich in Gilching entlang der über 2000 Jahre alten Verkehrsverbindung ereignet haben könnten, als Streetart ausgestaltet.

Die Station steht demnach einerseits für den konkreten zerstörten Befund, ist zugleich jedoch ein Zeitstrahl und eine Zusammenfassung der mit dieser mutmaßlich in den verschiedensten Zeiten in Zusammenhang stehenden Befunde. Die Streetart-Darstellungen werden durch Infotafeln und Kurzhörspiele ergänzt. Auch hier besteht über die App die Möglichkeit, weitere Informationen zu erhalten und die Fundstellen im Gelände oder die Funde im Museum aufzusuchen. Passanten können auf diese Weise eine Art künstlerischer Kurzversion der Gilchinger Geschichte erleben.

grund der Inschrift muss er sich aber in oder um Gilching befunden haben. Die Replik wurde auf der neuen Grünen Route an diesem gut sichtbaren Ort aufgestellt und mit Informationen versehen. Begleitet wird der Stein von einem Legionar aus Stahlblech. Das Ensemble ist somit gut wahrnehmbar und bestens geeignet, viele Menschen aufmerksam zu machen. Entsprechend publikumswirksam gestaltete sich auch die Einweihung: Die feierliche Enthüllung fand anlässlich einer Festa Italiana zum Besuch der Partnerstadt Cecina (Toskana) statt.

Quo vadis „Kilti?"

Der Erfolg der Vermittlungsarbeit des Vereins beruht nicht allein auf der Art der Präsenta-

307 Gilching. Blick auf den „ZeitreiseTunnel" an der Westumfahrung.

tion, sondern hängt auch damit zusammen, dass Ehrenamtliche Seite an Seite mit Archäologen und Wissenschaftlern verschiedener Fachrichtungen am Erkenntnisgewinn mitarbeiten und sich hinsichtlich der Themen auch am Bedarf der Gilchinger Bevölkerung orientieren. Dass dies die Ortsansässigen offensichtlich anspricht, äußert sich in entsprechendem Zulauf und vergleichsweise breitem Interesse sowie auch in projektbezogenen privaten Spenden. Besonderes Interesse wecken seit ihrer Auffindung im Jahr 2012 drei bajuwarische Bestattungen (die „Kiltis"), die den Ausgangspunkt für die Einrichtung des Museums „SchichtWerk" bildeten. Weiterhin gehen hier zweckgebundene Spenden von Gilchinger Bürgern zu deren näherer Erforschung ein. Aktuell kann daher zusammen mit dem BLfD und etlichen weiteren Institutionen ein Projekt zu weiteren naturwissenschaftlichen Untersuchungen dieser drei prominenten Toten durchgeführt werden. Mittels aDNA-Analysen, Untersuchungen organischer Überreste aus Textil, Holz und Leder sowie Gesichtsweichteil-Rekonstruktionen kommen hier sicherlich weitere Informationen zutage, die nach entsprechender wissenschaftlicher Auswertung auch für zukünftige Vermittlungsarbeit verwendet werden können.

Die modernisierten und eng in weitere Vermittlungsangebote eingebundenen „Via Zeitreisen" bieten somit einen freien, kostenlosen und leicht verständlichen Zugang zur eigenen Geschichte anhand aktueller Erkenntnisse aus Archäologie und Bodendenkmalpflege. Die verschiedenen Informationsebenen erlauben es, Fundort, Fundgegenstand, Auffindungsgeschichte, Untersuchungsmethode sowie den daraus resultierenden wissenschaftlichen Erkenntnisgewinn in allen Facetten zu erleben. Damit wird ebenso der Wert von bekannten und zukünftigen Bodendenkmälern als historische Quelle begreifbar. Die Effekte sind bereits an einigen Stellen spürbar und werden zukünftig sicherlich weiter ausgebaut.

Manfred Gehrke, Sabine Mayer, Annette Reindel und Siegfried Reindel

Literatur M. Gehrke/S. Mayer/A. Reindel, Schicht für Schicht Archäologie entdecken. Die Dauerausstellung „SchichtWerk – Zeitreisen im Wersonhaus" in Gilching. Denkmalpfl. Inf. 167, 2017, 66–68. – M. Gehrke, Ein Audioguide für die „Via Zeitreise" – Aufwertung des Radwanderwege-Projekts in Gilching. In: Archäologie und Ehrenamt. Anlass, Verlauf und Bilanz eines Modellprojektes. Denkmalpfl. Themen 3 (München 2012) 72–73.

Liste der im Text erwähnten, durch das Sachgebiet Ehrenamt in der Bodendenkmalpflege geförderten Projekte: 2011: Audio-Guide für die Via Zeitreisen. – 2014: Ausstellung SchichtWerk – Konzepterstellung. – 2016: Ausstellung SchichtWerk – Museumseinrichtung. – 2020: Lebensbild Fußgängerunterführung Westumfahrung Gilching (Zeitreisetunnel). – 2020: Naturwissenschaftliche Untersuchungen der „Kiltis".

Archäologische Literatur in Bayern 2021

Monografien

S. Berg/C. Metzner-Nebelsick (Hrsg.), Eine einmalige Zinnperlentracht der Frühbronzezeit aus Bayern. „Powerdressing" vor 4000 Jahren. Schriftenr. Bayer. Landesamt Denkmalpfl. 23 (Lindenberg i. Allgäu 2021).

P. Ettel/L. Werther/P. Wolters (Hrsg.), Siedlung – Landschaft – Wirtschaft. Aktuelle Forschungen im frühmittelalterlichen Pfalzgebiet Salz (Unterfranken). Interdisziplinäre Forschungen zur Königspfalz Salz I. Jenaer Schr. Vor- u. Frühgesch. 11 (Jena, Langenweißbach 2021).

A. Friedmann/A. Lang/M. Fesq-Martin (Hrsg.), Die Ammergauer Alpen. Ausgewählte Aspekte der Natur- und Kulturgeschichte. Geographica Augustana 32 (Augsburg 2021).

Grenze aus Holz – Die Limespalisade. Schriftenr. Bayer. Landesamt Denkmalpfl. 22 (München 2021).

F. Herzig, Schnitze dein Leben aus dem Holz, das du hast. Dendroarchäologische Einblicke in 6000 Jahre Holznutzung in Bayern. Schriftenr. Bayer. Landesamt Denkmalpfl. 26 (München 2021).

Limes, Land und Leute. Der raetische Limes in Mittelfranken. Schr. LIMESEUM Ruffenhofen 4 (Oppenheim am Rhein 2021).

M. Miltz, Der frühmittelalterliche Herren- und Königshof von Altenerding. Universitätsforsch. Prähist. Arch. 359 (Bonn 2021).

A. Strößner, Der Genisafund aus der Synagoge von Wiesenbronn. Mit Beiträgen von R. Hüßner, B. Päffgen und E. Singer-Brehm. Haus der Versammlung – Die ehemalige Synagoge in Wiesenbronn Bd. 1 (Dettelbach 2021).

E. Wintergerst, Reihengrabfunde in und um Regensburg. Regensburger Stud. 26 (Regensburg 2021).

H. Winzlmaier, Spuren vergangener Jahrtausende. Zur Vorgeschichte von Rimpar, Gramschatz und Maidbronn. Rimparer Geschbl. 12 (Rimpar 2021).

M. F. Wittenborn, Die Urnenfelderzeit im Ingolstädter Becken im Spiegel ihrer Bestattungen. Beitr. Gesch. Ingolstadt 11 (Büchenbach 2021).

Zeitschriften

A. Adaileh, Was bin ich und wenn ja, wie viele? Versuch einer Neubewertung der mesolithischen Fund-Cluster im Donauraum. Ber. Bayer. Bodendenkmalpfl. 62, 2021, 361–368.

R. Ambs, Ein bronzezeitliches Absatzbeil auf Pfuhler Flur. Gesch. Landkreis Neu-Ulm 27, 2021, 5–6.

R. Ambs, Ein bronzezeitliches Kurzschwert aus der Kellmünzer Flur. Gesch. Landkreis Neu-Ulm 27, 2021, 7–8.

R. Ambs, Ein besonderer Fund aus dem kiesigen Untergrund von Pfuhl. Fragment eines keltischen oder frühneuzeitlichen Feuerbocks? Gesch. Landkreis Neu-Ulm 27, 2021, 9–14.

Bayerische Archäologie 2021. Hrsg. R. Gschlößl.

R. Beigel/M. Nadler, Archäologie im Fränkischen Gipskarst. Arch. Deutschland 5/2021, 8–13.

J. Blumenröther/R. Obst/Ph. Schinkel, „Auf Berges Höhen, da wohnten die Alten…". Neue Forschungen innerhalb und im Umfeld der späturnenfelderzeitlichen Befestigungsanlage Heunischenburg bei Kronach. Denkmal Inf. Bayern 176, 2021, 56–59.

S. Codreanu-Windauer, Von Gräbern und Gruben: Spätkaiserzeitliche Gräber im Osten von Castra Regina. Ber. Bayer. Bodendenkmalpfl. 62, 2021, 65–86.

W. Czysz, Solnhofener Schieferplatten im Kastellbad von Theilenhofen. Beobachtungen zu einer Baustofflandschaft im raetischen Limesgebiet. Ber. Bayer. Bodendenkmalpfl. 62, 2021, 87–110.

L.-M. Dallmeier, Die schiefe Porta Praetoria – Gedanken zur Geometrie der Regensburger Legionslagerbefestigung. Ber. Bayer. Bodendenkmalpfl. 62, 2021, 111–122.

Das archäologische Jahr in Bayern 2020. Hrsg. Bayerisches Landesamt für Denkmalpflege und Gesellschaft für Archäologie in Bayern (Darmstadt 2021).

K. Dietz, Roms langer Arm. Zur Inschrift aus Derching. Ber. Bayer. Bodendenkmalpfl. 62, 2021, 123–132.

B. Dreyer, Ein neues römisches Donauboot wird gebaut. Das EU Interreg DTP Projekt „Living Danube Limes". Denkmal Inf. Bayern 176, 2021, 43–47.

W. Eck/A. Pangerl, Eine neue Konstitution Hadrians für die Truppen der Provinz Raetien, frühestens aus dem Jahr 126/127. Bayer. Vorgeschbl. 86, 2021, 59–62.

H. Fahimi/S. Heydari-Guran/F. Loré, Kleine Gruppe von Jägern am Bach. Arch. Deutschland 4/2021, 51 f. [Tutting].

M. Fesq-Martin/B. Päffgen, Tierknochenanalyse der Unterwasserfundstelle von Bernried. Jahresber. Bayer. Ges. Unterwasserarch. 2020, 27–38.

M. Fesq-Martin/R. W. Winkler/C. von Nicolai/M. Ahl, Nachweise für die vorgeschichtliche und historische Nutzung des Rothirsches am Starnberger See. Jahresber. Bayer. Ges. Unterwasserarch. 2020, 39–43.

Th. Fischer, Ein spätrömischer Burgus gegenüber von Donaustauf? Ber. Bayer. Bodendenkmalpfl. 62, 2021, 139–146.

V. Fischer, Zwei Importe aus Mittelitalien in Sorviodurum: zweifarbig glasierte Keramik der mittleren Kaiserzeit. Ber. Bayer. Bodendenkmalpfl. 62, 2021, 147–154.

V. Fischer, Reiche Ressourcen am Main. Arch. Deutschland 6/2021, 30–31.

D. Förster, Neuer keltischer Tempelbezirk. Arch. Deutschland 6/2021, 52 [Ippesheim-Herrnberchtheim].

S. Gassner/N. Kunze/Th. Maurer/M. Rehbein, Der Niedernburger Fingerring und die germanische Scheibenfibel: Neue archäologische Erkenntnisse über Oberflächen-erhöhende Digitalaufnahmen mit Reflectance Transformation Imaging. Passauer Jahrb. 63, 2021, 9–24.

K. Gebhard, Verschluss-Sache. Arch. Deutschland 5/2021, 32–33 [Ippesheim, Hopferstadt].

G. Greven, Sieben römische Zauberpuppen aus Sorviodurum/Straubing. Ein Nachweis für magische Praktiken im Kastellvicus. Bayer. Vorgeschbl. 86, 2021, 63–82.

B. Grün, Wie in einem Sitzsack. Arch. Deutschland 6/2021, 51 f. [Neufahrn b. Freising].

M. Gschwind, Vom Sahararand an den Donaustrand. Zur Rekonstruktion der Wehranlagen mittelkaiserzeitlicher Auxiliarkastelle am Beispiel Abusina/Eining. Ber. Bayer. Bodendenkmalpfl. 62, 2021, 171–184.

M. Gschwind/R. Ployer, Bewegte Geschichte: Raetien, Noricum und Pannonien. Arch. Deutschland 6/2021, 32–35.

A. J. Günther, Seltener Fund aus römischer Zeit. Sammelbl. Hist. Ver. Eichstätt 113, 2021, 177.

J. Haberstroh/B. Herbold, Wissensfragmente – Gräber des 5. Jahrhunderts bei Ehingen a. Ries. Ber. Bayer. Bodendenkmalpfl. 62, 2021, 297–330.

Ph. Hagdorn, Das neue Manching-Archiv. Eineinhalb Jahrhunderte Forschung auf einen Blick. Denkmal Inf. Bayern 176, 2021, 38–41.

R. Hempelmann/Ch. Steinmann, Kriminalfall im Fischteich: Spätantike Gräber in Bad Füssing-Safferstetten. Ber. Bayer. Bodendenkmalpfl. 62, 2021, 369–378.

M. Hensch, Zeugen der großen Pest von 1349/50? Mehrfachbestattungen und ungewöhnliche Einzelgräber auf dem Spitalfriedhof in Amberg. Denkmal Inf. Bayern 175, 2021, 8–12.

M. Hermann, Stadtarchäologie: Das neue Archäologische Zentraldepot. Bestände, Aufgaben, Ziele. Zeitschr. Hist. Ver. Schwaben 113, 2021, 45–51.

F. Herzig/M. Leicht, Grubenmeiler im Jahr 774/775 n. Chr. Arch. Deutschland 4/2021, 51 [Theuern].

F. Hopfenzitz, „Um St. Ulrich herum" – archäologische Befunde aus der Frühzeit von Pfuhl im Umfeld der Kirche St. Ulrich. Gesch. Landkreis Neu-Ulm 27, 2021, 33–46.

L. Husty, Frühreif in der frühen Bronzezeit. Arch. Deutschland 3/2021, 51 [Rain-Wiesendorf].

L. Husty, Aspekte einer urnenfelderzeitlichen Gräbergruppe aus Parkstetten, Lkr. Straubing-Bogen. Ber. Bayer. Bodendenkmalpfl. 62, 2021, 379–398.

M. Köllner/D. Heyse, Slawische Siedlungsspuren im Landkreis Freising? Amperland 1/2021, 1–3.

Ch. Later, Eine karolingisch-ottonische Emailscheibenfibel mit Pfauendarstellung aus Langweid am Lech (Lkr. Augsburg). Zeitschr. Hist. Ver. Schwaben 113, 2021, 81–87.

R. Linck/A. Adaileh, Bunker in 3D. Arch. Deutschland 3/2021, 51–52 [Mühldorfer Hart].

T. Losert, Leben und Tod – räumlich beisammen, zeitlich getrennt? Denkmal Inf. Bayern 176, 2021, 32–37.

M. Luff, Flurbegehungen im Ries – und weitere Beiträge zur systematischen Erforschung einer Kleinlandschaft. Jahrb. Hist. Ver. Nördlingen u. Ries 36, 2020, 1–26.

G. Mahnkopf, Die Grabungen des Arbeitskreises für Vor- und Frühgeschichte im Heimatverein für den Landkreis Augsburg e. V. im ehem. jüdischen Ritualbad Buttenwiesen. Jahrb. Hist. Ver. Dillingen 122, 2021, 95–109.

G. Mahnkopf, Reihengräber im Ortskern von Langweid a. Lech. Ausgrabungen des Heimatvereins für den Landkreis Augsburg 2013/2014. Ber. Bayer. Bodendenkmalpfl. 62, 2021, 611–624.

C. Metzner-Nebelsick/L. Nebelsick, Zwischen Italien und Skandinavien – Der hallstattzeitliche Bronzegefäßfund aus dem Schinderfilz-Moor bei Uffing a. Staffelsee, Oberbayern. Ber. Bayer. Bodendenkmalpfl. 62, 2021, 397–426.

M. Nadler, La Hoguette an der Altmühl. Arch. Deutschland 2/2021, 51 f.

S. Ortisi/M. Sieler, Rom an der Iller. Die Insula 1 von *Cambodunum*/Kempten und die älteste Steinbauphase der städtischen Wohnbebauung. Ber. Bayer. Bodendenkmalpfl. 62, 2021, 245–252.

B. Päffgen/M. Fesq-Martin/W.-R. Teegen, Vom Götzentempel zum Gärtnerhaus: Die Inselkirche im Starnberger See und die in ihr entdeckten Bestattungsreste. Ber. Bayer. Bodendenkmalpfl. 62, 2021, 431–450.

M. Pauli, „Germanische" Fibelschmiede in Raetien? Preußische Augenfibeln aus *Augusta Vindelicum*/Augsburg. Ber. Bayer. Bodendenkmalpfl. 62, 2021, 339–346.

M. Peters/Ph. Stojakowits/A. Friedmann, Pollenanalysen zur Vegetations-, Landschafts- und Siedlungsgeschichte im Schinderfilz bei Uffing a. Staffelsee. Ber. Bayer. Bodendenkmalpfl. 62, 2021, 427–430.

T. Pflederer, Ergebnisse der Erosionsmarkerablesungen des Jahres 2020 an der Roseninsel im Starnberger See. Jahresber. Bayer. Ges. Unterwasserarch. 2020, 14–20.

V. Planert, Keltische Frauen an der Spitze? Arch. Deutschland 1/2021, 51 f. [Ingolstadt-Seehof].

Th. Richter, Frühkeltischer Herrenhof über der Isar. Arch. Deutschland 2/2021, 52.

M. M. Rind, Tauschsysteme im Neolithikum. Ber. Bayer. Bodendenkmalpfl. 62, 2021, 451–460.

R. Rossgotterer, Der Tüßlinger Max Fußeder (1888–1946) machte die ersten archäologischen Innfunde bei Töging. Oettinger Land 41, 2021, 219–230.

K. Roth-Rubi, Metamorphose in Kempten. Zu einem Flechtwerkstein in Kempten, St. Mang. Bayer. Vorgeschbl. 86, 2021, 231–242.

H. Ruß, Der Münzfund von Betzenstein-Hüll. Ein geldgeschichtliches Zeugnis des Dreißigjährigen Krieges in Franken. Archiv Gesch. Oberfranken 101, 2021, 9–59.

R. Sandner, Bodendenkmalpflege und Industriekultur – das Beispiel Ingolstadt. Ber. Bayer. Bodendenkmalpfl. 62, 2021, 461–474.

W. Schier, Die Architektur und ihr Zweck. Arch. Deutschland 5/2021, 24–27 [Ippesheim, Hopferstadt].

K. Schmotz/M. Simm, Blattranke und Fabelwesen – Zur mittelalterlichen Bau- und Kunstgeschichte der St.-Martinskirche in Osterhofen-Haardorf und in ihrem Umland. Ber. Bayer. Bodendenkmalpfl. 62, 2021, 475–492.

M. Schönfelder, Ein Lückenfüller in vielerlei Hinsicht. Ein Prunkschwert der Frühlatènezeit aus den Donauschottern bei Irnsing, Stadt Neustadt an der Donau, Lkr. Kelheim. Bayer. Vorgeschbl. 86, 2021, 31–44.

M. Seiler, Manching – im Westen was Neues. Arch. Deutschland 5/2021, 51–52.

A. Skriver/P. Turek/E. Wintergerst, Die Ausgrabungen unter dem Niedermünster in Regensburg. Mitt. Freunde Bayer. Vor- u. Frühgesch. 148, August 2021, 2–23.

C. S. Sommer, Roms Grenzen an Rhein – Main – Donau. Arch. Deutschland 6/2021, 20–23.

C. S. Sommer, „Vor dene Römer warn ja a scho irgendwelche Grattler do" – Landesarchäologie in Bayern. Blickpunkt Archäologie 1/2021, 9–12.

C. S. Sommer, Pandemien in der Vergangenheit. Massive Betroffenheit vor mehr als 1.800 Jahren in Mauerkirchen. Denkmal Inf. Bayern 175, 2021, 14–15.

W. Stadelmann, Richthausen – ein karolingischer Rodungsort? Altnürnberger Landschaft Mitt. 66/67, 2017/18 (2020) 73–78.

B. Steidl, Civis Raetus – Eine „origo" des raetischen Limesgebietes? Ber. Bayer. Bodendenkmalpfl. 62, 2021, 281–294.

B. Steidl, Neues zum Schatzfund von Weißenburg. Korrekturen, Ergänzungen und Beobachtungen. Bayer. Vorgeschbl. 86, 2021, 83–126.

M. Straßburger, Tagesbrüche über einem Erdstall bei Aßling. Der Erdstall 47, 2021, 48–61.

A. Struthmann, Reiterkrieger in Vöhringen. Ausschnitt eines frühmittelalterlichen Reihengräberfeldes. Gesch. Landkreis Neu-Ulm 27, 2021, 15–19.

B. Symader, Wenn Erdställe in die Jahre kommen – ein denkmalpflegerischer Appell. Der Erdstall 47, 2021, 34–47.

G. E. Thüry, Zur Frage einer römischen Eisengewinnung im Rupertiwinkel. Gedanken zur Inschrift CIL III 5593 aus Teisendorf (Lkr. Berchtesgadener Land). Bayer. Vorgeschbl. 86, 2021, 131–133.

J. F. Tolksdorf/M. Woidich/S. Kaiser/M. Blana/E. Kropf, A Pair of Miniature Clay Wheels from an Infant Burial Ascribed to the Corded Ware Culture near Wallerstein (Lkr. Donau-Ries). Arch. Korrbl. 51/3, 2021, 329–336.

J. F. Tolksdorf/M. Woidich/F. Herzig, Trapezhäuser des Spätneolithikums in Bayern? Zum bodendenkmalpflegerischen Mehrwert des Pfostenloches. Denkmal Inf. Bayern 176, 2021, 28–31.

J. F. Tolksdorf/Ch. Herbig, Ein verkohlter Roggenvorrat des 14. Jahrhunderts aus der Altstadt von Donauwörth, Lkr. Donau-Ries. Ber. Bayer. Bodendenkmalpfl. 62, 2021, 493–498.

M. Tschuch, Leichen im Getreidesilo. Arch. Deutschland 1/2021, 52 [Hallstadt].

T. Weski, Alltagsschmuck oder Hochzeitsstaat? Zur Tragweise von Bein- und Armschmuck anhand bronzezeitlicher Beinbergen aus Garching b. München. Ber. Bayer. Bodendenkmalpfl. 62, 2021, 499–515.

P. Wischenbarth, Fund einer kleinen Wüstung bei Hirbishofen. Eine vergleichende Studie zur lokalen früh- bis hochmittelalterlichen Keramik. Gesch. Landkreis Neu-Ulm 27, 2021, 21–32.

S. Wolff, Unbequeme Ruhestätte. Arch. Deutschland 5/2021, 52 [Ochsenfurt].

B. Ziegaus, Gewichtsreduzierte Kreuzquinare aus der spätkeltischen Siedlung von Karlstein bei Bad Reichenhall (Oberbayern). Bayer. Vorgeschbl. 86, 2021, 45–58.

Führer und Kataloge

T. Esch (Hrsg.), „Die Ideen der Alten". Zum Nachleben antiker Steinschneidekunst in Bayern. Kat. Sonderausstellung „Kunst in Miniatur – Antike Gemmen aus Bayern". Schr. kelten römer museum manching 14 (Manching 2021).

R. Gebhard (Hrsg.), Bad Königshofen – Über Grenzen. Ausstellungs- u. Museumsführer Arch. Staatsslg. 3 (München 2021).

N. Lohwasser/R. Schreg, Kleine Funde, große Geschichten. Archäologische Funde aus dem Bamberger Dom. Begleitheft zur Ausstellung im Historischen Museum Bamberg. AMANZ notizhefte 1 (Bamberg 2021).

M. Mergenthaler/M. Klein-Pfeuffer/Knauf-Museum Iphofen (Hrsg.), Als Franken fränkisch wurde. Archäologische Funde der Merowingerzeit (Iphofen 2021).

K. Rieder, Kipfenberg. Römer und Bajuwaren im Altmühltal. Museum – Limes – Archäologische Wanderungen (Regensburg 2020).

Sammelwerke

S. Codreanu-Windauer, Die archäologischen Ausgrabungen an der ehemaligen Klosterkirche St. Georg in Prüfening. In: M. Schmidt (Hrsg.), Die Instandsetzung der ehemaligen Klosterkirche St. Georg in Prüfening. Bau – Kunst – Denkmalpflege. Schriftenr. Bayer. Landesamt Denkmalpfl. 25 (Regensburg 2021) 17–20.

S. Deschler-Erb/A. Schaflitzl, A herd of sheep led to the slaughter – Evidence of hecatombs at Losodica/Munningen (Bavaria). In: S. Deschler-Erb/U. Albarella/S. Valenzuela Lamas/G. Rasbach (Hrsg.), Roman Animals in Ritual and Funerary Contexts. Proceedings of the 2nd Meeting of the Zooarchaeology of the Roman Period Working Group, Basel, 1st–4th February 2018. DAI Koll. Vor- u. Frühgesch. 26 (Wiesbaden 2021) 53–60.

H. Fehr/G. Riedel, 1200 Jahre Wettstetten aus archäologischer Sicht. In: 1200 Jahre Wettstetten. Urkundliche Ersterwähnung und der Wandel der Zeit (Leipzig 2021) 18–31.

• Fines Transire
O. Chvojka/M. Chytráček/H. Gruber/L. Husty/J. Michálek/R. Sandner/K. Schmotz/S. Traxler (Hrsg.), Archäologische Arbeitsgemeinschaft Ostbayern/West- und Südböhmen/Oberösterreich. 29. Treffen 5. bis 8. Juni 2019 in Žumberk (Rahden/Westf. 2020).

J. Haberstroh, Konzepte der Stadtarchäologie in München und Ingolstadt. In: M. Nawroth/M. Wemhoff/N. Makarow/W. Kowal (Hrsg.), Archäologie in mittelalterlichen Städten. Russland und Deutschland – ein Vergleich. Berliner Beitr. Vor- u. Frühgesch. 25 (Berlin 2020) 343–363. Apxe.

R. Hempelmann, Topographie und Verbreitung vorgeschichtlicher Grabhügel in Niederbayern. In: Fines Transire 285–294.

C. Höpken/H. Berke, Sabazios-Kult in Sorviodurum. Tierknochen aus einer Kultgrube in Straubing (Bayern/Deutschland). In: S. Deschler-Erb/U. Albarella/S. Valenzuela Lamas/G. Rasbach (Hrsg.), Roman Animals in Ritual and Funerary Contexts. Proceedings of the 2nd Meeting of the Zooarchaeology of the Roman Period Working Group, Basel, 1st–4th February 2018. DAI Koll. Vor- u. Frühgesch. 26 (Wiesbaden 2021) 101–111.

Ch. Later, Frühmittelalterliche Grabhügel in Altbayern – ein vielgestaltiges Phänomen. In: Fines Transire 139–184.

H. Losert, Slawische Hügelgräber in Nordostbayern. In: Fines Transire 185–208.

B. Mühldorfer/D. Mischka, Neue Forschungsergebnisse zum hallstattzeitlichen Gräberfeld von Sankt Helena, Lkr. Nürnberger Land. In: Fines Transire 79–86.

G. Raßhofer, Zur Kenntnis vorgeschichtlicher Grabhügel in der Oberpfalz. In: Fines Transire 209–284.

G. Riedel, Bedarf es neuer Archäologen? Archäologie der Moderne in Ingolstadt. In: D. Ade et al. (Hrsg.), Sachgeschichte(n). Beiträge zu einer interdisziplinär verstandenen Archäologie des Mittelalters und der Neuzeit. Festschrift Barbara Scholkmann (Tübingen 2021) 97–110.

P. Schwenk, Die Ausgrabungen in der ehemaligen Kloster- und heutigen Pfarrkirche St. Quirinus in Tegernsee. In: C. S. Sommer (Hrsg.), Die Kirche St. Quirinus in Tegernsee und ihr Stiftergrab. Archäologie, Bauforschung, Geschichte, Anthropologie und Textilkunde. Schriftenr. Bayer. Landesamt Denkmalpfl. 24 (München 2021).

P. Wolters, Das castellum auf dem Veitsberg. Zentrum des karolingisch-ottonischen Pfalzkomplexes Salz. In: M. Belitz/S. Freund/P. Fütterer u. a. (Hrsg.), Eine vergessene Pfalz. Helfta und der Süden Sachsen-Anhalts im Früh- und Hochmittelalter. Palatium. Studien zur Pfalzenforschung in Sachsen-Anhalt 6 (Regensburg 2020) 229–251.

P. Wolters, Nonnenkloster – Handwerkersiedlung – Königspfalz? Der Veitsberg im karolingisch-ottonischen Pfalzgebiet Salz. In: M. Gierszewska-Noszczyńska/L. Grunwald (Hrsg.), Zwischen Machtzentren und Produktionsorten. Wirtschaftsaspekte der römischen Epoche bis in das Hochmittelalter am Rhein und in seinen Nachbarregionen. RGZM Tagungen 45 (Mainz 2021) 359–371.

J. Zuber, Grabhügel der Urnenfelderzeit in Ostbayern. In: Fines Transire 59–64.

Autoren, die eine Aufnahme ihrer Publikationen in die Übersicht 2022 wünschen, mögen dies bitte der Redaktion mitteilen: Bayerisches Landesamt für Denkmalpflege, Referat Publikationswesen (Z IV), Postfach 10 02 03, 80076 München
E-Mail: doris.ebner@blfd.bayern.de

Doris Ebner

Autoren

Amira Adaileh M.A., Bayerisches Landesamt für Denkmalpflege, amira.adaileh@blfd.bayern.de

Ippokratis Angeletopoulos, Planateam Archäologie, angeletopoulos@planateam.de

Ragnhildur Arnadottir M.A., Nürnberg, rarnadottir89@gmail.com

Dr. Markus Arnolds, ADA Archäologie GbR, markus.arnolds@ada-archaeologie.de

Ramona Baumgartner M.A., Baumgartner Archäologie, Zorneding, rabau@email.de

Stefan Biermeier M.A., SingulArch, München, kontakt@singularch.de

Benjamin Binzenhöfer M.A., Ausgrabungen Specht, Schwebheim, b.binzenhoefer@ausgrabungen-specht.de

Leonard Brey, leonard.brey@student.uni-tuebingen.de

Katharina Buchholz B.A., AST – Archäologischer Service Tschuch, Nürnberg, katharina.buchholz1@gmail.com

Phil Burgdorf, Bamberg, phil.burgdorf@uni-bamberg.de

Dr. Isabella Denk, Stadtarchäologie Landshut, isabella.denk@landshut.de

Lea Eckert, lea-eckert@hotmail.de

Dr. Florian Eibl, Florian.Eibl@landkreis-dingolfing-landau.de

Dr. Hamid Fahimi, ADILO GmbH, Archäologische Dienstleistungen, h.fahimi@adilo-bayern.de

Dr. Christian Falb, christian@falb.de

Katrin Fleißner, Katrin.Fleissner@landkreis-dingolfing-landau.de

Dr. Sebastian Gairhos, Stadtarchäologie Augsburg, sebastian.gairhos@augsburg.de

Jessica Gebauer M.A., ReVe, Bamberg, gebauer@reve-archaeologie.de

Manfred Gehrke, Zeitreise Gilching e.V., info@zeitreise-gilching.de

Tatjana Gericke, Bayerisches Landesamt für Denkmalpflege, tatjana.gericke@blfd.bayern.de

Sebastian Gierschke, ReVe, Bamberg, se.gierschke@reve-archaeologie.de

Susanne Gierschke, ReVe, Bamberg, su.gierschke@reve-archaeologie.de

Marc Gimeno Mariné M.A., m.gimeno@adilo-bayern.de

Dr. Hans-Ulrich Glaser, BfAD Heyse GmbH & Co. KG, Schwarzach a. Main, hans-ulrich.glaser@bfad-heyse.de

Marcus Guckenbiehl, Stadtarchäologie Germering, Marcus.Guckenbiehl@germering.bayern.de

Marcel Günther M.A., Ausgrabungen Specht, Schwebheim, marcel.guenther@ausgrabungen-specht.de

Dr. Brigitte Haas-Gebhard, Archäologische Staatssammlung, brigitte.haas-gebhard@extern.lrz-muenchen.de

Markus Hable, m.hable@adilo-bayern.de

Andreas Heimerl, Heimerl Archäologie, Augsburg, andreas.heimerl@heimerl-augsburg.de

Dr. Mariola Hepa, ADA Archäologie GbR, mariola.hepa@ada-archaeologie.de

Dr. Kristin von Heyking, AnthroArch GbR, Grafrath, k.heyking@anthroarch.de

Dr. Manfred Hilgart, Archaios GmbH, m.hilgart@archaios.de

Matthias Hoffmann M.A., ITV-Grabungen, Weiden, m.hoffmann@itv-grabungen.de

Michael Hümmer M.A., Archaios GmbH, Sinzing, m.huemmer@archaios.de

Delia Hurka M.A., Kreisarchäologie Freising, delia.hurka@kreis-fs.de

Dr. Ludwig Husty, Kreisarchäologie Straubing-Bogen, husty.ludwig@landkreis-straubing-bogen.de

Daniela Jäkel M.A., AST – Archäologischer Service Tschuch, Nürnberg, daniela.jaekel@web.de

Michael Jaschek M.A., Bamberg, michael.jaschek@web.de

Robin John, rjohn2@smail.uni-koeln.de

Anna Kalapáčová, Archäologie-Zentrum, info@archaeologie-zentrum.com

Dr.-Ing. Christian Kayser, Kayser + Böttges, Barthel + Maus, München, c.kayser@kb-bm.de

Uta Kirpal M.A., Archaios GmbH, Sinzing, u.kirpal@archaios.de

Arne Kluge M.A., arne-kluge@web.de

Dipl.-Rest. Clemens Köhler, Bayerisches Landesamt für Denkmalpflege, clemens.koehler@blfd.bayern.de

Dipl.-Geogr. Britta Kopecky-Hermanns, Büro für Bodenkunde und Geoarchäologie, Aystetten, kopecky.hermanns@boden-geoarch.com

Thomas Kozik M.A., Büro für Archäologie Neupert, Kozik & Simm GbR, Thomas.Kozik@grabungsfirma-bayern.de

Harald Krause M.A., Museum Erding, Harald.Krause@erding.de

Sabrina Kutscher M.A., LMU München, sabrina.kutscher@vfpa.fak12.uni-muenchen.de

Melanie Langbein M.A., Stadt Nürnberg, melanie.langbein@stadt.nuernberg.de

Dr. Thomas Liebert, archkonzept liebert, Roßtal, thomas.liebert@archkonzept.com

Dr. Roland Linck, Bayerisches Landesamt für Denkmalpflege, roland.linck@blfd.bayern.de

Marina Lindemeier, Pro Arch GmbH, Marina.Lindemeier@proarchgmbh.de

Dr. Christoph Lobinger, Bayerisches Landesamt für Denkmalpflege, christoph.lobinger@blfd.bayern.de

Friedrich Loré M.A., Geschäftsführer ADILO GmbH, Archäologische Dienstleistungen, f.loree@adilo-bayern.de

Simon Lorenz, Simon.Lorenz@landkreis-dingolfing-landau.de

Teresa Losert M.A., Pro Arch GmbH, Ingolstadt, Teresa.Losert@proarchgmbh.de

Hardy Maaß M.A., hardy.maass@gmx.de

Jun.-Prof. Dr. Andreas Maier, Universität zu Köln, a.maier@uni-koeln.de

Elena Maier, elena.maier@grabungsfirma-bayern.de

Michael Marchert, Universität Jena, Michael.Marchert@gmx.de

Kristina Markgraf M.A., Archäograph Gbr, Friedberg, kmarkgraf@archaeograph.de

Dr. Ken Massy, ken.massy@vfpa.fak12.uni-muenchen.de

Dr. Sabine Mayer, Bayerisches Landesamt für Denkmalpflege, sabine.mayer@blfd.bayern.de

Dr. Matthias Merkl, Bayerisches Landesamt für Denkmalpflege, matthias.merkl@blfd.bayern.de

Prof. Dr. Carola Metzner-Nebelsick, LMU München, metzner-nebelsick@vfpa.fak12.uni-muenchen.de

Dr. Dominik Meyer, ms terraconsult GmbH & Co. KG, Hattersheim, dmeyer@ms-terraconsult.de

Rebecca Münds-Lugauer M.A., Pro Arch GmbH, Ingolstadt, Rebecca.Muends-Lugauer@proarchgmbh.de

Amina Muscalu, ArchDienst GmbH & Co. KG, Wellheim, amina@archdienst.de

Prof. Dr. Louis Nebelsick, luc.nebelsick@yahoo.de

Tracy Niepold M.A., Bayerisches Landesamt für Denkmalpflege, tracy.niepold@blfd.bayern.de

Dr. Ralf Obst, Bayerisches Landesamt für Denkmalpflege, ralf.obst@blfd.bayern.de

Dr. Martina Pauli, Bayerisches Landesamt für Denkmalpflege martina.pauli@blfd.bayern.de

Dr. Christian Konrad Piller, A und C Archäologie GbR, kontakt@archaeologie.org

Martin Posselt M.A., Universität Regensburg, martin.posselt@ur.de

Andreas Pross M.A., Archäologische Ausgrabungen, Bamberg, andreaspross@hotmail.com

Dr. Anja Pütz, Universität Jena, anja.puetz@aschheim.de

Mag. Oliver Rachbauer, Fa. Ardig, St. Pölten, Österreich, m.rachbauer@ardig.at

Gabriele Raßhofer, Bayerisches Landesamt für Denkmalpflege, gabriele.rasshofer@blfd.bayern.de

Markus Rehfeld M.A., BfAD Heyse GmbH & Co. KG, Schwarzach a. Main, markus.rehfeld@bfad-heyse.de

Annette Reindel, Zeitreise Gilching e.V., annette.reindel@zeitreise-gilching.de

Siegfried Reindel, Zeitreise Gilching e.V., info@zeitreise-gilching.de

Florian Reitmaier, Universität Regensburg, florian1.reitmaier@ur.de

Harald Richter M.A., Baumgartner Archäologie, Zorneding, rabau@email.de

Dr. Thomas Richter, Landratsamt Landshut, Kreisarchäologie Thomas.Richter@landkreis-landshut.de

Daniel Röll, Mainaschaff

Klara Rüdiger M.A., archkonzept liebert, Roßtal, klara.ruediger@archkonzept.com

Prof. Dr. Thomas Saile, Universität Regensburg, thomas.saile@ur.de

Ulrich Schlitzer M.A., Planateam Archäologie, Wasserburg a. Inn, schlitzer@planateam.de

Dr. Jürgen Schreiber, schreiber@digit-company.de

Dr. Robert Schumann, robert.schumann@zaw.uni-heidelberg.de

Anja Seidel M.A., Archäologie-Zentrum, Günzburg, a.seidel@archaeologie-zentrum.com

Thomas Simeth, t.simeth@campus.lmu.de

Oliver Specht M.A., Ausgrabungen Specht, Schwebheim, ospe@ausgrabungen-specht.de

Alois Spieleder M.A., Kreisarchäologie Passau, alois.spieleder@landkreis-passau.de

Saskia Stefaniak, saskia.stefaniak@gmx.net

Dr. Christoph Steinmann, Bayerisches Landesamt für Denkmalpflege, christoph.steinmann@blfd.bayern.de

Dr. Andreas Stele, Bayerisches Landesamt für Denkmalpflege, andreas.stele@blfd.bayern.de

Prof. Dr. Wolf-Rüdiger Teegen, LMU München, teegen@vfpa.fak12.uni-muenchen.de

Thomas Teufel M.A., BfAD Heyse GmbH & Co. KG, Schwarzach a. Main, thomas.teufel@bfad-heyse.de

Dr. Johann Friedrich Tolksdorf, Bayerisches Landesamt für Denkmalpflege, johann.tolksdorf@blfd.bayern.de

Matthias Tschuch M.A., AST – Archäologischer Service Tschuch, Nürnberg, matthias@tschuch.de

Dr. Scott Tucker, satucker.de@gmail.com

Alexandra Völter M.A., Archbau Bayern, Augsburg, archbau-bayern@t-online.de

Julia Weidemüller M.A., Bayerisches Landesamt für Denkmalpflege, julia.weidemueller@blfd.bayern.de

Markus Wild M.A., Kreisheimatpfleger Bodendenkmäler und Regionalgeschichte für den Landkreis Fürstenfeldbruck, kreisheimatpfleger-archaeologie@hvf-ffb.de

Martin Wortmann M.A., BfAD Heyse GmbH & Co. KG, Schwarzach a. Main, martin.wortmann@bfad-heyse.de

Dr. Pritam Yogeshwar, yogeshwar@geo.uni-koeln.de

Philipp Zander, Planateam Archäologie, zander@planateam.de

John P. Zeitler M.A., Nürnberg, johnpzeitler@aol.com

Dienststellen der Bodendenkmalpflege in Bayern

Bayerisches Landesamt für Denkmalpflege, Abteilung B: Praktische Denkmalpflege: Bodendenkmäler

Abteilungsleitung
Tel. 089 2114-294 (Dr. Walter Irlinger)
Hofgraben 4, 80539 München bzw.
Postfach 10 02 03, 80076 München
Tel. 089 2114-293 (Sekretariat)
Fax 089 2114-407

Beratung Archäologische Welterbestätten
Obere Stadtmühlgasse 1, 91781 Weißenburg i. Bay, Tel. 089 210140-73/-89 (Dr. Markus Gschwind, Simon Sulk M.A.)

E-Mail-Adressen der Mitarbeiter im Bayerischen Landesamt für Denkmalpflege:
vorname.name@blfd.bayern.de
Internet:
www.blfd.bayern.de

Dienststellen

Referat Oberbayern/München (B I)
Dienststelle München
Hofgraben 4, 80539 München, Tel. 089 2114-228/-347/-208 (Dr. Jochen Haberstroh, Dr. Martina Pauli)
Dienststelle Thierhaupten
Klosterberg 8, 86672 Thierhaupten, Tel. 08271 8157-59 (Amira Adaileh M.A.)

Referat Niederbayern/Oberpfalz (B II)
Dienststelle Regensburg
Adolf-Schmetzer-Straße 1, 93055 Regensburg, Tel. 0941 595748-12/-11/-13 (Dr. Ruth Sandner, Dr. Christoph Steinmann, Dr. Ralph Hempelmann)

Referat Mittelfranken/Schwaben (B III)
Dienststelle Thierhaupten
Klosterberg 8, 86672 Thierhaupten, Tel. 08271 8157-39/-38 (Dr. Hubert Fehr, Dr. Johann Friedrich Tolksdorf)

Dienststelle Nürnberg
Burg 4, 90403 Nürnberg, Tel. 0911 23585-11 (Dr. Christoph Lobinger)

Referat Oberfranken/Unterfranken (B IV)
Dienststelle Bamberg
Schloss Seehof, 96117 Memmelsdorf, Tel. 0951 4095-57/-39/-41 (Dr. Andreas Büttner, Dr. Matthias Merkl, Dr. Ivonne Weiler-Rahnfeld)

Referat Restaurierung Archäologie (B V)
Hofgraben 4, 80539 München, Tel. 089 2114-215 (Dipl.-Rest. Britt Nowak-Böck)

Referat Lineare Projekte (B VI)
Hofgraben 4, 80539 München, Tel. 089 2114-246/-282 (Dr. Stefanie Berg, Dr. Jürgen Obmann)

Bayerisches Landesamt für Denkmalpflege, Abteilung Z: Denkmalerfassung und -forschung

Referat Bayerische Denkmalliste und Denkmaltopografie (Z I)
Hofgraben 4, 80539 München, Tel. 089 2114-310 (Dr. Christian Later)
Adolf-Schmetzer-Straße 1, 93055 Regensburg, Tel. 0941 595748-14/-15 (Dr. Gabriele Raßhofer, Dr. Benedikt Biederer)
Schloss Seehof, 96117 Memmelsdorf, Tel. 0951 40950 (Dr. Rita Hannig)
Klosterberg 8, 86672 Thierhaupten, Tel. 08271 8157-32/-31 (Dr. Stephanie Zintl; Dr. Cornelia Schütz)
Burg 4, 90403 Nürnberg, Tel. 0911 23585-13 (Andrea Lorenz M.A.)

Ehrenamtlichenbetreuung
Tel. 0941 595748-16 (Dr. Sabine Mayer), Tel. 0951 4095-46 (Dr. Ralf Obst)

Referat Publikationswesen (Z IV)
Hofgraben 4, 80539 München, Tel. 089 2114-358 (Dr. Doris Ebner)

Referat Zentrallabor und Geo-Erkundung (Z V)
Hofgraben 4, 80539 München, Tel. 089 2114-352/-330 (Dr. Roland Linck, Dr. Andreas Stele)

Auskunft und Beratung erteilen auch folgende Institutionen:

Bezirk Mittelfranken, Limesfachberatung, Kulturreferat/Bezirksheimatpflege, Danziger Straße 5, 91522 Ansbach, Tel. 0981 4664-5012 (Andrea May M.A.)

Museen der Stadt Aschaffenburg, Schlossplatz 4, 63739 Aschaffenburg, Tel. (06021) 3867412 (Dr. Markus Marquart)

Stadtarchäologie Augsburg, Zur Kammgarnspinnerei 9, 86153 Augsburg, Tel. 0821 324-4145 (Dr. Sebastian Gairhos)

Stadtarchäologie Bamberg, Untere Sandstraße 34, 96049 Bamberg, Tel. 0951 871693 (Dr. Stefan Pfaffenberger)

Kreisarchäologie Deggendorf, Landratsamt, Herrenstraße 18, 94469 Deggendorf, Tel. 0991 3100301 (Sven Fiedler M.A.)

Kreisarchäologie Dingolfing-Landau, Obere Stadt 13, 84130 Dingolfing, Tel. 08731 87-354 (Dr. Florian Eibl)

Stadtheimatpfleger – Archäologie, Museum Erding, Prielmayerstraße 1, 85435 Erding, Tel. 08122 408-150 (Harald Krause M.A.), -151 (Dipl.-Ing. Wilhelm Wagner)

Kreisarchäologie Forchheim, Landratsamt Forchheim, Oberes Tor 1, 91320 Ebermannstadt, Tel. 09191 86-4002 (Ermelinda Spoletschnik M.A.)

Kreisarchäologie Freising, Landshuter Straße 31, 85356 Freising, Tel. 08161 600-207 (Delia Hurka M.A.)

Germering, Museum, Stadtarchäologie, Domonter Straße 2, 82110 Germering, Tel. 089 89 419 (Marcus Guckenbiehl)

Stadtmuseum Ingolstadt, Auf der Schanz 45, 85049 Ingolstadt, Tel. 0841 305-1884 (Dr. Gerd Riedel)

Archäologisches Museum der Stadt, Ledergasse 11, 93309 Kelheim, Tel. 09441 10409/10492 (Dr. Bernd Sorcan)

Kreisarchäologie Kelheim, Grabungsbüro, Münchener Straße 4, 93326 Abensberg, Tel. 09441 207 7410 (Dr. Joachim Zuber)

Kulturamt – Archäologie Kempten (Allgäu), Memminger Straße 5, 87439 Kempten (Allgäu), Tel. 0831 2525200 (Dr. Maike Sieler)

Kreisarchäologie Landshut, SG 44, Veldener Str. 15, 84036 Landshut, Tel. 0871 408-3185/3186 (Dr. Thomas Richter)

Stadtarchäologie Landshut, Amt für Bauaufsicht, Baureferat, Stadt Landshut, Luitpoldstraße 29, 84034 Landshut, Tel. 0871 88-1819 (Dr. Isabella Denk)

Archäologische Staatssammlung, Lerchenfeldstraße 2, 80538 München, Tel. 089 21124-02 (Prof. Dr. Rupert Gebhard)

Staatliche Münzsammlung München, Residenz, Residenzstraße 1, 80333 München, Tel. 089 227221 (Dr. Dietrich Klose)

Germanisches Nationalmuseum, Kornmarkt 1, 90402 Nürnberg, Tel. 0911 1331163 (Dr. Angelika Hofmann)

Stadt Nürnberg, Bauordnungsbehörde, Denkmalschutz – Archäologie, Bauhof 5, 90402 Nürnberg, Tel. 0911 231-4225 (Melanie Langbein M.A.)

Landratsamt Passau, Kreisarchäologie, Passauer Straße 39, 94121 Salzweg, Tel. 0851 397624 (Alois Spieleder M.A.)

Stadt Passau, Stadtarchäologie, Rathausplatz 2, 94032 Passau, Tel. 0851 396416 (Dr. Thomas Maurer)

Historisches Museum der Stadt Regensburg, Dachauplatz 4, 93047 Regensburg, Tel. 0941 5071441 (Dr. Andreas Boos)

Stadt Regensburg, Amt für Archiv und Denkmalpflege, Keplerstraße 1, 93047 Regensburg, Tel. 0941 507-2451/-3455 (Dr. Lutz-Michael Dallmeier, Dr. Johannes Sebrich)

LIMESEUM, Römerpark Ruffenhofen 1, 91749 Wittelshofen, Tel. 09854 9799242 (Dr. Matthias Pausch)

Gäubodenmuseum, Fraunhoferstraße 23, 94315 Straubing, Tel. 09421 94463-222 (Prof. Dr. Günther Moosbauer)

Kreisarchäologie Straubing-Bogen, Klosterhof 1, 94327 Oberaltaich, Tel. 09422 4030949 (Dr. Ludwig Husty)

Bildnachweis

1	BLfD, Christoph Steinmann, nach Vermessungsplan ADILO GmbH und Luftbild Bayerische Vermessungsverwaltung
2–8	F. Melzer, ADILO GmbH
9–13	ADA Archäologie GbR
14–18	E. Maier Büro für Archäologie Neupert, Kozik und Simm
19–24	Ch. Piller
25–27	Pro Arch Prospektion und Archäologie GmbH, Ingolstadt
28	Magnetogramm/Grafik: M. Posselt
29	R. Feuerer
30	M. Gaßner
31	BLfD, Yan Duan
32–35	KT Archäologische Dienstleistungen
36	Emma Steinmann
37	Plangrundlage ArcTron, Bearbeitung BLfD, Christoph Steinmann
38	Foto: ArcTron, Bearbeitung: BLfD, Christoph Steinmann
39	BLfD, Björn Seewald
40	BLfD, Dominik Westermann
41, 46	Simon Lorenz, Kreisarchäologie Dingolfing-Landau
42, 44	Katrin Fleißner, Kreisarchäologie Dingolfing-Landau
43, 45	Ch. Piller, A und C Archäologie GbR
47, 48, 50	S. Biermeier, Fa. SingulArch, München
49	Ken Massy, LMU München
51	Kreisarchäologie Landshut, S. Zawadzki
52, 53	Kreisarchäologie Landshut, S. Kunz
54	Geobasisdaten: Bayerische Vermessungsverwaltung; Grafik: Thomas Simeth
55	Thomas Simeth
56, 57	Jürgen Schreiber, Dig it! Company GbR
58	Stefan Kaminski, Dig it! Company GbR
59–61	Nikola Schreiber, Dig it! Company GbR
62	BLfD, Johann F. Tolksdorf
63	Befundzeichnung: A. Wettinger; Grafik: BLfD, Johann F. Tolksdorf
64	BLfD, Yan Duan
65	Bayerische Vermessungsverwaltung
66, 68	Andreas Pross
67	M. Diebold
69	J. Reinert
70-72	Fa. ARCTEAM GmbH
73	Dominik Meyer
74	A. Hofmann
75	B. Adamski
76, 77	Christian Falb
78–83	Fa. Archbau GmbH
84	BLfD, Silvia Perini
85–89	BfAD Heyse
90	BLfD, Michael Forstner
91, 94, 95	Fa. Ausgrabungen Specht, Schwebheim
92–93	BLfD, Ursula Joos und Helmut Voß
96	Plangrundlage: U. Kirpal, Fa. Archaios, Sinzing
97, 99	Ludwig Husty, Kreisarchäologie Straubing-Bogen
98	J. Frost, Fa. Archaios, Sinzing
100	John P. Zeitler
101–104	Arne Kluge
105–109	Pro Arch Prospektion und Archäologie GmbH
110	Vermessung: Dig It! Company und Stadtarchäologie Germering, Grafik: Marcus Guckenbiehl
111–113	Stadtarchäologie Germering, Marcus Guckenbiehl
114	BLfD, Beate Herbold
115	Luftbild/Drohnenbild M. Tschuch; Bearbeitung K. Buchholz
116, 118–121	V. Roman und K. Cumuriuc, Fa. AST
117	Fa. AST
122	Archaios GmbH, Sinzing. Bearbeitung: Uta Kirpal
123	Archaios GmbH, Sinzing, J. Frost
124	Archaios GmbH, Sinzing, Manfred Hilgart
125	Archaios, Sinzing, Manfred Hilgart; Basisdaten mit Copyright LDBM 2009/2020
126	Kartengrundlage: Stadt Augsburg, Geodatenamt. Grafik: Stadtarchäologie Augsburg, B. Deininger
127, 129	Archäologie Heimerl, Augsburg. Fotograf: Peter Priadka
128	Archäologie Heimerl, Augsburg, Andreas Heimerl
130, 131, 133, 135–138	Hamid Fahimi, ADILO GmbH
132	Foto: N. Barbosa Santos, Zeichnung: Hamid Fahimi, ADILO GmbH
134	N. Barbosa Santos, ADILO GmbH
139–146	ADA Archäologie GbR
147–152	Scott Tucker BfAD Heyse GmbH & Co. KG
153	Bayerische Vermessungsverwaltung
154–156	Archäologie-Zentrum GmbH
157	Kartengrundlage: Stadt Augsburg, Geodatenamt. Grafische Überarbeitung: Stadtarchäologie Augsburg, Bettina Deininger
158	Stadtarchäologie Augsburg, Foto: Andreas Brückmair
159–165	ADILO GmbH
166, 168–170	Büro für Archäologie Neupert, Kozik & Simm
167	Kreisarchäologie Passau
171–174	Amina Muscalu, ArchDienst GmbH & Co. KG
175–177, 179, 180	Büro für Ausgrabungen und Dokumentationen Heyse GmbH & Co. KG
178	BLfD, Helmut Voß
181	Michael Marchert und I. Przemuß
182–184	Michael Marchert
185	Archaios GmbH, Sinzing. Bearbeitung: U. Kirpal
186, 187	Archaios GmbH, Sinzing, Michael Hümmer
188	St. Odzuck, Büro für Archäologie Neupert, Kozik & Simm
189	BLfD, Klaus Leidorf
190	Nils Determeyer, Büro für Archäologie Neupert, Kozik & Simm
191	Büro für Archäologie Neupert, Kozik & Simm
192	Bayerische Vermessungsverwaltung
193, 194	Jürgen Schreiber, Dig it! Company GbR
195	BLfD, Julia Weidemüller
196–200	Fa. Archäograph
201	BLfD, Julia Weidemüller
202	BLfD, L. Schmidt/J. Collacott
203	Simon Lorenz, Kreisarchäologie Dingolfing-Landau. Geobasisdaten: Bayerische Vermessungsverwaltung 2022
204, 206, 208	Christian Piller, A und C Archäologie GbR
205	H. Sedlmaier, Kreisarchäologie Dingolfing-Landau
207	Simon Lorenz, Kreisarchäologie Dingolfing-Landau
209, 211	H. Beer
210	R. Riedel
212–215	Andreas Pross
216	Bayerische Vermessungsverwaltung
217–218, 220	exTerra Archäologie
219	Arne Kluge
221	Thomas Kozik
222	H. Hohmann, Die Veitshöchheimer Pfarrei- und Kirchengeschichte in Auszügen (2000) 96 Abb. 96.1
223	Büro für Archäologie Neupert, Kozik & Simm GbR
224–227	Planateam Archäologie
228, 230	Kayser+Böttges, Barthel+Maus, Ingenieure und Architekten GmbH
229	Baumgartner Archäologie
231, 232	ReVe Büro für Archäologie Bamberg und München
233–236	S. Gierschke
237–240	Jessica Gebauer
241–243	archkonzept liebert, Roßtal
244	Geobasisdaten: Bayerische Vermessungsverwaltung; Bearbeitung: Matthias Hoffmann
245	M. Merian, Topographia Bavariae; Bearbeitung: M. Hoffmann. Mit Genehmigung der Staats- und Stadtbibliothek Augsburg 4 K-K 116,
246–249	ITV Weiden
250	Fotoarchiv, Museum für Franken, Würzburg, Inv.Nr. H.33516, Leihgabe der Freunde Mainfränkische Kunst und Geschichte e.V. Würzburg im Museum für Franken in Würzburg
251	BfAD Heyse, Bearbeiter Thomas Teufel
252	BfAD Heyse
253–254, 256, 257	Fa. Ausgrabungen Specht
255	Bayerische Vermessungsverwaltung
258–261	Fa. Archäologischer Dienst GmbH
262	BLfD, Andreas Stele u. Roland Linck
263	BLfD, Otto Braasch
264	BLfD, Otto Braasch u. Andreas Stele
265	Magnetogramm: BLfD, Andreas Stele; Geobasisdaten: Bayerische Vermessungsverwaltung
266	Flurkarte und Orthofoto vom 18.06.2013, FlugNr. 113022/0: Bayerische Vermessungsverwaltung; Kartierung/Interpretation: BLfD, Andreas Stele
267	BLfD, Andreas Stele, Materialentnahmegruben von Harald Krause (Archäologisches Museum Erding); Flurkarte, Schummerung und Orthofoto vom 18.06.2013, FlugNr. 113022/0 von der Bayerischen Vermessungsverwaltung
268	3D-Modell: BLfD, Roland Linck; Topografie: GoogleEarth
269, 271	BLfD, Roland Linck; Plangrundlage: Gefährten Schönrains und Freunde e.V.
270	BLfD, Roland Linck
272	Bayer. Hauptstaatsarchiv München
273	BLfD, Roland Linck
274	BLfD, Roland Linck und Andreas Stele; Geobasisdaten: Bayerische Vermessungsverwaltung
275	BLfD, Andreas Stele; Geobasisdaten: Bayerische Vermessungsverwaltung
276	BLfD, Roland Linck, Geobasisdaten: Bayerische Vermessungsverwaltung
277	Geobasisdaten: Bayerische Vermessungsverwaltung (CC BY-ND)
278	BLfD, Roland Linck
279	A. Immekus, Flugabwehr. – Militärische Anlagen in historischen Luftbildern: Ein Leitfaden für die Luftbildauswertung Bd. 1 (2011).
280, 282–286	BLfD, Tracy Niepold
281	BLfD, Tracy Niepold. Textausschnitt: Ioannis Pomerani Bugenhagii, in librum psalmorum interpretatio, 190. Digitalisat, Staats- und Stadtbibliothek Augsburg
287, 288, 291, 292	Fa. AST
289	BLfD, Yan Duan
290	Zeichnung: BLfD, Yan Duan; Fotos: BLfD, Christoph Lobinger
293	Bayerische Vermessungsverwaltung
294, 298	Doris Ebner
295	Ortsakten Archäologische Staatssammlung München
296	Archäologische Staatssammlung, St. Friedrich
297	Christine Vinçon, Landshut
299	Bayerische Vermessungsverwaltung
300	Geobasisdaten: Bayerische Vermessungsverwaltung 2021; Fachdaten: Bayerisches Landesamt für Umwelt 2021; Grafik: BLfD, Ralf Obst
301	I. Koch
302	Geologie nach: Digitale Geologische Karte 1:25.000; Grafik: P. Yogeshwar, Britta Kopecky-Hermanns, Robin John
303	BLfD, Ralf Obst
304	Darstellung: Zeitreise Gilching e.V.; Geobasisdaten Bayerische Vermessungsverwaltung
305–307	Andreas Wening

Gesellschaft für Archäologie in Bayern e. V.

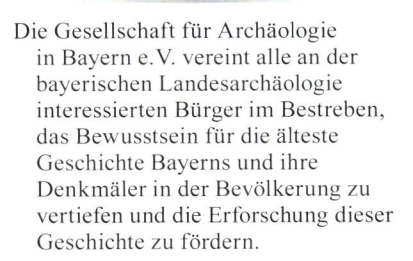

Die Gesellschaft für Archäologie in Bayern e.V. vereint alle an der bayerischen Landesarchäologie interessierten Bürger im Bestreben, das Bewusstsein für die älteste Geschichte Bayerns und ihre Denkmäler in der Bevölkerung zu vertiefen und die Erforschung dieser Geschichte zu fördern.

Sie bietet ihren Mitgliedern
- »Das archäologische Jahr in Bayern« als Jahresgabe
- Viermal jährlich die Zeitschrift »Bayerische Archäologie«
- Führungen zu archäologischen Denkmälern und Ausgrabungsplätzen
- Vorträge über neue Ausgrabungsergebnisse
- Einladungen zu Mitarbeitertreffen der archäologischen Dienststellen des Bayerischen Landesamts für Denkmalpflege und zur Jahrestagung »Archäologie in Bayern«

Gesellschaft für Archäologie
in Bayern e. V.
Bullachstr. 30, 82256 Fürstenfeldbruck
  (Geschäftsstelle)
Postfach 1309, 85203 Dachau
  (Postanschrift)

www.gesellschaft-fuer-archaeologie.de
geschaeftsstelle@gesellschaft-fuer-archaeologie.de

Bankverbindung:
Sparkasse Erding-Dorfen
  IBAN: DE28 7005 1995 0020 2900 94
  BIC: BYLADEM1ERD
Jahresbeitrag € 37,–
Studenten und Schüler € 30,–
Partnermitgliedschaft € 10,–